古典文獻研究輯刊

十三編

潘美月・杜潔祥 主編

第 11 冊

文選學綜觀研究法

游志誠 著

國家圖書館出版品預行編目資料

文選學綜觀研究法／游志誠著 — 初版 — 新北市：花木蘭文化
出版社，2011〔民 100〕
目 6+342 面；19×26 公分
（古典文獻研究輯刊 十三編：第 11 冊）
ISBN：978-986-254-632-1（精裝）
1. 昭明文選　2. 研究考訂

011.08　　　　　　　　　　　　　　　　　　　100015558

ISBN-978-986-254-632-1

古典文獻研究輯刊
十三編　第十一冊　　　　　　ISBN：978-986-254-632-1

文選學綜觀研究法

作　　者　游志誠
主　　編　潘美月　杜潔祥
總 編 輯　杜潔祥
企劃出版　北京大學文化資源研究中心
出　　版　花木蘭文化出版社
發 行 所　花木蘭文化出版社
發 行 人　高小娟
聯絡地址　新北市永和區中正路五九五號七樓
　　　　　電話：02-2923-1455／傳真：02-2923-1452
網　　址　http://www.huamulan.tw 信箱 sut81518@gmail.com
印　　刷　普羅文化出版廣告事業
初　　版　2011 年 9 月
定　　價　十三編 20 冊（精裝）新台幣 31,000 元

文選學綜觀研究法

游志誠　著

作者簡介

　　游志誠，祖籍福建南靖，民國四十五年出生於台灣南投縣鹿谷鄉。中國文學博士，美國田納西大學訪問教授，現為國立彰化師範大學文學院國文系所專任教授。

　　有關文選學著作有：文選學新探索，昭明文選斠讀，文選古注，台灣文選學史，文選綜合學等。曾獲教育部青年研究著作獎，行政院優良學術著作獎助，國科會學術代表作獎等多種，並曾主編大學叢書一套，參編大學教材二種等。

提　　要

　　夫文選學一辭之始名，固不自今日始，方昭明擇集之際，凡去取之準則，衡文之標的，其學自在其中矣！其後凡有音注釋義，以叩之《文選》正文者，固亦屬焉。至於近世，孳乳以廣斯域，並其相涉諸方者，統名之曰「文選學」。

　　本書因承先儒之餘緒，總要其分殊，而設四章以括其類，首曰「文選版本學」，凡唐世寫本，宋世刻本，見於今代可資正文字句並注疏之考訂者，悉羅網而置之案前。顧《文選》之版本，未有如今世所見之多也，清人號曰選學復興，而諸家所見，乏有善本如宋刻者，遑論與崇賢並世之寫本哉！是以本論文所探之本，較先代為廣為善，乃得以自許曰新探。其次第二章據版本之新出，以校先儒之舊業，知其誤校，疏謬，錯漏者多，蓋皆緣於所見本少也，即以清人胡克家《文選考異》為例，摘其誤，匡其闕，補其不足，而有「文選校勘學」之設也。第三章乃本之正文版本，並正文字句之可定，益進其詳，以探《文選李善注》與《五臣注》之異同，析其條例，別其詳略，判其優劣，而題曰「文選注疏學」，自是《文選》正文之意義，可得其概。第四章復就明清之評點《文選》者，揭其程文之道，觀評之法，以示吾國文評之實存而見形者，題曰「文選評點學」。

　　然則四章雖各有說，分立之中，猶相連屬，而其要總歸之綜合並參之學也。蓋先儒之作，或顧此而略彼，或詳考訂，而忽評點，其見不免一偏之弊。考「文選學」者，文學之事業也。不本之文學，何可範其體類，本論文因揭示綜觀之目，曰「文選學綜觀研究方法示例」，以殿末章。由是而有五章之題也。

謝　辭

本論文之初構，拜聞先師　潘石禪先生博通宏觀之學有以迪示，繼而親聆先生所授敦煌學，乃悟版本考證與乎詮解之道，黽勉求之。即以「文選學」為入門之階，叩之　先生。幸獲首肯，側列門牆，終而完此粗作。謹誌高山仰止之深恩。並謝先生之啟導。

目

次

凡　例

一、本論文格式除依現行通例之外，稍易其體。若註文未另出別頁，但依當下正文，臨註於內，惟置案字以別之，其〔　〕內正文即註文。

二、各引文，除一般參考書，依通例標註，其餘凡屬《文選》正文、註文者（包括善注與六臣注），引文下皆標示出處頁碼，其式有二，所據之《文選》正文亦有二，其一屬藝文印書館印行文選六家合併注，其二則廣文書局刊六家合併注。若 40/4a，左碼示藝文版卷數四十，右碼示該卷頁次，a 示正面，b 示反面，若頁 764 上，則示廣文版頁次，上字示同頁上欄。下字示同頁下欄。

三、本論文所引用《文選》版本簡稱，列表如下：

1. 北宋本——故宮博物院藏北宋天道明聖間刻本。
2. 集注本——日本京都大學藏唐鈔本，其零篇收入《羅雪堂先生全集》，第六編。
3. 敦煌本——據黃永武編《敦煌寶藏》所收唐寫本。
4. 明州本——日本京都汲古書院刊足利學校藏本。
5. 贛州本——國立中央圖書館藏南宋紹興年間贛州州學刊本。
6. 陳八郎本——國立中央圖書館藏宋紹興三十一年建陽崇化書坊陳八郎刊本。
7. 尤本——石門圖書公司刊宋淳熙八年尤延之貴池初刊本。
8. 叢刊本——商務印書館刊《四部叢刊》所收本。
9. 廣都本——故宮博物院藏宋理宗開慶咸淳間廣都裴宅刊本。
10. 茶陵本——漢京文化事業公司刊茶陵陳仁子古迂書院刊本。
11. 胡刻本——藝文印書館刊嘉慶年間胡克家刻本。
12. 萬氏本——正中書中刊尋陽萬氏再刻本。
13. 摛藻堂本——世界書局印行《四庫薈要》本。
14. 奎章閣本——韓國漢城正文社印行北宋秀州州學刊本。

第一章 《文選》版本學——以唐寫本宋刻本爲例

　　《文選》版本，自梁昭明成書以後，因注家之起，與士子應試需要，歷代以來，研究者眾，版本遂多。然自李善受曹憲之學，首注《文選》，諸多版本，因此以爲宗。迨唐開元中呂延祚集呂延濟、劉良、張銑、呂向、李周翰等五人之注，號稱「五臣注」，於是《文選》版本又別出一系。至於兩宋，好事者又以爲「善注」與「五臣注」分書而刊，其實詳略互有，慮翻檢之苦，憚偏觀之弊，乃並二注合爲一書，號稱「六臣注」，此後，《文選》版本又增它支。直至今代，考《文選》版本，若依其注文體例，實可分爲三系：

　　（一）李善注一系。
　　（二）五臣注一系。
　　（三）六臣注一系。

　　雖然三系存書，俱有傳世，但優劣不一，眞僞亦難準定，有此本有、它本無者，有此本正、它本誤者，有此本詳、它本略者，是以今日觀之，各書乃皆關涉版本學上諸問題，於是「文選學」中之版本，亦爲治斯學之一環，未可疏忽之。大抵前儒訓詁校勘，總以時代愈早出之本爲善本，於是《文選》版本有依時間先後而分者。若併寫本、刻本、抄本而計之，大別可有如下，茲依時間先後，列述如后：

第一節　敦煌本

一、永隆本（伯二五二七，伯二五二八）

　　此為今日所見最早《文選》版本，即所謂敦煌寫本之一。其中有年月題記之一卷，末有「永隆年二月十九日弘濟寺寫」一行，可知其時間在唐高宗永隆年間（西元 680），距離善注《文選》成上表之年高宗顯慶三年（西元 658），有二十二年，又距離善卒之年即高宗永昌元年（西元 689）只九年。可知此本寫完時，李善猶存，益覺此本之珍貴。

　　敦煌唐寫本《文選》總計有十六種，大別分為二類，一類是白文無注，一類是李善注本。善注本又只二種，即巴黎藏伯希和二五二八之〈西京賦〉，與伯希和二五二七之〈答客難〉、〈解嘲〉。其餘寫卷俱屬白文無注者。

　　此本經羅振玉影入《鳴沙石室殘叢》，先後有劉師培、高步瀛、饒宗頤等學者，加以研究校證，頗與今本不同，據饒氏〈校記〉後語，提示此本之價值可有數端：

1. 永隆本屢見「臣善曰」三字，疑為唐人一時之風向

　　　案：今各刻本脫「臣」字，俱作「善曰」，即北宋殘卷，或考為宋太祖時刊本，亦只云「善曰」，如〈東京賦〉「漢初弗之宅」句下注文作「善曰天下神器」，又〈吳都賦〉「善曰《後漢書》云江充為人魁岸」、「善曰《家語》曰」、「善曰萍實見《家語》」等等，皆無「臣」字。北宋殘卷已如此，其後各刻本皆同，可知崇賢注文，至遲到北宋太祖時已經竄改。

2. 永隆本有疑誤處，各本因之紛歧

　　　案：此卷〈西京賦〉「前開唐中彌望廣潒」下注文云「《字林》曰激水潒也」，此引《字林》之文，與今本異，據任大椿《字林考逸》六水部曰「潒，水象漾也」，與《說文》合。《說文》「潒，水潒漾也」，據《說文釋例》云「漾即養也」，又據《說文釋例》云「漾即養之篆文」，故此卷引《字林》文有誤，它本因襲之，皆誤，如北宋本作「《字林》曰潒水潒潒也」，明州本、廣都本、袁本、茶陵本與叢刊本同，尤刻本作「潒，水潒濮也」，胡刻本同尤本。可知胡、尤二本為正，其餘各本誤矣！然饒氏〈校記〉謂各本因之紛歧者，即指此二異文之別。於此證尤刻實自六臣本析出，非如俗說所謂尤刻實自北宋刊本出者云云，宜

辨明之。

〔案：蔣復璁〈文選版本講述〉一文，謂「始知尤刻實自北宋刊本出，十行十八字至二十一字不等，避諱至愼」云云，純係臆測，核之實情，未必如此，蔣文收入《古籍鑑定與維護研究會專集》一書，頁5至頁7（臺北：中國圖書館學會印行，民國七十四年六月）。〕

3. 永隆本與各本皆有奪誤，據未經竄改之李善注，猶可推尋原意，較勝胡克家之捫索

案：〈西京賦〉「鮪鯢鱏鮂」，「鮂」字，各本並同，胡克家《考異》謂「尤作『鮂』，誤」，今本《毛詩》、《爾雅》俱作「鯊」。

4. 善注所引古籍，多與原文合，他本每多歧異

案：如〈西京賦〉「騈田偪仄」下注文「麀鹿爰爰」乃《毛詩》〈吉日〉句，各本誤作「麀鹿攸伏」，實乃〈靈臺〉句。

5. 善注徵引古籍或有刪節時，各本因之每有增潤，或再刪剟，致違原義

案：〈西京賦〉「展季桑門」句下注文「《家語》：昔有婦人曰：柳下惠嫗不逮門之女，國人不稱其亂焉。」，此注乃刪節《孔子家語·好生篇》。比較其它刻本，則胡刻作「《家語》曰：昔有婦人，召魯男子，不往。婦人曰：子何不若柳下惠，然嫗不逮門之女也，國人不稱其亂焉。」叢刊本作「《家語》曰，昔有婦人，召柳下惠，不往，曰，嫗不逮門之女也，國人不稱其亂焉」，尤刻本同胡刻，惟奪「國人不稱其亂焉」一句，北宋本《文選》善注殘卷作「《家語》曰：昔有婦人召柳下惠，惠不往，曰，嫗不逮門人女也。」核此文義略近叢刊本，益證叢刊本乃併北宋本之善注與五臣注，只奪一「惠」字耳，而尤刻實自六臣本析出，非與北宋本善注一系（詳前注）。胡刻翻尤刻，又其下矣！明州本、廣都本與北宋本同，唯亦不重「惠」字。下「人」作「之」，實即「之」之誤也，凡南宋六臣注本皆同北宋本，則知後人併配也。其義尚不離善注原旨，其餘各刻本與永隆本互有節略，而永隆本善注實乃自《孔子家語·好生篇》節引，其意義與《毛詩·巷伯傳》、《荀子·大略篇》相似，不待辨而自明。考《荀子·大略篇》作「柳下惠與後門者同衣而不見疑，非一日之聞也」，楊倞注云「昔柳下惠衣之敝惡，與後門者同，時人尚無疑怪者，言安於貧賤，渾迹而人不知也。非一日之聞，

言聞之久矣」，至於《毛詩・卷伯傳》亦云「嫗不逮門之女，而國人不稱其亂也」，與永隆本同義，今者，胡刻、尤本刪減善注，誤會注文，徒然增加召魯子一事，乃變成婦人與魯男子對話，舉柳下惠爲例，殊大謬矣。可證永隆本較近於善注原貌，乃未經後人淆亂竄改之本。

6. 他本善注有不合崇賢體例者，以永隆本對照，可知其曾經後人羼亂

案：五臣注與善注方其單行，兩注或不相涉，而互異可見。殆合併六臣注本出，則已多亂兩注原貌。其尤甚者，合併本皆於兩注有所刪取，有所增補。自其增刪而言，合併本不能存兩注眞貌可定矣！今據敦煌寫卷永隆本可證合併本於善注所增補者，如〈西京賦〉「爾乃廓開九市，通闤帶闠」句下，叢刊本錄舊有薛綜注並善注云：

> 綜曰：「廓，大也。闤，市營也。闠，中隔門也。崔豹《古今注》曰：市牆曰闤，市門曰闠，旗亭市樓也。」善曰：「漢宮闕，疏曰：長安立九市，其六市在道西，三市在道東。《蒼頡篇》曰：闠，市門。《史記》褚先生曰：臣爲郎，與方士會旗亭下。薛綜〈西京賦注〉曰：隧，列肆道也。《周禮》曰：司市胥師，二十人，然尊其職，故曰大。《漢書》曰：京兆尹，長安四市皆屬焉，與左馮翊、右扶風爲三輔，然市有長丞，而無尉，蓋通呼長丞爲尉耳。」（2／16a）

今案崔豹乃晉人，在薛綜之後，自不當引崔說。今復據敦煌永隆本即無此崔豹釋闤闠十四字。梁章鉅以爲「善曰」二字當在「崔豹」上。若依此，則崔豹注當爲善引。然則善注例依文之順序而釋，又不應在「九市」注之上（于大成、陳新雄 1976，頁 111）。據此可證此十四字當合併者所增補。叢刊本如此，贛州本、袁本、茶陵本俱是。尤本亦承其誤，未改。又善注引《蒼頡篇》曰「闠，市門」亦誤，今永隆本亦無此七字，當後人誤混入。《說文》有闠無闤字，闠：市門也。闤之言環也，或謂之營，營與環同。《說文》：「營，市居也。自營爲私。」《韓非子・五蠹篇》：「自環者謂之私。」《管子・君臣篇》：「兼上下以環其私。」薛注「闤，市營也」，蓋謂環市之域也。薛注可信，闠即市門，無有闤作市門者。此注誤混五臣注：「闤闠，市門。」〔案：今各合併本五臣注有缺文，此據陳八郎本五臣注，「五重」上多注文十九字（1／22.b）中即有「闤闠市門也」五字。〕總此二例，可證合併本亦多亂兩注之貌矣！

又善注文誤混薛綜〈西京賦注〉，亦已明顯之混矣！尤本已校改作「隧已

見西都賦注」，胡刻本同。案〈西都賦〉錄薛綜注，即有此「隧列肆道也音遂」八字，注文在「貨別隧分」句下。此當據善注條例作從省例。如胡刻者是。

二、伯二五四二

伯二五四二號　今本卷第四十六

篇名：任昉〈王文憲集序〉（白文無注）

原卷存文：

之旨，沉鬱澹雅之思，離堅合異之談，莫不總制清衷，迄（遞）為心極。斯固通人之所苞（包），非虛（虛）明之絕境，不可窮（窮）者，其唯神用者乎？（下略）自咸浴（函洛）不守，憲章中輟。賀生達禮之宗，蔡公儒林之亞，闕典未補，大備茲日。至若齒危髮秀之老，含經味道之生，莫不北面人宗，自同資敬。性託夷遠，少屏塵雜，自非可以弘弊（獎）風流，增益標勝，未嘗留心。暮（期）歲而孤，叔父司空簡穆公，早所器異。年始志學，家門禮訓，皆折哀（衷）於公。孝友之性，豈伊橋梓；夷雅之體，無待韋弘。汝郁之幼挺淳至，黃琬之早標聰察，曾何足尚？年六歲，襲封豫寧侯，拜日，家人以公尚幼，弗之先告。既襲珪組，對揚王命，因便感咽，若不自勝。初宋明帝居藩，與公母武康公主素不協。及即位，有詔毀發舊塋，投棄棺柩。公以死固請，誓不遵奉，表啟酸切，義感人神。太宗聞而悲之，遂無以奪也。初拜秘書郎，遷太子舍人，以選尚公主，拜駙馬都尉。元徽初，遷秘書丞。於是探（采）公曾之《中經》，刊弘度之《四部》，依劉歆《七略》，撰《七志》。蓋嘗賦詩云：稷禹匡虞夏，伊呂翼商（商）周。自是始有應務之迹，生民屬心矣。時司徒袁粲，有高卉（世）之度，脫落塵俗。見公弱齡，便望風推服，歎曰衣冠禮樂，盡在是矣。時粲位亞台司，公年始弱冠，季（年）勢不侔，公與之抗禮。因贈粲詩，要以歲暮之期，申以（止）足之誠。粲苔詩云：老夫亦何寄，之子照清襟。服闋，拜司徒右長史。出為義興太守，風化之美，奏課為最。還除給事黃門侍郎，旬日，遷尚書吏部郎參選。昔毛玠之清公，李重之識會，兼之者公也。俄遷侍中，以愍侯始終之職，固辭不拜。補太尉右長史。時聖武定業，肇基王命，寤寐風雲，寔資人傑，是以宸居膺列宿之表，圖緯著王佐之符。俄遷左長史。齊臺（初）建，以公為尚書右僕射，領吏部，時年二十八。宋末艱虞，百王澆季。禮紊舊宗，樂傾恒軌，自朝章國

紀，典彝備物，奏議符策，文辭表記，素意所不蓄，前古所未行，皆取定俄頃，神無滯用。太祖受命，以佐命之功，封南昌縣開國公，食邑二千戶。建元二年，遷尚書左僕射，領選如故。自營部分司，盧欽兼掌，譽望所歸，允集茲日。尋表解選，詔加侍中，又授太子詹事，侍中僕射如故。固辭侍中，改授散騎常侍，餘如故。太祖崩，遺詔以公爲侍中尚書令鎮軍將軍。永明元年，進號衛將軍。二年，以本官領丹陽尹。六輔殊風，五方異俗。公不謀聲訓，而楚夏移情。故能使解劍拜仇，歸田息訟。前郡尹溫太眞劉眞長，或功銘鼎彝，或德標素尚，臭味風雲，千載無爽。親加弔祭，表薦孤遺，遠協神期，用彰卉（世）祀。時簡穆公薨，以撫養之恩，特深恒慕，表求解職，有詔不許。國學初興，華夷慕義，經師人表，允茲望實。復以本官領國子祭酒，三年，解丹楊尹，領太子少傅，餘悉如故。留（挂）服捐駒，前良取則，臥轍棄子，後予胥怨。皇太子不矜天資，俯同人範（範），師友之義，穆若金蘭。又領本州大中正，頃之解職。四年，以本號開府儀同三司，餘悉如故。謙光愈遠，大典未申。六年，又申前命，七年，固辭選任，帝所重違，詔加中書監，猶糸掌選事。長興追專車之恨，公曾甘鳳池之失。夫奔競之塗，有自來矣！以難知之性，協易失之情，必使無訟，事深弘誘。公提衡惟允，一紀于茲，抚奇取異，興微繼絕。望側階而容賢，候景風而式典。春秋三十有八，七年五月三日，薨于建康官舍。皇朝軫慟，儲鉉傷情。有識銜悲，行路掩泣。豈直春者不相，工女寢機而已哉。故以痛深衣冠，悲纏教義，豈非功深砥礪，道邁舟航？沒岂（世）遺愛，古之益友。追贈太尉，侍中中書監如故。給節，加羽葆鼓（鼓）吹，增班劍爲六十人，謚曰文憲，禮也。公在物斯厚，居身以約。玩好絕於耳目，布素表於造次。室無姬姜，門多長者。立言必雅，未嘗顯其所長；持論從容，未嘗言人所短。弘（弘）長風流，許與氣類；雖單門後進，必加善誘。勗以丹霄之價，弘以青冥之期。公銓品人倫，各盡其用，居厚（者），不矜其多，處薄（者），不怨其少。窮涯而反，盈量知歸。皇朝以治定制礼（禮），功成改樂，思我民譽，緝熙帝圖。雖張曹爭論於漢朝，荀摯（摯）競爽於晉岂（世），無以仰模淵旨，取則後昆。每荒服請罪，遠夷慕義，宣威授指，寔寄宏略。理積則神無忤往，事感則悅情斯來。無是己之心，事隔莫（隔於）容諂；罕愛憎之情，理絕於毀譽。（若）造理常可干，臨事每不可奪。（約己不以）廉物，弘量不以容非，攻乎異端，歸之正義。

（以下闕）

校記：

咸浴不守。（46／30a）

　　案：「咸」字，各本同。惟明州本、贛州本、茶陵本下著校語云「善本作咸字」，其正文則作「函」。今檢尤本作「咸」，知已改從善注。又陳八郎本作「函」。可知宋本合併本與陳八郎本正文同，且宋代所從《文選》白文多有合於五臣注本者。今此寫本則作「咸」，則寫本所據必爲善注本無疑。《考異》於此無說。「浴」字，當即「洛」字誤書，各本俱作「洛」。又據五臣注云：「函，函關，謂長安也。洛，洛陽也。言自西晉喪亂，不守二京之都，而憲章經籍，皆中道而壞也。」（46／30a）依此，則正文似作「洛」無誤，此可助說《文選》版本者有二：

　　　其一，《文選》正文作字或本不誤，因傳寫多手，致誤書如敦煌寫卷所見，迄宋代刻本據此誤書寫本淨本刻之，遂沿其誤，可知今見刻本之異字，非始於原書，或承自寫本之誤也。

　　　其二，敦煌寫卷偶與五臣異者，反與李善同者，未可據之以定即兩注之異，蓋傳寫致之也。

未嘗留心。（46／31a）

　　案：「心」下，贛州本、叢刊本、明州本、陳八郎本具有「也」字，下著校語云「善本無也字」。今見尤本即無「也」字，與此本同。持與前條校語互證，益信寫本與刻本間之繁省，多見之於李善注本之正文。惜今所見敦煌寫卷之五臣注本只有一種，又只有注文，無白文，遂無由考五臣注之正文白文於唐寫之本若何。要之，敦煌唐僧所抄之《文選》本，據有注之永隆本而較之，實多從李善注本。此或可旁證唐世崇賢之學盛行，已及西域吐蕃，洵不誣之說乎？

有詔毀蘒舊塋。（46／32a）

　　案：「蘒」字，敦煌寫卷或作「發」，或作「廢」。然則作「發」者亦有可能也。今見明州本、贛州本、叢刊本俱作「發」，下著校語云「善本作廢字」。陳八郎本作「發」字。尤本作「廢」字，但已倒反「毀發」一詞作「廢毀」（46／23a）。知尤本所改未必是善注原貌。誠案：此各本皆作「發」，敦煌本此「蘒」字，或即原本之「發」字，抄寫無誤，至刻本時，誤「蘒」字爲「廢」字，遂有善注本之獨作與各本異者，

其例亦仿如前校記所斷。皆當並參。

撰七志。（46／32b）

　　案：「撰」上，各本有「更」字，此本略脫。尤本亦有「更」字，此尤本不從無「更」字之寫卷，而從有「更」字各本，知尤所見已如此。益證寫卷本抄寫有省略，未可盡據之以定後世刻本之正譌。

稷离匡虞夏。（46／32b）

　　案：「离」字，當即「禹」字，則寫卷作「稷禹匡虞夏」，誤「禹」字矣！今見各本作「稷契匡虞夏」，蓋謂稷契佐虞夏二君也，知作「契」是。此寫卷誤抄之例。

盡在是矣。（46／33a）

　　案：「盡」字，明州本、贛州本、叢刊本、陳八郎本俱有，合併本下著校語云「善無盡字」。尤本即無。然此本有，知此本所據善注本有「盡」字，與五臣注本無異，知兩注本於唐世未必有異之字，因刻本出，乃有異同之見，尤本復據合併本之校語以增刪善注，其實亦未必是善注原貌也。

　　此於版本學之可言者：蓋《文選》刻本與寫本乃不同系之二本，凡見於刻本之兩注異同正文，未必即原始之異同，宜另參之寫本以定其果何？雖然，寫本有與兩注之其一同者，亦不可因此遽斷其同者為是，蓋寫本因手抄，不能免誤，此即知之為知之，不知為不知之理可救之。

申以止足之誡。（46／33a）

　　案：「止」字，寫卷脫。「誡」字，明州本、贛州本、叢刊本作「戒」，下著校語云「善本從言」。知合併本所見善本有獨與寫卷同者，今尤本仍作「戒」，未改從言字旁。此尤本不及改正例也。陳八郎本作「戒」。

　　案：敦煌「戒」字、「誡」字每互通，其書作「誡」者，未必抄書所據原本即作「誡」，可能原本作「戒」，抄者增筆作「誡」。此寫卷每見繁省之作字例也，已詳本師潘石禪之證說。若然，則合併本校語所云「善本從言」者，或即余所謂據誤抄之寫卷以刻善注本之例也，豈可因是而信即善注五臣注正文之異字耶？此讀寫卷之當慎思者。

毛玠之清公。（46／33b）

案：「清公」，明州本、贛州本、叢刊本、陳八郎本同。惟合併本下著校語云「善本作公清」。尤本即據之改「公清」，豈知寫卷已作「清公」。此寫卷與五臣注本正文同作之例。然則此猶不可遽以斷謂寫卷是，五臣亦是。蓋其理同前條云。

齊臺建。（46／34b）

案：「臺」下，此本脫一字。明州本、贛州本、叢刊本作「既建」，下著校語云「善本作初」。陳八郎本即作「既」，尤本作「初」。知此刻本所見異同也。惜敦煌此本脫，遂無由考定孰是。

留服捐駒。（46／36b）

案：「留」字，各本作「挂」。善注未詳。五臣注引《魏書》裴潛留挂於官第事，則正文當作「挂」，抄者或涉注文而誤書「留服」。

扷奇取異。（46／37a）

案：「扷」字原卷作「扷」，與「拔」字稍異。據各本皆作「拔」。諸本獨明州本「拔」字下有校語云「善本作扷字」，與寫卷作「扷」字合。知明州本校語所見有與唐世寫本同者，則明州本較各本爲早出之本可證。且方其刊刻時，尚及見善注單行本作「扷」者。知善注單行本與寫卷本關係殊密，從而推知所謂北宋監本善注，其所據祖本或即唐世寫本也。考敦煌寫卷多從俗寫，此「扷」字即「拔」字俗寫。《龍龕手鏡》卷二有「扷」字，下注俗；又拔字，下注正，云：蒲八反。拔，擢也，盡也，又蒲未反迴拔也（釋行均，頁216）。據此知善注作「扷」，蓋從敦煌俗寫之本。由此知《文選》版本學又一事：北宋刻本多據唐世俗寫而未改正字。

工女寢機。（46／38a）

案：「工」字，明州本、贛州本作「功」，下著校語云「善本作工」。叢刊本則正文作「工」，下著校語「五臣本作功」。知叢刊本在前二本之後刻。尤本已改作「工」。案寫本繁省字例，「工」字或即「功」之省筆，則原據之本亦作「功」，與五臣同。善注刻本儘從寫卷之俗字，此又一例。下「故以痛深衣冠」句，故下多「以」字，其例與此同，不具。益證版本學之一事：今所謂刻本之兩注異同，疑皆涉寫卷之俗字俗寫有以致之也。

功成改樂。（46／40a）

案：「改」字，明州本、贛州本、叢刊本俱作「改」，下著校語云「善本作作」。尤本亦作「作」。陳本作「改」。知五臣注本正文有獨同於寫卷者。此或善注單行刻本誤刻，未細校寫本之故也。

造理常若可干，臨事每不可奪。

案：明州本作「若造理常可干，臨事每不可奪。」「干」字下著校語云「善本作造理常若可干」。贛州本即從之，下未著校語，叢刊本同贛州本，亦不著校語，尤本作同贛州本。知此明州本獨有之校語，且與寫卷同。益證明州本之在各合併本之先也。復由此益信善注本多從寫卷本之證也。

三、伯二五二五

伯二五二五號　今本卷第五十（原卷題《文選》卷第廿五，知爲昭明舊三十卷本）

篇名：沈約〈恩倖傳論〉

　　　　班孟堅〈史述贊述高紀〉

　　　　班孟堅〈成紀〉

　　　　班孟堅〈述韓英彭盧吳傳〉

　　　　范蔚宗〈光武紀贊〉

原卷存文：

（1）〈恩倖傳論〉　　沈約

之……（幽）仄，唯才是與。遝（逮）于大漢，茲道未革（下缺 7 字）始致位公相。黃憲牛醫之子，叔度名動（二字漫漶）京師。且仕子居朝，咸有職業，雖七葉珥貂，見崇西漢，而侍中身奉奏事，又分掌御服，東方朔爲黃門侍郎，執戟殿下。郡縣掾史，並出豪家，負戈宿衛，皆由世（勢）族，非若晚代分爲二塗者也。漢末喪乱（亂），魏武始基，軍中倉卒，權立九品，蓋以論人才優劣，非謂世族高卑。因此相沿，遂爲成法。自魏至晉，莫之能改，州都郡正，以才品人，而舉世人才，升降蓋寮（寡）。徒以憑藉世資，用相陵駕。都正俗士，斟酌時宜，品目少多，隨事俯仰，劉毅所云下品無高門，上品無賤族者也。歲日（月）遷訛，斯風漸薦（篤），凡厥衣冠，莫非二品。

自此以還，遂成卑庶。周漢之道，以智役愚，臺隸殊差，用成等級。魏晉以來，以貴役賤，士庶之科，較然有辯（辨）。夫人君南面，九重奧絕，陪奉朝夕，義隔卿士，階闥之任，宜有司存。既而恩以狎生，信由恩固，無可憚之姿，有易親之色。孝建泰始，主威獨運，空置百司，權不外假，而刑政糾雜，理難遍通，耳目所寄，事歸近習。賞罰之要，是謂國權。出內（納）王命，由其掌握，於是方塗結軌，輻湊同奔。人主謂其身卑位薄，以爲權不得重。曾不知鼠憑社貴，狐藉虎威，外無逼主之嫌，內有專用之功，勢傾天下，未之或悟。挾朋樹黨，政以賄成，鈇鉞瘡痏，構於牀第（第）之曲，服冤（冕）乘軒，出於言咲（笑）之下，南金北毳，來悉方輈，素縑丹魄，至皆兼兩，西京許史，蓋不足云，晉朝王石，未或能比。及太宗晚運，慮經盛衰，權倖之徒，慆憚宗戚。欲使幼主孤立，永竊國權，構造同異，興樹禍隙，帝弟宗王，相繼屠剿。民忘宋德雖非一塗，寶祚夙傾，實由於此。嗚呼漢書，有恩澤侯表，又有〈佞幸傳〉，今采其名，列以爲〈恩倖篇〉云。

（2）〈史述贊·述高紀第一〉一首　　班孟堅

皇矣漢祖，纂堯之緒。寔天生德，聰明神武。秦人不綱，網納（漏）于楚。爰茲發迹，斷蛇奮旅。神母告符，朱旗乃舉。粵蹈秦郊，嬰來晉（稽）首。革命創制，三章是紀。應天順民，五星同晷。項氏畔換，黜我巴漢，西土宅心，戰士憤怨。乘釁而運，席卷三秦。割據河山，保此懷民。股肱蕭曹，社稷是經。爪牙信布，腹心良平，恭行天罰，赫赫明明。

（3）〈述成紀〉一首　　班孟堅

孝成皇皇，臨朝有光。威儀之盛，如珪如璋。閻閻恣趨，朝政在王。炎炎燎火，亦允不陽。

（4）〈述韓英彭盧吳傳〉一首　　班孟堅

信惟餓癱（隸），布實黥徒。越亦狗盜，芮居江湖。雲起龍驤，化爲侯王。割有齊楚，跨制淮梁。綰自閭閻，鎮我北壇（疆）。德薄位尊，非昨（祚）惟殃。吳克忠信，胤嗣乃長。

（5）〈光武紀贊〉一首　　范蔚宗

贊曰：炎政中微（微），大盜移國。九縣風（飈）迴，三象霧塞。民厭（厭）淫詐，神思反德。世祖誕命，靈貺自甄。沈機先物，深略緯天。尋邑百萬，貔虎爲羣。長轂雷野，高鋒彗雲。英威既振，新都自焚。虔劉庸代，紛紜梁

趙。三河未澄，四關（二字漫漶）重擾。神旆乃顧，遞行天討。金湯失險，車書共道。靈慶既啓，人謀咸贊。明明廣（廟）謀，赳赳雄斷。於赫有命，系我皇漢。

校記：

逑于大漢。（50／19b）

案：「逑」字即「逮」字誤抄。「于」字，明州本作「乎」，下著校語「善本作于」。贛州本、叢刊本即作「于」，下著校語「五臣本作乎」，陳八郎本即作「乎」。知此兩注刻本之異字。而敦煌本獨與善注本合。考敦煌此卷末標記《文選》卷第廿五，則所抄乃昭明三十卷之舊，今五臣注本與之有異，豈五臣注本已改易乎？若然，五臣注舊志皆曰卅卷，未若善注之離析爲六十卷，則五臣注當多從舊本是宜，何以於此處反見善注合舊本，五臣不合？此皆有待版本學之細審者。又「大漢」，各本作「二漢」，據下注云「前後漢」，似作「二」是，此抄卷誤書又一例。

仕子居朝。（50／20a）

案：「仕」字，明州本同，下著校語「善本作士」，贛州本、叢刊本即作「士」，下著校語「五臣作仕」。陳八郎本同明州本，尤本同贛州本。合前條觀之，此又寫卷異善注而同五臣。然則敦煌俗寫「士」「仕」多通，疑原據本仍作「士」，抄者增筆作「仕」，非可因抄本作「仕」與五臣注同，即反證前條校記之說。又案今本《宋書》亦作仕。

郡縣掾史。（50／20b）

案：「郡縣」，明州本作「都縣」，贛州本作「郡縣」，此固兩注本之異文，而善注獨合寫卷。又「史」字。各本俱作「吏」，惟寫卷作「史」。《考異》引何校云「吏」改「史」，又陳校云《宋書》作「史」，胡克家以爲「吏」傳寫誤（胡克家，頁 131）。此寫卷獨合史傳例。惟寫卷「史」「吏」多通，疑抄者減筆作「史」，實則原作「吏」也。蓋「掾吏」成詞，通行已久，又下善注亦言「掾吏」可證。

豪家世族。（50／20b）

案：「世」字，各本作「勢」，惟各本下注文作「世」，知正文宜作「世」。此寫卷正文不誤，各刻本相沿成誤之例也。又《宋書》亦誤作「勢」（沈

約，頁 2301）。下文「非謂世族高卑」，再言致意，仍作「世」，寫卷同，各本亦同，可證作「世族」是。

未之或悟。（50／22b）

案：「悟」字，明州本、陳八郎本作「寤」。贛州本、叢刊本、尤本作「悟」。此又寫卷同於善注本之例。作「悟」是，胡克家未見寫卷本與更早之贛州本，遂以爲「悟」「寤」不誤，《考異》云：「今《宋書》是『悟』字，但『寤』即『悟』，不知者每改之，未必善與五臣異。」（胡克家，頁 131）胡說失考。

構於牀第之曲。（50／22b）

案：「第」字，明州本、贛州本俱作「第」，下兩注文亦同。至叢刊本則誤作「策」，下善注五臣注文亦誤作「策」，尤本與叢刊本同，俱誤。陳八郎本此原卷缺，乃抄配之，亦誤作「策」，下注文同。由是知明州本、贛州本爲早出之刻本。寫卷作「第」，必誤書也。此寫卷不可據以刊定刻本，刻本反較寫卷近眞之又一例。

〈述高紀第一〉。（50／23b）

案：黃季剛以爲此五字（「述高紀第一」）別本移在後，下二首同，非也（黃季剛，頁 241）。殊不知寫卷已置于前。惟黃氏引《文心》以爲史述贊，即遷固託贊褒貶之體，文本同一，無乃仲洽流別，始離析之，別歸爲述。遂定謂此昭明承仲洽之誤者也。頗可參。考昭明編選，於文體類承，多立意與《文心》別，此其一例也。

乘豐而運。（50／24b）

案：「豐」字，明州本作「孹」，贛州本、叢刊本作「豐」。此又寫卷本同於善注本之例也。

亦允不陽。（50／25a）

案：「亦」字，明州本同。贛州本及叢刊本、尤本俱作「光」，《漢書》亦作「光」。此寫卷獨與五臣注正文同者又一例。

芮居江湖。（50／25b）

案：「居」字，各本俱作「尹」。此寫卷獨作，與各刻本異之例也。據黃季剛引《梁書‧劉之璘傳》謂王範嘗見《漢書》眞本有此贊，前六

句異于此（黃季剛，頁 241）。據此，則敦煌寫卷或可輔證也。

綰自閭閈。（50／25b）

案：「閭」字，各本作「同」。此寫卷獨異于各本者又一例。

三象霧塞。（50／26a）

案：「象」字，各本俱作「精」，下善注引《孝經・援神契》同。此疑寫卷誤抄。

深略緯天。

案：「天」字，明州本同。贛州本、叢刊本、尤本作「文」。合併本均無異同校語。今《後漢書》亦作「天」。《兩漢刊誤補遺》亦作「天」。考緯天，乃善注引《周書》經緯天地之省文，「緯天」，即經緯天地。與「深略」並詞可通，若作「緯文」則不協矣！此寫卷與五臣注本同。

高鋒彗雲。（50／26b）

案：「鋒」字，各刻本作「旗」，此寫卷獨異。疑誤抄。

明明廣謀。（50／27a）

案：「廣」字，各本作「廟」。此寫卷誤抄。

系我皇漢。（50／27a）

案：「皇」字，明州本作「隆」。其餘各本同「皇」。知此又寫卷同於善注之例。

四、伯二五五四

伯二五五四號　今本卷二十八。

篇名：謝靈運〈會吟行〉一首

鮑照樂府五首

原卷存文：

（1）〈會吟行〉　謝靈運

六引緩清唱，三調佇繁音。迾（列）筵（筵）皆靜寂，咸共聆會吟。會吟自有初，請從文命敫（敷）。敫績壺冀始，刊木至江汜。列宿炳天文，負海橫地理。連峰竟（競）千仞，背流各百里。滮池溉粳稻，輕雲曖松杞。兩京

愧佳麗，三都豈能似。曾（層）臺指中天，高墉積崇雉。飛鸚躍廣塗，鶺首戲清沚。津（肆）呈窈窕容，路曜便娟子。自來彌世代，賢達不可紀。句踐善症（瘥）興，越叟識行止，范蠡出江湖，梅福入城市，東方就旅逸，梁鴻去呆（桑）梓。牽綴書土風，辭殫意未已。

（2）樂府八首　五言　鮑明遠

〈東武吟〉

主人且勿誼，賤子歌一言。僕（僕）本寒鄉士，出身蒙漢恩。始隨張校尉，占（召）募到河源。後逐李輕車，追虜窮塞垣。密途亘萬里，寧歲猶七奔。肌力盡鞬甲，心思歷涼溫。將軍既下世，部曲亦罕存。時事一朝異，孤績誰復論。少壯辭家去，窮老還入門。要（腰）鐮刈葵藿，倚仗牧雞狗。昔如鞲上鷹，今似檻中猨。徒結千載恨，空負百年冤（怨）。棄席思君幄，疲馬戀君軒。願垂晉主惠，不愧田子魂。

（3）〈出自薊（薊）北門行〉

羽檄起邊亭，烽（烽）火入咸陽。徵騎屯廣武，分兵救朔方。嚴秋筋竿勁，虜陣精且強。天子案（按）劍怒，使者遙相望。鴈行緣石徑，魚貫渡飛梁。簫鼓流漢思，旌甲被胡霜。疾風衝塞起，沙礫自飄揚。馬毛縮如蝟，角弓不可張。時危見臣節，世乱（亂）識忠良。投軀報明主，身死爲國殤。

（4）〈結客少年場行〉

驄馬金絡頭，錦帶佩吳鈎。失意杯酒間，白刃起相讎。追兵一旦至，負劍遠行遊。去鄉世（三十）載，復得還舊丘，升高臨四關，表裏望皇州。九塗平若水，雙闕似雲浮。扶宮羅將相，（夾）道列王侯。日中市朝滿，車馬若川流。擊鍾陳鼎食，方駕自相求。今我獨何爲，埳壈懷百憂。

（4）〈東門行〉

傷禽惡弦驚，倦客惡離聲。離聲斷客情，賓御皆涕零。涕零心斷絕，將去復還訣。一息不相知，何況異鄉別。遙遙征駕遠，杳杳落日晚。居人掩閨臥，行子夜中飯。野風吹秋木，行子心腸斷。食梅常苦酸，衣葛常苦寒。絲竹徒滿座，憂人不解顏。長歌欲自慰，彌起長恨端。

（5）〈苦熱行〉

赤坂橫西阻，火山赫南威。身熱頭且痛，鳥墮魂來歸。湯泉發雲潭，焦炟（煙）起石圻。日月有恒昏，雨露未嘗晞，丹虵（蛇）踰百尺，玄蜂盈十

圍。含沙射流影，吹蠱病行暉。鄣氣畫薰體（體），芮（萵）露夜霑衣。飢猨莫下食，晨禽不敢飛。毒涇尚多死，渡瀘寧具腓。生軀陷（蹈）死地，昌志登禍機。戈舩榮既薄，伏波賞亦微。君（爵）輕君尚惜，士重安可希。

（6）〈白頭吟〉

直如珠（朱）絲繩，清如玉壺冰。何慙宿昔意，猜恨坐相仍。人情賤恩舊（下脫五字）毫髮一爲瑕，丘山不可勝（下脫五字）點白信蒼蠅。（下脫）

校記：

徒結千載恨。（28／22b）

　案：「結」字，贛州本、叢刊本同，明州本作「積」。此寫卷同於善注本。

君輕君尚惜。（28／27b）

　案：首「君」字，明州本作「爵」，贛州本、叢刊本作「財」。此獨作「君」，於義無涉，疑寫卷誤抄，當從刻本。

五、伯二四九三

伯二四九三號　今本卷五十五。

篇名：陸機〈演連珠〉

原卷存文：

博則凶。是以物稱（勝）權而衡殆，形過鏡則照窮。故明主程才以效業，貞臣底力而辭豐。

臣聞髦俊之才，世所希乏。丘園之秀，因時則揚。是以大人基命，不擢才於后土，明主聿興，不降佐於旻倉。

臣聞世之所遺，未爲非寶。主之所珍，不必適治。是以俊乂之藪，希蒙翹車之招，金碧之巖，必辱鳳舉之使。

臣聞祿放於寵，非隆家之舉。官私於親，非興邦之選。是以三卿世及，東國多衰弊之政，五侯並軌，西京有陵夷之運。

臣聞靈輝朝覯，稱物納照。時風夕灑，程形賦音。是以至道之行，方（萬）類取足於世，大化既洽，百姓無匱於心。

臣聞頓納（網）探淵，不能招龍。振綱羅雲，不必招鳳。是以巢箕之叟，

不眄（眒）丘園之弊，洗渭之民，不發傅巖之夢。

臣聞鑑之積也無厚，而照有重淵之深。目之察也有畔，而眡（眠）周天壤之際。何則？應事以精不以形，造物以神不以器。是以方（萬）邦凱樂，非悅鐘鼓之娛，天下歸仁，非感玉帛之惠。

臣聞積實雖微，必動於物。崇虛雖廣，不能移心。是以都人冶容，不悅西施之景，乘馬班如，不輟太山之陰。

臣聞應物有方，居難則易。藏器在身，所乏者時。是以充堂之芳，非幽蘭所難，繞梁之音，乃（實）繁弦所思。

臣聞知（智）周通塞，不爲時窮。才經義（夷）險，不爲世屈。是以陵颶（飈）之羽，不求反風，曜夜之目，不思倒日。

臣聞忠臣率志，不謀其報。貞士發憤，期在明賢。是以柳莊黜擯（殯），非食瓜衍之賞。禽息碎首，豈要先茅之田。

臣聞利眼臨雲，不能垂照。朗璞蒙垢，不能吐暉。是以明哲之君，時有蔽壅之累，俊乂之臣，屢抱後時之悲。

臣聞郁烈之芳，出於委灰。繁會之音，生於絕弦。是以貞女要名於沒世，烈士赴節於當年。

臣聞良宰謀朝，不必借威。貞臣衛主，脩身則足。是以三晉之強（彊），屈於齊堂之俎，千乘之勢，弱於陽門之哭（哭）。

臣聞赴曲之音，洪細入韻。蹈節之容，俯仰依詠。是以言苟適事，精麤可施，士苟適道，脩短可命。

臣聞因雲灑潤，則芳澤易流。乘風載響，則音徽自遠。是以德教俟物而濟，榮名緣時而顯。

臣聞覽景（影）耦（偶）質，不能解獨。指迹（跡）慕遠，無救於遲。是以脩（循）虛器者，非應物之具，翫空言者，非致治之機。

臣聞鑽燧吐火，以續湯谷之晷。揮翮生風，而繼飛廉之功。是以物有微而毗著，事有璅（瑣）而助洪。

臣聞春風朝煦，蕭艾蒙其溫。秋霜宵隊（墜），芝蕙被其涼。是故（以）威以齊物爲肅，德以普濟爲弘。

臣聞巧盡於器，智數則興（貫）。道繫於神，人亡則滅。是以輪匠肆目，不乏奚仲之妙，瞽叟清耳，而無伶倫之察。

臣聞性之所期，貴賤同量。理之所極，卑高一歸。是以准月稟水，不能

加涼，晞日引火，不必增輝。

　　臣聞絕節高唱，非凡耳所悲。肆義芳訊，非庸聽所善。是以南荊有寡合之歌，東野有不釋之辯。

　　臣聞尋煙染芬，薰息猶芳。徵音錄響，操終則絕。何則？垂於世者可繼，止乎身者難結。是以玄晏之風恒存，而動神之言已滅。

　　臣聞託闇藏形，不爲巧密。倚知（智）隱情，不足自匿。是以重光發藻，尋虛捕影（景），大人貞觀，探心昭試。

　　臣聞彼（披）雲看霄，則天文清。澄風觀水，則川流平。是以四族放而唐劭，二臣誅而楚寧。

　　臣聞音以比耳爲美，色以悅目爲歡。是以眾聽所傾，非假百里之操。万（萬）夫婉孌，非俟西子之顏。故聖人隨世以擢佐，明主因時而命官。

　　臣聞出乎身者，非假物所隆。牽乎時者，非剋（克）己所勗。是以利盡万（萬）物，不能叡童昏之心，德表生民，不能救樓遑之辱。

　　臣聞動循定檢，天有可察。應無常節，身或難照。是以望景揆日，盈數可期，撫臆論心，有時而謬。

　　臣聞傾耳求音，眂優聽苦。澄心殉（徇）物，形逸神勞。是以天殊其數，雖同方不能分其感，理塞其通，則並質不能共其休。

　　臣聞遁世之士，非受匏瓜之性。幽居之女，非無懷春之情。是以名勝欲，故耦（偶）影之操矜，窮愈達，故凌霄之節厲。

　　臣聞聽極於音，不慕鈞天之樂。身足於蔭，無假垂天之雲。是以蒲密之黎，遺時雍之世，豐沛之士，忘桓撥之君。

　　臣聞飛轡西頓，則離朱與矇瞍收察。懸景東隤（秀），則夜光與砥砆匿耀。是以才換世則俱困，功耦（偶）時而並劭。

校記：

物稱權而衡殆。（55／18a）

　　案：「稱」字，各刻本作「勝」。惟各本善注云：「勝或爲稱，《爾雅》曰：稱，舉也。一曰：稱亦勝也。」案善注引《爾雅》，在〈釋言篇〉。「稱」有二義，一曰「舉也」，一曰「好也」。「稱」者，爲銓衡之名。蓋「稱」「舉」俱兼言行二義。凡「稱述」，「稱道」，皆言之類也，「稱量」，「稱度」，皆行之類也。「舉」義亦同（郝義行，頁262～263）。然

則善注云「一曰：稱亦勝也。」不知見於何書。詳其義，蓋以爲別本或作「稱」，於該句無解，遂以「一曰」通釋之。殊不知其所見別本，今幸得見於石窟寫卷，此至可寶也。於版本學當可議者有四：

其一：以見唐世《文選》版本之盛，不惟善注本，五臣注本，其別本亦行於世。是以果爲石窟唐僧手抄而據之。其注本之多，亦可仿此類推。

其二：善注《文選》所見並世版本，或注一本作某者，皆確有其本。以此「稱」字合於善注所言所證。由是知善注亦嘗及版本考訂，殆爲《文選》版本學之發端也。

其三：善注於別本或字之釋，見有不合字書者，則但以己意妄釋，所釋乃不見傳於今本字書。皆緣於版本之異，力欲解之，無何，乃曲解也。

其四：倘視此或本之注文，非善注本文，疑即唐世讀選書者旁批之語，後世刻本刊之，誤此批語入注文，遂相訛至今，如此例之可見者。

不降佐於昊倉。（55／18b）

案：「倉」字，明州本作「蒼」，下著校語「善本作蒼」。據此，則五臣注爲先之明州本正文當改爲「倉」，否則與校語不應。今據贛州本正文即作「蒼」，下云五臣本作「倉」。持與寫卷本作「倉」可旁證。叢刊本同贛州本，尤本亦作「蒼」。然陳八郎本亦誤作「蒼」。知明州本承陳八郎本而誤也。惟寫卷「倉」「蒼」字往往互通，是以寫卷作「倉」，未必即非「蒼」。然不論如何，寫卷可據以校訂今見刻本之五臣注《文選》正文，殆無可疑。

祿放於寵。（55／19a）

案：「放」字，明州本作「施」，贛州本作「放」。知此寫卷合於善注。

不昈丘園之弊。（55／20a）

案：「昈」字，俗寫。今惟明州本正文與此同。陳八郎本已刻作「盻」，尤本同。贛州本，叢刊本並後世刻本皆正楷作「眄」。此予明州本之時代及其版本可議者有二：

其一：明州本雖日本刻，然尙多存唐世俗寫之字體，未改以楷定。知

明州本刻書早於各刻本。

其二：陳八郎本亦多俗寫簡體，與明州本同。由是知宋世刻本，民間與官本不同者，自刻書字體求之，以敦煌寫卷之俗字旁證，版本學之說殆可信矣！此寫本與刻本關涉之又一例。

習數則興。（55／25a）

案：「興」字寫卷獨見，與各刻本不同。明州本陳八郎本作「慣」，贛州本、叢刊本、尤本作「貫」。知刻本兩注互異，然皆不同於寫卷本。善注亦未注或本異字，豈不及校耶？亦未見耶？雖然，可證唐世確有別於兩注之它本者在。今幸可見寫卷本，稍見其異文。

而動神之言已滅。（55／26a）

案：「而」字，各本無，「言」字，各本作「化」。並無異同校語。此又寫卷獨見之例。據下注五臣「濟曰：喻堯舜去世，至道之化乃滅也。」似五臣注作「化」無疑。然「動神之言」與上文「玄晏之風」互對，意至爽朗，從寫卷本作「言」較可通。惜無旁證。

六、伯二六四五

伯二六四五號　今本卷五十三

篇名：李康〈運命論〉

原卷存文：

其末，天下卒至於溺而不可援也。夫以仲尼之才也，而器不周於魯衛。以仲尼之辯也，而言不行定於襄。以仲尼之謙也，而見忌於子西。以仲尼之仁也，而取讎於桓魋。以仲尼之智也，而屈厄於陳蔡。以仲尼之行也，而招毀於叔孫。夫道足以濟天下，而不得貴於人；言足以經萬世，而不見信於時；行足以應神明，而不能彌綸於俗；應聘七十（國），而不（一）獲其主。驅驟於蠻夏之域，屈辱於公卿之門，其不遇也如此。及其孫子思，希聖備體，而未之至。絜己養高，勢動人主。其所遊歷諸侯，莫不結駟而造門，猶有不得賓者焉。其徒子夏，升堂而未入於室者也，退老於家，魏文侯師之。西河之人，肅然歸德，比之於夫子，而莫敢間其言。故曰治亂運也，窮達命也，貴賤時也。而後之君子，區區於一主，歎息於一朝。屈原以之沈湘，賈誼以之

發憤，不亦過乎。然則聖人所以爲聖者，蓋在乎樂天知命矣！故遇之而不怨，居之而不疑也。其身可抑，而道不可屈。其位可排，而名不可奪。譬如水也，通之斯爲川焉，塞之斯爲淵焉，升之於雲則雨施之，沈之於地則土潤之。體清以洗物，不辭於濁。受濁以濟物，不傷於清。是以聖人處窮達，如一也。夫忠直之迕於主，獨立之負於俗，理勢然也。故木秀於林，風必摧之，堆出於岸，流必湍之，行高於人，眾必非之。前監不遠，覆車繼軌，然而志士仁人，猶蹈之而弗悔，操之而弗失。何哉？將以遂志而成名也。求遂其志，而冒風波於險塗。求成其名，而歷誹謗議於當時。彼所以處之，蓋有籌矣！子夏曰「死生有命，富貴在天」，故道之將行也，命之將貴也。則伊尹呂尙之興於殷周，百里子房之用於秦漢，不求而自得，不邀而自遇矣。道之將癈（廢）也，命之將賤也，豈獨君子恥之。

校記：

而言不行定於襄。（53／14a）

　　案：各本作「而言不行於定哀」，據《史記‧孔子世家》載，孔子去魯適衛，在定公時，則刻本之「定哀」符也。寫卷誤抄。

而屈厄於陳蔡。（53／14b）

　　案：明州本作「而受屈於陳蔡」，下著校語云「善本無受字」，又屈字下校語：「善本有厄字」。今考贛州本、叢刊本即如所言。知寫卷同於善注本。

七十而不獲其主。（53／14b）

　　案：各本「十」下有「國」字，「不」下有「一」字。此寫卷脫。

絜己養高。（53／15a）

　　案：「絜」字，各本作「封」。觀善注引韋昭：「封，厚也」，又五臣銑注云：「但爲厚己養其高名」。知兩注亦以封字爲釋。今此寫卷獨作「絜己養高」，絜己謂潔己自身，始能得高名，於義爲長，然則寫卷所據爲更早之《文選》舊本乎？

莫不結駟而造門。（53／15b）

　　案：「門」下，明州本校語云善本有「雖造門」三字，贛州本、叢刊本即有。知宋代刻本兩注已不同。此寫卷則同於五臣注本。則五臣注非

全不合昭明之舊，而任意刪改者。而善注亦非全襲昭明之本者。蓋敦煌寫卷《文選》白文或同於五臣注本，或同於善注，或獨作而異於兩注。皆不可一例言之。其於版本之可議者：即寫卷在唐世眾本兼出，刻本各據所祖，遂各校異同耳。

升之於雲則雨施之，沈之於地則土潤之。（53／16b）

案：各本「施」下「潤」下並無「之」字。此寫卷獨見。有「之」者，於義爲足，且句構富變化。自文義修辭之美較之，寫卷爲長。

不辭於濁。（53／16b）

案：「辭」字，明州本同，贛州本作「亂」。知刻本兩注異字而寫卷同於五臣注。

七、伯二六五八

伯二六五八號　今本卷四十八

篇名：揚雄〈劇秦美新〉

原卷存文：

揚雄〈劇秦美新〉

礼樂之場（下脫）懿律嘉量，金科玉條，（玉）神（下脫）靡不宣臻。式輪軒旂旗以（下脫）袞冕以昭之。正娶嫁（嫁娶）送終（下脫）。夫改定神祇，上儀也。欽脩百祀，咸秩也。明堂雍（辟）臺（廱），壯觀也。九廣長壽，極孝也。制成六經，洪業也。北懷單于，廣德也。若復五爵，度三壤，經井田，免人役，方甫刑，匡馬法。恢崇（宗）祇庸爍德懿和之風，廣彼縉紳講習言諫箴誦之塗，振鷺之聲充庭，鴻鸞之黨漸階。俾前聖之緒，布濩流衍而不韞韥，郁郁乎奐（煥）哉！天人之事盛矣，鬼神之望允塞。羣公先正，罔不夷儀。姦宄寇賊，罔不振威。紹少典之苗，著黃虞之裔。帝典闕者已補，王綱弛者既張。炳炳麟麟，豈不懿哉。厥被風濡化者，京師沈潛，甸內市洽。侯衛力（屬）揭，要荒濯沐。而術前典，巡四民，迄四岳（嶽），增封泰山，廣禪梁（漫漶）甫，斯受命者之典業也。蓋受命日不暇給，或不受命，然猶有事矣。況堂堂有新，正丁厥時，崇（下脫）望受命之臻焉。海外遐方，信延頸企踵，回面內嚮，喁喁如也。帝者雖勤，惡可以已乎？宜命（下脫）典篇，

奮三爲一，以示來人，摛之罔極。令（下脫）臭馨香，含甘實，鏡純粹之至精，聆（下脫）工伊凝，庶續咸喜（熙）。荷天衢，提地釐（下脫）庶可試哉。

校記：

玉神。（48／16a）

案：各本「神」上無「玉」字。寫卷此字旁亦未見有乙改符號，知寫卷有此字，異於各本者。

娶嫁。（48／16b）

案：「娶嫁」，各本倒反作「嫁娶」。

明堂雍臺。（48／16b）

案：明州本作「明堂辟廱」，下著校語云善本作「明堂雍臺」。贛州本、叢刊本、尤本即是。知寫卷同於善注本。惟據下注文，善注引《漢書》曰「莽奏起明堂辟雍」，與五臣注向曰「明堂，布政室，辟廱，講藝之所也。」則似正文當作「辟廱」，否則不應注文。則寫卷誤抄也。然則善注正文何以從之誤？疑刻者據已誤之寫本而刻，至於注文，則仍其舊。遂如今見之異也。

九廣長壽。（48／17a）

案：「九廣」，各本皆作「九廟」。「九廣」於義無解。此抄卷誤，作「九廟」是。

而不韞櫝。（48／18a）

案：「櫝」字，明州本作「櫝」。下著校語云：善本作「韣」。贛州本正文同明州本，下校語亦同，叢刊本正文已從善注本作「韣」，下著校語云：五臣本作「櫝」字。尤本正文即作「韣」。此可知刻本兩注已有異字，惟贛州本爲早出，尚仍舊本，明州本則亦同舊本，茲以寫卷校之，正作「韇」。「韇」即「櫝」。蓋敦煌俗寫往往兩字同邊成文，乃抄者書寫成習而誤抄之，故「櫝」字因上字「韞」字而連寫仍作韋旁。即涉其旁而成「韇」字也。

炳炳麟麟。（48／18b）

案：「麟麟」，明州本作「煒煒」，下著校語云：善注作「麟麟」，贛州本即作「麟」，叢刊本、尤本同。此又寫卷同於善注本之證。

廣襌梁甫。（48／18b）

案：「廣」字，明州本有，下著校語云善本無「廣」字。贛州本同明州
本。叢刊本則正文已刪，「山」字下另著校語云：五臣本有「廣」字。
此卷有，足證更早之宋刻本皆仍唐寫之有，至叢刊本出，始正文改正，
而另下校語。

作帝典篇奮三爲一。（48／19a）

案：明州本「作典一篇，奮三爲一襲。」下著校語云：善本有「帝」
字、善本作「舊」字。贛州本、叢刊本即如校語所云。然贛州本正文
仍作「奮三爲一」，「奮」字下著校語云：善本作「舊」字。則贛州本
正文同明州本。即如寫卷所示，知唐世皆作「奮」，五臣仍之，善注則
作「舊」，此二本之異也。知善注乃誤刻寫卷涉「舊」「奮」形近之誤
也。然觀下善注文云：「宜命賢智作帝典一篇，足舊二典，而成三典也。」
則似善注仍以「舊」字解之。五臣注則明謂：「奮，振也。」此二本在
注解當初已分異，是各有所據之本。今寫卷既同於五臣注本，則五臣
注亦非無據，非如後世訾議妄改之論者，此於五臣注之明誣深有助焉。

八、伯二七〇七

伯二七〇七號　今本卷四十六

篇名：王融〈三月三日曲水詩序〉

原卷存文：

我大齊之握機創歷，誕命建家，接礼（禮）貳宮，考庸太室。幽明獻期，
雷風通嚮（饗），昭華之珍既徙，延喜之玉攸歸。革宋受天，保生萬國。度邑
靜鹿丘之歡。遷鼎息大坰之慙。紹清和於帝猷，聯顯懿於王表。駿發開其遠
祥，定爾固其洪業。皇帝體膺上聖，運鍾下武，冠五行之秀氣，邁三代之英
風。昭章雲漢，暉麗日月，牢籠天地，彌壓山川。設神理以景俗，敷文化以
柔遠。澤普汎而無。

校記：

雷風通嚮。（46／15b）

案：「嚮」字，各刻本作「饗」，五臣注云：陰陽和也。善注引《尚書》

曰：納于大麓，烈風雷雨不迷。又引《尚書‧大傳》舜將禪禹，八風循通。詳兩注之義，似善注以通嚮爲不迷循通之意。則「嚮」字不當作「饗」。作「嚮」，於義爲佳。《廣韻》：饗，歆饗。嚮，又音向。《爾雅》：兩階閒謂之嚮（林尹，頁311）。〈劇秦美新〉「炎光飛嚮」，善注：「飛嚮，震聲也。」又《左傳》昭公十二年「如響應聲」，《釋文》：「響本作嚮也。」又《漢書‧藝文志》「其受命也如嚮」，顏師古注：嚮與響同。《說文》「響，聲也，从音鄉聲。」據以上可知「嚮」「響」每多相通，皆以爲聲之意。然「饗」字絕無與「嚮」相通者。蓋「饗」字無循通之義，殆無可疑。則此句似當从寫卷作「嚮」，各刻本俱誤，此寫卷獨見之例也。

普汎。（46／17a）

案：汎字，明州本作「泛」，下著校語云：善注作「氾」。贛州本即如是。此卷作汎。汎與汎異字，汎：灑也，从水孔聲，汎：羣浮也。《一切經音義》載汎與渢同。渢：浮貌。然則汎又作泛，又作氾（阮元，部首，頁31）。又《龍龕手鏡》：「氾」或作「泛」「汎」，芳梵反，浮也，亦流皃也。（釋均行，頁233），知「汎」「泛」「氾」皆同字。然善注五臣注寫卷各書其一體，此特別之例，益證寫本與刻本究非一例，宜細審之。

第二節　日本 HoSoKaWa 私藏本

一、緣　起

《文選》寫卷，今世所存可見者，皆唐代寫本，有二系，大宗曰敦煌寫卷，小者曰唐人鈔卷，即日本所藏《文選》集注也。注者並注文格式，可分五類：一曰善注寫卷，即世所謂永隆本，二曰五臣注寫卷，惟見 Hosokawa 所藏葉二百卅六行。三曰它注寫卷，知有俄籍 Oldenburg 所藏本，現在列寧格勒亞洲研究中心。四曰白文寫卷本，即今見敦煌各本。五曰集注本，即日本平安朝鈔本，京都帝國大學昭和十一年影本行世。凡斯五類，所謂寫本之總也。

驗此五本寫卷，或詳正文義，或釋出典，或明體類，或總括文意，或引伸己見，皆各自成說，茂言儷辭，雅有可觀，即識有不同，見有異聞，合而

參考，兩不相妨。由此見唐世文選學之盛，注家之夥，不獨崇賢之專擅也。

　　然諸本惟五臣注湮沒不聞，士人眇知，是以至今無見有研之者，以較之各卷，自敦煌之學興，歷經數手校勘題記，蔚然可觀者，以視此卷猶粗璞之未鑿，誠有遇與不遇之嘆哉。今即據日本 Hosokawa 所藏影本，持與各本相校，明其異同，審其優劣，定其價值，而試探其注者並注文體例如后，以資唐代寫卷之一解。

二、卷式現貌

　　是卷以麻紙寫，共十一葉，都二百卅六行，首尾俱缺。原藏在敦煌，後歸日人 Mr. Moritatsu Hosokawa 手。僅注文，無《文選》正文，與五臣注善注今刻本者不同，又與敦煌唐寫卷永隆本善注正文與注文並寫者異。日本唐鈔注本亦正文注文均寫。可知此本獨鈔注文，乃《文選》寫卷之僅有者。又分裝十一葉，蓋屬唐人裝幀法式也，與伯希和王氏《切韻》殘紙之四十二葉，王國維所校之王仁煦刊謬補缺《切韻》同式，信其爲唐手。葉德輝《書林清話》云：

> 魏晉以後，佛經梵夾大行於世，而其用益宏。……則摺疊之制，在
> 晉時已通行。而唐人試卷之式，亦本此而爲之。

據此知古人書多傳寫之本，字跡雖精審，惜作冊不解線縫，只疊紙成卷，如今見唐人寫卷之藏敦煌者，殆其法式也。葉松發嘗於所著《中國書籍史話》一書錄是卷以爲圖版，審爲葉子裝。（案：葉松發 1978，頁 170）

　　是卷書以楷體，筆意仿唐陸柬之書《文賦》，亦近二王也，書極工，殆爲名手。無寫者名姓，亦未抄年代。然據「民」字十餘見，有二處缺筆，各在行 165、行 167，疑當非偶然之漏，準是，或爲初唐之物也。是卷脫字錯字並簡省誤鈔者甚多，其中一二至於不能辨曉文義。又引書俱不稱名，且例皆節取，頗似五臣注書例。

　　案五臣注書立意與善注異，凡善詳者五臣必略，善引此，五臣必另引彼。今試持以校兩注，大抵善有者，此卷略皆無，即有，亦與善詳略有別。又五臣注有者，是卷例皆有，然亦詳略有異，惟於分節作注處，與所釋選文句，大抵類如五臣注。然因是卷脫誤混亂有須據五臣注以按其順序者，顯見凡是卷誤脫，今刻本皆已改正，合上所云不同善注條例，定爲五臣注無疑，此必五臣之一者先注之文，在呂延祚上合注表之前。可視爲五臣注之稿本，乃未

經呂延祚刪取合併之注也，彌可珍視。

此十一葉所包注文，計有：

司馬相如 〈喻巴蜀檄〉

陳琳 〈爲袁紹檄豫州檄〉

陳琳 〈檄吳將校部曲文〉

鍾會 〈檄蜀文〉

司馬相如 〈難蜀父老〉

惟非若善注與五臣注之正文注文並鈔。今持與《文選》集注寫本卷八十八亦有〈難蜀父老〉一文之注校之，亦迥然大異，信知非《文選》集注同鈔者。復持與日本足利學校藏明州本六臣注校之，明州本〈難蜀父老〉一文之「澌沈澹災」句下校語云「善注作灑」，此卷與明州本同，則此卷信爲五臣注所據之本。按明州本在紹興二十八年刊，固六臣合注本，惟詳於五臣注文，與贛州本、廣都本之詳於善注者異，爲吾人今日唯一可據合併本五臣注較詳之底本也。然則復持與今存五臣單注本之最早刻本，即陳八郎本校之，亦同作「澌沈澹災」。凡此俱可定是卷乃五臣注本者也。

又列寧格勒亞洲研究中心 Sergei Fedorovich Oldenburg 所持敦煌寫卷亦有《文選》注者，彼非善與五臣注，亦與《文選》集注不同。今持與相較，據日人 Kiichiro Kanda 所知，亦云不同。則此卷爲唯一之本，且爲今存五臣注之最早者。其可供「文選學」之參酌，功自未可限量。

是卷卷末連屬它文，即唐末法僧曇曠《大乘百法明門論開宗明義記》。共十一行，字跡粗劣，行楷不一，筆劃未工，不若是卷之精審。

今即據敦煌寫卷與各本刻本校之，先歸屬注文分置選文各節句讀，以符正文，凡各本詳略異同並見舉之，凡於義例有己見之而自珍者，各繫於案語中。

三、校記與案語

（一）司馬相如〈喻巴蜀檄〉。（44／1a）

（1）檄也明也，將欲出師，此（猶）之於雪〻動則電出。故師先之以璩。比電光出玄，皎然以道理告喻之。

案：此釋選文題類。善於檄文之源流名義無注。五臣乃增補之，此五臣注之條例也。此卷亦詳注體類，與五臣注暗合，知或同出五臣注之手。

然五臣注云「檄，皎也，喻彼使皎然知我情也。」和一皎字出義，與是卷之「皎然以道理告喻之」之義暗合。惜今見刻本注文則略多矣！不若此卷之詳。是卷所引蓋出《文心雕龍》卷四〈檄移〉云：「震雷始於曜電，出師先乎威聲。故觀電而懼雷壯，聽聲而懼兵威。兵先乎聲，其來已久。」（案：范文瀾 1975，頁 4／63）據此，則「此」下疑脫「猶」，或類比似之辭。「雪」，「雷」誤，「雪」下省筆同，敦煌寫卷凡重字例皆省筆。「師」即「師」俗寫。「瑞」亦當作「檄」。然敦煌寫卷字例有偏旁不定，繁簡不一者，已詳於潘師石禪之《敦煌俗字譜》（案：另參潘重規 1980，頁 279〜322）。又《文心雕龍・檄移》云：「暨乎戰國，始稱爲檄，檄者皦也。宣露於外，皦然明白也。」（案：范文瀾 1975，頁 4／63）「皦」字此卷作「皎」。當即「皎」，與明抄本《御覽》引作「皎」同。以上爲此卷注文釋「檄」義者。顯知所據即《文心雕龍》之說。至今刻本五臣注亦承襲之，惟注文略甚耳。可知此卷或鈔自五臣注之稿本，是以詳於今刻本，蓋呂延祚上表嘗云：「作者爲志，森乎可觀。記其所善，名曰集注，並具字音，復卅卷。」則其所上之注，殆取五臣各家之「善」者，其非五臣注稿本原貌必矣！惜五臣稿本不得見，昔人無以考之，以爲五臣注皆荒陋，遂如李姚王蘇之譏者，洵非持平。今得見此卷之注文，實詳於今刻本，乃知五臣不白之評可稍釋矣！且觀此節注，雖本之《文心雕龍》，然不直引原書，但約舉其意，更益以己說，混抄而注，即綜合詮釋之法也，凡此俱符今見刻本之五臣注例，其引書不稱名亦同。據是可定爲五臣注稿本之鈔寫也。

（2）六國時遊楚於至楚相處，相失璧而怨秦盜之故，儀照王時為秦相，為一尺二寸皦楚相。玄其皦可明。昭自張儀，如，當漢武帝建元五年。知通夜郎慎池。遣中郎唐蒙，賚帛遣詔，皦巴蜀千人兵糧，送從蒙：：發万人，後誅巴蜀之渠師，蜀人大驚，故帝遣司馬相如往檄以曉喻之。

案：此節注當繫選題下，蓋兼釋檄之始作於張儀，復據史漢以注選文題旨、撰作之意。檄文始作，善無注，五臣注今本曰：「此周末時穆王令祭公謀甫爲威猛之辭以責狄人之情，此檄之始也。」（44／1a）今本注主檄文始於祭公謀甫，與此卷注不同。今本注據《國語・周語》，此卷注則本之《史記・張儀列傳》：張儀既相秦，爲文檄告楚相曰：「始吾從

若飲，我不盜而璧，若笞我，若善守汝國，我顧且盜而城。」（瀧川龜太郎，頁914）然則二注雖異，皆各有所主。今注以祭公謀甫檄爲檄之本源，此卷注以張儀檄楚爲檄文一體之始稱。二注本自不誤，蓋皆符《文心雕龍·檄移篇》之解也。「遊」上當有「儀」字，「楚於」二字誤倒，「照王」當是「惠王」之誤，據《史記》本傳可證。一尺二寸，此寫卷明白可證後說混雜未考之弊。《索隱》引《春秋後語》云檄丈二尺，段注引演說文謂前人多言尺一，《說文》檄二尺書也。眾說紛紜，今見此寫卷所引明作一尺二寸，與《文心雕龍》說同，則諸家異聞可止矣，此寫卷可資今本古書校勘之顯例也。「獥」「曒」皆「檄」字之別寫，說見前。自下注文皆釋司馬相如檄蜀之意。「如」，即「司馬相如」之略稱，疑此寫者或因省紙之故，故多略寫簡稱。武帝建元五年，書此年號，爲兩注所無。善注引《漢書》與此卷稍不同。《漢書》無「賫帛遺詔」語，《史記》本傳亦無。「渠師」，《漢書》作「渠率」，《史記》作「渠師」，此卷「師」，依例即「師」之別寫。與《史記》合。以上釋題意注文，今刻本五臣注俱無，即善注有者，亦所據引書異。則此卷注當爲五臣注未經刪取之原稿也。

（3）交臂受事。（44／1a）鈔注：**交臂，樊手。**

案：「交臂」，善注引《戰國策》：「儀交臂而事齊楚。」僅明出語之處。五臣注云：「交臂，拱手也。」此卷「樊」即「攀」字之簡寫。攀手拱手義近難分，知今本五臣注蓋斟酌寫卷未定之注。

（4）稽顙來享。（44／1b）鈔注：**享，會也。**

案：「享」字，善與今本五臣俱注作「獻也」。《漢書》顏師古注：「享，獻也，獻其國珍也。」此兩注所本。此寫卷不與兩注同。

（5）移師東指……太子入朝。（44／1b）鈔注：**于時有閩越王俱兵侵南越王胡塩界，南秦來遣太子嬰齊入侍欲去閩：越：弟聞漢助之，怖，煞其兄與自來降，即至也。**

案：此即建元六年閩越侵南越事，此寫卷與今本善注、五臣注俱不同，而詳於今本兩注。蓋善注據《漢書》顏師古注直錄，致有師古訓「弔」與文穎異，因辨駁文穎之說，善兩存之，並不加案語。此注則復從文穎注，蓋立意與善注異說也。然今本五臣注「弔」訓「問罪也」，亦不同寫

卷。又閩越侵南越時，兩注俱未詳，此卷則據《史記・南越傳》約舉其事，當爲五臣注之原貌，由此知五臣注寫卷詳於刻本。《史記・南越傳》：「至建元四年（佗）卒。佗孫胡爲南越王。此時閩越王郢（案：「此時」，《漢書》作「立三年」，是也，計其數，此時當建元六年）興兵擊南越邊邑。胡使人上書曰兩越俱爲潘臣。毋得擅興兵相攻擊。今閩越興兵攻臣，臣不敢興兵，唯天子詔之。於是天子多南越義守職約，爲興師，遣兩將軍往討閩越（案即王恢、韓安國）。兵未踰嶺，閩越王弟餘善，殺郢以降。於是罷兵。天子使莊助往諭意。南越王胡頓首曰：天子乃爲臣興兵討閩越，死無以報德。遣太子嬰齊入宿衛。」（瀧川龜太郎，頁 1224～1225）此即武帝建元六年事，寫卷注本此。《漢書》〈閩越傳〉、〈南越傳〉並同。「偵」，「傾」之簡筆，「偒」即「侵」，「塩界」疑「邊界」之誤，《史記》作「邊邑」。「南秦」二字衍。「嬰」即「嬰」之簡筆，「弟」即「弟」，「怖」，「驚怖」之意，「煞」，「殺」諱字，此卷凡「殺」皆諱「煞」。此卷注詳於今本五臣，又善注引《漢書》，此據《史記》。皆注者特別用心，取長補短，立心標異之法也。

（6）發巴蜀之士各五百人以奉幣帛，衛使者不然。（44／2a）鈔注：**不然者畏有非常云，故衛之。**

案：「不然」者，《史記》無注，《漢書》亦無。善注引張揖不在師古注中。今本五臣注：「謂不意之變也」，殆是，「不然」即「不虞」，謂不虞之變也，此注云「畏有非常云」，「云」字下疑脫「之變」二字，然則此寫卷注較今本注文已多。

（7）夫邊郡之士，聞烽舉燧燔，皆攝弓而馳，荷兵而走。（44／2b）鈔注：**烽，吏薪於栝，擇有急，即舉。燧，積柴。望見（寇）急，熒之竹，驚，荷兵干戈**

案：此節注脫漏簡省甚多，幾於不可辨曉。如此類者寫卷有多處，蓋寫者意在省紙也。然此節注較之今本兩注亦不同。善注引張揖，五臣約舉舊注，出以己意，此注亦不引書，惟所本者即《史記集解》與《索隱》，皆與善注引異本。案善注上表在顯慶三年，早於司馬貞草《史記索隱》，不當引後說固無疑也。此寫卷既得據《索隱》注文，則其稿成必在《索隱》之後，早在呂延祚上五臣注之前，計其年，約在開元元年至開元六年之際。《集解》引《漢書音義》云：烽如覆米薁，縣著桔槔頭，有寇則

舉之，燧，積薪，有寇則燔然之。又《索隱》引韋昭曰：烽，束草置臬之端，如挈皋，見敵則燒舉之，燧者積薪，有難則焚之（瀧川龜太郎，頁 1253）。據此，則注文自吏薪於桔擇，當有桔拮之誤。「薪」字當移於「積柴」下，「見」下脫「寇」字，「燹」即「焚」字。

（8）位爲通侯，處列東第。（44／3a）鈔注：**東予在天（子）下方：天子在諸煞一，東，又一解云漢封庄王皆在関東。**

案：此節注亦有脫文。「東予」，「東第」之誤。「天」下脫「子」字。「方」下有塗去符號，核其意，謂指「天子在諸煞一」六字。其最可怪之論，乃「東第」又一解，謂漢封侯王皆在關東。「庄」疑當作「侯」，「関」即「關」省筆。此節善注先引師古說，次引張揖說。五臣注類如之，皆謂東者帝城之東，東第者，位次於天子。《漢書補注》引沈欽韓說云：「《初學記》二十四引魏王奏事曰：出不由里門，面大道者名曰第。列侯食邑不滿萬戶，不得作第。其舍在里中，皆不稱第。蓋甲第又以北第爲尊。」此又別一說也，與善注五臣注不同。王先謙云：「有甲乙次第，故曰第。據此賦，知漢以東第爲甲，西第爲乙，至北第與北闕圓嚮，則更尊矣……甲乙但取第宅宏侈爲貴耳」（王先謙，頁 1200）。王說亦本之顏注。然則此注與諸家注迴異，其別一解，史傳均無考。則此注之可貴，乃備一說，豈可輕忽哉！

（9）方今田時重煩。（44／4a）鈔注：**重煩，重難也。**

案：此與師古注同。善注引亦同。今本五臣注作慎擾。

（10）亟下縣道。（44／4a）鈔注：**亟，急也。**

案：此注引師古注，與善注五臣注俱同。

以上司馬相如〈喻巴蜀檄〉之注也。

（二）陳孔璋〈為袁紹檄豫州〉。44／4a

（1）漢宜百姓曰縣管蠻夷曰道。袁紹，字本初，遣琳作檄：豫州刺史劉倄，當與我同心，與伐曹搽，故言檄豫。

案：此當繫選文題名作者名下注。惟前十一字當屬上文「亟下縣道」句下注。今與此文連屬而鈔，蓋誤也。審此注文意在專釋檄豫州之由，與今本所見五臣注翰曰並善注所側重者不同。贛州本於作者名下有「善曰魏志曰翰注」校語，叢刊本從之亦有。明州本只有翰曰注文與今見尤本

俱同。無同注之校語。陳八郎本亦有翰曰注，知此或五臣注固有者。贛
州本雖在明州本之後出，惟可能另據善注單行本而增注校語。惜今已無
得見此本。遂不能定其有無（案：當另參廣都本）。然則此鈔本注文略
於今見五臣翰注，且取意亦稍異，其爲稿本簡注可得證也。

（2）左將軍領豫州刺史郡國相守。（44／4b）鈔注：**漢封劉備爲豫州將
　　軍，郡有守，國有相，並謂劉備處官等。**

案：此注近於五臣銑注。今據陳八郎本銑曰：「刺史，劉備也，相國謂
爲侯王相國也，守即郡守」。然此注多「並謂」云云，至今本則已刪去。
此鈔注文繁於今本注文之例。知鈔注與今注繁省不一，然皆可尋其相涉
之處。又此鈔曰「郡有守，國有相」，則正文宜作「郡守國相」，今見贛
州本作「郡國相守」。下著校語「五臣本作相國」，又見明州本作「郡相
國守」，下著校語「善本作國相」，知二本所見俱同，今陳八郎本即作「郡
相國守」。今據鈔本此注，知各刻本誤也，此必五臣原寫本作「郡守國
相」，陳八郎本並各本五臣注銑曰「相國謂爲侯王相國也」，上「相國」
二字，當即「國相」之誤倒也。鈔本注文可證之。若是，則此鈔本注文
可據以正今各刻本之價值有二：其一可正合併本校語之誤，其二可正五
臣注文之誤。

（3）蓋聞明主圖危以制變，忠臣慮難以立權。（44／4b）鈔注：**嵒疑免制
　　謂文王囚於羑里，使散閑等求寶物以賂紂，免時立難。慮權渭伊尹
　　廢太甲等。權，反經以合道，經常也。皆摧摧時爲事。**

案：此注與今本兩注大異。今本善注各本無此句注文，五臣注則有向曰：
「圖度，權勢也。言古明君皆度其危亡，思其險難，因事立勢，以成其
賢聖之功也。」所云古之明君，意與此注舉文王、伊尹兩事稍涉。然一
約取文意，一明舉事例爲釋，一抽象，一具意。注筆固不同。又此注釋
「權」義，謂反經合道。復於注上加注，申明原注，與今五臣注向曰以
權謂勢也，以權勢釋權，兩注大異。知五臣注鈔本有與今刻本注意全異
者。且有注法各別，而鈔本注爲具體者。正文「立權」句下即接「是以
有非常之人，然後有非常之事，有非常之事，然後立非常之功」，此句下
善注引〈難蜀父老〉以注出語，五臣注合立權句意，注云「非常之人謂
賢聖也」，此鈔本則無注。

（4）曩者彊秦弱主，趙高執柄，專制朝權，威福由己，時人迫脅，莫敢
　　正言終有望夷之敗。（44／4b）鈔注：曩，向也。起高胡亥即中後合
　　爲承相。初，始皇死於沙，近書與太子扶蕶，趙高得書。改云始皇
　　賜太子死。扶蕶得遂自煞。高立胡亥爲天子，而常語亥言階下深能
　　而亡，臣與階下爲駈，使臣。於是常閑二世，而高眉爲威權，指鹿
　　爲馬，以蒲爲晡，不由二世。欲咸政。胡亥夜夢白處嚙其左其騄，
　　以問卜"師"曰：經水爲祟。胡亥遂居於望夷之宮。齋以祈涇水，
　　高於是令女聟閻樂煞之於望夷。

案：此注亦詳於今本五臣濟注，今本濟曰於趙高事只略言：「言百姓懼高
之威，皆不敢正言於君也。望夷，秦宮名，趙高使閻樂殺二世於此宮也。」
於事義大不明晰。善注則引《史記》以注，其詳於釋事，頗與鈔注同。
然始皇遺書，趙高改命，善注亦闕，則鈔注引又詳於善注。茲若定此鈔
注爲五臣注稿本之一，則五臣單注原本實亦詳於釋事，其精注繁引，未
嘗不在善注之上。與今本五臣注大都於釋事爲簡略之注不同，此鈔注爲
五臣單注原本之可注意及者。「起高」，「起」字當「趙」字誤。「即」下
或脫「位」字。「自煞」即「自殺」，此本凡「煞」字數見，皆諱「殺」
字也。「欲咸政」，意謂趙高思欲專執政柄。「其左其騄」，下「其」字衍。
「經水」或書作「涇水」，凡敦煌俗寫有部首偏旁不分者，說引見上。「女
聟」即「女婿」。

（5）祖宗焚滅汙辱，至今永爲世鑒。（44／5a）鈔注：此言比曹操執權，
　　假衞天子，如趙高、祿、產等。祖宗秦之照公孝公等。

案：此注於引《史記》趙高專權事後，更就正文作意而注之，明陳孔璋
引此，意在比曹操爲趙高，諷意自在言中。此鈔注不惟釋事，更兼釋義
之例也。據此知五臣原注義例甚善，事義並注，越今本優甚矣！「照公」
即「昭公」。

（6）及臻呂后季年，產祿專政，內兼二軍，外統梁趙。（44／5a）鈔注：
　　高帝崩後，呂后煞趙隱王如意，遂立姪兒產及苐祿。產爲趙王，祿
　　爲梁王。二軍，漢將長安置南軍，故云二軍，周亞夫爲北軍，劉屈
　　來爲南軍。

案：此注兼包今本兩注之義。「二軍」五臣注今本無，善注有，然注義大
異。善注云「陳平請拜呂台、呂產爲將，兵居南北軍」，以呂台、呂產爲

南北軍，不注二軍之源由。此注則以漢制長安南北二軍故云，且以北軍周亞夫，南軍劉屈來為二軍名。知此注雖為五臣注今本闕，然亦不若善注。或謂五臣注多竊取善注者，疑未必然。「來」字缺筆，不知何諱。

（7）於是絳侯朱虛，興兵奮怒，誅夷逆暴，尊立太宗。（44／5b）鈔注：
　　絳侯周勀，朱虛劉侯章，高祖見孝悼王子，取呂氏女妻，知呂謀絕劉，故取。因勃興能，因酒，今煞呂氏，迎代王立為文帝。並是章敦之功。太宗，文皇帝也。

案：「勀」「勃」「敦」並勃字。「劉」下有肌去符，當謂「朱虛侯劉章」。「取」即「娶」字省筆。此注今亦不見五臣注中，善注有，引《漢書》以注，然無「取呂氏女妻」云云，知二注所取史書文亦多彼此有無，並不盡同。則不能據此仄斷此鈔本注文為善注。或當為五臣單注原有者，至呂延祚綜集諸家，始去之，遂與原注詳略不同。又此注自「故取」下八字，意晦難斷。

（8）此則大臣立權之明表也。（44／5b）鈔注：**大臣立權，因劉等**
案：此注節略甚多，晦而難曉。玩其意，當釋「大臣立權」之意。亦即前注謂權變時事之旨也。故今本五臣注銑曰：「漢道興盛而明長者，是周勃等權計之儀表也，紹此言者，亦將為權道以匡漢室也。」詳銑注，亦作權宜之計，權道之計，與鈔注意合。疑鈔注為稿，未盡文意，待綜集五臣注上表玄宗，乃據稿本更演申之。

（9）司空曹操祖父中常侍騰與左悺徐璜並作妖孽。（44／5b）鈔注：**左神徐璜皆獻帝小黃門名。**
案：「神」各本作「悺」，此鈔誤，又各本善注與五臣注俱曰「桓帝時小黃門」，此云「獻帝」，其可能有二：或鈔誤，或五臣稿本原作「獻帝」，後改正之作「桓帝」。

（10）父嵩乞匄攜養，因臧假位，輿金輦璧，輸貨權門。（44／6a）鈔注：
　　嵩，夏侯氏子，曹騰為火長秋，騰閹人無兒，故《曹喵傳》曰騰是得夏侯譚足得，夏侯譚子即嵩，故云乞工。漢時以賦買得官，故云輿至輸貨也。

案：「火」，「大」誤，《魏志》注引司馬彪《續漢書》云：順帝即位，為小黃門，遷至中常侍大長秋（案：裴松之 1981，頁 5）。《續漢書・百官

志四》：承秦，將行宦者，景帝更名大長秋。秩二千石，掌皇后太子家，
或用士人爲之，中興常用宦者。又韋昭《辨釋名》：長秋，自皇后官，非
天子卿，釋云：長秋主宮中。凡物次春生，秋成，欲使宮中之祚如之，
故爲名。辨云：皇后陰官，秋者，陰之始，取長名，長者欲其久也（案：
虞世南 1974，頁 222）。據此知大長秋主宮中事，爲宦者所司。「瞞」即
「瞞」誤。此注近於今本五臣濟注，然所引《曹瞞傳》，乃今本各注所無
者。今據《魏志》注引《曹瞞傳》云：吳人《曹瞞傳》及郭頒《世語》
並云：嵩，夏侯氏之子，夏侯惇之父，太祖於惇，爲從父兄弟。（同前）
然則注僅云「夏侯氏子」，此注逕謂「夏侯譚子即嵩」。今檢《魏志》卷
九〈夏侯惇傳〉則云：夏侯嬰之後也（案：裴松之 1981，頁 125）。亦未
載惇父祖之名。此鈔注明言「夏侯譚」，必別有所見。可見鈔注引書厥有
可論者二：一曰鈔注引書可據以補注今本史書之漏，二曰鈔注引書有與
今本善注五臣注俱不同者。知五臣原注亦未嘗不冠書名。

（11）操贅閹遺醜，本無懿德。（44／6a）鈔注：贅之冈（？）言操本乞養
　　　之子，後閹即騰，是黃門兒。

案：「冈」字疑即「肉」字省筆，此注謂「贅之肉」，喻言操本乞養之子，
蓋指嵩入贅爲曹騰之養子，故後注即言「閹即騰」。核其意，與今本五臣
翰曰注同意。今本五臣注翰曰：「贅，餘肉著身也，閹，宦人也，令，善
也，贅喻嵩也，閹謂騰也，言操是如此種類，元無善德以及於人也。」
然今本注增文雖多，其意不越鈔注。可知凡今本注增多者，大抵皆無關
重要。愈證鈔注爲五臣注之原始稿本。此贅字，善注謂「假相連屬」，與
鈔注今本五臣注俱不同。

（12）幕府董統鷹揚，掃除凶逆。（44／6a）鈔注：幕府即袁紹也，幕府自
　　　衛：青：征凶奴，有獲有功，帝僖悅，遂就幕府封之，故云幕府。
　　　幕，大也，府，聚也。

案：此注亦兼取五臣向注與善注。今本善注引《漢書音義》曰：「衛青征
匈奴，大克獲，帝就拜大將軍於幕中，因曰幕府。」與此鈔注近，然鈔
注文較多，且單釋「幕府」二字義，亦近五臣注例。今本五臣注向曰有
「幕府謂紹也」，幾與鈔注同。此鈔注合兩注而鈔者。然雖合鈔，亦未必
與今各刻本同。知此鈔注可據以較觀寫本與刻本之間距。

（13）續遇董卓，侵官暴國，於是提劍揮鼓，發命東夏，收羅英雄，棄瑕取用。（44／6b）鈔注：**續，盡。卓者，袁紹當為虎賁中郎將，遭董卓起，乃是向關東，召陳頷軍，取之。遂令聚関起義兵，欲誅卓。**

案：此注亦包今本善注、五臣注各有者，惟注義均異。今本五臣注濟曰「續，相連也。」此注云「盡」，義不同。疑即五臣原注均各有注，異同不一，殆綜集時，必有所去擇，此注作相連，與鈔注不合，即不取鈔注之證也。又袁紹叛卓，據關東誅卓事，今本五臣良注與善注具同，贛州本乃著校語「餘同善注」，明州本亦著校語「善同良注」，雖然，兩注同引《魏志·卷六·袁紹傳》，亦互有增損。今本明州本無「魏氏曰」，贛州本有。明州本「因橫刀長揖」句上無「紹不應」三字，贛州本有，尤本亦有。且尤本改「魏氏曰」為「《魏志》曰」。今持二注所引與今本《魏志》相較，知二注非引原書，蓋節取也。然二注引與鈔注俱異。鈔注省文甚多，核其意，已兼及紹出奔冀州，韓馥懼而讓位事，此紹所以據冀州而攻卓之由也。二注引不及此，故有選文正文「發命東夏，收羅英雄，棄瑕取用」句，注文不相涉。今鈔注兼及紹施計襲韓馥以取冀州事，殆與選文正文合，較今本二注為恰。《魏志·卷六·袁紹傳》：「後馥軍安平，為公孫瓚所敗，瓚遂引兵入冀州，以討卓為名，內欲襲馥，馥懷不自安。」注引《英雄記》曰：「逢紀說紹曰：將軍舉大事而仰人資給，不據一州，無以自全。紹答云：冀州兵彊，吾土饑乏，設不能辦，無所容立。紀曰：可使公孫瓚相聞，導使南來，瓚取冀州，公孫必至而馥懼矣！因使說利害為陳禍福，馥必遜讓，於此之際，可據其位。紹從其言，而瓚果來。」（陳壽1981，頁90）審此，知鈔注意即據此。謂紹因卓謀廢帝，不允，橫刀出奔冀州，即向關東也，遂襲馥，陳禍福利害，馥懼乃讓，因取其位。「陳」即「言說陳述」。「頷」即「馥」之錯字。「取之」，謂取其位。據此，知鈔注包舉選文句意，與今本注皆不同。

（14）故遂與操同諮合謀，授以神師，謂其鷹犬之才，爪牙可任。（44／6b）鈔注：**徐衮青曾孝四州合謀，推紹為盟主。辝合衮州，俾墜其師之謀也。神師謂偏將軍東夏侯青衮等英雄，即四州判史同盟者。**

案：觀此條鈔注最能驗其為五臣注本。選文此節句意，善注云：「神師，偏師也。《漢書·衛青傳》曰：裨將及校尉侯者九人。謝承《後漢書》陳龜表曰：臣累世展鷹犬博擊之用。」觀此，知善注重在「神師」一詞所

出處，不及當文之句意。五臣注云：「翰曰：諮，議；裨，偏也。紹表操爲兗州刺史，授以偏師，與同議合謀，欲匡復漢室者，謂其有犬鷹將搏擊之能，可爲爪牙之任也，言鷹犬以比操也。」五臣此注重在訓釋紹表操爲兗州刺史之事，以符正文「遂與操同諮合謀」之句意。此鈔注所重亦在同盟句意，與善注不同旨。知鈔注確爲五臣注者。然徐兗青曾孝當五州，此言四州，必誤引《魏志》。《魏志》卷六本傳云：「橫大河之北，合四州之地，收英雄之才，擁百萬之眾，迎大駕於西京，復宗廟於洛邑。……紹喜曰：此吾心也。」（案：同前，頁 91）「墜」當「遂」字繁筆，謂遂其師之謀。「神師」，即「裨師」，五臣作「裨帥」，善作「裨師」，此「師」字即「帥」之增筆。五臣注翰曰「裨，偏也。」又曰「授以偏帥」，即此鈔注謂「偏將軍」。觀此所釋選文正文與善注本所從不合，與五臣注從合，知此鈔注本可證。

（15）冀獲秦師一剋之報。（44／7a）鈔注：秦師孟明、白乙、西乞述既敗，穆公用之，冀有三年將譯君命之事。

案：「述」即「術」之通借。「譯」，「辭」之省筆。此鈔注引《左傳》僖公三十三年春秦晉殽之戰，然非直引，只約舉其事大意。與今五臣注翰曰注法同。善注則直引《左傳》文而節取之。此鈔注約取之《左傳》文與翰曰亦稍異。《左傳》僖公三十三年孟明稽首曰：「君之惠，不以纍臣釁鼓，使歸就戮於秦。寡君之以爲戮，死且不朽，若從君惠而免之，三年，將拜君賜。」此鈔注「有三年將辭君命之事」注文所據，今本兩注均無。故知鈔注雖有與今本兩注類同者，但所約取引文則異。

（16）割剝元元，殘賢害善。（44／7b）鈔注：元，良善之民。

案：「元」，善注引高誘《戰國策注》曰：「元元，善也。」以「善」釋「元」，究與鈔注不盡同。五臣注「元元，謂眾人也。」亦得鈔注之半意。然則鈔注以「良善之民」釋「元元」，殆取兩注而合之意也。此鈔注如此可推論者有二：其一疑此即五臣之呂向注，呂向取善注，合於己注而綜言之。蓋所謂李匡又《資暇集》之譏五臣注也。與前注「幕府即袁紹也」合觀之，鈔注多有合於呂向曰者，並此例以推，鈔注或即呂向之原注。其二則鈔注出別手，蓋所謂闕名者所撰，雜取五臣、善注之長而綜注之，是以鈔注多見如此綜取兩注之例，然與兩注今本可見者雖同而實稍異。鈔注或即六臣合併本之始。據此，則唐人已合併善與五臣，非自南宋始也。

若是，則鈔注於選學源流之反證，殆具空前之價值，日人神田喜一郎即主闕名撰。今觀闕名所爲注，類皆取兩注之長，或簡或繁，或據以引伸，或據以另舉它文，或節取經史段次不同，或注義輕重偏主有別。其例不一，然尋之兩注，無不脈絡可辨。此鈔注乃合併注之明證也。

（17）故九江太守邊讓，英才俊偉，天下知名，直言正色，論不阿諂，身首被梟懸之誅，妻孥受灰滅之咎。鈔注：**邊讓如言捺乀不忠，於是煞之。**

案：此句善注於本事無說，但注單字，引臣瓚《漢書注》：懸首於木曰梟。贛州本、明州本、叢刊本等各本合併注如此，且無「同注」校語。尤本善注則增文，尤本注云：「《魏志》曰：太祖在袞州，陳留邊讓言議頗侵太祖。太祖殺讓，族其家。臣瓚《漢書》注曰：懸首於木曰梟。《尙書》曰：余則孥戮汝。」自《魏志》以下二十五字，各本俱無。《考異》所見袁本亦有，惟「志」作「書」。胡克家云：「此尤校改，但未必非引王沈《魏書》也。茶陵本刪此注，更非。」（胡克家，頁119）然則胡氏單據袁本，以爲刪者非，殊未盡然。胡氏未見贛州本明州本亦無。今據此鈔注有，頗與今本五臣注濟曰同，今本五臣注濟曰：「操爲袞州，邊讓言議頗侵於操，操殺讓而族其家，故云灰滅也。」（44／7b）與鈔注義相涉。知此當五臣注原有者。《考異》未見鈔注，論非。此鈔注可校今本合注之非，可訂胡克家《考異》之誤，可還五臣注之原貌，可證五臣原注詳於善注者。「如」字衍，「煞」即「殺」。

（18）故躬破於徐方，地奪於呂布。（44／7b）鈔注：**射欲，徐州牧陶謙曾煞捺父，捺志懲討煞之，往伂不得，遂被還。到來習他呂布於下邳，為布所敗之，書奪兗州之地，唯有花東河及鄄城在。**

案：「射欲」，當涉「躬破」形誤。「煞」即「殺」。「伂」乃「征」字省筆。「習」通借「襲」，「夺」即「奪」，反及也。此鈔注亦本之《魏志》，仍不冠書名，同於今本五臣，陶謙殺操父事，今本兩注皆引之，惟與鈔注雖義同而文稍異，即上所云鈔注力欲與兩注異解處。操何以躬破於陶謙，今本兩注未解，但注引軍還與太祖軍不利，尤本善注云：「《魏志》曰：陶謙爲徐州刺史。太祖征謙，糧少，引軍還。又曰：太祖與呂布戰於濮陽，太祖軍不利。」而於親征陶謙之故，即正文「躬破」無說。固屬不當，抑且引史書而誤失。何則？善注以操攻陶謙爲糧少而還，與今本《魏

志》不合。《魏志·曹操傳》興平元年春:「太祖自徐州還,初,太祖父嵩去官後,還譙。董卓之亂,避難琅邪,爲陶謙所害,故太祖志在復讎東伐。」案:此即操何以必欲親征陶謙之故。注引韋曜《吳書》曰:「太祖迎嵩輜重百餘兩,陶謙遣都尉張闓將騎二百衛送,闓於泰山華費間殺嵩,取財物,因奔淮南,太祖歸咎於陶謙,故伐之。」(案:陳壽 1981,頁 9)徐方即徐州,陶謙爲徐州牧,太祖遂親征之。此當選文作者陳琳所據。今本兩注不解其由,未引書以證,殊失。而鈔注明言「陶謙曾煞捴父,捴志欲討煞之。」頗得解。此鈔注優於今本兩注處。又今本五臣翰曰:「操爲徐州刺史爲陶謙所破。」(44/8a)下「爲」字衍,於是順五臣注文而讀,大不類,乃竟以操爲徐州刺史,爲陶謙所破。蓋徐州牧實即陶謙。鈔注亦明言。此鈔注可校刻本誤衍又一例。今贛州本、明州本、叢刊本並陳八郎本皆衍下「爲」字,俱不可解。又操攻陶謙失敗之由,非關糧少。乃因於呂布之起也。《魏志》興平元年夏:「使荀彧、程昱守鄄城,(操)復征陶謙,拔五城,遂略地至東海。還過郯。謙將曹豹與劉備屯郯東,要太祖。太祖擊破之,遂攻拔襄賁。所過多所殘戮。會張邈與陳宮叛,迎呂布,郡縣皆應,荀彧、程昱保鄄城、范東阿二縣固守,太祖乃引軍還,布到,攻鄄城。不能下,西屯濮陽。(太祖)遂進軍攻之,布出兵戰,先以騎犯青州兵,青州兵奔太祖,陣亂馳突,火出墜馬,燒左手掌。司馬樓異扶太祖上馬遂引去。太祖乃自力勞軍,令軍中促爲攻具,進復攻之,與布相守百餘日。蝗虫起,百姓大餓,布糧食亦盡,各引去。」(案:陳壽 1981,頁 9)據此知太祖攻布失利,一失於布之設陷阱,再失於糧盡。善注只言操攻布軍不利,反於操攻陶謙,注云「糧少,引軍還。」與史書不合,必善注文有脫誤也。此鈔注云討陶謙,謂「往征不得」,不言糧少,於義得之。則鈔注引據史書有確實而勝於今本兩注者。

(19)幕府惟彊幹弱枝之義,且不登叛人之黨。(44/8a)鈔注:**強幹弱枚,謂更與操兵,使討諸賊陶呂等。幹操也,叛人,呂陶也。**

案:「幹」即今「幹」,「枚」即「枝」字。此鈔注亦據史實,與善注引書明「強幹弱枝」、「不登」二詞出處之注不同。然以幹喻操也,與五臣注云「幹本喻君也」亦不若。又鈔注以叛人指呂陶,與善注云「叛人謂呂布也」,增一「陶」字。凡此皆鈔注半似今本兩注處。其兼今本兩注而更

加以己意即此例也。又「強幹弱枝」，今本兩注未叩之史實。善注仍引書
明出處，五臣注以比喻實解之，翰曰：「幹本喻君也，枝喻諸侯也。叛人
謂呂布也，言我欲強君而弱諸侯，故不成呂布之強也。」蓋謂袁紹助操
以抗呂布，義稍得之，惜順注文而讀，易生混淆，今鈔注直謂「更與操
兵，使討諸賊」，語簡而義明。案《魏志・曹操傳》興平元年秋九月：「太
祖還鄄城，布到乘氏。爲其縣人李進所破，東屯山陽，於是紹使人說太
祖，欲連和，太祖新失兗州，軍食盡，將許之。」（案：陳壽 1981，頁 9）
盡與操軍食。殆即鈔注所本。由此知鈔注叩之史實較今本爲近眞。

（20）故復援旌擐甲，席捲起征，金鼓響振，布眾奔沮。（44／8a）鈔注：
　　　　擐甲著申丶，言利兵領之爲操討呂布，退而收奪得操奪地。

案：「攝甲」即「擐甲」之誤。此鈔注亦近五臣向曰，向注「擐，貫。」
鈔注擐甲著申，「著」上脫「貫」字，申字疑即甲字煩筆。《左傳》成公
二年「擐甲執兵」，注：「擐，貫也。」《後漢書・蔡邕傳》注同。《淮南
子・要略》「躬擐甲冑」，注：「擐，貫著也。」疑即今本向注與鈔注所據。
「申」下有「丶」重字符，即重「甲」字。下注文云：「甲言利兵領之」，
意謂甲乃利器，兵領之，名兵貫著之意也。「擐甲」注，善亦引《左傳》
杜預注，向復注之，然不冠書名，此鈔注亦不冠。皆五臣注之通例。下
注文又云紹爲操討呂布，「收奪得操奪地」，下「奪」字疑「失」字誤。
涉上「奪」字而重。此史事善注已明云「諸史不載，蓋史略也。」今檢
《魏志》並注，確無其事，則善注近是。此五臣注之塗說也。鈔注有，
今本五臣注復延其說而有，向云：「言紹聞操敗，引軍擊布，破之，軍眾
奔壞也」，較鈔注義同而更詳。據此，鈔注同於五臣向注者又一例，愈信
鈔注出五臣向注手。

（21）拯其死亡之患，復其方伯之位，則幕府無德於兗土之民，而有大造
　　　　於操也。（44／8a）鈔注：方伯，兗州刺史。言與兗土如惡刺史，而
　　　　今因劣，救得操謂大造。

案：此鈔注甚簡略，致難辨其意。然於兩處，頗近今本五臣濟曰。其一
濟曰：「方伯，謂兗州刺史也。」其二濟曰：「造，恩也，有大恩謂救之。」
此二處與鈔注義近，除外，鈔注云「與兗土」，不若善注之直引史書。審
此鈔注注例，凡善注有者，此必無復，則鈔注與善爲敵對可證。據此知
鈔注出五臣手。

（22）後會鸞駕反斾，羣虜寇攻。（44／8b）鈔注：**奪駕反㦿，謂董卓遷獻**
　　　　帝，布於長安。後卓死，後帝迎還都許。鸞以鸞鈴駕之於四馬車以
　　　　鳴，節其行步。

案：「奪」字涉上文三「奪」字而誤鈔。「㦿」即「斾」字繁筆，敦煌寫
卷俗字通例如此。「遷」即「遷」。「布於長安」，當是彼時通俗口語。「鸞
駕反斾」，善注云：「都長安，後韓遑以天子還雒陽。」（44／8b）五臣注
良曰引《魏志》云：「時董卓徙天子都長安，後楊奉、韓遑以天子還洛陽
也。」今本兩注義近，皆云「還都雒陽」。然此鈔注獨曰「都許」，與兩
注俱異。今案《魏志‧曹操傳》建安元年夏六月云：「遷（操）鎮東將軍，
封費亭侯。秋七月，楊奉、韓遑以天子還洛陽。奉別屯梁，太祖遂至洛
陽衛京都，遑遁走，天子假太祖節鉞錄尚書事。洛陽殘破，董昭等勸太
祖都許。九月，車駕出轘轅而東，以太祖爲大將軍，封帝平侯。自天子
西遷，朝廷日亂，至是宗廟社稷，制度始立。」（案：陳壽1981，頁10）
據此知獻帝都洛陽不及一月，即遷都許。斐松之注引《獻帝春秋》云八
月帝遷居楊安殿可證。此當鈔注所本都許之史實。故知鈔注引史實較今
本六家注爲近眞。「鸞駕」，善無注，五臣有良注曰：「鸞駕，天子車也，
斾，車飾也。」不若鈔注之詳。此必延祚綜集時，有所節取。

（23）時冀州方有北鄙之警，匪遑離局。（44／8b）鈔注：**紹領北鄙之難，**
　　　　謂公孫瓚於并作難，紹討之。局，所守。

案：此鈔注略於今本六家注。北鄙「之警」，此作「之難」，或所見有異
本，至可注意也。不然，易一「難」字，死字活解，亦見鈔注之用心。
局，謂所守，與今本六家注異，今本六家注皆謂「局，部份也。」鈔注
「所守」下或脫「之部份」，蓋謂所自守之部份曰局。

（24）故使從事中郎徐勛就發遣操，使繕修郊廟。（44／8b）鈔注：**袁紹遣**
　　　　動而操處，注輔獻帝，治脩郊廟，我定瓚託去也。

案：此鈔注繫《文選》正文節段處，與今各本不同。各本注公孫瓚叛紹，
繫「北鄙之警，匪遑離局」句下，善注引謝承《後漢書》云：「公孫瓚非
紹立劉伯安，斂其眾攻紹。」（44／8b），五臣注翰曰云：「時公孫瓚出軍
屯槃阿，遂舉兵攻紹，紹時爲冀州刺史，人眾悉叛紹降瓚，大破紹軍。」
據此，知翰曰本《魏志‧卷八‧公孫瓚傳》而節取原書之意，然兩注於
紹遣徐勛助操事，則並無注。惟注曹操脅迫幼主，注文繫處，今本六家

注同在「當御省禁」下。尤本、陳八郎本亦同。今鈔注獨有此注，知當繫注文於《文選》正文「繕脩郊廟」句下，與今本各注不同。此鈔注注文繫結處之獨異者。據是可訂「動」字當涉「勖」字形近而誤，「而」誤字，謂遣勖到操處。「注輔」一詞未曉。下注云「我定瓚託去也」，復回注上句「北鄙」義，錯亂不可辨，即鈔注之亂筆也。

（25）卑侮王室，敗法亂紀，坐領三臺，專制朝政。（44／9a）鈔注：**操遂煞動，而自翼帝，不受紹言，專行俾侮等。道操執天之攉。**

案：「動」亦「勖」誤，「煞」同「殺」，攉即攉字誤此鈔注操殺勖自稱專攉，號令獻帝，且謂全句乃「道操執天下之攉」。今本六家注無此。案《後漢書・卷九・獻帝紀》云：「建安元年⋯⋯曹操自領司隸校尉錄尚書事，曹操殺侍中崇台、尚書馮碩等。⋯⋯十一月丙戌，曹操自爲司空行車騎將軍事，百官總己以聽。」（范曄，頁148）此蓋鈔注云「操執天下之攉」所本。鈔注獨有，今本六家無。

（26）坐領三臺，專制朝政。（44／9a）鈔注：**三臺，尚書，御史，秘書等。**
案：三臺注。六家本善注同有此法，據《漢官儀》云尚書，御史，謁者爲三臺。五臣向注變其辭云中臺、外臺、憲臺爲三臺。此即五臣竊襲善注之明例。然此鈔注云尚書、御史、秘書爲三臺，與今本向注不同，疑今本非原注也。或原注已經今本改之。此鈔注可訂今本五臣注，亦可觀五臣原注未必眞襲善注，實有別解也。又鈔注此說三臺，未詳何據。今本《後漢書・袁紹傳》收此文，章懷太子注亦引同善注。

（27）百寮鉗口，道路以目。（44／9a）鈔注：**以自相視**
案：鈔注但以別語譯解正文，不另引書明出處，若善注引《史記》、《莊子》之所爲。乃知鈔注從五臣注也。今陳八郎本並各合併注翰曰：「言百官畏法不敢言時政，道路之人但以目相視而已。」與鈔注義例同。據此，「自」字當「目」字增筆，亦敦煌俗寫常例。

（28）故太尉楊彪，典歷二司，享國極位，操因緣眦睚，被以非罪，榜費參并，五毒備至，觸情任忒，不顧憲網。（44／9b）鈔注：**楊彪字文先，濃，司空司徒太尉公，言典三司也。眦睚，當時彪去，天子在，操有執攉之心，彪喚，操上殿，畏彪與天子謀煞己。遂託宿歸營，惡彪，又以彪妻袁氏之女。故記以他事，遂擊彪於獄。考掏搒箠。**

　　孔融聞彪被搒楚，來謂操曰：楊公，國之三公，故世冠冕，今爲如
此搒楚，恐傷物望。謂操曰：國事如此。融曰國事如此，融曰：子
爲威，何國之有，孔融，魯國男子，拂衣而去，明旦不復朝其，操
不得已而放之。

案：此鈔注詳述楊彪受搒楚事，最能見五臣原注之詳備，引證史事，往
往有善注不足比者。今見善注引《漢書》、引《韓詩外傳》，仍在明選文
語詞出處，有正文詞旨曉白無須繁引者，善注仍引以注，呂延祚上表所
譏者在此。今觀此鈔注既釋事而義可解，實優乎善注，又今本五臣注向
曰：「彪代董卓爲司空，又代黃琬爲司徒，故云歷二司也。時袁術作亂，
操託彪與術婚姻，誣以欲圖廢置，奏下獄，劾以大逆。眨眨，瞋目貌。」
幾與鈔注義同，則鈔注爲向注原稿，此又一證。「三司」，各本作「二司」，
然楊彪嘗爲太尉，故鈔注云「三司」。鈔注所見《文選》正文與今本異。
其可資今本《文選》校勘，此其例也。「冸冕」即「冠冕」之省，「魯」
即「魯」。此鈔注節引《後漢書·楊彪傳》，中多省文，又錯陋倒置處，
不辨其義，然案之本傳可曉。本傳云：「彪字文先，少傳家學，中平六年
代董卓爲司空，其冬代黃琬爲司徒。」（案：范曄，頁 637），此即今本
五臣注向曰所據，故今本《文選》正文作二司。然鈔注作三司，蓋亦增
取本傳而信以爲注，本傳又云：「興平元年代朱雋爲太尉錄尚書事。」（同
前）此即鈔注言典三司也。「濃」字似衍。本傳又云：「建安元年，徙東
都許，時天子新遷，大會公卿，兗州刺史曹操上殿，見彪色不悅。恐於
此圖之，未得讌設，託疾如廁，因出還營。」此當鈔注「眨眨」以下卅
三字所本。彪色不悅，鈔注作「喚」，未解何字？「煞」即「殺」，託疾
如廁，鈔注省文作「託宿嶧營」。「惡彪」即「怨彪」。本傳又云：「彪以
疾罷，時袁術僭亂，操託彪與術婚姻，誣以欲圖廢置，奏收下獄。」（案：
王先謙，頁 637）此即鈔注「又以」以下十八字所本。今本五臣注向曰
此段注文幾同。又云：「劾以大逆，將作大匠。」（案：同前）今本五臣
注引止此，鈔注作「遂擊彪於獄，考掠搒箠」。凡鈔注言被搒楚搒箠，
皆自加之辭，本傳並無，知鈔注但記史事大略，至於原文字句，未全憑
依泥。此鈔注義例。又本傳云：「孔融聞之，不及朝服，往見操曰：楊公
四世清德，海內所瞻，《周書》父子兄弟罪不相及，況以袁氏嶧罪楊公，
《易》稱積善餘慶，徒欺人耳。」（案：王先謙，頁 637）此當鈔注「孔

融」以下卅一字所本，然改文甚多，知所謂不易其意而變稱其辭耳！本傳又云：「操曰此國家之意。融曰：假使成王殺邵公周公，可得言不知邪，今天下纓緌搢紳，所以瞻仰明公者，以公聰明仁智，輔相漢朝，舉直錯枉，致之雍熙也，今橫殺無辜，則海內觀聽，誰不解體。」（案：同前）此當鈔注「謂操曰」以下二十二字所本，然已改文，並有省節多處。「（融）謂操曰國事如此」，下「融曰國事如此」，不當重有。又本傳云：「孔融，魯國男子，明日，便當拂衣而去，不復朝矣，操不得已，遂理出彪。」（案：同前）此當鈔注「孔融，魯國男子」以下廿一字所本，「明日」作「明旦」，「遂理出彪」省文作「而放之」。此鈔注改文省文節文之例注也。又《後漢書集解》引沈欽韓曰〈滿寵傳〉有：「並屬寵，但當受辭，勿加考掠。」（案：同前），則鈔注「考掋」，即「考掠」二字之誤筆。

（29）又梁孝王先帝母昆，墳陵尊顯，桑梓松柏，猶宜肅恭。而操帥將吏士，親臨發掘，破棺裸尸，掠取金寶，至今聖朝流涕，士民傷懷。

（44／10a）鈔注：**梁孝，景帝第，今言曰比戌文家設取，操遣發其墓耳金王兗軍遺言唯邊松柏荢在，猶宜恭敬，兄掘其墓乎，發冢也。**

案：「孝」下省「王」字，「第」即「弟」。「今言」以下九字義不可曉。「墓」即「墓」，「耳」當「取」字省筆，「王兗軍遺言」云云，今本六家注未有說，今本五臣良曰：「言帝弟塋樹猶合恭敬，況使吏士發掘墳墓而取金玉乎。」「猶合恭敬」，文不成義，今覽鈔注作「猶宜恭敬」，確矣，「合」當作「宜」。今陳八郎本、明州本、贛州本俱作「猶合恭敬」，無有更早之本取以相校，幸得五臣敦煌古鈔，乃得以校今本之誤，寫卷之價值於斯可見。又各本五臣良曰「帝弟塋樹」，下當脫「尚在」、「猶在」等承接之詞，今鈔注云「唯邊松柏等在」，有「等在」之語，知五臣原注當有，疑亦各本脫。抑有進者，善注於掘墓事引《曹瞞傳》後嘗有校語云：「昆或弟。」觀此鈔注云「景帝第」，可推鈔注所本爲「弟」，今據明州本、贛州本、陳八郎本、尤本、叢刊本等，俱作「昆」，無有作「弟」者，然則善既有校語，必有或作「弟」者，惟各本無可證，今亦得鈔注以證善說，知古本尚在，則鈔注可供《文選》正文古本之作字考，又刻本不可追此也，其於選從之用效也大。

（30）操又特置發丘中郎將，摸金校尉，所過隳突，無骸不露。（44／10a）

鈔注：「摸々擴之，言遣人冢，年橫之聖朝獻帝，獻帝聞々大哭。

案：此鈔注別舉年橫之，未詳何據。其注義不類今本五臣翰曰云云，且今本無獻帝哭之注文。然善注於此無注，五臣有，此鈔注亦有，則鈔注近五臣可證。故可自鈔注夾注之位置多類同五臣，從而知鈔注為五臣注之手。又雖夾注位置同，自其注文而視，凡今本五臣向曰有云，鈔注亦有，且多類之。反此，則多不類，如此節注，今本五臣翰曰云：「墮，壞，突，破也。言操置發丘中郎、摸金校尉之官，所過皆破壞冢墓，以取金寶，而露其骸骨也。」觀兩注文意大抵類近，而文辭迴異，故雖同有注而義實不同，凡五臣注非向曰者如此。從而可推鈔注既近於向曰，其殆向注未經截取裁併之原貌乎？

（31）幕府方詰外姦，未及整訓。（44／10b）鈔注：**方，法。外姦，謂征公孫瓚。**

案：此鈔注同於今本五臣向曰，惟略處甚多。且云方，法也，誤失，方字各家無注，獨鈔注有。「外姦」即「外奸」，善無注，五臣向注云：「賊在外曰姦，言紹為問罪於外，未及齊教於操也。」何為問罪於外？罪者誰？今本向注未說，此鈔注明言即征公孫瓚，兩義互有虛實，可補短長。是鈔注雖略於今本，而義乃簡要者。

（32）加緒含容，冀可彌縫。（44／10b）鈔注：**彌縫，言其改悔。**

案：觀此鈔注義例，不若善注直引原書以明「彌縫」一辭之所出，但依文辭，轉義而注，殆與今本所見五臣注義例同，若此處今本五臣濟曰：「冀可彌縫其過，使自改悔也。」兩注義例比觀，於鈔注當屬誰作，可思過半矣！

（33）乃欲摧撓棟梁，孤弱漢室。（44／11a）鈔注：**棟梁，三公，屬袁紹。**

案：「棟梁」，當文之意，善無說，五臣翰曰：「棟梁，喻大臣也，謂操殺司空楊彪也。」據前文，知操終因孔融薦未殺彪。顧以棟梁屬楊彪，與鈔注言三公義近，鈔注但云「三公」，名彪之爵位而不稱其名也。

（34）除滅忠正，專為梟雄，往者伐鼓，北征公孫瓚。（44／11a）鈔注：**忠，彪、趙彥等。佳者，紹討公孫瓚。**

案：此鈔注甚簡略，忠下當有輔助之詞，以顯注義。謂忠正之人，如楊彪，趙彥等。今本五臣銑曰：「除滅忠正，謂殺趙彥等也。」即近是。「佳」字「往」誤。此鈔注亦類乎五臣注。

（35）疆寇桀逆，拒圍一年。操因其未破，陰交書命，外助王師，內相掩
　　　襲，故引兵造河，方舟北濟。會其行人發露，瓚亦梟夷。（44／11a）
　　　鈔注：公孫瓚非紹一年，文書命於瓚。行人，操行人。

　案：此鈔注亦約取史事，以己語復述，未若善注直引《魏志》也。「非紹
　　一年」，「非」字義晦。持以較五臣注文亦不類，而注義實同今本五臣注
　　向曰，益信前推之說可立，即鈔注出呂向手之說也。

（36）故使鋒芒挫縮，厥圖不果。（44／11b）鈔注：其圖不異操也。

　案：此鈔注義晦。然今本亦惟五臣良曰有注，其必為五臣注之同系又可
　　知矣，良曰：「言發露，操不果成其謀也。」稍可據以推鈔注之義，蓋謂
　　操所遣行人，為紹截奪，終發露操外助內應之謀。

（37）爾乃大軍過蕩西山，屠各左校，皆束手奉質，爭為前登，犬羊殘醜，
　　　消淪山谷。（44／11b）鈔注：王師，大將軍，謂紹討冀州，咸藏瓚
　　　訖遣過蕩冀州，咸藏瓚訖遣過蕩冀州，南地名，西山，屈各等無，
　　　並夷狄部浴。

　案：此節注「冀州」以下九字重，不曉何義？「大將軍」衍「將」字，「屈
　　各」即「屠各」。「無」字衍，「浴」即「落」省筆。此節注，善只釋「屠
　　各」一詞所出，五臣濟曰通句全釋，注文詳於善注，亦詳於鈔注，此鈔
　　注較今五臣注詳略互置之例。

（38）於是操師震慴，晨夜逋遁，屯據敖倉，阻河為固。（44／11b）鈔注：
　　　操既聞瓚破，遂走，因何。

　案：「因何」當指「固河」之意，五臣注翰曰有「言操懼紹，依此地以為
　　固也。」與鈔注相發，可參。善注於操遁逃事無注。此又鈔注近於五臣，
　　惟辭異而文簡耳。

（39）欲以螳螂之斧，禦隆車之隧。（44／11b）鈔注：楚莊王昔乘車見蟷
　　　蜋承車輪。隆車墜自謂。作謂豫州刺史劉備。

　案：此鈔注兼引書與演申義，所云「楚莊王昔乘車見蟷蜋」事，史傳無
　　考，疑鈔注誤引。善注引《莊子·人間世》以注，五臣則銑注有云。
　　審此注，非直引書，乃隨文當下而釋，明揭比喻別指之語，覽鈔注有「隆
　　車墜，自謂」語，蓋謂隆車墜以喻袁紹自己也，與銑曰「亦猶操之拒紹
　　軍也」比擬之辭同類，則鈔注實與五臣注相涉。

（40）并州越太行，青州涉濟漯。（44／12a）鈔注：**言我外吉高軒從并州**
越大行山，命我譚從青州兵馬，涉濟緼之水。

案：「外吉」當作「外甥」，「大」，「太」省筆，敦煌俗寫「太」「大」每
不分。「我譚」謂我子譚，「濟緼」，當即正文「濟漯」之誤。又「軒」字，
善注作「高翰」，各家無校語，鈔注作「軒」，即「幹」字，《後漢書》正
作「幹」可證，贛州本明州本尤本叢刊本俱誤作「翰」，今獨鈔注寫卷不
誤，蓋鈔注可資各本校勘又一例。此節注陳八郎本無，惟注云：「良曰：
越，逾也，涉，度也，濟漯，二水也。」贛州本、叢刊本同，下無異同
校語。再覽明州本則云：「紹甥高翰領并州，越逾也，紹子譚領青州，涉
度也，濟漯二水也。」（案：明州本，頁 2707）明州本之善注則無如贛
州本之引《魏志》云云，且明州本亦無「異同校語」，以是無由定六家注
之或有或無。今據鈔注知五臣注當有，且其注文與今本善注異，惟類近
於明州本之良曰，知明州本良曰必有所本也。以此證明州本以五臣爲宗，
於善注爲略，贛州本適反之。然則二系之注各作異同校語，後之學者每
因未見善注五臣注之單行，即或有之如尤本者，亦自合併本而出，非即
原本，遂無力以確知何是何非。今得鈔注，乃可據以論之，憑以定之，
此寫卷之價值，自不同凡語。約以言之，其一鈔注有同於明州本有者，
可據以證贛州本所略之五臣注，明州本不略，是爲可信明州本必非無據，
知明州本必已見五臣注單行之原刻。其二今中央圖書館藏陳八郎本五臣
注，有與贛州本同，而略植之注文，明州本五臣注反而有之，可知陳八
郎本非眞承自五臣單行之原本，或疑即從與贛州本同系之合併本而剔出
者。惟凡見於此例者，皆在陳八郎本原缺而抄配之各卷內，據以推之，
今陳八郎本抄配之各卷，恐與原本原卷不同期，抄配各卷所據祖本必晚
出之本。

（41）大軍汎黃河而角其前，荆州下宛葉而掎其後。（44／12a）鈔注：**我**
大軍渡何而討操，捔，如逐麃而補之角者，如一牧麃其角才擊其腳
也。荆州遣備從宛葉二縣間來討操。

案：「我大軍渡何而討操，捔與今本五臣注從同，贛州本、叢刊本作「角」，
下著校語「五臣作捔」，明州本、陳八郎本即作「捔」，明州本下著校語
「善本作角」。如贛州本所云。此鈔注作捔，知從五臣注本也。「逐麃」
即「逐鹿」。「補」同「捕」。以逐鹿捕之角以比喻討操，其取逐鹿捕角掎

足之意也。今見尤本善注:「《魏志》曰:劉表為荊州刺史,北與袁紹相結。《左氏傳》狄子駒支曰:譬如捕鹿,晉人角之,諸戎掎之。征伐軍有前後,猶如捕獸,一人捉角,一人戾足。《說文》曰:掎,戾足也」。(44/12b)殆即鈔注取以為比之意。並引《說文》掎,戾足也,鈔注易其辭曰「擊其腳」,知鈔注亦只參其意而變造其辭,如今見五臣注之通例。由是知五臣原注雖有襲取善注者,仍非原文照錄之,蓋亦有所變易善注所引文。下注荊州,謂遣備從宛葉二縣來,今存文選各本但注荊州刺史劉表,惟鈔注增劉備遭遣之語。如今本五臣翰曰:「劉表為荊州刺史,與紹相結,宛葉,二縣名。」即是,善於此無注。知此當五臣原有者,今贛州本、叢刊本、明州本之善注即無。惟尤本有《魏志》曰云云十六字,今輔以鈔注之證,知《魏志》云云十六字乃五臣注,尤袤誤取增入以為善注者。此鈔注又可資以考訂尤本刪取五臣注文以為善注者,凡尤本善注有此類者,宜據今鈔注而訂其誤也。

(42)雷震虎步,並集虜庭。(44/12b)鈔注:**魯連,謂操處也。**

案:今本五臣注銑曰:「虜庭,謂操之庭也。」與此鈔注意類,善注無。「魯連」即「魯庭」。各本「魯」並作「虜」,「魯」「虜」音同不分,俗寫大多如此。

(43)揚素揮以啓降路。(44/13a)鈔注:**素揮蟠。**

案:此鈔注亦類今本五臣良曰:「素,白;揮,幡也。」鈔注「素」下當脫「白」字。又「蟠」即「幡」,敦煌俗寫「蟠」「幡」不分。此句各本合併本皆自「其餘」以下五十八字為一節,其下繫注繁多,明州本於善注云:「呂布張揚已見〈九錫文〉。」贛州本則引《魏志》云云而複出,叢刊本、茶陵本同。尤本則於正文分段,句讀不同,然於「呂布張揚之遺眾」句下注云:「呂布張揚已見〈九錫文〉」,適與明州本同。知尤本嘗據明州本之異同校語以刻也。

(44)聖朝無一介之輔,股肱無折衝之勢。(44/13b)鈔注:**朝無一介之輔,尚書穆公之如有一介之臣。然,斷也。**

案:此鈔注襲善注者。善注引《尚書》云:「秦穆公曰:如有一介臣。」知鈔注重「朝無一介之輔」六字。書下脫「曰」字。「之」字疑當作「曰」字。「然,斷也」,不知所注為何?今正文無「然」字,不相應,疑當別

句注誤移置此。知鈔注錯移注文者亦有。又據今本五臣注翰曰：「一介，謂輕微也，言漢室漸壞綱紀，無一介之臣以爲輔佐也。」知五臣於「一介之輔」當有注，固未必如鈔注耳，然則鈔注引《尙書》爲注，今本五臣翰曰據正文直釋，或兩者兼有原注之貌，至合併六家注時，見善注重有，遂刪之。抑呂延祚先已刪之，二者未詳何是。然其可議者，當知五臣注原注未嘗不引書也。

（45）方畿之內，簡練之臣，皆垂頭搨翼，莫所憑恃。雖有忠義之佐，脅於暴虐之臣，焉能展其節。（44／13b）鈔注：**方畿，天子邊蘭練，忠臣有謀者，皆如、獸之頭桒，鳥之翼翰。然不敢言，懼捒。**

案：此節注，善無，今惟五臣注銑曰有注云：「銑曰：天子境內千里曰畿內，簡練謂選擇也。搨，斂；憑，依；脅，懼也。暴虐之臣謂操也。言忠義之士懼操不敢展其誠節。」兩注相校，大有出入。「邊」下當有注文而脫，「翼翰」即「翼搨」。「頭桒」即「頭垂」。「懼」即「懼」也。鈔注強調翼搨頭垂之比喻，今本銑注只注字義，則銑注如此，仍與鈔注稍異，鈔注爲五臣別手從可信矣！益證前論鈔注乃呂向原注之說。

（46）此乃忠臣肝腦塗地之秋，列士立功之會，可不勗哉。（44／14b）鈔注：「忠臣烈士」。

案：此鈔注似有脫文，但重「忠臣」「列士」，宜下當有注。《三國志》本傳注引《魏氏春秋》紹檄豫州郡文止此（案陳壽，頁93）。今惟《文選》所錄較范書《魏志》爲詳。鈔注自此下仍有注，知所從本同。又「列」字，明州本校語云「善本作列」，贛州本校語「五臣作烈」，疑兩注初本不異也。又尤本意誤從五臣本作「烈」，與贛州本之校語不合。知尤本所從合併本乃近於明州本同系者。從而可知凡合併本者，初皆從五臣本正文，其下注文，亦以五臣注繫於前，已暢行唐末，越五代兩宋猶然。自南宋始有合併本從善注所從正文，且置善注於前，詳於善而略於五臣之本出，若今見贛州本然。據此可證贛州本必在明州本後出，且尤本所據之合併必非贛州本一系，乃屬明州本同系者。蓋尤本凡作善注從省之注者，大多明州本之善注有同從省注語者。而贛州本則於此皆複出。且正文亦有尤本從明州本，而不及校改，還原爲善注本作者，如此句之「列」字，尤本仍作「烈」，從五臣本，即是顯例。

（47）書到荊州，便勒見兵，與建忠將軍，協同聲勢。（44／14b）鈔注：

紹謂備等，建中將軍，劉表爲荊州刺史，比漢家，孚出州，紹中子尚。

案：此鈔注意猶未明，且有脫文錯字。「建中」即「建忠」，「孚出州」，「孚」字未審何是？「紹中子尚」，誤也。今《范書》、《魏志》俱做中子熙爲幽州，此即袁紹自云：欲令諸兒各據一州，今各本《文選》皆作「熙」，必鈔注誤抄也。

第三節　宋代刻本

一、明州本

是本爲六家合併注，詳於五臣，亦列前題。乃今世可見最早之合併注本。今存明州本有二本，其一故宮博物院藏，卷數五○，缺卷廿至廿九。都五十冊，原六十冊，缺十冊，標曰宋紹興廿八年修正明州本。目錄眉端有前人列記《古文苑》中《文選》所未收之文，及各卷內評語，審爲宋人手蹟。目錄後有昭明太子序，末卷後有盧欽跋，述修正明州本始末。每半葉十行，大廿三字不等，小字卅，雙行。有墨書「石田耕叟」四字，及慈谿楊氏諸家收藏印，又「天祿繼鑑」「乾隆」各璽。又卷一印記有「汲古閣毛裘藏書」、「文逮」、「李振宜讀書」，卷二首頁有印記：「戊戌毛替水山懋齋」、「古奧世家」、「毛替秘觀」。卷六首頁印記：「汲古閣之寶」。卷卅四末印記：「天祿琳琅」，「御史振宜之印」等。

其二則日本京都府足利學校遺蹟圖書館藏。首有〈文選目錄〉、李善〈上文選注表〉、呂延祚〈進五臣集注文選表〉並〈上遣將軍高力士宣口勑〉、昭明太子〈文選序〉。每半頁十行，行二十一，二十二，二十三字不等。小字雙行，行二十九字。白口，上下雙魚尾。板心偶有刻工姓名，若武洪、施章、吳珪、宋道、王乙、王伸、徐彥、萬彌、方成、王雄、張由、愈忠、張清、董明、毛諒、劉信、徐忠、張瑾等，其目錄文體標類，獨有移檄難之目，乃各本所漏者，是以可見《文選》標類凡三十九目。是此本可證昭明所分文體實卅九，非如後世據漏刻者而云三十七類也。又是本偶於眉端鈔列舊註，或評語。然不知何人手也。

明州本每獨有之校語，爲各合併本所無者。而此校語又與敦煌寫卷合。

知明州本校刊者所見之善注本與五臣注本，爲更早之本，或爲它刻本者未見之本。於此益證明州本在諸刻本中爲早出。其可寶者，自不待言。若《文選》卷四十六任昉〈王文憲集序〉一文，其中「拔奇取異」，句下，明州本獨見校語云「善本作抚字」。諸本無校，《考異》亦無說，尤本則仍作「拔」，與五臣注之陳八郎本同，則尤本未及見有作「抚」字之善本，今幸得明州本而載其異字。持與敦煌唐寫本伯二五四二號校之，即書作「抚」，與明州本校語合。案「抚」即「拔」之俗寫，見於《龍龕手鑑》（案：釋行均，頁216）。知善注刻本蓋從唐世寫卷之俗字，與五臣注之作正字者異。此可助《文選》版本學之一說，以謂宋代刻本之祖本，當即多據唐世寫本也。又「若造理常可干」句下，明州本獨見校語云：「善本作造理常若可干」，諸本無校，然正文皆改作如校語所云，尤本亦然。知此乃二注本之異，惜無它本旁證。今據同號之敦煌寫卷，即抄作「造理常若可干」。與校語合。此又明州本校語與敦煌寫本獨合之例。然則，明州本所見較各本爲近眞，似可無疑，明州本於《文選》版本之要，由此可證。又據伯二五二七號即《文選》卷四十五揚雄〈解嘲〉，其中「纖者入無倫」句下明州本校語云「善本作細作間」，又「客徒欲朱丹吾轂」句下明州本校語「善本無欲字」，又「往者，周網解結」句下明州本校語云「善本作昔」，又「人人自以爲皋繇」句下明州本校語云「善本作陶字」，凡此四例，皆與敦煌寫卷同。由此證明州本所從正文有近於唐世寫本通見者。

尤本善注所據之本，不限一本之證，復可自明州本所見注文以觀之。蓋有明州本善注獨與尤本同者。若〈古詩十九首〉「四五蟾兔缺」。善注引《禮記》見《禮記·禮運篇》文，作「三五而盈，三五而闕」，今尤本與明州本所見善注本，惟贛州本、叢刊本、茶陵本引俱作「三五而盈，四五而闕」，易下「三」字爲「四」字，蓋誤耳。案《禮記·禮運篇》云：「故天秉陽，垂日星，地秉陰竅於山川，播五行於四時，和而后月生也，是以三五而盈，三五而闕。」注云：「必三五者，播五行於四時也。」（案：孔穎達，頁432）知原書及注皆作「三五」。又孫希旦云：「故四月以爲量也，其盈也三五，以受陽之施，其闕也三五，以毓陰之孕，故月雖懸象於天，而實地類。」又云：「三五而闕，自望以至晦也。」（案：孫希旦，頁554）可知「三五而盈」，謂初一至十五也，「三五而闕」，十五至三十也。意至明暢。今贛州本以下引文誤改爲「四五而闕」，蓋涉正文「四五蟾兔缺」而誤也。尤本有見及此，遂據明州本而刻，遂與今所見善注各本不同，而尤本實不誤也。知尤本亦嘗據明州本以爲祖本也。

二、贛州本

是本乃宋紹興間贛州州學刊本，即尤本跋文所謂四明贛上之本也。今藏國立中央圖書館，半葉九行，行大字十五，小字二十。北平圖書館亦藏有三殘本，一存二十九卷，一存二十五卷，一存十卷。是本爲元明清合併注之所從出，若叢刊本、茶陵本、崔孔昕本等皆是。然詳於善注，五臣注多節略也。

書前有印記，曰「蘿園」。又有莫棠〈識語〉，云：

> 六臣注《文選》，趙松雪王弇州所藏宋槧本，恒赫古今，見《天祿琳琅書目》。據常熟瞿氏記錄，即此贛州學官本也。此本出自湖南某氏，凡三十冊。其初完全無缺，某氏寄首尾中間四冊至滬，輪舶沉沒入於江，遂成斷璧。乃分析求沽，繆筱珊太史得其六，柳君蓉邨得二十冊，持以相視，雖模印稍後，而所謂平原筆法，楮墨古香者，固照眼猶明也。標題李善列前，五臣列後，爲茶陵陳本所自，與通行袁覆新都本，暨明代諸本不同，實爲《文選》六注第一。每卷末列校對校勘覆校銜名。知當時薈萃群能，鄭重棗木，非苟爲已。卷內偶有補刊之葉，列監生張某，不惟字體懸殊，紙色亦皎潔，與全體異，疑是本出舊印而偶有缺葉，明代專刻一版以補之，非若南雍諸書之舊板，猶存案關補板也。筱珊太史更藏宋印本零卷一冊，聞以百圓得之，《竹汀日記》有詳記，所見殘本六卷，知此本一鱗片甲，承平時早爲儒林所珍，矧今之所存猶過泰半，而更歷百年之後，喪亂之餘，誠可稱稀世秘籍矣！戊午正月既望獨山莫棠識。

據此知是卷非全卷，且有沒頂之災，則永世亦難全矣！然其可珍視必矣！且斯波六郎、饒宗頤氏，均精《文選》版本之學者，亦未見是本而引以參校，是以於六注合併體例之說殊有未近眞者，茲就是本之可論者述之。

贛州本以善爲詳，有注文是者，後出本誤刻之，而單行善注復誤者。如劉孝標〈辯命論〉「陽文之與敦洽」句下善注引《呂氏春秋》云：

> 《呂氏春秋》曰：陳有惡人焉，曰敦洽讎麋，椎顙廣顔，色如漆赭，垂眼臨鼻，長肘而齆股，陳侯見而甚悅之。高誘曰：醜而有德也。（54／20a）

此叢刊本也，據贛州本，「股」字作「投」，案據文義，當以「齆」爲句讀，「投」字下屬，謂敦洽投謁陳侯也。叢刊本既誤刻作「股」，今本尤本見《呂氏春秋》無此「股」字，乃並「股」、「投」均刪之。而今本尤本「垂眼」，仍誤作「垂

髮」，叢刊本不誤。由是觀之，贛州本自不誤者，別本誤而再誤，則別本爲後出，亦已明矣！

今本贛州本善注多有誤字，而別本俱已改之，從而證別本爲後出之本，據贛州本而校改也。如劉孝標〈辨命論〉善注云：

> 孝標植根淄右，流寓魏庭冒履艱危，僅至江左。負材矜地，自謂坐致雲霄。豈圖逡巡十稔，而榮慼一命。因茲著論，故辭多憤激，雖義越典謨，而足杜浮競也。

案：今叢刊本、尤本、袁本、茶陵本同。惟贛州本「地」誤作「就」，「豈」誤作「壹」，「雖」誤作「誰」。贛州本既誤，諸本不從之誤，一一校改刻之。則諸本爲後出可證。

贛州本固合五臣與善注之本，偶見其中夾注校語，區別五臣注與善注引書作字之異，持以較今存陳八郎本五臣注，往往有合者，其餘五臣有異，而校語不及者，亦多可見。此足識今存陳八郎本五臣注，確爲五臣原貌，至少乃以五臣注本爲祖本，絕非自六臣注摘出者。請例示如下：

任彥升〈奏彈劉整〉「臣聞馬援奉嫂，不冠不入。氾毓字孤，家無常子」。
案：此句下夾注，贛州本善曰，王隱《晉書》曰以下有「五臣作充士」小字校語，其下空格，後接「良注同」。今考陳八郎本謂：「晉氾毓敦睦九族充士，號其家兒無常母，衣無常主」，正與贛州本校語所見同，可證贛州本未刻時，已別有五臣注本先行，爲刻者目睹，遂於合六臣注時，下此校語。知陳八郎本必以五臣注本爲祖，其不先於贛州本，亦必至少不晚於贛州梓行之後。抑有進者，陳八郎本正文「馬援奉嫂」，注文亦作「嫂」。贛州本正文作「嫂」，句下善曰注文作「嫂」，顯已校出，不若五臣注陳八郎本之始貌，知其合兩注時已就兩注之異而校。故尤刻本又自合注本而校出，凡正文注文皆作「嫂」，此必尤所校改也。如是轉出二手，知必後來之刻本，由是益證陳八郎本爲非自六臣摘出者，且必在贛州本之先，或至少其同時也。

胡氏《考異》所定善作某，五臣作某，與今存本校之，往往非是，蓋胡氏所見本乃後出者也，例：

陸士衡〈謝平原內史表〉「乃與弟雲，及散騎侍郎袁瑜」。
案：胡氏《考異》謂「似正文善爰，五臣袁」語，非也。尤刻本作「袁」，

叢刊本同，皆非，胡氏所見袁本、茶陵本作「爰」，知五臣實作「爰」，善作「袁」。又「所以臨難慷慨而不能不恨恨者」句，善無注，胡氏《考異》謂「袁本云善作『恨恨』，茶陵本云五臣作『悢悢』，案各本所見皆傳寫誤也。」此胡氏失察之語，各本所見正是。今據贛州本亦作「恨恨」，校語云：「五臣作悢悢」，叢刊本同，尤刻亦作「恨恨」，可知善本實作「恨恨」。何則？該句下五臣注銑曰「悢悢，悲也」，蓋五臣據《廣雅‧釋訓》文也，《廣雅‧釋訓》：「悢悢，悲也。」〈釋詁〉：「悢悢，悵也。」又《後漢書‧陳蕃傳》注：悢悢，猶眷眷也。故五臣注正文當時即「悢悢」。考「恨」字，《說文》：「怨也，从心艮聲。」又《漢書‧郊祀志》：恨，悔也。《爾雅‧釋言》：閵，恨也。皆非五臣注文。可證善作「恨」，五臣作「悢」，善以爲「恨」字無煩訓釋，殊不知當爲「悢」字。五臣依例補釋，亦宜然也。倘亦爲「恨」字，五臣必不補釋也。可知胡氏《考異》實未見贛州本，因有此誤斷之案語。

綜上例證，知贛州本爲南宋初年刻本，其時各合併注本已盛行，此本雖以善注爲詳，然於合併本增補刊刻之際，仍不免多所刪略，是以其本早出，猶不可信其所據皆單注本全貌也。然則以較此後自合併本別出之單注，則是又勝彼諸劣刻爲益善矣！

三、叢刊本

是本亦六家合併注，善注列於前較詳。乃自贛州本源出者。今所傳爲商務印書館影宋本編入《四部叢刊》者，故曰叢刊本，明州本、贛州本未出前，選家俱以是本爲六注合併本之最早者。書前有呂延祚進表，次則高力士獎勑口宣。目錄同贛州本，惟亦漏植四十三卷移文首題，四十四卷難文首題，是以其目較全題卅九尙少其二，每半葉十行，行大字十八字，小字雙行，行二十三字。白口雙魚尾，下標頁碼，亦無刻工姓名，又因屬影本，是以漏影題記跋文並藏書印。無從知其沿革流傳。字體仿顏少保，亦清目可觀。其諱字有獨省，而各本不缺筆者，若：

破齊克宇。案：「完」字各本不缺筆。（57／14a）。

拳猛沈毅。案：「毅」字各本不缺筆。（57／18a）。

注汴督馬敦。案：「敦」字各本不缺筆。（57／20a）。

今存叢刊六臣注《文選》，其注文小字雙行，例皆善注在前，五臣注列後。

依此，若有兩注同者，當作善注於前，繼則標示五臣注同善注。今本所見則不然，凡兩注同者，作「善同良注」，列於注文之先，例不一見，疑今本非贛州本之舊，悉祖原貌，乃經後世羼雜它刻本而成書者。蓋贛州本以善注爲詳，列於注文之先，五臣注置於後，似不宜有「同良注」之語也。示舉其例如下：

　　《文選》卷三十六，王元長〈永明九年策秀才文五首〉，「王元長」下注曰「善同良注」，「是以崆峒有順風之請」句下有善注小字四行，注文之末空格下即有「向同善注」四字，可證，今存叢刊本已非贛州本之舊矣！

　　贛州本大抵正文從善注本，間有不然者，則其同異校語，或與叢刊本不同。例〈宋孝武宣貴妃誄〉「處麗絺紘」句下，贛州本校語：善本作「紘」字。叢刊本則正文作「紘」，下著校語：五臣本作「綌」字。今據陳八郎本即作「綌」，惟尤本則已核改作「綌」。《考異》以爲：

> 茶陵本云五臣作「綌」，袁本云善作「紘」。案「紘」即「綌」別體
> 字，此及注皆尤所改耳（胡克家，頁 142）

案恐未必耳。蓋胡氏未見贛州本，遂無以完兩注本正文之何作。

　　叢刊本合併六臣注除有增補，有校改諸例，尚有引書名與各本不同者，至可怪也。如〈西京賦〉「屬軍之籯」句下叢刊本善注引《漢雜事》曰：「諸侯貳車九乘，秦滅九國，兼其車服，故大駕屬車八十一乘。」（2／23b）此引《漢雜事》一書叢刊本凡二見，另一見於潘安仁〈藉田賦〉「屬車鱗萃」句下（7／16b）。惟據唐寫本永隆本則作：「《漢書音義》曰大駕屬車八十一乘。」與叢刊本引書異。尤本則作已見〈東都賦〉，茲檢〈東都賦〉「屬車案節」句下善注即與永隆本同。惟尤本脫「屬」字。復檢尤本〈藉田賦〉「屬車鱗萃」句下善注，則仍從省之例，作「已見〈西京賦〉」，與叢刊本複出不同。諸本之異如此，實未可輕忽，試論之如下：

　　其一，永隆本此處不作從省之例，仍複出，與善注條例不合，疑永隆本或誤取增多，或所據鈔者爲善初注本。

　　其二，尤本於〈東都賦〉初見引原書，於後兩見，則作從省之例。殆合善注條例者。則尤本所據善注單行祖本或與永隆本不同源。或其所據祖本爲善注絕筆之本，是以條例全書通貫，無有自觸牴者。或尤袤逕自校改，以符善注條例。然則尤本祖本與永隆本爲異本可信也。

　　其三，叢刊本即引書與寫本、尤本兩本異，且《漢雜事》一書惟叢刊本有。全書亦僅二見。則叢刊本所據善注祖本或與尤本寫本無異，然書名不同，

必合併者據祖本之旁批增注而誤刻入也。此何以凡合併本皆於選注曰「增補六臣注」之故也。

然則各本所據祖本或異，其各本皆因所據祖本善注不全，而互有增補，是以除寫本外，各刻本之善注每見纂奪混亂之注文，今試拈一例，可證各刻本善注皆非原貌。如〈西京賦〉「乃有秘書，小說九百，本自虞初。」（2／23b），唐寫本善注如下：

> 《漢書》曰：虞初《周說》九百卅三篇，小說家者，蓋出稗官。

案此寫卷所引乃《漢書・藝文志》文。今本「者」下有「流」字，「出」下有「於」字。此善注引書只引〈藝文志〉文，未引班固自注文可信也。今見各刻本則混亂本文與注文，殆莫可辨。尤本善注如下：

> 善曰：《漢書》曰：虞初《周說》九百四十三篇。初，河南人也。武帝時以方士侍郎，乘馬，衣黃衣，號黃車使者，小說家者流，蓋出於稗官。應劭曰：其說以《周書》爲本。（2／23b）

觀此注文，則連屬班固注文，又增多應劭注。皆寫卷本無。又持與校今本《漢書》《史記》，亦出入甚多。今本《漢書》「初河南人」無「初」字，亦無「乘馬，衣黃衣」五字。「號黃車使者」誤作「隴黃車使者」。然《漢書補注》引錢大昭注曰：「隴」閩本作「號」，又引朱一新曰：「隴」汪本作「號」。王先謙曰：官本作「號」（案：王先謙，頁899）。據此知《漢書》各本班固自注當有作「號」者，與善所見同。惟其餘善注增多之「初」字並「乘馬衣黃衣」五字，則各本俱無，後人擅據善注以增改《漢書》，均未細考耳，未可竟信之。且虞初河南人亦《史》《漢》不合。《史記・封禪書》云：丁夫人雒陽虞初等，以方祠詛匈奴大宛焉（案：瀧川龜太郎，頁 517）。瀧川龜太郎《考證》云：丁夫人虞初皆人姓名。據此可知雒陽當虞初里籍。又《漢書・郊祀志》云：太初元年，是歲西伐大宛，蝗大起，丁夫人雒陽虞初等，以方祠詛匈奴大宛焉（案：王先謙，頁 558）。亦以雒陽爲虞初里籍。則班固自注河南，或別有說也。善注引此當詳考焉。饒宗頤氏引《愛日齋叢鈔》五節謂善注尤本或從六臣本出，亦未必然也。今觀六臣注叢刊本善注云：

> 善曰：《漢書》曰：虞初者，洛陽人，明此醫術，武帝時，乘馬，衣黃衣，號黃車使者，《周說》九百四十三篇，小說家者，蓋出稗官。
> 應劭曰：其說以《周書》爲才。（2／23b）

校之尤本善注，不惟大異，且前後巔倒班固文注，或雜它說，紛歧之甚，而

總概括于《漢書》曰之下。知叢刊本必已經合併者增刪校補，其與尤本自是不同。虞初作洛陽人，與史漢同。顏師古注：《史記》云虞初洛陽人，即張衡〈西京賦〉小說九百本自虞初者也。案此當即叢刊本所憑取者。又增「明此醫術」，則皆史傳無考。此必叢刊本別有所據之書也。然高步瀛氏以爲史傳既無「明此醫術」，尤本善注，唐寫卷永隆本亦無，則此「殆五臣注羼入者」（案：高步瀛，頁 2／56），其說亦無據。今見叢刊本五臣注無高所云四字。蓋已刪取五臣注文也。乃檢陳八郎本五臣注此節云：

> 翰曰：秘書，道術書，即小說也，有九百篇，本洛陽人虞初所著。
> 從容，閒和皃，言此非小說徒亂好閒和，亦以書術自隨。俟，待也，
> 儲，具也，謂備具以待君問。

觀此注文，知五臣亦無謂「明此醫術」語。然則合併本當別有所據。今案胡克家《考異》所見袁本、茶陵本俱同叢刊本、復檢廣都本，明州本亦同。可知凡合併本六臣注具同。然則此必又所據也。因復尋之北宋監本善注單行此節注云：

> 《漢書》曰：虞初者，洛陽人，明此醫術，武帝時，乘馬，衣黃衣，
> 號黃車使者，《周說》九百四十三篇，小說家者，蓋出稗官。

觀此北宋本注文，除脫「應劭曰」十字外，餘皆同合併本。於是，自唐寫卷永隆本僅錄〈藝文志〉原文，以後北宋刻本，南宋合併本，以至自合併本以出之尤本，乃詳略互異，注文乖隔，而混亂如是矣！由此可得而論者如下：

其一，寫本善注引書多與今存古書合，且不刪節古書，當是善注之原貌。

其二，刻本例皆有增補，與寫本詳略互異。則刻本或刻書者據它書以增補，或所據祖本之寫卷本與敦煌永隆本爲不同之本。

其三，刻本引書與今存古書不同，或今存古書已非原貌，或今存古書與古本不同。然必不能以彼校此，或以此易彼，蓋各本所見既異，未可一概而論也。

其四，凡合併本者，所據必爲先出之刻本，如善注單行，五臣單行。故合併本皆與北宋本善注同。惟合併本不只承北宋刻本，亦往往有增補，如各本有「應劭曰」十字，北宋本無。

其五，尤本雖自合併本出，但所見合併本善注引書與別書異文時，尤必據所引書還其原貌，然亦時有校補。

今本四部叢刊本六臣注所下校語五臣有無某者，持與陳八郎注五臣本，

每有不合。如：

　東方曼倩〈非有先生論〉「竊為先生不取也」（51／7a）

　　案：句下校語：「五臣本為上有不字」，又云：「五臣本（生下）無不字。」今據陳八郎本非是，仍作「竊為先生不取也。」句暢意順，若從叢刊本則讀之不協。

　蓋懷能而不見不忠也

　　案：句下，叢刊本校云：「五臣本有臣字」，今陳八郎本「臣」字做「是」字，必誤刊也。然則有「臣」字是，案此與下句對文，下句謂「見而不行，主不明也。」「主」字與「臣」字對。

　張茂先〈女史箴〉「女史司敢告庶姬」。（56／4a）

　　案：叢刊本「司」下有著校語「五臣本作斯字」。今據贛州本此句作「女史箴」，尤本同。陳本「司」誤作「所」，下向注云「司，主也」，可證五臣注亦作「司」。此兩注本無異也。叢刊本校語所見五臣本者，與陳本不同。知五臣注尚有別異本也。

　劉孝標〈辨命論〉「謂龜亂在神功」（54／21a）

　　案：句下，叢刊本校語「五臣本作戡字」，贛州本亦有此校語。今本陳八郎本仍作「龜」，與校語不合。

　潘安仁〈馬汧督誄〉「街號巷哭」（57／15a）

　　案：贛州本校語五臣作「巷號街哭」。今陳八郎本作「巷街號哭」。

　蔡伯喈〈郭有道碑文〉「望形表而影附」。（58／13a）

　　案：贛州本校語：五臣本作「景」，叢刊本同。今據陳八郎本五臣注則作「影」。與校語不合。

　蔡伯喈〈陳太丘碑文〉「黨事禁錮」。（58／16a）

　　案：贛州本校語：善本作「固」。叢刊本反倒之，校語云：五臣本作「錮」。今據陳本則作「固」，尤本亦作「固」。與校語不合。

　「大將軍弔祠，錫以嘉諡」。（58／17b）

　　案：贛州本、叢刊本校語云「五臣無大字」，今據陳本有，與校語不合。

　王仲寶〈褚淵碑文〉「率不貳心之臣」。（58／28a）

　　案：贛州本校語：五臣本無「率」字，今據陳本有。

「用人言必猶於己」。（58／28a）

案：贛州本校語：五臣本無「人」字，叢刊本同。今據陳本仍有「人」字，與校語不合。

「以侍中司徒錄尚書事」。（58／32a）

贛州本、叢刊本校語「五臣無事字」，今據陳本有「事」字。

「萬物不能害其貞」。（58／33b）

案：贛州本、叢刊本校語：五臣作「身」，今據陳本仍作「貞」，下注文同，可證二本校語誤也。

「言象所未形」。（58／34b）

案：贛州本、叢刊本校語「五臣作刑」，今據陳本仍作「形」。

王子淵〈四子講德論〉「僕雖囂頑」。（51／11b）

案：叢刊本於句下注校語云：「五臣本作頑囂。」今據陳八郎本五臣注仍作「囂頑」。與校語所見五臣本不同。

「黎氓所能命哉」。（51／14b）

案：叢刊本「黎」下校語云：「善本作民字。」今尤本即作「民氓」，陳八郎本五臣注亦作「民氓」，二本無異。

「寂聊宇宙」。

案：叢刊本校語：「五臣信寥」，今見陳八郎本仍作「寂聊」，茶陵本同。今本尤本作「寂寥」。故知此兩注本之異也。

「偃息乎詩書之門」。（51／20a）。

案：叢刊本「偃息」下校語云：「善本有匍匐二字」，今據陳八郎本亦作「偃息匍匐」，今本尤本同。知二本無異也。叢刊本校語失。

「鼓掖而笑」。（51／24a）

案：句下叢刊本校語「五臣作腋」，今見陳八郎本五臣注仍作「掖」。今本尤本同。

「未剋殫焉」。（51／24b）

案：句下叢刊本校語云「五臣作克」，今見陳八郎本作「剋」。今本尤本同。

班叔皮〈王命論〉「探禍福之機」。

案：叢刊本校語「五臣本作幾」，今見陳八郎本仍作「機」，石門版尤本同。知二本無異也。

韋弘嗣〈博奕論〉「好翫博奕」。（52╱22b）

案：叢刊本校語「五臣本作習」，今據陳八郎本作「好學博奕」。與校語不合。

「不出一枰之上」（52╱23a）

案：叢刊本校語「五臣本作抨」，今據陳八郎本亦作「枰」，無異，且音注「補萌」，亦同。此二注本無異也。

「何暇博奕之足耽」（52╱23b）

案：叢刊本校語「五臣本無暇字」，今據陳八郎本有暇字。

「夫一木之枰」（52╱24b）

案：叢刊本校語「五臣無之字，枰作抨」，今據陳八郎本有「之」字。「抨」作「枰」。與善注本無異。

今本叢刊本六臣注，除著善注本與五臣注本異同之語，更於注文中，雜參兩注異同之校語。如：

阮元瑜〈為曹公作書與孫權〉「無匿張勝貸故之變」

句下注云：

> 善曰：張勝有故於胡，盧綰匿之，而加恩貸也。貸或為貳。良曰：張勝，燕王盧綰之臣也，同前段善注。綰疑勝與胡反，上書請族殺勝，勝還報綰前意，綰乃詐論他事以脫勝家屬，此為匿藏張勝而恩貸之故，以為亂變言權無此，皆是自為之也。
>
> 案：其中良曰「同前段善注」云云，即為兩注異同之校語，疑此五字即六臣合注本者之所為，蓋今見贛州本亦有此五字也。或謂此五臣注之條例，凡借用善注者，俱有此語。非也。今見五臣注陳八郎本即無此五字可證。

今本叢刊本固六臣注合併本，然於兩注，互有詳略，並皆有刪削。不若明州本之兩注並列不加刪省者。雖然，叢刊本偶有刪削不整，其中以善注條例刻入五臣注者，故無以考見彼條例之誰屬，倘或真為五臣注原有者，則於五臣注之探究，特有助新說耳。若：

陸士衡〈漢高祖功臣頌〉「文成作師，通幽洞冥」

句下善注云：

> 善曰：《漢書》，張良終，諡曰文成侯。又曰：張良從容步游下邳圯
> 上，有老父出一編書曰：讀是則爲王者師。（47／14b）

五臣注云：

> 向曰：此謂張良也〔凡不言姓名，皆所封邑名及號諡也，餘皆類
> 此〕，良自言以三寸舌爲帝者師，幽冥謂受兵法於黃石公也。

> 案：今考尤本此句下無注條例云云，尤本凡遇善注條例有者，例皆仿錄，
> 蓋尤本實自六臣本析出，且又及見並世留存之五臣注單行本。茲以叢刊
> 本此句下善注條例無，而見於五臣注向曰文內，或疑即五臣原有者。若
> 然，則五臣注實亦嘗自訂條例矣！同文

「烈烈黥布，眈眈其眄」

句下善注云：

> 善曰：《漢書》曰黥布，姓英氏。項梁定會稽，布以兵屬之。《周易》
> 曰：虎視眈眈。（47／18b）

五臣注云：

> 向曰：〔凡有姓名，則注不重言也，或唯言其名，則注重說，餘類
> 此〕烈烈，猛也，眈眈，虎視貌。此於虎言猛也。眄，視也。（47
> ／18b）

考此五臣注有注文條例乙條。尤本此句下則無此條。其例既兩見，當非偶失
錯併，必屬原有者。（參廣都本、贛州本、明州本，可判其眞僞）。

　　叢刊本與茶陵本同屬增補之作，故於合併六臣注時，每因剪輯不審，而
誤取善注入五臣注者。如

張平子〈西京賦〉「於是采少君之端信，庶欒大之貞固」

五臣注云：

> 向曰：武帝信之，以爲貞固之寶，凡人姓名及事易知而別卷重見者，
> 云見某篇，亦從省也，他皆類此。（2／15b）

此注文持與陳八郎本相較，則陳本無「凡人姓名」以下二十六字。顧其語，
明屬善注條例。尤本已剔取之，今尤本即有此二十六字。可證尤本當自合併
本校改者。敦煌本亦無。此二句下注文作「少君、欒大已見〈西都賦〉」，蓋
善注從省之例。

干令升〈晉記總論〉「擾天下如驅群羊，舉二都如拾遺芥」。（49／12a）

　　案：叢刊本下著校語云「善本無芥字」，似以爲五臣注本有「芥」字。
　　非。據善注引「《漢書》，梅福上書曰：高祖舉秦如鴻毛，取楚如拾遺。」
　　知善注即無「芥」字。今考五臣注濟曰：「拾遺，謂如拾遺草於地。」，
　　知五臣注亦無「芥」字。叢刊本校語誤。

「群萌反素」（頁 662 上）

　　案：校云「五臣作氓」，注文同。陳本仍作「萌」，其下向曰亦作「萌」。

　　叢刊本據五臣注文增補纂奪者多。若〈西京賦〉「篠蕩敷衍，編町成篁」
句下有「蕩大竹也」四字。叢刊本在薛綜注文內。尤本胡刻俱有。皆誤，此
蓋五臣注文而混入也。今據陳八郎本五臣注即有此四字。

　　善注《文選》每遇選文正文與引書有出入，不宜直解者，乃更釋以用詞
用字之法，以牽合出入之由。此可謂據修辭以校勘之識語也。惟此例偶有或
散見各篇注，因善注單行本如尤本、胡刻本並汲古閣本，非祖之原本，率自
合併本而出者。合併者當初或見善注每有此例，遂於合併兩注文時，仿其例
而下識語。後世不知此合併者自爲，非善注原有者，遂多誤刻入善注文。今
可據敦煌永隆本而校之，還其原貌。若〈西京賦〉「周制大胥，今也惟尉」句
下，叢刊本善注云：

> 善曰：《周禮》曰：司市胥師二十人。然尊其職，故曰大。《漢書》
> 曰：京兆尹，長安四市皆屬焉。與左馮翊，右扶風爲三輔。然市有
> 長丞而無尉，蓋通呼長丞爲尉耳。

此注文即有二識語，一引《周禮》以釋胥師，惟選文正文作大胥，與引文不
合，乃下修辭識語謂「尊其職，故曰大」。二引《漢書·百官公卿表》以釋「惟
尉」。乃復下識語云「蓋通呼長丞爲尉耳」，蓋緣於《漢書》所載三輔但有長
丞，無尉，與選文作「今也惟尉」不合，故復下識語。

　　然則據今本《周禮·地官》序官文：胥師，二十肆則一人，皆二史。林
尹注云：胥師，司市之屬吏，市中二十壹爲次，胥師次之長，處理所部市肆
之政務（案：林尹 1974，頁 88／92）。據此，善引脫「肆則一」三字。又《漢
書·百官公卿表》善注引「三輔」下脫「更置三輔都尉」六字。以上兩脫處，
敦煌永隆本俱有之，可證善注原有。合併本所據祖本或已脫之，乃於善注文
旁加識語，合併者未見未脫之文，誤以爲善所校勘，因併刻入善注，遂將讀
選文者之夾批誤刻爲善注之修辭校勘。後出各本承其誤而遂不查，皆誤入善

注文。今幸得見敦煌寫卷而訂其譌。

　　叢刊本與贛州本屬同一系，然叢刊本爲晚出之本，可引例以證之。《文選》卷五十沈約〈恩倖傳論〉「鐵鉞瘡痏，構於牀第之曲」（50／22b），「第」字，明州本，贛州本俱同，下善注引《左傳》趙孟曰「牀第之言不踰閾」，五臣注云「第，簀也」，俱作「第」。至叢刊本則正文並注皆誤作「策」，尤本從之誤，陳八郎本是卷乃原缺，抄配亦誤作「策」。知明州本、贛州本等早出不誤，後世之本皆誤。

　　贛州本六臣注合併詳於善注，凡善注條例，原貌有者，尚能略存一二。叢刊本自贛州本出，則未守條例，已大亂善注舊觀矣！如陸機〈演連珠〉「瞽叟清耳而無伶倫之察」句下善注云「伶倫已見上文」，今本尤本同。叢刊本則引「《漢書》曰」云云卅四字，乃複出之文。非善注之例。

　　叢刊本六臣注雖自贛州本出，然微有省略，其必爲晚出之本無疑。如下例：

　　謝玄暉〈拜中軍記室辭隨王牋〉「不窹滄溟未運，波臣自蕩」句下向曰注，贛州本有「又謂監河侯曰：周視車有駙魚，曰：我東海之波臣也。」二十字，叢刊本無此二十字，再檢陳八郎本五臣注亦有此二十字，明知當有爲是。惟陳八郎本「駙魚」作「鮮魚」，與今本《莊子》異，誤也。

　　合併注叢刊本增刪各家注，至爲明顯。可自一例觀之。若〈西京賦〉「爾乃商賈百族，裨販夫婦，鬻良雜苦，蚩眩邊鄙」句下，叢刊本各注文如下：

　　其一，薛綜注：

> 綜曰：坐者爲商，行者爲賈。裨販，買賤賣貴，以自裨益。裨，必
> 彌切；良，善也。先見良物，價定，而雜與惡物，以欺惑下士之人。
> （2／17a）

今據敦煌永隆本薛注止「以自裨益」，以下二十五字無。惟「益」下多「者」字。尤本與永隆不同，知尤本以爲此多文也，乃刪去，疑尤本或嘗見與永隆本相近之善注單行本。

　　其二，善注云：

> 善曰：《周禮》曰：大市，日仄而市，百族爲主。朝市，朝時而市，
> 商賈爲主。夕市，夕時爲市，販夫販婦爲主。《周禮》曰：辨其苦良
> 而買之。鄭玄曰：苦，讀爲盬。〈蒼頡篇〉曰：蚩，侮也。《廣雅》
> 曰：眩，亂也。杜預《左氏傳注》曰：鄙，邊邑也。（2／17a）

據敦煌永隆本無「蒼頡篇」以下共二十四字。尤本仍有，知尤未刪，從合併

本也。

其三，五臣注云：

濟曰：族，類也。言裨販之人，以善物和惡物，欺惑邊遠人。（2／17a）

此錄五臣注文已省節，仍無異同校語。今據陳八郎本五臣文云：

濟曰：行曰商，坐曰賈，族，類也。裨，益也。販謂買賤賣貴以自裨益，良，善也。苦，惡也。蚩，欺也。眩，惑也。言裨販之人以善物和惡物，欺惑邊遠人。鄙猶遠也。（1／22b）

據此知五臣注文多卅餘字，皆爲合併本刪削。

總上可知，合併本於各注多有節取增補。今惟據尤本、陳本可探其原貌。此於尤本、陳本之刻次，亦可推而論之者二事：

其一：尤本非專主合併本。或有合併本增者，尤本刪之，疑尤本必已見善注單行本者，非專從合併本別出。

其二：陳本注文必多於合併本，凡合併本略省者，陳本皆不省，且嘗有增計卅餘字者。則陳本非自合併本出，確爲五臣注單行本者可信無疑。且其刻必在叢刊本之前，廣都本之後。諸合併本惟明州本、廣都本在陳本之前。

四、茶陵本

亦標《六臣注文選》六十卷，唐李善，呂延濟，劉良，張銑，呂向，李周翰合註，宋刊本，每半葉計十行，行十八字，小註夾行，行23字，都二行，首冠呂延祚進五臣集註《文選》表，李善註《文選》序，再次目錄。每卷大題「六臣注《文選》卷第幾」，次行下署「梁昭明太子撰」，三行下署「唐李善並五臣注」。每卷前各冠本卷目次篇名及作者名，其下連屬正文，尾題隔三行刻。版心白口，單魚尾，魚尾上記《文選》卷幾，下記頁次，版心下方記刻工姓名，若：李清，其，㮌，唐大得，受，章，宅，淮，堂，直，張恩，瓊，李朝，馬尤（或單刻馬），朴，經，章祥，言，章，賢，堂，庠，立，張敖，加，享，受，乙，相，徐，松，罩，溫，六奎，張朝，李鳳等。宋諱：勾，鉤，殼，觀，構，溝字缺筆。目錄末有「淳祐七年丁未春月上元日刊」雙行牌記一方。又此帙卷二版心中欄有「淳祐丙午年發刊」一行。知此本亦多缺頁，乃係抄配它本者，若卷二十二，卷二十六，三十九皆是。原刻字仿歐陽率更，寫雕俱傳神，抄配之頁則字仿顏魯公，亦得其三分筆意。紙係羅紋，故江寧鄧氏《群碧樓善本書錄》

爰定爲宋末刊本。此書現藏中央研究院史語所。

此書據鄧邦述於《群碧樓善本書錄》考證曰：

> 此外舅能靜先生藏書也。明翻茶陵本，丁氏八千卷善本書室有之，內有諸儒議論一卷，凡十三條，大德己亥。茶陵古迂陳仁子識云：「此書無諸儒議論，而後有木記，則稱淳祐丁未刊。」，丁未與己亥相距五十三年，陳仁子豈入元後始刊行耶？諸家有目茶陵陳氏原本爲宋本者，而繙陳者，乃載大德己亥識語，是元本也，則又何說？此本雖無諸儒議論，而確有茶陵前進士陳仁子校補一行，目後又確有淳祐丁未木記，何以諸家從未著錄？知此本諸家固未之見也。洪氏翻本，余在京師亦見之，有諸儒議論一卷，行款與此同，而確無木記，且有洪梗校一行，然則有諸儒議論者，固別是一本，丁目云：明翻本後有茶陵東山陳氏古迂書院刊行木記，此本亦無，或明翻者，竟從大德本出，此刻轉在前，或大德己亥，既輯諸儒議論，乃刊補於宋刻卷中而印行之，皆不可知，要之，此本既非明翻，木記亦非偽作。

鄧說甚是，惟有關刊刻木記，別有二方，分在卷二與卷二十八之版心上欄，書曰「淳祐丙午年發刊」一行。考淳祐七年丁未，則丙午即六年，據此，知是書或刊於淳祐六年七年之際也。

此本顏曰六臣注，實則先列善注，次及五臣，其善注者又悉錄之，持以較胡刻者，互有詳略，其五臣注者，持以較宋紹興三十一年建陽陳八郎崇化書坊刊五臣注本，亦間有差異。由是知此本特有功於校勘也。曩昔諸家校《文選》，無慮數十，若王念孫、胡克家、朱蘭坡、梁章鉅、高步瀛者，然亦未及考引此本。

案：《文選》注本之沿革，舊本三十卷，皆單行，至李善作注，始分每卷爲二，都六十卷，遂行於世。其後，有病善注者，謂釋事忘義。〔案：兩《唐書·李邕本傳》皆有記。案高宗顯慶中李善受曹憲《文選》之學，善注《文選》成六十卷，書成，子邕稱其父善注《文選》，釋事忘義。〕唐開元中復有五臣爲之作注，名曰五臣注，乃復爲舊本之三十卷，五臣注蓋補善注之闕，謂：

> 往有李善，時謂宿儒，推而傳之，成六十卷，忽發章句，是徵載籍，述作之由，何嘗措翰，使覆精覈注引，則陷於末學，質訪恉趣，則歸然舊文，祇謂攪心，胡爲析理，臣懲其若是，志爲訓釋。

〔案：見呂延祚〈進五臣集註文選表〉。〕

觀此，知五臣實欲掩李之短，譏其末學，反乖恉趣，爰具字音，析文理，復爲三十卷。噫！呂延祚表文誠然矣，至核其所注本，實未洽其所表，乃竊誤雜揉，多據劣手謬說，附會其義，是以宋儒多詆其非。故北宋之世，通行善注，而五臣注本終未顯矣。〔案：東坡嘗斥五臣注曰：「五臣乃俚儒荒陋者，反不及善。」信然。〕凡北宋刊本坊本並監本，率皆善注單行。

今核五臣注本之所出，乃本之科舉之便，故曰：「豁若撤蒙，爛然見景，載謂激俗，誠惟便人。」順此推之，南宋高宗復以詩賦取士，則詞章之學，必興翰林，《文選》熟爛，其理之常。故此，北宋末雖已行六臣注本，若廣都裴氏所刻者是，然至南宋初紹興年間，仍大行五臣注本。〔案：今故宮圖書館有藏宋開慶減淳間（1259～1265AC）廣都裴宅刊六臣本，即據五臣注爲主，惟是本《四庫提要》謂崇寧五年（1106）刊本。〕其後乃復有並善注，合曰六臣注本者。此本即是。惟善注單行本仍不廢，年代湮隔，轉相抄注，有時分合竟無以辨其畦徑，甚有顏曰善注者，而實自六臣別出，愈不復見舊觀矣！若南宋孝宗淳熙八年尤刻本是。〔案：今石門圖書公司影刊宋淳熙八年尤延之貴池初刻刊本者，即此本。〕其餘明末通行之汲古閣本，並清代胡克家刻本，皆善注單行抄自六臣注本，誤人遂多，不屢舉矣！

五、陳八郎本

陳八郎本，爲今存最早五臣單注本。乃南宋紹興三十一年建陽崇化坊刊行，今藏國立中央圖書館，都十六冊，分裝二函，屬三十卷本。竹紙，色黃。每卷半葉或十二行或十三行，行二十三字。注文小字雙行，行二十八字。版心白口，雙黑魚尾，上象鼻有大小字數，無刻工姓名。其中卷二十一至二十五乃鈔配，餘各卷亦有零星鈔配約三十頁。書前有戳記二，一署「江棋」，一署「陳八郎」。書中避諱字如下：

有詔徵著作郎。（57／22b）

案：徵字贛州本、叢刊本、尤本皆缺筆，陳八郎本不缺。

敬述清節。（57／25b）

案：「敬」字，贛州本、陳本缺筆，尤本、叢刊本不缺。

敬懃顯陽。（57／29b）

案：敬字贛州本、陳本缺筆。叢刊本、尤本不缺。

（注）**敬公湛之**。（58／1a）

案：「敬」字，贛州本、陳本缺筆，叢刊本、尤本、茶陵本不缺。

敦穆於閨庭。（58／27a）

案：「敦」字，叢刊本缺筆，其餘陳本、贛州本、尤本俱不缺筆。

孝敬淳深。（58／21b）

案：「敬」字，陳本、贛州本缺筆，叢刊本、尤本不缺。

〈齊故安陸昭王碑文〉注：潘勗荀彧碑。

案：「勗」字，叢刊本、尤本缺筆。

〈馬汧督誄〉

案：「敦」字，陳本、尤本、贛州本不缺筆。叢刊本缺筆。

破齊克完

案：「完」字，贛州本、叢刊本、尤本俱缺筆，陳本無缺筆。

貞固足以幹事。（58／12b）

案：「貞」字，各本俱缺筆。

廓然獨居。（45／6a）

案：「廓」字，叢刊本缺筆，敦煌本並各本不缺。

審此知孝宗以下不避，其確爲紹興刊本可知之矣！全書字體仿顏少保，厚實穩健，清服悅目，乃建陽私家刊書之佳者，惟亦多俗字、簡字，頗與唐世寫卷之俗字暗合。

是書不見於藏家目錄。此書收藏印，最早爲明末汲古閣之毛奏叔，清初傳是樓之徐乾學健菴。最晚則爲近人王同愈勝之，吳縣吳清湖帆，及烏程蔣祖詒穀孫。穀孫家富收藏，著聲東南，所謂密韻樓藏書是也。其人遷徙來台，歿後歸之國立中央圖書館。其書末跋云：

> 書內紅筆狼藉，亦出宋人之手，凡宋諱及嫌名，如懸（序），樹署（西都賦），完（東都賦），貞廓（西京賦），毅勗慎（東京賦），莞（南都賦），旭、頊、紈（吳都賦），雛（魏都賦），橫（甘泉賦），烱（藉田賦），敦、句（魯靈光殿賦）等字皆加一圍，當爲寧宗時人讀本。
>
> 往客鄂垣，義寧李文石觀察葆洵見之，睟然曰：「宋刊，宋印，而又

宋讀，眞人間奇書也！」爲之嘆賞不置。

據此知此書實宋本之孤本鴻寶也。民國十八年顧廷龍有題記，謂其外叔祖王勝之嘗收此本，云錢遵王《讀書敏求記》有之，蓋即是本也。章氏鈺校證謂王苇鄉曾親之，亦是本也，惜今查書，竟無錢氏印章或題識，豈依前人譏五臣注而略是物乎！

茲據是本之可論以助《文選》版本之說者，列述如下：

（一）是本鈔配之卷非據原卷

陳八郎本乃今存五臣單注本可見而最早者，惜其數卷缺者，率以抄配之卷補之，今考所補各卷，實與原書未盡同，蓋所據者當非五臣注之原本，乃自後出之六臣合併本別出以抄配者。茲以卷二十一爲例，應休璉〈與滿公琰書〉「陽畫俞於詹何，揚倩說於范武」句，抄卷「書」作「畫」，今據明州本作「書」。胡克家《考異》以爲「書」「畫」皆未必非，未必是。（案：胡克家，頁116）今觀贛州本、叢刊本、茶陵本俱作「畫」。尤本作「書」，蓋誤以五臣作「書」也。此必五臣作「書」，善作「畫」。贛州本從善注本已作「畫」可證。今抄配乃誤從合併本之從善注系列者而抄作畫，遂有此誤，又不及見更早之以五臣注爲主之明州本，及五臣單注此本，乃致誤如此。故凡抄配者與五臣本原作異，其非原卷可知。〔案：今《四部叢刊》本有明鈔本《說苑》，即作「畫」。蓋從晚出之本，未可據以校《文選》之是非也。見明鈔本7／30。〕

（二）獨有注文，爲各合併本所無

陳八郎本五臣注能存五臣原貌，殆可無疑。蓋今見有陳本獨有之注，而各合併本皆闕者。倘僅據合併本而據以定五臣與善注異同，不免失之略。無由見五臣注之眞也。今以棗道彥〈雜詩〉題下注爲例。善注云：

> 《今書七志》曰：棗據，字道彥，潁川人。弱冠，辟大將軍府，遷尚書郎。太尉賈充爲伐吳都督，請爲從事中郎，遷中庶子，卒。（29／32b）

此善注文如此。明州本云「翰同善注」，不另列注。贛州本，叢刊本則云：

> 翰曰：《晉書》云：據美容貌，善文辭（同前）

茶陵本同。知宋本之合併本，已因所從不同，而於兩注互有詳略之文。遂無由知五臣注之果同否？今據陳八郎本云：

> 翰曰《晉書》云：棗據字道彥，潁川人，美容皃。善文辭，弱冠辟

大將軍府，遷尚書郎中庶字。

據此知五臣注文與善注互有詳略，且「美容兒，善文辭」六字，乃善注引王儉《今書七志》無者，未可以「翰同善注」一語而概之。然則，此陳八郎本藉資版本考證之功在此也。又陳八郎本引書與善注異，可資考參史傳，亦引書之價值也。

（三）證是本非從六臣合併本出

陳八郎本五臣注非自合併本析出，乃自五臣單注本延刻而來之證，可自一例觀之。即陸佐公〈新漏刻銘〉「譬猶春華，同夫海棗」句下，贛州本合併六臣注載善注云：

> 春華言其文麗，海棗譬其無實。《答賓戲》曰：摛藻如春華。《晏子春秋》曰：齊景公謂晏子曰：東海之中有水赤，其中有棗，華而不實，何也？晏子曰：昔者秦穆公乘舟理天下，黃布裹蒸棗，至海而拯其布破。黃布故水赤，蒸棗故華不實。公曰：吾佯問子。對曰：嬰聞佯問者佯對也。（56／21b）

據此知善注引《晏子春秋》外篇卷第八十三章之事以注海棗事。贛州本善注後有五臣注濟曰云：

> 濟曰：「春華言不實也，海棗同善注，言何李法亦無實」（56／22a）

據此知五臣注「海棗」亦同引《晏子春秋》。於是，陳八郎本若自合併本出，其注文此段當與善注同，否則即不符贛州本所云「海棗同善注」之識語。然則據今本陳八郎本此句下濟曰云：

> 濟曰：春華言不實也。景公謂晏子：東海之中有水赤，有棗華而不實，何也？晏子對曰：昔秦穆公乘龍理天下，黃布裹蒸棗，至海濯其布，故水赤。蒸棗，故花不實也。公曰：吾詳問。晏子對曰：亦詳對之言，何李法亦无實也。

稍比較之，兩注文非盡同。其中贛州本叢刊本善注俱同尤本，惟尤本另增添「有水赤其中」五字於東海之中句下。疑即尤袤見五臣單注本有此句，遂據以校添者。今試再取《晏子春秋》該段文以校之，則五臣所引較近，《晏子春秋》卷八云：

> 景公謂晏子曰：東海之中有水而赤，其中有棗，華而不實，何也？
> 晏子對曰：昔者秦繆公乘龍而理天下，以黃布裹蒸棗，至東海而掮其布，彼黃布故水赤，蒸棗，故華而不實。公曰：吾詳問子何為。

對曰：嬰聞之詳問者亦詳對之也。(《四部叢刊初編》89)

較而觀之，贛州本、叢刊本、尤本之善注大抵相襲而類同，惟異於《晏子春秋》原文者多。五臣注則與善注引不同而較近於《晏子春秋》。是五臣注引文與善注稍異乃自合併本未合併前已如此，合併本見兩注大類皆同，遂不復重出五臣注引文。於是遂無由知五臣注單行本真貌為何！今陳本得見於世，不惟可觀兩注歧異，且由上所校論，亦可證陳本單注本實自五臣單注通行本而出，非自各合併六臣注本而別析出者。

其餘尚可佐證之例如下：

班叔皮〈王命論〉「而苟昧權衡，越次妄據。」(52／7a)

案：陳八郎本作「權衡」，尤本作「權利」。諸合注本未列校語，《考異》亦未校。

〈馬汧督誄〉「罝梁為礮，柿松為砮，守不乏械，歷有鳴駒。」(57／12b)
贛州本五臣注：

向曰：罝，繫也。柿，木札也。械，戒器，礮木之屬也。(57／12b)

案：此注文陳八郎本無。贛州本、叢刊本有。由是推知，合併本所據五臣單注本與陳八郎或不同本也，而其詳略有異，宜慎查之。

又陳八郎本五臣注文與各本合併本相較，多見陳本詳於各本者。如〈新漏刻銘〉「則于地四，參以天一」句下贛州本五臣注濟曰云：

濟曰：「則，法也。故壺用金，漏用水，相參而用之也」(56／23b)

持以較陳本，則陳本於「則法也」下有「地以四生金，金（案：「金」為「天」誤）以一生水」十字。

（四）是本有助《文選》之校勘例

今本陳八郎本五臣注可供「文選學」校勘之用者，尤在《文選》本文。往往諸家從善注本校勘，見其明顯有誤者，每無旁證，欲取之合併本六臣注，則又失善注之舊貌，徒勞無功，今有陳八郎本出，乃得以資選文正字校勘。若〈楊仲武誄〉文首，善注本尤本作「楊綏」，何義門、陳仁子、胡克家、黃季剛俱知其誤，然所據之本悉皆六臣注合併，今據陳八郎本即作「楊經」，知作「經」是。

五臣注本係出唐寫本，故字多俗寫，於選文正文作字較能存舊觀，其中有依俗寫而刻者，可推考原字正體，有未作俗寫者，可校正後出本之誤刻。

例：

謝玄暉〈拜中軍記室辭隨王牋〉一文之文題及題下注，五臣俱作「隨王」，然尤本善注作「隋王」，胡氏《考異》據袁本校語以爲善注原作「隋」。〔註：見胡克家《文選考異》曰：何校「隋」改「隨」陳云「隋」，「隨」誤。袁、茶陵二本作「隨」。袁有校語云善作「隋」。茶陵無校語。案：陳、何似但據茶陵改耳。下注盡作「隋」，袁所見是矣。〕

贛州本文題作「隨」，注誤作「塗」，叢刊本依之，但改「塗」爲「隋」，復誤矣！茲據《南齊書》卷四十：「隨郡王子隆字雲奐，世祖第八子也。有文才，督會稽東陽新安臨海永嘉五郡，兼中書令。」（洪氏版，頁 710）知當作「隨王」。五臣注本近是，較善注本爲優也。

又王子淵〈四子講德論〉「文學夫子曰：天符既聞命矣，敢問人瑞。先生夫子曰」句下，叢刊本校語「五臣作先生曰夫」。今據陳八郎確如所校。依五臣注《文選》本文，讀之意達詞暢，若從善注本則於義乖忤，甚且句讀難通。今叢刊本即從善注本。《考異》云：

> 茶陵本「先生曰夫」作「先生夫子曰」，云五臣作「先生曰夫」。袁本云：善作「先生夫子曰」。案：此尤校改正之也。「先生夫子曰」乃傳寫之誤。（胡克家，頁 133）

據此可知袁本同叢刊本。《考異》以爲此傳寫之誤，疑未必然，此或二注本之異文。今本尤本已經更正，乃據五臣注本也。然則其必改正者，蓋從其字，則於義不能斷也。此五臣注本《文選》正文較優之又一證。

五臣注盛行唐宋，凡未有合併本前，五臣注《文選》正文殆通行之本，其正文多存古本字，與後世校改本不同。若〈西京賦〉「駕鵞鴻鶂」，陳八郎本作「鴐」字。合併本叢刊本作「駕」，從馬，乃借字也。張揖子虛〈上林賦〉注，《史記·司馬相如傳》《集解》引郭璞注皆同。《藝文類聚》鳥部引《廣志》云：鴐鵞，野鵞也。《中山經》：青要之山，北望河曲是多鴐鳥。郭璞注：「鴐」宜爲「駕」，駕，鵞也。說文：鵞，䲭鵞也。誠案古可加聲同部。據此知「鴐」爲本字，作「駕」則借字耳。今唐寫永隆本作「駕」，北宋本同，蓋善注本正文原作者。雖然，古書古刻古石經本，從「馬」從「鳥」互用，異說紛紜。若《左傳》，唐宋石經作「駕」，刻本則定公元年襄公廿八年或從「馬」或從「鳥」。《史記》《漢書》亦混用不分。此饒宗頤氏已有詳說（見《楚辭書錄》），然則字書舊注從「鳥」者多爲本字。今尤本已校改爲從「駕」，注文同，此或

見陳八郎五臣注本作「駕」而據以改之也。

又如〈新漏刻銘〉「屬傳漏之音，聽雞人之響」句下贛州本五臣注：

> 濟曰：「傳漏，唱漏也。《周禮》：雞人掌祭祀，夜嘑旦以叫百官，使早起。屬，繫也，言君繫於此。」（56／23a）

持以較陳八郎本五臣注，錯異之處數起。茲舉其一如陳本注云：

> 傳漏，唱漏也。《周禮》雞人掌祭祀，夜呼曉以叫百官，使早起。屬，繫也，言君繫於此。（56／23a）

〈陶徵士誄〉注「道經尋陽」。（57／20a）

案：尤本、善注各本俱作「尋陽」。合併本之五臣注文多節略。無由觀五臣作何。今據陳八郎本作「潯陽」。作「潯」是。

〈宋文皇帝元皇后哀策文〉注：「詔前永嘉太守顏延年」。（58／1a）

案：《考異》以爲「年」，「之」之誤。今本尤本即誤作「年」，《考異》惟據合併本之袁本「年」作「之」以校，未足證。蓋贛州本，叢刊本，茶陵本諸合併本俱誤作「年」。且各合併本皆有「五臣注同」校語，固是節去五臣注文。今據陳八郎本五臣注即作「之」，知五臣注不誤，可以校善注引文之誤也。

〈答客難〉「今世之處士，時雖不用，塊然無徒，廓然獨居」。（45／6a）

案：贛州本叢刊本校語：「時雖不用」，五臣無此四字。今據陳本即無。尤本有，此兩注本之異也。然則無者是，於義爲足，此句蛇足也。今據敦煌本，《漢書》俱無此句，可證五臣注本較近於實。

王簡栖〈頭陀寺碑文〉「杜口毗邪，以通得意之路」

句下善注云：

> 《維摩經》曰：佛在毗邪離菴羅樹園。佛告文殊師利，汝行詣維摩詰問疾。文珠師利問維摩詰：何等是菩薩入不二法門？時維摩詰嘿然無言。文珠師利嘆曰：善哉善哉！乃至無有文字語言，是眞入不二法門。（59／1a）

今據陳八郎本亦引《維摩經》以釋「杜口毗邪」之出典，惟數處稍異。「離菴」，陳本作「離城」。「菴」下「羅樹園」三字，陳本無。「佛告文殊師利」下，陳本有「曰」字。「文殊師利問維摩詰」，陳本作「文殊師利既至謂維摩詰曰」，較善注引文佳。又「不二法門」上無「菩薩入」三字，「嘿然無言」，陳本作

「默然無言」。下「善哉」二字陳本不重有。凡此歧出引書，未必何者爲是，然兩注所引皆非直引不略，則彼此異同，有所刪取固然也。今幸有陳本在，尚可據以考校善注引書，以證引書非直引也。

　　近世選學家能據出土唐寫本以校注文，剖析詳密，創獲甚多者，首推高步瀛與饒宗頤二家。二氏嘗見敦煌唐寫本《文選》善注，據以校今刻本，每能正今本之誤。蓋今所見刻本其早者惟六臣注合併本，然合併本已非兩注原貌，已多所增刪。二氏於善注單行本或僅見胡刻本耳。故於合併本善注，或能據胡刻與唐寫互比而校之，還其原貌。然二氏皆未見陳八郎本，於五臣注遂多黯昧無審。所據者僅合併本耳。殊不知今合併本於五臣注文多節取之者。甚有兩注大異，詳略不一，仍標識語曰五臣同善注者。其實五臣注之全文終不獲睹。二氏遂於凡見合併本善注文有誤增抑錯文者，即據唐寫卷而刪之，且謂合併本所增誤者即五臣注文混入云云，今據陳八郎本以校，皆失實。例〈西京賦〉「丞相欲以贖子罪，陽石污而公孫誅」，合併本叢刊本善注云：

> 善曰：《漢書》曰：公孫賀爲丞相，子敬聲爲太僕，擅用北軍錢千九
> 百萬，下獄。是時詔捕陽陵朱安世。賀請逐捕，以贖敬聲罪。後果
> 得安世。安世遂從獄中上書曰：敬聲與陽石公主私通。遂父子俱死
> 獄中也。陽石，北海縣名也。（2／18B）

此善注引《漢書・公孫賀傳》文以注。高步瀛氏據唐敦煌永隆本寫校得各本無「安世者」下「京師大俠也」五字。又各本「告」作「曰」，「子」下脫「俱」字。「則陽石」下七字，唐寫卷無。據《漢書・地理志》東萊郡有陽石縣，即今山東省掖縣。不在北海縣也。高氏因此校曰：此七字必非李注，蓋後人誤以銑注屬入者（案：高步瀛，頁 2／38）。饒宗頤從其說，以爲銑注混入（案：于大成、陳新雄，頁 115）。今案二家說未必也。此五臣注合併叢刊本作「銑同善注」，二氏蓋未見五臣注作何，據合併本而盲猜也。今據陳八郎本五臣注未有此注文。此必合併者所據之善注寫卷有旁批夾注語，誤爲善注而刻入也。由是可推知合併本所據之祖本殆爲一已經校注夾批之寫本。致批者之語與善注文相混屢亂不易辨明，刻之者不愼察，遂而誤刻。

　　五臣注之原貌，每經六臣注合併本加以刪削奪裂，每遇五臣注與善注同者，六臣合併本，例皆作「五臣某與善注同」，於是闕而不錄，今世六臣本既大行於世，閱者闇于闕文，遂莫由知五臣之同者何？實則凡六臣注本作同而闕錄者，今據陳八郎本五臣注，實多有不同者，或詳略不同，或文同篇而章

不同，或隱括引文而字義間有出入者，或引文有難字不解者，善但引之，五臣則另釋字音、字義者，是五臣注非若諸家所詆譏之擅改異文，取誣善注者。五臣注別有可參考攻說處，宜辨明之，未可泥前人之論而竟信之者。試以《文選》卷三十六王元長〈永明九年策秀才文〉爲例說明之。

華封致乘雲之拜。（頁675上）

善注：

《莊子》曰：堯觀乎華封。華封人曰：嘻！請祝聖人壽且富，且多男子。堯皆辭曰：多男子則多懼，富則多事，壽則多辱，封人曰：天之生人，必授之職。多男子而授之職，則何懼之有？富而使人分之，則何事之有？天下有道，則與物皆昌。天下無道，則修德就間，千歲厭世，去而上僊，乘彼白雲，至于帝鄉，三患者莫至，身無常缺，則何辱之有？封人去之，堯隨之請問，封人曰，退。然崆峒有拜，乘雲爲請，今不同者。蓋請者必拜，故互文也。

案：善注引文於「則何事之有」下，諸句法與前所引不侔，持與較五臣注引文於該句下，接以「多壽則千歲之後，乘彼白雲，至于帝鄉，何辱之有」，如此句法與前所引文諧洽，意亦貫通，而無脫繼文思之弊，較善注爲宜也。

或揚旌求士，或設虡待賢。（頁675上）

善注：

求士待賢，皆謂請其言也。《管子》曰：舜有告善之旌。應劭《漢書注》曰：旌，幡也，設之五達之道。《鬻子》曰：昔大禹治天下，以五聲聽治。爲銘於筍簴曰：教寡人以道者擊鼓，教寡人以義者擊鐘，教寡人以事者振鐸，語寡人以憂者擊磬，語寡人以獄者揮鞀。

案：今本叢刊本於此句下只列善注，而於五臣注曰「餘同善注」，今核二注原文，實乃義岐出，未可例同，且虡字，善注未明其義，五臣補注曰「虡，鍾架也」，是也。說文：虡，篆文虡。又《說文》：虡，鐘鼓之柎也，飾爲猛獸，以虡，象形。段注：象猛獸之狀，非罘，畀二字也。按，據《說文》及段注，知虡，當鐘鼓之架，飾猛獸於其架上。〈上林賦〉張揖注云：虡獸重百二十萬斤，以夾鐘旁。正同此義。又《鬻子》引文，有兩異，其一「擊磬」，五臣作「擊磬」，其二「揮鞀」，五臣作「揮鞞」。考古書「磬」、「磬」二字多互相假借。磬，《說文》：

器空中也，以缶，殸聲，殸，古文磬聲，詩曰鞉之磬矣。據《說文》，磬即擊磬之聲也，故「磬」「磬」多假借。《說文》：磬，石樂也，從石，声象懸虡之形，殳所以擊之也，古者毋句氏作磬。依《說文》，則五臣注作「磬」字，多存古書假借例，亦可並參。《爾雅・釋器》擊鼓磬謂之憲。是也。

今本尤本善注爲最早見存之單行善注本，惟所本實非善注原本，乃自六臣注本析出別行，既已經胡克家《考異》指陳之，言證鑿確，無庸待辨，然則，是否尤袤析六臣注本時，全依六臣注，別無它本？是又不然也。蓋今存尤本善注有所增刪，與諸六臣合併本異者頗多，或有尤據它書增入，或有尤校改增之，皆可就六臣注本，一一比勘其異同，校定其損益正誤。惟其中尚有尤本所增，不見於六臣注本，而獨見於五臣單注之本者。此可證尤本刊刻當時，尚參之五臣注本，五臣既行於唐宋，尤刻析出六臣注本，或偶失校查，乃混五臣注文於善注，如下一例：

任彥升〈百辟勸進今上牋〉「高蹈海隅，匹夫之小節」。（40／35a）
尤本善注：

　　《莊子》曰：舜以天下讓其友石戶之農，石戶之農以舜之德爲未至，於是夫負妻戴攜子以入于海，終身不反。

　　案：贛州本無「夫」字「戴」字，叢刊本作「石戶之農夫」，有「夫」字，然，「於是夫」句下，亦無「夫」字「戴」字。胡克家《考異》謂「袁本茶陵本無夫字戴字」，與所見合。惜不明何以尤本有此？茲檢陳八郎本作「良曰：舜以天下讓其友石戶農夫，石戶農夫負妻戴子以入海，終身不反。」尤本或參此注。增「戴」字於「攜」字下，復衍「夫」字，遂與它本不同矣。

尤本既爲自合併出本別出有修改者，其校改之際，偶有增添善注文，所據或緣於五臣引文。

如下引例：

〈石闕銘〉注：「書曰：有扈氏威侮五行，怠棄三正」。（56／10a）

　　案：各本俱無此十三字。今據贛州本五臣注、陳八郎本五臣注俱有「書曰威侮五行怠棄三正也」十一字。疑尤袤據此而混入善注也。

六、尤　本

　　所謂尤本即南宋高宗淳熙八年貴陽倉使尤袤所刻善注單行本。據尤袤題序云：

> 貴池在蕭梁時寔爲昭明太子封邑，血食千載，威靈赫然，水旱疾疫，無禱不應。廟有文選閣，宏麗壯偉，而獨無是書之板，蓋缺典也。往歲邦人嘗欲募眾力爲之，不成。今是書流傳於世者，皆是五臣注本。五臣特訓釋旨意，多不原用事所出。獨李善淹貫該洽，號爲精詳。雖四明、贛上各嘗刊勒，往往裁節語句，可恨。袤因以俸餘鋟木，會池陽袁史君助其費，郡文學周之綱督其役，踰年乃克成。既摹本藏之閣上，以其板寘之學宮，以慰邦人，所以尊事昭明之意云。

據此題記，可得而聞者，有四事：

　　其一：據尤說，南宋江東一地盛行五臣注，不知所云尙包括北宋否，若然，則終南宋之世，皆盛行五臣注。可知善注《文選》實未必如所云皆盛於五臣注者。善注之盛，至少當在南宋以後也。

　　其二：尤所云四明贛上，皆裁節語句，殆即合併六臣注本之通例也。然則尤既見之，則四明贛上所刊必爲早出，四明即明州本，贛上即贛州本，以此可證今傳明州本，贛州本爲南宋初年之本。

　　其三：尤未云其所據何本而刻，似其所本非有單行善注本，蓋從六臣本剔出善注別行者。且尤既云：今是書流傳於世者，皆是五臣注本。可知彼時確無善注單行之本。然則今據故宮博物院藏北宋本《文選》殘卷，當爲天聖明道年間刊刻，即北宋之國子監本，則北宋已有善注單行本可知之矣！（案：張月雲，頁 54～62）似尤刻未見之也。

　　其四：尤既言今世所傳皆五臣注本。可證迄南宋爲止，五臣注單行尙得見之。持此以較彭元瑞《知聖道齋讀書跋》卷二謂嘗見北宋監本書首之節文云：「五臣注《文選》傳行已久，竊見李善《文選》，援引賅贍，典故分明。若許雕印，必大段流市。」亦以爲五臣注《文選》傳行已久，則終唐宋之世。《文選》確以五臣注盛行。

　　惟尤本雖刻之，然歷代沿傳，亦非原貌，至清人胡克家謂：「往歲顧千里、彭甘亭見語以吳下有得尤槧者，因即屬兩君，遴手影摹校刊行世，踰年工成，雕造精緻，勘對嚴審，雖尤氏眞本，殆不是焉。」據此知胡氏嘗重刻尤本，惟自胡刻之後，善注單行多傳此本，是以眞正尤本及不見於世。是以世人多

認胡刻即尤本，實則不然，蓋今幸得尤本眞本行世，持以相較，實多異文異注。如下引諸例可見一斑：

〈漢高祖功臣頌〉「馬煩轡殆，不釋擁樹，皇儲時文，平城有謀」

胡刻善注云：

> 《漢書》曰：嬰從擊項籍，漢王不利，馳去見孝惠、魯元，載之。漢王急，馬罷，取兩兒棄之，嬰常收載行，面擁樹馳。晉灼曰：今京師謂抱小兒爲擁樹。《漢書》曰：平城之難，冒頓乃開一角。高帝出欲馳，嬰固請徐行，弩皆持滿外鄉，卒以得脱。（藝文版，頁 678）

今本尤本善注與前同，惟於「馬罷」下多「虜在後」三字，又「取兩兒」作「蹴兩兒假」。（石門版，頁 677）

> 案：據此知二本所見不同，今本尤本乃更早出，或胡克家所見本不同，故胡克家《考異》云「茶陵本『取』作『蹴』，是也，袁本作『蹶』亦非。」知胡所見三本各異字。今考叢刊本亦作「蹴」。然則「虜在後」三字各本俱無。此又尤本所獨見也。

〈晉記總論〉「談者以虛薄爲辯而賤名檢」。（49／19a）

《考異》：

> 袁本、茶陵本，「儉」作「檢」，云善作「儉」。何云《晉書》「儉」作「檢」。案：「檢」字是也。各本所見「儉」字，傳寫誤耳，注「應瞻表」，「儉」字亦「檢」之譌。其表以「清檢」對「容放」言之，義無取於「儉」。而今《晉書·應傳》作「儉」字，恐非也。又善引劉謙紀，自不必與彼同。（胡克家，頁 129）

> 案：今本尤本「儉」作「檢」，與《考異》者異。下注引「應瞻表」作「儉」。

〈封禪文〉「后稷創業於唐堯」。

《考異》：

> 案「堯」字衍。尤延之脩改添入也。茶陵本無，而校語云，五臣有「堯」字。袁本亦無，其下并無校語。是袁所見五臣尚無「堯」字，茶陵及尤所見乃衍也。凡二本校語，皆據所見著之，即五臣仍非眞如此，是其例矣。《史記》《漢書》俱無，尤取誤本五臣以改善，失之甚者也。（胡克家，頁 126）。

案：胡所見「唐」下有「堯」字。今本尤本無。又叢刊本亦無，茶陵本自叢刊本，當無，今衍「堯」字，誤也。叢刊本下著校語云：五臣本有「堯」字。袁本無校語失之。

范曄〈宦者傳論〉「皆腐身熏以自衒達」

善注：

嗚呼，史遷薰骨以行刑。（50／9b）。

《考異》：

何校「骨」改「胥」，陳同，又云「行」字衍，是也，各本皆誤。（130下）

案：今見石門版尤本作「薰胥以行」，與《考異》所見本異。

王子淵〈四子講德論〉注「一單三尺」

《考異》云：

袁本、茶陵本「單」作「躍」，是也（胡克家，頁132）。

又注「遁，逃也」

《考異》云：

袁本茶陵本「逃」作「避」是也（胡克家，頁132）。

案：今見尤本與《考異》所見尤本不同，石門版尤本「單」作「躍」，「逃」作「避」。皆不誤字。

曹丕〈典論論文〉注：「遭我乎猱之閒兮」。（52／8b）。

《考異》：

袁本「猱」作「巇」是也，茶陵本亦誤猱（胡克家，頁133）。

案：今本尤本作「遭我乎巇之間兮」，與袁本同。叢刊本則作猱，亦誤。然則《考異》所見與今本尤本異。

又「以至乎雜以嘲戲」。（52／9a）。

《考異》：

袁本、茶陵本無上「以」字，「乎」作「於」。案此所見不同也。《魏志·王粲傳》注引此無「以」字，「乎」作「于」。蓋二本是矣。（胡克家，頁133）

案：今本尤本作「至乎雜以嘲戲」，與《考異》所見不同。陳八郎本作「至於雜以嘲戲」，與《考異》所見袁本、茶陵本同。案「乎」「於」

二字可通，惟從五臣注本讀之句順意暢，此必兩注本之異。

曹元首〈六代論〉「胡亥少習尅薄之教」。（52／14a）

《考異》云：

> 袁本云，善作「尅」。茶陵本云五臣作「刻」。案：各本所見皆傳寫
> 誤也，善注引〈商君傳〉自作「刻」，不作「尅」。《魏志》注亦是「刻」
> 字。（胡克家，頁133）。

> 案：今本尤本作尅薄與《考異》所見稍異，「尅」「刻」字可通。惟陳
> 八郎本作「刻薄」。此必二注本之異也。善注引書非正同選文正文，亦
> 每有不相合者，其例往往以某通某解之。此注則闕，亦常見之例也。

張茂先〈雜詩〉「東壁正昏中」。注：「《禮記》：仲冬之月，日昏東壁中。」
（29／27a）

《考異》：

> 袁本無「日」字，是也。茶陵本亦衍。（胡克家，頁89）。

> 案：此胡克家所見尤本有「日」字。胡刻乃據以刻入，然據別本無此
> 字，因下校語。此胡氏所見尤本乃晚出覆刻之本。今據更早之尤本，
> 則無此字。知與胡所見不同。又明州本善注亦無。同袁本。叢刊本、
> 贛州本皆有，同胡所見茶陵本也。皆誤衍。此所引《禮記・月令》文
> 會：「仲冬之月，日在斗，昏東壁中。」（阮元，頁344）無「日」字是。

揚雄〈解嘲〉「客徒朱丹吾轂」。（45／9a）。

《考異》：

> 何校「徒」下添「欲」字。袁本、茶陵本云：善無「欲」字。案：《漢
> 書》有。此傳寫脫，校語非。（胡克家，頁120）。

> 案：此《考異》所見與今初刻尤本不同也。今初刻尤本有「欲」字。
> 敦煌寫卷亦有「欲」字。可證當有。贛州本、叢刊本皆有欲字，下著
> 校語善注無「欲」字。案二本校語有誤，或所見有異本。今陳八郎本
> 亦有「欲」字。知五臣固有，與校語合。然則據敦煌本，尤本初刻，
> 善亦當有「欲」字也。

王簡栖〈頭陀寺碑文〉「式揚洪烈」。（59／16a）

《考異》：

> 茶陵本「式」作「戒」，云五臣作「式」。袁本云善作「戒」。案：此

尤校改正之也。「戒」，但傳寫誤。（胡克家，頁145）

案：胡克家所見袁本、茶陵本兩注同異校語甚是，此即五臣注作「式」，善注作「戒」。惟《考異》所據尤本仍作「式」，與五臣無異。今據今本尤本則作「戒揚洪烈」，與胡所見不同。知今本尤本爲近眞，必在胡所據本之前而刻也。可證胡克家所據尤本乃爲晚出之本。

王仲寶〈褚淵碑文〉嗣王荒忘於天「王」。（58／29a）。

《考異》：

袁本，茶陵本「王」作「主」是也（胡克家，頁144）。

案：各本俱作「主」。《考異》所見尤本作「王」，與今本尤本異，今本尤本亦作「主」。

今本尤本善注與胡克家刻本善注偶或文句不同，胡刻自稱仿尤本，號爲精詳，而實不盡然。蓋胡氏所見尤本或已經脩補，遞相流轉，非尤本原貌矣！然胡氏《考異》以所見袁本、茶陵爲輔本，以校尤本，殆當時所覆僅如此，無由更覓早出之本。其中凡袁本與尤本異者，以今本尤本校之，實多不異。茲舉一例如下：《文選》卷四十四鍾士季〈檄蜀文〉作者下善注「後爲司徒」，胡氏《考異》以所見袁本校之，云：

袁本無「後」字，有「伐蜀平之」四字，是也。茶陵本無此節注，乃并入五臣。尤本此處脩改，蓋初亦無，後校補也。（胡克家，頁119）

所云茶陵本無善注，蓋并入五臣，信然，惟字句大有增損。五臣注合鍾會生平與檄文旨意爲一注，五臣注云：

翰曰：《魏志》云：鍾會，字士季，穎川長社人。繇之少子也。少敏惠，凤成爲秘書郎，遷鎮西將軍，與鄧艾伐蜀。蜀將姜維守劍閣距會，會移檄蜀將吏士人，後平蜀爲司徒，謀反於蜀，爲眾兵所殺。（44／27b）。

依五臣注條例，凡善有者，五臣注必略，善注闕者，五臣必詳，善注離者，五臣注往往合之。故疑鍾士季名下注引《魏志》之文，善注原闕，此必五臣所補。何以見之？今本尤本此注文略小，且擠堆無間，當即後人所脩補，即《考異》所謂：「初亦無，後校補」者。況此注文與袁本亦有異，而袁本作「伐蜀平之爲司徒」與五臣注：「後平蜀爲司徒」略同，疑即割裂五臣注分置兩處以爲善注。然以胡氏所刻本作「後爲司徒謀反於蜀」，已非今本尤本原貌，知今本尤本有出

胡氏所見者，如是乃不易見袁本與尤本異同耳。蓋今本尤本作「伐蜀平之爲司徒」，與袁本全同。然則胡克家所見殆非尤本原本也（案：參石門版，頁634）。

今本尤本有出於《考異》所校者，知今本非《考異》所見，不然則《考異》錯讀而誤校。如孔稚珪北山移文「紐金章，綰墨綬」句下善注，今本尤本作：

> 六百石以上皆銅印墨綬」（石門版，頁624）

然《考異》云：

> 袁本、茶陵本，「銀」作「銅」，是也（藝文版，頁118）。

據此知《考異》所見尤本作「銀印墨綬」，與今本異。案贛州本、叢刊本同今本尤本。此尤氏所祖之本，似不當改易，疑即《考異》失校耳。又：

〈劇秦美新〉「振鷺之聲充庭，鴻鸞之黨漸階」注「振鷺鴻鸞喻賢也毛詩」。（48／18a）

《考異》：

> 袁本「賢」下有「人」字，「詩」下有「曰」字，是也。茶陵本無「振鷺」以下八字，有「曰」字。此初同茶陵，後脩改而又誤脫「人」「曰」二字。（藝文版，頁127下）。

> 案：今本尤本與《考異》所見袁本同，有「人」字亦有「曰」字。知今本尤本與胡刻本異。今考叢刊本無「振鷺」以下八字，五臣注銑曰有此八字。疑善注不當有，或後人據五臣注亂入善注者。蓋善注於引書前例不再多釋。五臣則於善注引書後，例皆釋選文之大意者。此正合其例。

〈劇秦美新〉「班乎天下者，四十有八章。（48／15a）

> 案：據善注：「《漢書》曰：莽遣五威將王奇等班符命四十二篇於天下」，則「八」字當作「二」字。今見尤本、叢刊本俱作「八」。據五臣向注：「莽遣五威將軍王奇等，班示符瑞異物殊怪之事於天下，四十八章，謂錄之爲書如篇章然也。」知五臣注本作「四十八章」。疑此或兩本之異也。

據此例知胡氏所見尤本與今所傳之尤本蓋亦不同之本，此又可自胡氏所作《考異》與今傳尤本不同者證之。若以下諸例：

王元長〈三月三日曲水詩序〉「稚齒豐車馬之好」。（46／21a）

《考異》：

注「杜氏幽求子曰」下至「有竹馬之歡」　袁本、茶陵本無此二十
二字，案：二本因善同五臣而節去也，有者是。」（胡克家，頁123）。
案：此二十二字叢刊本亦無，知各本或不當有。今見五臣注有，疑即兩
注之異，尤本據五臣注以添之耳。《考異》以爲「有者是」，未必可信。

「求中知而經處，揆景緯以裁基」

《考異》：

注「周禮曰以土圭之法」下至「緯星也」　茶陵本無此三十九字，
袁本此節注并入五臣，皆非也。尤所見是。（胡克家，頁123）
案：今見叢刊本善注亦無此節注卅九字，五臣有，與袁乃自廣都本出，
廣都本雖亦合併六臣注本，然兩注例不刪削，今既不刊此卅九字，知
善注無此節注，當爲五臣有者，尤本據以增添也。《考異》以爲尤本是，
未必可信也。

張平之〈西京賦〉「彌望廣緣」注：「字林曰潒水潒瀁也。」（2／14b）

《考異》：

袁本、茶陵本「瀁」作「潒」，是也（胡克家，頁8）
案：尤本自不誤，《考異》反校之而誤。今據各本合併注文本皆作「潒，
水潒瀁也」，蓋皆承善注本而誤，北宋本已作如此。尤袤見合併本之誤，
遂據《字林》改之。此本已經尤袤校改之例。胡氏反據誤本而校尤本
已改者，更誤。敦煌本作「《字林》曰激，水潒也」，「激」字乃「潒」
之誤，下當有寫卷重文符號「〻」，因誤去，遂獨書「潒」字。然則敦
煌本亦誤同北宋本。疑善注單行本通作此。任大椿《字林考逸》六水
部：潒，水象瀁也。《說文釋例》云「瀁」之篆文即「漾」，《說文》，
潒瀁疊韻字。高步瀛因謂《字林》之訓本《說文》。（案：高步瀛1968，
卷二頁31）又饒宗頤以爲作水潒瀁者義亦可通。（案：陳新雄，于大成
1976，頁107）然則《字林》既本《說文》之訓，則宜從原作，諸本誤
刻，均當省別之。

凡此，《考異》云尤本如何者，持與今本尤本皆不同，由此斷言《考異》
所據爲後出尤本，今傳爲初刻本，幸有臺北石門圖書公司據大陸中華書局影
印之本行世，姑名之曰石門版尤本，亦簡稱尤本，以與胡刻本別之。

雖然，無論胡刻本、尤本，皆自稱善注單行，究實之，亦非眞善注單行，

乃自六臣併注而出者。今就尤本之可見者析論如下：

（一）尤本乃自合併本出

善注《文選》嘗自訂條例，嚴守以下筆，是以行文有矩度可循，其徵引取材，邦瞻繁富，實選學之津梁也。其於舊注之條例，有曰：「舊注是者，因而留之，並於篇首題其姓名。其有乖謬者，臣乃具釋，並稱臣善以別之。」（見〈西京賦〉薛綜注文）據此，則善注於舊注必題原名，如有乖謬，必詳爲具釋。然必舊注與新注兩存之，不使淆亂混雜也。惟此例衡之於今本各注，往往有不符者。蓋經傳寫復刻，合併之本既多誤斯例，單注本亦從而隨之誤，是以善注原貌，竟不詳矣！今以陸機〈演連珠〉爲例，舊注題曰劉孝標，故當劉曰與善曰並具，始合善注自訂之例。今據贛州本、叢刊本，已多見混同，甲乙莫辨者。此合併本如此，持以較單注本，則尤袤本已改正之，稍復條例所言之式。試以簡表示之如下：

版本 首　次	贛州本	叢刊本	今本尤本
四首	混同	混同	改正
六首	混同	混同	改正
十三首	混同	混同	改正
十四首	混同	混同	改正
十六首	混同	混同	改正
二十首	混同	改正	改正
廿一首	混同	改正	改正
廿二首	混同	混同	改正
廿五首	混同	混同	改正
廿六首	混同	混同	改正
廿七首	混同	混同	改正
四十首	混同	混同	改正
四四首	混同	混同	混同
四八首	混同	混同	改正

據上表可知數事者如下：

其一，贛州本混同爲各本之冠，從而推知是本當早於各本，由此亦可證合併六臣注本大都已亂善注原貌，即條例亦多不遵循。

其二，叢刊本自贛州本出，故混同者亦多與贛州本同，惟有二例例外。殆經改正之舊注，題曰「劉曰」者。可證叢刊本覆刻時，已稍改之。

其三，凡混合者，尤本例皆改正，其復善注原貌者最多，則尤本必據合併本而單行別出，此又一旁證。

其四，尤本惟一處未改。據其凡混同必改正之例，可證此條必屬漏改者。胡克家刻本隨之而亦漏改。胡氏《文選考異》亦未之校。當據本表所示而改之。

或謂今存尤刻本，即善注單行本，胡刻據之，亦以為信，然猶疑之，已見其《考異》。惜無更善之本以為旁證。遇可疑處每不能斷。其實，尤本仍自六臣注本別出者，今存尤本已多處可見臆改六臣注本者。若下之例：

〈謝平原內史表〉，「拜受祇竦，不知所裁」句下，有小字「中謝」二字，贛州本、叢刊本同。陳八郎本無「中謝」二字，亦無「臣機頓首頓首死罪死罪」十字。可知正文兩注本已無此十字。尤表失查，據〈讓開府表〉善注「中謝」例，添此十字，乃知非善注本之舊。又此十字句下有善注：「范曄《後漢書》陳蕃上疏曰：臣誠悼心，不知所裁」十八字。贛州本、叢刊本俱無，胡氏《考異》謂所見袁本、茶陵本亦無。可知此十八字乃尤添增者。即此二例，知尤本非善注之舊，蓋自六臣本所出。

又六臣本有誤者，原非善注，乃涉旁文而錯置，胡刻本往往不察，照之登錄，由此可證胡刻或尤刻本實自六臣本析出。

枚乘〈七發〉「沌沌渾渾」。（頁643）

案：「沌」字音切，叢刊本該字下有「徒奔」二字，「渾」字下有「胡奔」二字，即為音切。然則其句下善注之末又增「沌，徒本切。渾，胡本切」八字，一字乃有二音切，此不合六臣本音讀例，察此行之次有混混庉庉一詞，「混」字下有「胡本」二字，「庉」字下有「徒本」二字。當即旁涉錯置者。胡刻不察，隨六臣本之誤而誤，從而知尤校亦不可盡信，胡《考異》多漏失者。

劉孝標〈辨命論〉「故宋公一言，法星三徙」

今本尤本善注：

《呂氏春秋》曰：宋景公有疾，司馬子韋曰：熒惑守心，心，宋分野也，君當移於相。公曰：相，股肱也，除心腹之疾而置之股肱，可乎？曰：可移於民。公曰：民，所以為國，無民，何以為君？曰：

可移於歲。公曰：歲所以養民，歲不登，何以畜民？子韋曰：君善
言三，熒惑必退三舍，延君命二十一年。視之信。《廣雅》曰：熒惑
謂之罰星，或謂之執法。（尤袤，頁 766）。

叢刊本善曰：

宋景公有疾，熒或守心，熒或災星，心，宋之分野，朝臣謂公曰：
可移禍於相。公曰：相，股肱，除心腹之疾置於股肱，不可也。曰：
可移於人。公曰：國無人何以為君？可移於歲，公曰：歲所以養人，
歲不登，何以畜人？是時熒惑乃退三舍，延祚二十一年，由景公之
善言也。熒惑，謂執法之星，故云法星也。（54／28a）

案：尤本注文與叢刊本稍異。且叢刊本無「廣雅曰」以下十一字。贛
州本與叢刊本俱同。注末且有「濟注同」三字。今查陳八郎本五臣注
文即與贛州本同。又據五臣注文例多不明揭引書，則此為五臣注文可
證，必贛州本合併時錯雜兩注，誤為相同。遂以五臣注作善注，而有
「濟注同」云云。

（二）尤本已經校改者

今本尤本善注文多已經尤校改，凡合併本誤刊者，尤本大多不誤，知尤
本當在合併本之後。例〈楊荊州誄〉「苛慝不作，穆如和風」句下善注，合併
本贛州本作：

《國語》，內史過曰：神人觀其苛慝（56／36a）

今本尤本作：

《國語》，內史過曰：神亦往焉，觀其苛慝。

兩注較之，尤本已改合併本多處，以符《國語》原書。《國語・周語》卷
一：故神亦往焉，觀其苛慝而降之禍。可證尤所改近之。

陸佐公〈石闕銘〉「或以聽窮省冤，或以布化懸法」。（56／17a）

《考異》：

袁本、茶陵本「化」作「治」，何校改「治」，今案：非也。此諱「治」
為「化」，五臣迴改，二本失著校語，尤所見為是矣。凡餘於諱字，
不可悉出，但讀者當知其多失舊耳。（胡克家，頁 140）

案：各本仍作「治」，未諱改。

劉孝標〈辨命論〉「徹草木以共彫」。（54／19b）

案：「微」各本作「候」，贛州本、叢刊本、陳八郎本俱同。《考異》所見袁本、茶陵本亦作「候」，可證作「候」是。諸本惟尤本作「微」。蓋據下引《楚辭》「願微幸而有待兮」，遂誤改作「微」，此尤本據注引文以改選文正文之例。何以致是？凡善注之例率皆如此。此或善注漏改，仍作「候」，尤袤見與注引文不合，據善注每有改選文本字者，遂據以改之。

（三）今存尤本善注有不見於各本者

今存尤刻本善注，有不見於各本者。若〈永明十一年策秀才〉第一首「無褐無衣，必盈七月之嘆」下善注「毛詩曰」十九字，各本無。「罔弗同心，以匡厥辟」下善注「尚書曰」十一字，亦各本無。疑或即尤袤當時所見之善注單行本者。此或可證尤本非僅自六臣注摘出者。

尤本自合併本剔出，凡合併本有脫誤，必力為校改增補。有各本誤字，尤本獨不誤者，有各本無，尤本獨有者。顯是尤據引書而增補善注者。例〈西京賦〉「伯益不能名，隸首不能紀」句下尤本善注云：

> 《列子》曰：北海有魚名鯤，有鳥名鵬，大禹行而見之，伯益知而名之，夷堅聞而志之。《世本》曰隸首作數。宋衷曰：隸首，黃帝史也（2／20a）

此善注引《列子‧湯問篇》以注伯益。其事原本《莊子‧逍遙遊》，乃《列子》襲之而成者。今北宋本、敦煌永隆本、廣都本、明州本、贛州本、袁本、茶陵本等俱無「夷堅聞而志之」六字，惟尤本有。顯知此尤據今本《列子》增補者。

任彥升〈百辟勸進今上牋〉「獨居掩涕，激義士之心」。（40／36b）

尤本善注：

> 《東觀漢記》曰：光武兄齊武王以讒遇害。上獨居，不御酒肉，坐臥枕席有涕泣處。

> 案：此尤本獨有之卅字，不見於贛州本、叢刊本善注。胡氏《考異》未校，據陳八郎本有「漢光武兄伯升為更始所害，光武獨居不遑酒肉，臥枕席有涕泣處。」贛州本、叢刊本同有，疑此卅字為五臣注混入善注者，不然，則尤據五臣注稍加其字。

（四）今本尤本漏植善注文者

陸佐公〈新漏刻銘〉「爰命日官，創新器」

句下尤本善注云：

> 《左氏傳》曰：天下有日官，諸侯有日御（56／23a）

案：今贛州本、叢刊本「御」下有「論語曰裨諶草創之」八字。《考異》所見袁本有「草創已見上文」六字。茶陵本同贛州本。由是可知尤所漏植，皆非善注舊貌。袁本是。贛州本力求詳於善注，凡善注作已見上文者，贛州本例皆複出，叢刊本自其而出亦同，茶陵本亦自此而出，宜其多複出之文也。

「以考辰正晷，測表候陰」

句下尤本善注云：

> 善曰：《陸機集・志議》曰：考正三辰，番其所司，是談天紀綱也。
> 測表候陰，謂土圭也。（56／23b）

案：今據贛州本「土圭也」下有「土圭之法：測土深，正日影，以求地中」十四字。叢刊本同。《考異》所見袁本有「已見上文」四字，茶陵本同贛州本複出。知各本倘不複出即有善自注條例之文，惟尤本兩者俱無。

「乃置挈壺，是惟熙載。氣均衡石，晷正權概」

句下贛州本善注云：

> 善曰：《尚書》曰：有能奮庸熙帝之載。《呂氏春秋》曰：仲春日夜
> 分，鈞衡石，角斗桶，正權概。高誘曰：角平、升桶、權概，皆令
> 均等也。（56／25a）

案：「尚書曰」以下十一字，尤本漏植。

又顏延年〈陽給事誄〉「劖剝司兗」句下當有「劖與摩音義同」六字。《考異》所見袁本、茶陵本俱有，《考異》云：

> 袁本茶陵本無此字，注末有「劖與摩音義同」六字，案：有者是也。
> 尤刪移，非。（胡克家，頁142）。

（五）今本尤本有錯文者

今本尤本自六臣合併本析出，前文固已詳論之而定矣！抑有進者，尤本所祖之合併本且爲一經批讀之本。何則？今本尤本可見誤取批語而刻入善注，如陸士衡〈五等諸侯論〉「皇祖夷於黥徒，西京病於東帝」句下善注云：

> 《史記》曰：荊王劉賈者，不知何屬。高祖立賈爲荊王。淮南王黥

布反，東擊荊，賈與戰，不勝，走富陵，爲布軍所殺。《漢書》曰：
　賈稱從兄，而機以爲皇祖，蓋別有所見。（58／8a）

此五十九字，胡克家所見袁本、茶陵本俱無。惟今本尤本有，案今叢刊本、贛州本，明州本、廣都本等亦無此五十九字。以上之本皆在胡克家所見本之前，諸本既無，可斷知此必尤表所增，乃雜取所見本之批語，而刻入以爲善注者。由是推知，至遲紹興而止，駁善注者已有人矣！

又陸佐公〈石闕銘〉末注云：

　善曰：《周易》曰：寒往則暑來，暑往則寒來。《老子》曰：天長地
　久。《毛詩》曰：申錫無疆。集云：「磐石」「鬱崱重軒穹隆」「色法
　上圓製模」十四字，是至尊所改也。（56／20）

案：「集云」以下廿五字當爲校勘識語。惟其事未見史書，不知善注何
　據。

（六）尤本增添善注者

陸佐公〈新漏刻銘〉「守以水火，分茲日夜」注：

　鄭玄曰：以水守壺者，爲沃漏也，以火守壺者，夜視刻數也。分以
　日夜者，異晝夜漏也。（56／20b）

案：此卅二字各本皆無。今據陳八郎本五臣注有。疑即尤表據而增添
　者。

「陸機之賦，虛握靈珠，孫綽之銘，空擅崑玉」。（56／21b）

善注：

　陸機、孫綽皆有〈漏刻銘〉。曹子建〈與楊德祖書〉曰：人人自謂握
　靈蛇之珠，家家自謂抱荊山之玉。〈新序〉固乘曰：珠產江漢，玉產
　崑山。（56／21b）

案：「陸機、孫綽皆有〈漏刻銘〉」九字，各本俱無。今據陳八郎本五
　臣注有「陸機作〈漏刻賦〉，孫綽作〈漏刻銘〉」云云，疑即尤所增添。

顏延之〈陽給事誄〉「怨在登賢」句下。

尤本善注：

　《左氏傳》曰：晉蒐于夷，舍二軍，使狐射姑將中軍，趙盾佐之。
　陽處父至自溫，改蒐于董，易中軍。陽子，成季之屬也，故黨于趙
　氏，且謂趙盾能，曰：使能，國之利也。賈季怨陽子之易其班。杜

預曰：本中軍帥，易以爲佐也。使續鞫居殺陽處父。《穀梁傳》曰：晉將與狄戰，使狐夜姑爲中軍將，盾佐之。陽處父曰：不可，古者君之使臣也，使仁者佐賢者，不使賢者佐仁者。今盾賢，夜姑仁，其不可。襄公曰：諾。公謂夜姑曰：吾使汝佐盾矣。處父主境上之事，夜姑使人殺之。（57／17a）

《考異》：

袁本、茶陵本無此八十八字，何校去。陳云別本無之爲是。案：此即尤誤取增多者（胡克家，頁142）。

案：此八十八字，贛州本、叢刊本亦無。知此尤本增添者。惟據陳八郎本五臣注文，知所引乃《左傳》文。凡五臣注有見同史事者，必盡力與善注引不同書以注。疑此必尤見五臣注如此，乃據以增添者。

「溫敏肅良」

善注云：

《戰國策》：鞫武曰：田光先生者，其知深，其慮沈。（57／18a）

案：各本「其知深其慮沈」，尤本作「其勇沈也」。

又「配服驂衡」善注「服，服馬也；衡，車衡也」字，各本俱無，此亦尤本增添也。

「疏爵紀庸」注「疏分也」。（57／20a）

案：各本無「疏分也」三字。今據五臣注文有，疑即誤入善注者。

顏延年〈陶徵士誄〉「灌畦鬻蔬，為供魚菽之祭」。（57／22a）

尤本善注云：

〈閑居賦〉曰：灌園鬻蔬，供朝夕之膳。

案：「膳」下「《公羊傳》齊大夫」下至「之祭」凡十七字，諸合併本如贛州本、叢刊本、茶陵本俱無。但諸合併本五臣注皆有「齊大夫陳乞曰：常之母，有魚菽之祭，祭用魚豆，示儉也。」陳本同。疑此當五臣注文獨有，尤本據之而增添也。

顏延年〈宋文皇帝元皇后哀策文〉「龍輴纏紼，容翟結驂」。（58／1b）

句下善注：

劉熙《釋名》曰：容車，婦人所載小車也。其蓋施帷，所以穩蔽其形容。曹植〈宣后誄表〉曰：容車飾駕，以合北辰。

案：各本俱無此四十字，蓋尤本增添。

陸士衡〈五等諸侯論〉「是以宣王興於共和，襄惠振於晉鄭」

善注：

> 《史記》曰：周人相與畔襲厲王，王出奔于彘。召公、周公二相行
> 政，號曰共和。共和十四年，厲王死於彘，二相乃共立宣王。又曰：
> 惠王即位，衛師、燕師伐周，立子頹。鄭伯見虢叔曰：盍納王乎？
> 虢公曰：寡人之願也。同伐王城，鄭伯將王自圉門入，虢叔自北門
> 入，殺王子頹及五大夫。又曰：天王出居于鄭，避母弟之難也。晉
> 侯辭秦師而下，次于陽樊，右師圍溫，左師逆王。王入於王城。取
> 太叔于溫，殺之。杜預曰：叔帶，襄王同母弟也。（54／10a）。

> 案：「鄭伯將王」以下十四字，「次于陽樊」四字。贛州本、叢刊本、
> 袁本、茶陵本等俱無。可知此乃尤本所增添。

尤本自六臣注合併本出，其證又可從尤往往依善注舊例，校添合併本之
漏字，故而多有凡合併本無者，尤本則有之例，於此可證尤本為自合併本出。
如：

陸佐公〈新漏刻銘〉「歲躔閹茂，月次姑洗」

注云：

> 《爾雅》曰：太歲在戌曰閹茂。《禮記》曰：季春之月，律中姑洗。
> （56／22b）。

> 案：贛州本、叢刊本等合併本無「爾雅曰」三字。惟尤本增添。

「樂遷夏諺，禮變商俗」

句下注云：

> 《孟子》，夏諺曰：吾王不游，吾何以休？《尚書》曰：商俗靡靡，
> 利口惟賢。（56／22b）。

> 案：各本皆無「孟子曰」三字。然有「善曰」二字，下即連屬「夏諺
> 曰」。可知此尤本增添者。此引自〈梁惠王下〉篇文。然依善例，「孟
> 子曰」上仍當有「善曰」，尤所增添，仍失善注舊例。

「屬傳漏之音，聽雞人之響」

善注云：

> 《周禮》曰：雞人掌大祭祀，夜呼旦以叫百官。集云：雞人二字，

是沈約所改作也。(56／23a)。

案:「周禮曰」以下至「以叫百官」十六字,贛州本、叢刊本俱無,胡克家《考異》所見袁本茶陵本亦無。惟尤本有,知爲尤校而增添者。持兩而校,尤本多「大」字。與五臣注引校之,五臣注引「且」作「曉」,「官」下五臣注引多「使早起」三字。由是尤本善注從合併本五臣注而增添者,故其引文多類今所見各本合併本之五臣注文,殊不知今本合併本所載五臣注實亦非五臣注之原貌者。

潘安仁〈馬汧督誄〉「建威喪元於好時,州伯宵遯乎大谿」。(57／6b)
尤本善注:

> 王隱《晉書》曰:解系爲雍府刺史。又曰:朝廷以周處忠烈,欲遣討氐,乃拜爲建威將軍。又曰:周處、解系與賊戰于六陌,軍敗,周處死之。《孟子》曰:勇士不忘喪其元。《左氏傳》曰:秦師夜遯。

案:「王隱《晉書》曰」下至「建威將軍」卅二字,贛州本、叢刊本無。今據陳八郎本有其事之注,疑即尤袤見之而據以補也。

繁休伯〈與魏文帝牋〉「自左顊史妠謇姐名倡」。(42／20a)
《考異》:

> 案:「顊」當作「顛」,觀下注「顊與顛同」可見也,「顊」即「顛」字。今本《魏志》作「願」,乃誤字耳。

案:《考異》所見之尤本善注有「然顊與顛音同也」七字,又有「聲類曰:妠,奴紺切」七字。今據贛州本、叢刊本善注均無此十四字,疑即尤所增入,《考異》未及辨出。

尤本例有增補既如上述。爰再探尤本增補所據之源,大別之有四:

其一,據引書以增補。

其二,據合併本以增補。

其三,據善注單行本以增補。此善注單行本者,或有自刻本以增補,或有自寫卷本以增。據前章所證,尤袤刻善注時,必嘗見單行善注本,此單行本乃眞善注原貌,惟係刻本或寫卷,則已不可知。

其四,據五臣注文以增補。

今以第四例而求之。若〈西京賦〉「林麓之饒,于何不有」句下善注云:「《穀梁傳》曰:林屬於山曰麓。注曰:麓,山足也。」(2／20a)此善注所引

乃《穀梁傳》僖公四十年文，所引注即范注原文。惟尤本有「注曰」以下六字。今存各宋刻合注本本俱無，敦煌永隆本亦無。今據陳八郎本五臣注則有「良曰山足曰麓」，五臣注例不引書名，然其所據必范注原文。尤表必有見於此，遂增補范注文以爲善注，此蓋尤本欲求精善詳備之心也。且合併本未出之際，五臣注大行於世，尤所居之時次方合併本始盛之秋，則五臣未廢之時也，其參校五臣注固自成理也。

次以第三例求之。則此未嘗非尤表據善注單行本而增補也。蓋今見北宋本善注《文選》即有此六字。北宋本善注出於明道年間，距諸合併本早百年，其未經合併纂奪，乃善注原貌者，殆可信矣！與寫卷本當別爲另系，爲刻本之最早者。今雖寫本無此六字，然刻本未必無此六字。尤或及見與此北宋本同有之善注單行本，因據以增補善注，亦未可知。

　　劉孝標〈廣絕交論〉「雕刻百工，鑪捶萬物」注：「雕刻鑪捶，喻造物也」。（55／6a）

《考異》：

　　袁本、茶陵本無此八字（胡克家，頁 138）。

　　案：各本多無此八字，贛州本、叢刊本五臣注有，惟「物」作「化」，陳本同。疑即五臣注文，尤誤取之而刻也。

　　王元長〈永明九年策秀才文〉「其驪翰改色，寅丑殊建，別白書之。」（頁 678 下）

　　案：句出五首之末，善注只引《漢書》董仲舒對策以釋「別白」，其餘未釋，叢刊本亦作如此。尤本善注則增列「禮記曰」、「鄭玄曰」等六十一字，胡刻依之。胡氏《文選考異》謂袁本、茶陵本無，是也。考陳八郎本五臣注濟曰：「夏后氏尚黑，戎事乘驪。驪，黑馬也。建寅月爲正，則今正月也。殷人尚白，戎事乘翰。翰，白馬也。建丑月爲正，今十二月也。言夏殷黑白改色，寅丑殊建，其何爲可分別明白書之」，據此，知尤本增六十一字，乃割取五臣注者，胡氏失考，未明其混也。

今本尤本善注非原貌，胡克家《考異》例舉之頗詳，蓋尤每依五臣注文而亂善，可證尤本非直單行善注之本。例：

　　也夫鷙鳥之擊先高　茶陵本作「擊鳥先高」四字。校語云：「擊」，
　　五臣作「鷙」，有「之擊」字。袁本校語云：「鷙」善作「擊」，無「之

擊」字。案：二本校語是也。尤本此處脩改，乃誤取五臣以亂善（藝
文版，頁119）。

官渡之役　茶陵本云五臣作「渡」。袁本云善作「度」。案：尤本以
五臣亂善，非。〈擬鄴中集詩〉、〈九錫文〉皆可互證也（藝文版，頁
119）。

鄒陽〈獄中上書自明〉「衛先生爲秦畫長平之事，太白蝕昴，昭王疑之。」
注「蝕，干歷也。」（頁728）
胡克家《考異》謂：

> 袁本「歷」下有「之」字，是也，《漢書》顏注引有，《史記集解》
> 引亦有，茶陵本并入五臣無，非。

案：胡氏以未見《文選》更早之本，遂用《史記》《漢書》以證，非也。
蓋《文選》更早之本，有早於今本《史記》《漢書》者，或今本《史記》
《漢書》從《文選》本而誤改，宜其可能。今據五臣注陳八郎本謂「秦
使白起伐趙，破長平軍，欲遂滅趙，遣衛先生說昭王益兵，爲應侯所
害，事不成，故云昭王疑也。是時太白食昴，昴趙分也，將有兵，故
蝕焉。蝕，干歷也」云云。持以相較今本尤刻善注，尤本善注謂「蘇
林曰：白起爲秦伐趙，破長平軍，欲遂滅趙，遣衛先生說趙王益兵糧，
爲應侯所害，事用不成，其精誠上達於天，故太白爲之食昴，昴，趙
分也，將有兵，故太白食，食者，王歷之也。如淳曰：太白，天之將
軍也」，據此，知善注與五臣注重複者多。然五臣注後出，其注《文選》
之例，必與善異，或增注善未注者，或同釋一詞，必與善注異者，此
五臣常例也。觀此二條注既雷同，必有混散其中者。尤本既又自六臣
本出，今見六臣本其最早者，當贛州本也，贛州本善注如是，再考五
臣注最早之本曰陳八郎亦作如是，疑尤刻善注本已混散五臣注者，蓋
此最早之二本，兩注皆不犯重，可證也。

王元長〈永明十一年策秀才文〉「而春雉未馴，秋螟不散。」（頁680下）
案：胡氏《考異》謂此句下善注引《東觀漢記》一百二十字，袁本、
茶陵本無。又善注引《後漢書》二十二字，茶陵本有，袁本無。胡氏
因斷曰「皆并善入五臣而誤刪削也」云云。實亦揣測之語耳。今尤本
善注俱有二引書。是爲尤本所增奪者。考叢刊本善注與胡氏所見茶陵

本同。蓋茶陵本自叢刊本而出者，叢刊本又自贛州本而出。固有此注，而不當有《東觀漢記》百二十字，茲據陳八郎本五臣注，則有此百二十字，明知此爲五臣補善注之未詳者。胡氏失考，遂有此不察之斷語。

「豈薪檔之道未弘，為網羅之目尚簡」。（頁 680 下）

善注：

善曰：毛詩曰：芃芃棫樸薪之檔之。毛萇曰：山木茂盛，萬人得而薪之，賢人眾，國家得用蕃興也。曹子建書曰：仲宣獨步於漢南，孔璋鷹揚於河朔，吾王設天網以該之。孔安國《尚書傳》曰：簡，略也。

五臣注翰曰：

檔，積；弘，大；簡，略也。《詩》云：芃芃棫樸，薪之檔之。此言如山木茂盛，萬民得探之爲薪而積用之。亦如賢人眾多，國家得用也。文子云：有鳥將來，張羅而待之，得鳥者羅之一目，今爲一目之羅，無可得鳥。言求賢不廣，何由得賢者也。目，網孔也。言今之求吏，未得賢者，豈薪積之未久爲，復網羅之目尚略。

案：觀此二注，知善注但引正文出語之處，未加今說，五臣注則先引出語，再加以今釋，所謂本意與引申意並存，不但能明出典何由，終以古義或有未盡者，再釋以今語，縱橫交錯，並時與貫時之義兼明，是爲詮釋經典之良法。故五臣注語每多可觀。又胡氏《考異》謂「文子曰」以下廿九字，袁本茶陵本善注無，因斷曰「并入五臣翰注者」。今按陳八郎本，翰曰即有此廿九字。可知實爲五臣注原有者。蓋陳本此廿九字之「無可得鳥」一句，似有錯文，與全文意不諧，今觀尤刻本善注作「即無時得鳥」，於義爲諧，是爲近之。可知此乃尤氏所校改者，即可斷曰此廿九字明爲五臣注所有者。胡氏失考也。

王元長〈永明十一年策秀才文〉「歌皇華而遣使，賦膏雨而懷賓」。（頁681）

善注：

善曰：《周禮》曰：二曰教職，以安邦國，以懷賓客也。

五臣注翰曰：

《詩》云：皇皇者華，君遣使臣也，皇華，美也，言奉君命爲美也。

左傳季武子如晉，晉侯饗之，范宣子賦黍苗，武子再拜曰：小國之
仰大國也，如百穀之仰膏雨也。言今有外蕃懷德來賓，亦仰我如膏
雨。」

案：胡氏《考異》謂「注〈毛詩序〉曰」下六十六字，袁本、茶陵本
無。惟尤本有此六十六字，胡刻因之。未明何是。今考陳八郎本五臣
注翰曰恰有此六十六字，叢刊本同。知爲五臣注，而尤刻纂奪併入善
注者。

司馬長卿〈喻巴蜀檄〉「西僰之長」。

善注：

善曰：言君者，大之也，僰，蒲北切。文穎曰：犍爲縣。（石門版，
頁 625）

《考異》：

袁本「僰」下有犍字，其校語云：善脫「犍」字。茶陵本云：五臣
有「犍」字。案「犍」，五臣妄添也，《史記》《漢書》俱無。此注引
「文穎曰：犍爲縣」者，謂〈地理志〉犍爲郡之僰道縣也。《說文》
「僰」下亦云：「犍爲，蠻夷也」。以犍爲縣注「僰」，非。正文別有
「犍」字。袁本所著校語，更誤中之誤。（藝文版，頁 118）

案：此十八字之善注，恐皆尤表所增添。其證有三：其一，今見贛州
本、叢刊本皆作「西僰之長」，其下校語「蒲北切五臣本有犍字」。知
尤本之音切蓋依六臣合併已有者。袁本有「犍」字，蓋從五臣注本正
文，故其下校語謂「善脫犍字」，此兩注本之別，其理至明，何得謂袁
本乃誤中更誤耶？其二，今見顏師古《漢書》補注此句下無注，更無
「文穎曰犍爲縣」六字，王先謙補注亦無。（藝文版，頁 12200）知此
六字《漢書》無，善注亦無。此蓋尤所增補，然則尤所增何據？其三，
據五臣注以亂善注也。今見陳八郎本五臣注有良曰：「僰犍謂蠻夷名」
六字。贛州本、叢刊本亦有。知此乃五臣注原有，今本亂入善注者。
故五臣從「僰」犍而釋入也。《考異》誤。

司馬長卿〈喻巴蜀檄〉「乃發軍興制」。

善注：

張揖曰：發三軍之眾也。興制，謂起軍法制，追將帥也（石門版，

頁 625）。

《考異》：

> 袁本「追」作「誅」。茶陵本無此注，并入五臣也。案：《史記索隱》
> 亦引張揖此注，「誅」字是。（藝文版，頁 118）。

案：此尤本所有者，今見贛州本善注作「張揖曰發三軍之眾也」，無「興制謂」云云十一字。按此十一字當五臣注有者，今各本乃誤入善注。何則，其一依兩注之例，凡善注有者，五臣必別引它注異文以注。此「張揖曰」既不見於顏師古引，乃見於司馬貞《索隱》，蓋善以爲師古此注非，故別引張揖注。五臣既見善引張揖注，惟缺「興制」，乃別引張揖注它文以注。今見贛州本、叢刊本五臣注有「興制，謂起軍法誅將帥也」十字。可知此十字爲五臣原有者。其二，善注凡於舊注有誤，訓義未安者，雖舊注在，亦並不錄，此自云條例也。茲者，《漢書》此句下顏師古注謂：「以發軍之法，爲興眾之制也。」蓋析讀「軍興」而錯解之。故《史記》司馬貞《索隱》別引張揖說，另加案語曰：「唐蒙爲使，而軍興法制也。」〔見「史記索隱」，粹文堂版，頁 3045〕考張揖說，乃顏師古所本者。索隱既駁其誤，善已見之，故不引。五臣注引舊注每每不辨訂正誤，率即援文以注。故仍依張揖之說。然則今此十字當屬之五臣。《考異》說非〔案：張揖說，王先謙《漢書補注》作：「興作，謂起軍法誅渠帥也。」（藝文版，頁 1200）以校袁本，「追」作「誅」，「渠」作「將」，〔《史記會注考證》，洪氏版，頁 1253〕考證曰：「興法，即軍船法。」又曰：「軍興，不當析讀，上文云用軍興法誅不從命者，義並同。」（同上，頁 1253）。據此知張揖說，顏師古說皆誤，王先謙《漢書補注》引許應元說，亦判其誤。〕

今本尤本所據之祖本不一，或嘗取自合併本者，每見合併本之善注無而五臣注有者，擅改五臣注文體例，而增詳之，以入善注。故往往有各本善注無，而尤本獨有者。若〈齊故安陸昭王碑文〉「雖鄧訓致劈面之哀，羊公深罷市之慕，對而爲言，遠有慚德」句下，善注只有鄧訓事，於羊祜則闕，今合併本之叢刊本、明州本俱如此，胡克家《考異》所見之本亦然，胡氏云：

> 注「晉諸公讚曰」下至「即號哭罷市」　此注袁本、茶陵本并善入
> 五臣，全異，或尤別據他本也（胡克家，頁 146）。

五臣注則見鄧訓有，乃注羊祜事。凡五臣注必彼無而此有，是其通例。今據

明州本、陳八郎本、叢刊本之五臣注皆有如下注文云：

> 濟曰：晉羊祜爲都督，荊州罷市悲號，追慕無已。言緬之初薨有過
> 於此。二君故對而言之，二君遠有懿德也（59／33a）。

由此可證。此五臣注之獨有，乃今見尤本善注意亦是注，且其注增冠書名，
復增注文，稍與五臣注不同，云：

> 《晉諸公讚》曰：羊祜薨，贈太傅。南州以市日聞喪，即號哭罷市。
> （尤本，頁 837）

試校二注之文，意雖同而辭互有簡詳，五臣注例少冠書名，且未直引書中文
辭，但約取文意而出以己辭，所出之辭，多擅改原文，使與《文選》正文相
涉，若此「罷市悲號，追慕不已」相涉正文之「深罷市之慕」云云即是。善
注反是，每直引原書文句，此注所引當即其例。考《晉諸公讚》，或有題作《諸
公讚》、《傅暢晉諸公贊》等，於善注全書，引多十一處。知此爲善注所據之
史書。且其書至尤袤時尚及見之，惟查今存《遂初堂書目》、《崇文總目》，並
《晁志》、《陳錄》俱闕載。或尤袤未必眞見其本，蓋所據祖本與今本同，而
獨有善此注之本也。同文「楚囊之情，惟幾而彌固」句下合併本善注無注楚
子囊伐吳事，然五臣注有，注云：

> 良曰：楚子囊伐吳，還將死，而遺言謂子庚：必城郢，謂必使楚作
> 城於郢也。君子謂，子囊忠矣，將死，不忘衛杜稷，幾謂危殆也，
> 謂緬忠於國，雖至危殆，其情固也。（59／33b）。

此五臣注亦未冠書名，所據即左傳襄公十四年傳文事，然亦非直引傳文，多
有刪略，今傳文與善注引全同。（阮元，頁 564）各本善注雖無此注，獨尤本
有，尤本云：

> 《左傳》曰：楚子囊還自吳，卒。將死，遺言謂子庚：必城郢。君
> 子謂子襄忠君，薨不忘增其名，將死不忘衛社稷，可不謂忠乎！（尤
> 本，頁 837）。

持以校傳文，「自」下脫「伐」字，餘全同。知此必尤已見五臣注有，因據以
增添，使合《左傳》原書之文，而入於善注。是以各本闕，獨尤本有。知今
本尤本多有據五臣注以增添善注者，所見單行本未必眞善注原貌也。

　　今本尤本既知析有六臣注本者，然當其析出校勘時，必已見先出單行之
善注與五臣注，故於善注疏略不詳者，偶見五臣詳引，乃逕取割，竄入善注，
後世不察，覆刻本皆從其誤，是以胡刻本亦從之，然《考異》雖明善注有者，

它本無，終以所見濟更早之本，致僅摘其異，未定其可否。茲以應休璉〈與從弟苗君冑書〉「追蹤丈人，畜雞種黍」句下注爲例。善注云：「《漢書》鄭朗曰：修農圃之疇，畜雞種黍。」此注但云畜雞種黍之由，至於「丈人」，則不知，然二句連文取義，非能單句別立，吾丈人追蹤畜雞種黍，當屬一事，故五臣注云：

> 良曰：子路從夫子之後，遇丈人以杖荷蓧，子路問曰：子見夫子乎？
>
> 丈人曰：四體不勤，五穀不分，孰爲夫子！植其杖而耘止，子路宿殺雞爲黍而食之，見其二子焉，明日，子路行以告，子曰：隱者也。
>
> 言追蹤此丈人，乃養雞種黍，以爲田家事。（42／37b）

案：今見尤本有「論語曰」下至「而食之」五十五字。胡克家《考異》以爲袁本、茶陵本無此五十五字。然未能辨其有無之故。茲據贛州本、叢刊本俱有，陳八郎本亦有，知此爲五臣注原有者。何以見之？蓋今本尤本竄五臣此注文有誤脫，其一「從」字後脫「夫子」二字，各本有。其二「而食之」下，各本有「見其二子焉，明日子路行，以告，子曰：隱者也。」十七字，尤本無。知此蓋尤本節取五臣注文者。從而知《考異》未盡其詳，尤本非善注原貌也。

　　尤袤刻本善注《文選》，爲今存最早且最佳之善注《文選》單行本，早經前人如胡克家者，舉例明指之，是爲確的之論，故胡克家尤本仍非未經合併之本，宜也。惟胡氏因此而欲觀善注之原貌，用功至深，終因所據止爲尤本，凡尤本已誤改者，遂無由知其委，至若所據合併本之袁本、茶陵本，實皆元明後出本，持以校尤本之岐誤，實又徒勞而無功。胡氏別撰之《文選考異》，雖反覆詳論，然亦多有不辨甲乙者，其中，五臣注與善注相雜者，胡氏皆未明指之，蓋其所據者尤本耳，然則尤本實自六臣本出，六臣本又合善注與五臣注本，其必在單注本之後無疑。故允當之計，乃在據較早之單注而未經合併之本，以考兩注本之初貌，還兩注之眞實。且也，欲以六臣合併以考單注之詳略，其所據之六臣本，亦須以早出之本爲優。考現存之單注本，善注以尤刻爲最早之本，五臣注以陳八郎本爲最早，六臣注合併本，可以贛州本、明州本爲最早。其中贛州本或云當宋初，故又爲諸本之首善。〔案：是書今存五十三卷，二十六冊。〕現藏國立中央圖書館善本書室，書末有莫棠、宗舜年、王秉恩手書題跋，可知是書價值。其中王秉恩跋文謂：考尤本制於淳熙八年，孝宗即位之十九年，贛本雖無刊刻年月，以避諱至「恒」字止證之，

似在尤刻之先，固無疑義也。由此知此本之佳，實在各本之上。

今四部叢刊本影宋本者，即據贛州本而出者。故吾人乃據以上諸本，以讀尤刻或胡氏《考異》，實多有胡氏《考異》未考者，或胡考而失誤者。今先證尤刻割取五臣注以爲善注之例如下。

王元長〈永明九年策秀才文〉「懋陳三道之要，以光四科之首」。（頁 675 下）

案：四科之注，尤刻善注引崔寔《政論》曰「詔書：故事，三公辟召以四科取士，一曰德行高妙，志節清白，二曰學通行修，經中博士，三曰明曉法令，足以決疑，能按章覆問。四曰剛毅多略，遭事不惑，才任三輔劇縣令」，胡氏《考異》謂「注一曰以下，袁本、茶陵本無」，然則胡刻《文選》善注仍依尤本，可見胡氏以爲尤本可信。考叢刊本善注四科引崔寔《政論》亦無「一曰」以下句，知叢刊本據贛州本也。今按陳八郎本五臣注銑曰所引崔寔《政論》即爲尤本所刻者。知「一曰」以下句，原乃五臣注補善之略者，以進四科之詳，尤袤失察，逕割取之以爲善注，五臣補注之功因此晦暗不明矣！且也，「一曰」以下最末句，叢刊本作「才任三劇縣令，此四者何爲通也」，尤本作「才任三輔劇縣令」無「此四者何爲通也」七字。今考陳八郎本作「才任三輔劇縣，今迂四者何爲通也」，較諸本爲得其義。益證六臣本合併之失，而尤本自六臣本析出善注，復又失其失。

「昔周宣惰千畝之禮，虢公納諫」。（頁 675 下）

案：千畝之禮，尤刻善注引《國語》，而約略其文，作「善曰：《國語》曰：宣王即位，不藉千畝，虢文公諫曰：失民之大事在農」，叢刊本同，惟多「周」字，「藉」作「籍」，「農」下多「也」字。考陳八郎本五臣注濟曰「周宣王即位，不脩籍田千畝之禮，以爲農先。虢文公諫曰：民之大事，實在於農，宣王遂納其言矣」，可知五臣注爲詳。當六臣注合併時，已割裂五臣爲善注而誤置之，尤本自六臣本析出，仍沿其誤，蓋尤袤實未見五臣單注本也，遂無由知五臣注與善注之原貌。而今本善注實有雜取五臣注者，而非原屬善注者，世人亦因此而莫知其詳矣！

「充都內之金，紹圜府之職」。（頁 678 上）

尤本善注：

《恒子新論》曰：漢宣以來，百姓賦錢，一歲餘二十萬，藏於都內。

《漢書》曰：太公為周立九府圜法。李奇曰：圜即錢也。將繼太公之職事也。

案：「《漢書》」以下二十七字，胡氏《考異》謂袁本、茶陵本無。然未云其故。今案叢刊本善注亦無此二十七字，考陳八郎本云「良曰：金，錢也，紹，繼也，太公為周立九府圜法，圜法，錢也，今將繼太公之職事」，知尤本實割裂五臣注文者。

任彥昇〈王文憲集序〉「信乃昴宿垂芒，德精降祉，有一于此，蔚為帝師」

善注：

善曰：《漢書》曰：張良從容，步游下邳坯上，有一老父出一編書曰：讀是則為王者師。（46／29a）

五臣注：

銑曰：漢相蕭何、昴星之精。垂芒，謂發秀也，精星也，陳仲弓詣潁川荀季父子，德星為之聚，此皆賢人之星也。言得此一精，則蔚然而起為帝王之師也（46／29a）

案：此兩注互詳略，善只明帝師一詞所出，五臣更具釋昴宿德星之說。叢刊本兩注文如此，別無同異之校語。今見尤本善注曰：

《春秋佐助期》曰：漢相蕭何、昴星精。垂芒，謂發秀也。精，星也。《異苑》曰：汝南陳仲弓從諸息姓詣潁川荀季和父子，于時德星為之聚。太史奏，五百里內必有賢人集焉。（石門版，頁664）

觀此，知較叢刊本多此兩注。以例言之，此必尤本先見六臣合併本乃據以移五臣原注入善注，明知五臣改易者。何則？凡五臣注例，不稱引書名，且引文亦多所節略，與善注必引書名，引文必詳者大異。又依合併注本例，凡兩注同者，必不錄，而就其詳者，別著校語云「餘與某同」，今尤本所增既在合併注本出之後，且五臣已有，別無校語，知原注必善無五臣有。故尤本善注復添《春秋》《異苑》兩書名冠之。胡氏《考異》曰：

注「垂芒謂發秀也精星也」　袁本無此九字，有「生於豐通於制度」七字，是也。茶陵本脫此節注，非。又案二本，此九字在五臣銑注，尤錯入善注中，大誤，當訂正（胡克家，頁123）。

蓋謂茶陵本脫此節非，皆未是也。實不知此尤本增補者。《考異》每自詡得尤本之善，凡有注異，每遷隨尤本，而不之查，復不明尤本實後出，且尚有早於尤本之六臣合併注本存世也。故校語往往失之，此又其顯例也。

第二章　《文選》校勘學——以胡克家《文選考異》爲例

第一節　《文選考異》之方法

　　胡克家《文選考異》用力之勤，考索之功，於《文選》校勘學，可謂居功厥偉。惜其所見宋本僅尤本之翻刻耳，其餘更早單注，合併注之宋本，俱未之見。是以所校凡屬版本之異者，往往據後出之茶陵本、袁本以訂今本善注之譌，殊不知其所訂者，有實不譌而它本譌者，有今本善注竊取五臣注而未見五臣原注，以至未訂正今本所襲之譌者，有合併本已誤，而今本善注從之而誤，因未見更早之合併本而未訂校者。凡此關涉版本之眞，以與善注之相較者。《考異》因無有宋本以資佐校，致誤遂多。例不一舉。此《考異》之失，昭然可見，不待辨而自明。

　　除此之外，《考異》所校，創獲搜討，有助選學者，仍所在多有，若其舉非關版本者，而直以注引各書，持異書以校注所引文，往往能校出今本善注引文之脫略、譌誤，大有裨于注文之眞貌。斯則《考異》校勘最可稱誦者，其得力處亦在此。若〈古詩十九首〉「今日良宴會」一首之「轗軻長苦辛」句下善注引《楚辭》云云（29／36），所引書之原文與善注不同。《考異》先據原書以校，知今本善注非，復據以校它本亦誤，誠可謂善查原書以校勘者。《考異》云：

　　　　案：「軻」下當有「而留滯王逸曰軺軻」八字，此所引〈七諫〉文。

又案上句,「年既已過太半分」,「已」字亦當有。各本皆誤脱,不可讀,今訂正之。(胡克家,頁88)

《考異》所見甚是,今據洪興祖補注,朱熹集注本《楚辭‧七諫》皆有所云八字與「已」字,知善注引誤。又何以知注引誤?蓋據更早之尤本善注單行,與贛州本、明州本、叢刊本諸合併本六臣注,其中善注文與胡刻《考異》所校俱同誤,知此注自宋刻以後,降及今世,各刻本皆已如此同誤矣!惜今所見唐寫本無有此卷者,不得知其寫本或未誤否?然其可信者,必刻本已誤,從而知善注引書實有誤引,或脱略之文,未可遽以注文為原書之文。凡持善注文以校各書者,皆當有見及此例,而審思詳辨哉。

胡克家《文選考異》校《文選》正文之法不一。然其要者,厥在善用善注條例以校正文,往往有出諸家未說者。若善注字義訓詁之條例有「某與某古字通」云云,謂古書之某字與今本《文選》之某字相通,義可訓也,其前某字率提舉古書,後某字始云《文選》正字,此善注訓詁條例也。《考異》即用此條例以校《文選》,並參以版本以為輔證,是以其所校邁越前人乃多矣,此即善用善注條例以校也。若〈古詩十九首〉之「四五蟾兔缺」句,其「蟾」字,五臣注本如此,凡各本合併注則俱從五臣注本,而下校語云善本作「詹」,是「蟾」、「詹」兩字乃五臣與善注之異。然則此句下善注「然詹與占同,古字通。」蓋善注引《禮記》與《春秋元命苞》二書俱作「詹」。則依善注條例,前某字指古書作字,後某字始云《文選》正字。故胡克家云:

注云「然詹與占同,古字通」。善意謂《元命苞》之「詹」與此詩之「占」同,而古字通也。其作「占」明甚。後〈七命〉注所引,正是「占」字。各本所見善作「詹」,皆誤用《元命苞》「詹」改正文「占」,而注語不可通。重刻茶陵又並改注「占」為「蟾」,而善之「占」字幾亡矣。幸袁、尤二本注不誤,得以考正。又「詹諸」字,《說文》及《淮南子‧說林訓》皆如此,與《元命苞》正同,五臣乃必改為「蟾」字,甚矣其不通乎古也。(胡克家,頁89)

由是知,善注本正文仍非「詹」字,實乃作「占」。今觀尤本、贛州本、叢刊本、明州本之注俱同,非惟《考異》所見袁本、茶陵本如此爾。據此知善注正文作「占」是,各本俱誤作「詹」。此《考異》依善注條例所校之功也,縱今見各本宋本無有作「占」者,然條例已如此言,斯又不得不信之矣!噫,《考異》之崇古說,可謂盡其心矣!

又如曹子建〈雜詩〉題下注：

善注：

> 善曰：此六篇並託喻傷政急，朋友道絕，賢人爲人竊勢。別京已後，在鄄城思鄉而作。（29／21b）

《考異》：

> 此三十字於善注例不類，必亦并善於五臣而如此，其中兼多譌錯，各本盡同，無可校正。何校「鄄」改「鄴」，陳同。（胡克家，頁89）

案：此《考異》無它本善本可參，無從以校，因又生疑，乃據善注條例以校，此可謂本文自校法。惟其正誤，多難究指。今據明州本、贛州本、叢刊本題下均有此卅字，尤本亦有，陳八郎本則無，知此兩注本之異也。則善注或當有之。然誠如《考異》所云，此卅字與善注條例不合。疑此卅字當是寫本旁之批語，淨本時誤入善注，刻本乃又從之誤。〔案：案後出之刻本增益批語以刊之事，或以爲少見，實則不然。據屈萬里、昌彼得言增益舊板新材料者，多補刊序跋耳，無及批語。案二氏所見或蔽，且其所謂增刻，率指刻本增益者，未見寫本過渡至刻本之例如何？余以爲就《文選》此處之例論之，寫本至刻本間，其增益補刊者必不可忽之。屈萬里、昌彼得說見二氏合著《圖書版本學要略》，臺北：華岡出版有限公司，67年4月，頁81～84。〕

《考異》於辨正尤本善注之際，偶就所見，發明善注條例，往往有不在善注自訂之例者，足資參省。如陸士衡〈漢高祖功臣頌〉「駿民效足」（47／136）句下，《考異》校訂云：

> 案「駿」當作「俊」。善引「俊民用章」爲注，是其本作「俊」也。袁、茶陵二本所載五臣翰注乃云「羣賢如駿馬足」，是其本作「駿」。各本所見，皆以五臣亂善，又失著校語。考士衡〈長安有狹邪行〉云「憑軾皆俊民」，左太沖〈擬士衡〉云「長纓皆俊人」，可見陸自用「俊」字，與此同。彼二注善皆引《尚書》，亦與此同，決不得作「駿」甚明。或言「駿」字與「足」生義，不當云「俊」，更大不然。上偶句云「萬邦宅心」，「萬」字不與「心」生義。五臣之意，固緣「足」字改「俊」爲「駿」，而殊非陸旨也。又《尚書》本作「畯」，善屢引爲「俊」者，「畯」與「俊」同，已具〈奉答內兄希叔詩〉，無妨其引作「俊」也。凡善引書有如此者，不能以畫一求之，爲附

舉其例云。（藝文版，頁 125）

此言以爲善注本當作「俊」，五臣注本當作「駿」。然則善注引《尚書》原作「晙」，何以易其字以爲「俊」乎！《考異》以爲善注引書有不能畫一之例也。是明善注引書用字條例，而自訂條例未明舉者。

《考異》亦博探它本史傳，以與善注引書相較，胡氏云：

> 它書與選文異，但可取證，未可依彼校此。

例：東方朔〈答客難〉「天下無害菑」。（45／4b）

《考異》：

> 袁本、茶陵本「害」下有「菑」字。袁本有校語云：善無。茶陵本無校語。案：各本所見皆有誤也。「菑」字韻，與下文「才」字協，蓋善當是作「天下無菑」也。又案：陳云「傳曰」七句，《漢書》無。凡他書所有之文，與此或相出入，但可借以取證，不得竟依彼校此，斯其例矣。（胡克家，頁 120）

案：《考異》據《漢書》無有「傳曰」以下七句，選文有，乃謂此二本互相出入，未可因彼以校此。此蓋胡氏自訂校勘之條例也。今據贛州本、陳本、尤本俱有。惟敦煌伯二五二七《文選》殘卷無此七句，與《漢書》同。然則此或有二本之異文，《史記》有，《漢書》無。今《文選》各本或皆從《史記》本而刻，惟敦煌本從《漢書》而抄。

又例：揚雄〈解嘲〉「後椒塗」。（45／10a）

《考異》：

> 袁本、茶陵本「椒」作「陶」，云善作「椒」。何校云「椒」《漢書》作「陶」。師古曰：「有作椒者，乃流俗所改。」陳同。今案：何、陳所校非也，顏本作「陶」，具見彼注。善此引「應劭曰：在漁陽之北界」，與顏義迥別，蓋應氏《漢書》作「椒」，顏所不取，而善意從之也。若以顏改善，是所未安。凡選中諸文，謂與他書必異亦非，必同亦非，其爲例也如此。（胡克家，頁 120）

案：此《考異》書善注版本異文之條例。蓋《漢書》作「陶」，善注作「椒」，不必盡同，以彼校此，非。兩義不同，自是異字。今據贛州本、叢刊本亦云善作「椒」，又敦煌本亦作「椒」可證。

胡克家校勘選文正文異字，亦別紀條例，以明兩注正文異同。於張平子

〈西京賦〉「載獫獢獢」句，《考異》云：

> 案「獫」當作「獢」。茶陵本作「獢」，校語云五臣作「獫」。袁本作
> 「獫」，用五臣也。二本注中字，善「獢」，五臣「歜」，皆不誤。袁
> 但正文失著校語。尤注中上二字「獢」，末一字並改爲「獫」。歧出，
> 非也。「獢」、「獫」同字。凡善、五臣之異，不必其字不可通也。各
> 還所本來，而同字亦較然分別矣。全書例如此。（胡克家，頁9）

今據唐寫永隆本文注均作「獢」，可證。又陳八郎本作「獫」，合各本校語。
此善注引《毛詩》馴鉄：「載獫歜驕」。《釋文》：「歜」，本又作「獢」；「驕」，
本又作「獢」。可知永隆本善注所引《毛詩》用原文。然則「獢」、「獫」同字，
《考異》以爲各還本來，不必其字不可通也。此《考異》所訂校勘同異字之
例也。

　　雖然，胡氏《考異》繼清人何義門之後，堪稱最善，且此後無有邁越之
者，於《文選》校勘之功大矣，然猶有失之者歟！

　　蓋善注《文選》有選文與它書異，作別字異體者，善並存之，不隨從它
書而改，此於選文又見諸史傳者，最易明之。故善注《文選》正文往往有與
今本史傳異文者，不待煩舉。尤有進者，善於所見史傳亦有別於今本者，亦
不率從今本而改，故往往所見有異文。胡克家《考異》亦嘗於此例發之，惜
猶有未盡者。如楊惲〈報孫會宗書〉，注「《漢書》楊惲」下至「惲乃作書報
之」，《考異》云：

> 案：此一節注當有誤。如本傳惲自以兄忠臣任爲郎，補常侍騎，則
> 云「以才能稱譽」者，決非善引《漢書》矣。《漢書》云「家居」，
> 此云「遂即歸家閑居」，殊不成語，必各本皆失其舊也。

> 案：此蓋不明善注引書例，凡其引書於文長者，例皆依選文而約舉引
> 文，非直錄也。《漢書》卷六十六：「忠弟惲，字子幼，以忠任爲郎，
> 補常侍騎。惲母，司馬遷女也。惲始讀外祖《太史公記》，頗爲《春秋》。
> 以材能稱。好交英俊諸儒。」又：「惲既失爵位，家居治產業，起室宅，
> 以財自娛。歲餘，其友人安定太守西河孫會宗，知略士也，與惲書諫
> 戒之，爲言大臣廢退，當闔門惶懼，爲可憐之意，不當治產業，通賓
> 客，有稱譽。」案：此當爲善注所約取之文，《考異》以爲非《漢書》
> 文，蓋失察矣。〔案：王先謙補注引朱一新謂監本作「稱譽」。然謂《文
> 選》注引作「稱舉」，非也。當正之。見藝文版，頁1311。〕

類此例弊者，隨處可見，而總歸其致之之由，皆緣乎所見本未善，乏參陳以訂之也。是以欲進校勘之精，以及美善，遂不得不待之前章所示諸更早之本，以進其詳。

第二節　《文選考異》之失

一、宗善注太過

　　《考異》忠信尤本善注太過，有尤本顯誤，《考異》仍曰無以考之。究其由，蓋未見更早之本，以爲尤本乃善注之眞，信而不疑，致是誤也。如：

　　蔡伯喈〈陳太丘碑文〉「重部大掾，以時成銘」（58／19a）

　　《考異》云：

　　　袁本、茶陵本「時成」作「成時」，案：此無以考之也。集亦作「成時」。（胡克家，頁144）

　　　案：贛州本、叢刊本、陳本俱作「以成時銘」，與袁本、茶陵本同，知此惟尤本誤倒。《考異》終不信，猶謂無可考，無乃宗之太過乎？

　　魏文帝〈雜詩〉「吹我東南行，南行至吳會」。（29／20a）

　　《考異》：

　　　袁本、茶陵本「南」作「行」，云善作「南」。案：上句言東南行，則下不得單言南行，甚明。各本所見皆傳寫誤也。非善如此。（胡克家，頁89）

　　　案：《考異》以爲善本不當作「南」，且所見茶陵本、袁本皆作「南」，乃據上下文意以校，實誤而曲解之也。今據明州本有校語云「善作南」，陳八郎本即作「行行至吳會」。贛州本、叢刊本同明州本。知此乃兩注本之異同。尤本即作「南」可證。且自注文觀之，善注以爲此詩乃眞伐吳之行，是以實指其地名，以爲未至吳會，乃至廣陵耳。既以此詩言實，則作南行吳會，爲較近文意。與五臣注以爲此二句乃託喻，藉風吹欲至吳會之想耳，旨趣不同，是以五臣注本作「行行至吳會」。蓋以此詩非實指，則其地並行路之方，遂不必定指之也。故依注文，較之正文，核以上下文意，則善注與五臣注固異也。《考異》宗善注過甚，乃盡力曲衛其說，並其注本從字，而蔽其一隅耳。

曹子建〈朔風詩〉「素雪雲飛」。（29／20b）

《考異》：

> 袁本、茶陵本「雲」作「云」、云善作「雲」。案：各本所見皆傳寫
> 誤。「素雪」與「朱華」偶句，「云飛」與「未希」偶句。假令作『雲』，
> 殊乖文義，非善如此也。（胡克家，頁89）
>
> 案：此亦《考異》宗善注太過例。今尤本作「雲飛」，固善注已如此也。
> 明州本作「云飛」，下著校語與袁本、茶陵本同。陳八郎本即作「云飛」，
> 知此五臣、善注二本之異也。今見贛州本、叢刊本俱從五臣注作「云
> 飛」，下著校語同袁本、茶陵本，則宋本所見已如此。善注本誤，五臣
> 注本是也。據對偶文句例，作「云飛」是也。

曹顏遠〈感舊詩〉「郡士所背馳」。（29／30b）

《考異》：

> 案：「郡」當作「羣」茶陵本云五臣作「羣」。袁本云善作「郡」。各
> 本所見皆傳寫誤。何云當從五臣作「羣」，陳同。皆就校語而云然，
> 其實善亦作「羣」。（胡克家，頁89）
>
> 案：此亦《考異》宗善本太過，無識更早之本，遂語語掩其過也。今
> 據明州本、贛州本、叢刊本俱從五臣注本作「羣士皆背馳」，下著校語
> 云：「善本作郡字。」又云：「善本作所字。」今觀尤本即作「郡士所
> 背馳」。陳八郎本則作「羣士皆背馳」，與合併本校語合。故何校云從
> 五臣注，是也。《考異》以爲善注亦作「羣」，雖意謂作「羣」爲正，
> 惜苦無更早之本以爲據也。

曹元首〈六代論〉「而天下所以不能傾動」。（52／15b）

《考異》云：

> 何校去「能」字。《魏志》注無。袁本云善有「能」。茶陵本云五臣
> 無。案：此疑各本所見傳寫衍也。（胡克家，頁133）
>
> 案：今見尤本亦有「能」字，叢刊本同。陳八郎本無。此必二注本之
> 異文。《考異》以爲善注有者，各本傳寫衍，恐未必然。

二、誤信後出之本

胡克家《考異》有不盡信古本，而從後出本之確者。蓋後出刊刻之際，

每經刻者校勘，雖未盡校，然見古本有誤者，皆畢舉而改正之。故後出本雖應世而晚，亦有可參者焉。如胡氏《考異》所據茶陵本，乃明刊也，茶陵陳仁子據贛州本合併六臣而刊。其為後出無疑，其注文多陳氏所校補。如：

顏延年〈陶徵士誄〉「井臼弗任，藜菽不給」

善注云：

善曰：《列女傳》曰：周南大夫之妻謂其夫曰：親探井臼，不擇妻而娶。（57／21b）

《考異》云：

茶陵本「探」作「操」是也。袁本亦譌。（胡克家，頁142）

案：胡氏所據即為後出之茶陵本。今據贛州本、叢刊本、尤本，皆相沿成誤作「探」，惟茶陵本校改作「操」。《考異》從之。此其不盡信古本之例也。

《考異》校勘《文選》固善精矣！惟所據茶陵本，乃合併本之後出者，此本率自更早合併本之贛州本、叢刊本出，故往往有茶陵本誤者，《考異》既校之，然更早之本實不誤者。王仲寶〈褚淵碑文〉「言象所未形，述詠所不盡」句下善注引謝慶緒〈答郗敬書〉。（58／34b），其「郗」字，贛州本、叢刊本俱不誤，《考異》所見之茶陵本則誤，《考異》云：

袁本「郗」作「郄」，是也。茶陵本亦誤「郄」。又案：「敬」下當有「輿」字，各本皆脫。前〈遊天台山賦〉注引可證。其「郗」字彼亦誤，當互訂也。（胡克家，頁144）

今本尤本亦誤作「郄」，據此知尤本、茶陵本誤。又如：

王元長〈三月三日曲水詩序〉「臣聞出豫為象，鈞天之樂張焉」。

《考異》云：

注「《莊子》曰：北門成問於黃帝曰：帝張咸池之樂於洞庭之野。」袁本作「張樂已見上文。《周易曰》：時乘六龍以御天」十六字，是也，茶陵本誤與此同。（藝文版，頁123）

案：袁本所作云云實誤也，蓋引「《周易》曰」十字非善注，乃涉下文「時乘既位，御氣之駕翔焉」句下五臣注引「《易‧乾卦》云時乘六龍以御天也」，《考異》不查，以為袁本是而從之，誤矣。今見叢刊本無此十字可證。又此條善注尤本較叢刊本多「周易豫卦曰先王作樂殷薦

上帝」十三字。案：此亦不當有者，此十三字當爲五臣注文而誤入善注，《考異》未校之。

三、誤信傳寫之誤

《考異》凡見兩注異文者，例皆據茶陵本、袁本以校其正誤，於是有不合者，每謂傳寫之脫誤，此在未見更早之本前，尚云可也，今據更早之本以判其所云，往往不類，誠所謂證據不足之誤書也，豈可忽失。如：

陳孔璋〈為曹洪與魏文帝書〉「颻奪霆擊」

《考異》云：

袁本、茶陵本「奪」作「奮」，云善作「奪」，案：各本所見皆非也，「奪」但傳寫誤。（藝文版，頁 115）

案：尤本作「奪」，顯知必有據也，今見贛州本作「奮」，校語云「善本作奪」，五臣注陳八郎本作「奮」，下注語同，可知此善與五臣異文者，未必傳寫誤也。

「夫騄驥垂耳於林坰」

《考異》云：

案「林坰」，當作「坰牧」。袁本、茶陵本作「坰牧」，校語云善有「林」字，無「牧」字。案善引《周禮》以注「牧」作「坰牧」，與五臣無異甚明，各本所見皆非也。尤本又割注《周禮》有「牧田」一句入下節，益非。二本此注通爲一節，固未誤也。（同前）

案：尤本作「林坰」，其下善注引《爾雅》語，明知作「林坰」，《考異》不信茶陵本、袁本校語，但持善注有「周禮有牧田」注語，堅謂善亦作「坰牧」，與五臣無異，良亦失考耳。蓋《周禮》云云此條注語，繫下句之首，明知此爲他注纂入者。今考陳八郎本五臣注本作「坰牧」，其下注語「坰牧，野外也，疑周禮」云云，當屬五臣注原有者。蓋五臣注語，往往只說書名，略取引文耳，觀此注語，頗類五臣例。六臣合併時，刻者不察，誤入善注。茲據贛州本亦作「坰牧」，其下校語同，注亦雜《周禮》云云五字，則知自贛州本已誤矣！《考異》以爲傳寫誤，恐未必然也。

魏文帝〈與鍾大理書〉「謹奉賦一篇，以讚揚麗質」。（42／17a）

案：此十字《魏志》本傳無。本傳太子與繇書文末有「庶可讚揚洪美，垂之不朽」句，知此美語尾辭乃丕行文筆法，是丕書信文例，固此十字當有，疑《魏志》漏植也。胡氏《考異》未校。

「是以令舍弟子建因荀仲茂時從容喻鄙旨」。（42／16b）

案：贛州本同。自贛州本誤，以後各本皆從之誤，乃致文句不可斷，詞意不可解。據《魏志》卷十三〈鍾繇傳〉注引作「是以令舍弟子建因荀仲茂轉言鄙旨」，詞意通暢，較選文本為佳，疑《魏志》注是，各本皆誤，胡氏《考異》失校也。陳八郎本是卷為抄配者，不能定其作何是？

應休璉〈與滿公琰書〉「陽書喻於詹何」。（42／29b）

《考異》云：

> 茶陵本「書」作「畫」，袁本亦作「書」，注同。案：此所引《說苑·政理篇》文。今本作「畫」。考古人名「書」者多矣，恐茶陵本乃用今本《說苑》所改，「書」未必非，「畫」未必是也。（藝文版，頁116）

案：《考異》僅據茶陵本作「畫」，袁本作「書」，遂謂「書」、「畫」未必皆非。且謂古人名「書」者多，亦屬推測之語。今見贛州本、叢刊本、陳八郎本俱作「書」，下注同。唯尤本作「畫」，當是從六臣本析出而誤刻，袁本亦屬傳寫之誤，《說苑·政理篇》文作「畫」，可證。

孔稚珪〈北山移文〉「碉石摧絕無與歸」。（43／39a）

《考異》云：

> 茶陵本云五臣作「澗戶」，袁本云善作「碉石」。案：此與下「石逕」偶句，文必相迴避。各本所見「石」字，必傳寫誤，恐善自作「碉戶」。（藝文版，頁118）

案：五臣本作「澗戶」是。《考異》所見茶陵本蓋自贛州本而出，今見贛州本作「澗戶」，下著校語「善本作澗石」。尤本亦同。知善注本當作「澗石」，茶陵本後出，既易選文正文，乃脩改校語。《考異》所見袁本亦有校語謂「善作碉石」，當與今本尤本作「碉石」同，二本往往多相近。且善注本《文選》未必全是，《考異》實不必曲為圓說也，所云傳寫誤未必可信。

陸士衡〈豪士賦序〉「落葉俟微風以隕」。（46／1b）

《考異》：

> 何校「風」改「飇」。袁本云善作「風」。茶陵本云五臣作「飇」。案：
> 《晉書》作「飇」，或「風」是傳寫誤。（藝文版，頁122）

> 案：贛州本、叢刊本俱作「風」，下著校語「五臣本作飇字」，知此兩
> 注本之異也。《考異》云傳寫誤，未必是。

四、偶有獨見，惜缺它本輔證

《考異》所校《文選》，有超邁前人者多，每能指正前人之誤，獨見己說。
惜每因無更善之本，以資佐證，致所校固是矣，所駁固宜矣！究非新證。

王仲寶〈褚淵碑文〉「用人言必由於己」（58／21b）

贛州本、叢刊本有同異校語云「五臣無人字」，今考陳八郎本仍有，知此
乃各合併本之誤也，非兩注文有異。

《考異》云：

> 袁本云善有「人」字。茶陵本云五臣無。案：各本所見皆非也。蓋
> 涉注引「用人如用己」而誤衍，非善與五臣有異。何校去「言」字，
> 亦誤。（胡克家，頁144）

> 案：此不惟駁何校之說，且以爲當有「人」字，袁本、茶陵本皆非。
> 是也。惜未見陳八郎本五臣注有，終乏有力佐證。

《考異》之精詳，可謂文選學之罕構也。其能廣取諸本以資詳校，爲超
前人多者以此。然《考異》之校，亦有不恃諸本，案以己見，而獨邁眾說者。

陸佐公〈新漏刻銘〉「擊刀舛次，叢木乖方」

《考異》云：

> 袁本、茶陵本「刀」作「刁」。案：注中字各本皆作「刁」。又上注
> 引《漢舊儀》「擊刀斗」，袁、茶陵二本亦作「刁」，考此字本作「刀」，
> 後人作「刁」以別之，蓋已久矣。其錯出作「刀」者，轉因譌而偶
> 合於古耳。餘放此，不具出。（胡克家，頁140）

此校法獨不信諸本。今據《考異》未見之更早本，若贛州本、叢刊本、
陳八郎本俱作「刁」。其下注文同。未審《考異》得見彼諸本，尚堅持己說者
乎。又如：

潘安仁〈馬汧督誄〉「鞏更為魁」

善注：

> 善曰：鞏，姓也，更，名也。《漢書》曰：羌煎鞏降。《東觀漢記》
> 曰：羌什長鞏便。然更蓋其種也。《尚書》曰：殲厥渠魁。（57／7a）

《考異》云：

> 案：「便」當作「傁」，「更」當作「叟」。各本皆誤。善意謂「叟」
> 即「傁」字也，或尚有「傁」「叟」異同之語而不全。若作「便」「更」
> 則不相通。又案：以此推之，正文及上注二「更」字皆「叟」之誤，
> 後誄「鞏更忿睢」亦然。（胡克家，頁 141）

案：此胡氏獨家之見，惜未有輔本為證。今贛州本、叢刊本、尤本俱
同。

五、未見更早之本

以上諸例，其失考之由，皆由於所據以校勘之本，皆非善本。所謂善本，
其說或未必一是，然則洪亮吉《北江詩話》卷三，所云「第求精本，獨嗜宋
刻」者，即其一也（張舜徽，頁 57）。若然，則胡克家之《考異》，其最大弊
者，厥在乏善本以資讎校也，而此善本云者，又以胡氏未嘗見及之宋刻本為
最。此亦即歷代凡校勘《文選》，力多而功少之由也。若清人許密齋平生校讎
《文選》，至七十二歲，凡十三次，始成定本，惟考其所見之善本，亦僅及汲
古閣之本耳，其餘若陳仁子、何義門更遑論哉！

夫善本之有資考證，自胡克家《考異》以證之者，例不多舉，下引數端
以示其餘：

〈古詩十九首〉「脈脈不得語」。（29／6b）

善注：

> 《爾雅》曰：脈，相視也。郭璞曰：脈脈，謂相視貌也。

《考異》云：

> 案：「視」字不當有。各本皆衍。此《釋詁》文，「脈」即「覛」，釋
> 文可證。〈魯靈光殿賦〉注引，「脈，相視也」，亦衍。「脈」「覛」同
> 字也。（胡克家，頁 88）

案：《考異》已指注文引書之誤，惜未詳其由，且未見更早之它本為證，

是以其說尤晦。今案《爾雅·釋詁》：「顯、昭、覲、釗、覿，見也。監、瞻、臨、涖、覛、相，視也。」郝義行疏云：「覛，通作眿，眿亦視也。」（案：郝義行，頁483～484）善注引《爾雅·釋詁》，或涉此「覛」字之「相」字，乃誤作「相視也」云云。或善注引據郭璞注文。《爾雅·釋詁》：「艾、歷、覭、胥，相也。」郭璞注：「覭，謂相視也。」（同前，頁583～584），然則善注正文作「脈」，與「覭」字迥異，則善注文必誤抄也。《考異》所云《釋詁》「脈」即「覭」，無據，與今《釋詁》文不合。案《廣雅·釋詁》：「眿，視也。」《國語·周語》：「眿，視也。」《後漢書·杜篤傳》：「古者太史順時覛上。」注：覛，視也。凡此可見俱作「眿」，無有作「脈」者。郝義行於此有說云：

> 覭者，《說文》云，褱視也；眿，云目財視也。《廣韵》引作目邪視也。是眿與覭同古字通用。〈周語〉云太史順時覛土，韋昭及薛綜〈西京賦〉注竝云，覭視也。《文選》〈魯靈光殿賦〉及〈古詩十九首〉〈運命論〉注竝引《爾雅》，作「眿相視也」，蓋引郭注之文。郭所以必言相視者，以相是眿之訓，不知相自訓視，眿亦訓視，其義甚明，雖不言相，可也。《古詩》云「眿眿不得語」，〈運命論〉篇，亦用「眿眿」，今本皆作「脈脈」，竝爲譌俗，又今人多用尋覓字，古書不見有「覓」，蓋亦即覭字之譌矣。（案：同前，頁584～585）

知「覭」、「眿」二字可通，皆訓「視」也。然則仍不當云相視也。茲據明州本、陳八郎本俱作「眿」，與《爾雅》義合。叢刊本、贛州本、尤本俱誤作「脈」，且合併本下校語云五臣作「眿眿」，知所見與陳本、明州本同。此五臣本作「眿」，善注本作「脈」，善本誤。善注引《爾雅》文亦誤。《考異》僅及注文，未校正文也。

〈古詩十九首〉「仙人王子喬」。（29／9a）

《考異》：

> 袁本、茶陵本有校語云，「仙」，善作「小」。案：此所見不同，「小」字當傳寫誤，「仙」字爲是，或尤校改正之。（胡克家，頁88）

案：據明州本作「仙」，下著校語同胡所見袁本、茶陵本。且陳八郎本亦作「仙」，其餘贛州本、叢刊本校語同，知各本所據之善注本已如此。今尤本已校改，則尤本出各合注本之後，於此又得證。誠如胡氏所言，

作「仙」字是。蓋仙人王子喬。赤松子,皆道書常見者,古文松喬並舉,其例多見。魏徵〈上太宗十思疏〉云:「可以養松喬之壽」是也。然此善注誤字,乃自宋本已然。胡克家以爲傳寫誤,恐非近實也。

〈古詩十九首〉「眄睞以適意,引領遙相睎」。(29/10a)

《考異》:

> 袁本有校語云善無此二句。茶陵本有而無校語。案:此尤與茶陵合,與袁不合,亦即所見不同也。但依文義,恐不當有。(胡克家,頁89)

案:今見贛州本、叢刊本有此二句,下無校語。尤本亦有此二句,惟據明州本亦有此二句,下有校語云善本無此二句,校語同胡克家所見袁本,今陳八郎本即有,可知此二句蓋五臣有者。袁本承自廣都本,與明州本皆爲早出之合注本。此必贛州本誤增失校語,其後各本從其誤而增之,尤本或因此而校改。案依文義此二句皆自「獨宿累長夜,夢想見容輝」下,記夢中景之語云云,審之結構當有。末二句始言夢後之景。失此二句,其結夢之末二句終覺突兀。《考異》以爲不當有,說非。

〈古詩十九首〉「各在天一涯」。(29/1a)

《考異》:

> 袁本、茶陵本有校語云善作「一天涯」。案:此所見不同,李陵詩云,「各在天一隅」,蘇武詩云,「各在天一方」,句例相似。恐「一天」誤倒,或尤校改正之也。(胡克家,頁88)

案:此當善注、五臣注之異,五臣作「天一涯」,善當作「一天涯」。今見胡本、尤本俱作「天一涯」,乃尤已見五臣是而校改之也。據明州本、贛州本、叢刊本正文俱作「天一涯」,下校語同袁本、茶陵本,謂善作「一天涯」。陳八郎本即作「天一涯」。案作「一天涯」,語順而暢,五臣析言曰「天一涯」,乃詩文少有之詞。「天涯」成詞,理義自明。與「天一隅」、「天一方」之義不同。天一方謂天之一方,天一隅,謂天之一角。天一涯,不可謂天之一邊。蓋天邊即天涯。此善注本意長,五臣妄改之也。

陸士衡〈五等諸侯論〉「不如利而後利之之利也」。(54/2b)

《考異》云:

袁本云善無「也」字。茶陵云五臣有。案：此蓋所見不同，或尤校
改之也。《晉書》有。又案：五臣、《晉書》不重「之」字，非也。
今《荀子・富國篇》亦未誤。凡五臣雖同《晉書》，仍善是彼非者，
今不悉出。（胡克家，頁135）

案：《考異》以為五臣雖同《晉書》有「也」字，仍未必是。此蓋臆測
之詞也。此有無「也」字，必是二本之異。今見贛州本無「也」字。
下著校語云五臣本作「利之利也」，又據陳八郎本五臣注亦同，顯見此
必二本之異。今本尤本有「也」字。或尤校改之。袁本、茶陵本同贛
州本，是也。

劉孝標〈辨命論〉「論陽文之與敦洽」注：「垂髮臨鼻，長肘而墊」

《考異》：

「袁本、茶陵本「髮」作「眼」，「墊」下有「股」字。案：今《呂
氏春秋》作「眼」，其「墊」下仍無「股」字，或尤刪之也。（胡克
家，頁136）

案：《考異》所見袁本、茶陵本「墊」下有「股」字，乃誤刻也。惜未
見更早之本，無以知之。今據贛州本「墊」下作「投」字。核之上下
文義，當以「墊」字為句讀，「投」字下屬，作「投陳侯，見而甚悅之」，
謂投謁陳侯，陳侯見之而甚悅也。故當從贛州本作「投」，叢刊本誤作
「股」，後此諸本亦循之而誤，尤本見《呂氏春秋》無此「股」字，乃
校去之。此其大較也。

陸機〈演連珠〉「瞽叟清耳，而無伶倫之察」。（55／25a）

《考異》：

袁本、茶陵本「叟」作「史」。案：此尤誤改也。（胡克家，頁139）

案：《考異》以為此尤誤改也，大謬。正當作「叟」，尤自不誤。今據贛
州本作「叟」，下著校語五臣作「史」，可證此善注與五臣注之異文，陳
八郎注作「史」可證。叢刊本則誤作「史」，下並無校語，則叢刊本已誤
刻矣！尤所見合併本必如贛州本者，由此亦可旁證尤本在叢刊本之前。

王仲寶〈褚淵碑文〉「餐東野之秘寶」。（58／31b）

《考異》：

茶陵本「野」作「杼」，云五臣作「野」，亦作「序」。袁本作「野」，

無校語。案：善注「東野未詳」，又注，「然野當爲杼，古序字。」
袁、茶陵二本所載五臣翰注云，「野」當爲「序」云云。然則「杼」、
「序」皆後人改，茶陵校語全非。」（胡克家，頁 144）

案：今據贛州本正文作「野」，下著校語云「善作杼，古序字，五臣作
序」，叢刊本作「杼」，下校語「古序字，五臣本作野，亦作序」云云，
蓋自贛州本而改者。茶陵本從叢刊本之誤而未校。今據陳八郎本五臣
注正文作「野」，注文有校語「野當爲序之誤」，又今本尤本亦作「野」。
知此兩注本俱作「野」無異字，今贛州本正文即作「野」可證。然則
贛州本「野」字下校語云云，當爲合併者據兩注文而夾注於旁，後世
依之遂誤刻耳。今見袁本作「野」，下無校語，可證古皆作「野」。

顏延年〈陶徵士誄〉「依世尚同」注「《莊子》曰：列士懷植散羣」。（57
／23b）

《考異》：

　　袁本「懷」作「壞」，是也。茶陵本亦誤「懷」。此所引〈田子方〉
　　文。（胡克家，頁 142）

　　案：《考異》所據茶陵本，蓋後出本也，乃從贛州本而來者。今據贛州
　　本、叢刊本俱作「壞」，與袁本同。尤本誤作「懷」。《考異》未見贛州
　　本，遂不得輔證。

潘安仁〈楊仲武誄〉「當此衝焱」。（56／41b）

《考異》：

　　案：「焱」當作「猋」。各本所見皆非。（胡克家，頁 141）

　　案：「焱」當作「猋」，是也。惟胡克家未見更早之本，遂謂各本皆非。
　　今據陳八郎本五臣注作「飈」，今本尤本作「焱」。皆誤。贛州本作「猋」，
　　是也。叢刊本同。

張衡〈四愁詩〉之序「屈原以美人爲君子」。（29／16a）

《考異》：

　　何校「屈」上添「依」字。茶陵本云五臣有「依」字。袁本云善無
　　「依」字。案：各本所見，蓋傳寫脫耳。何云五臣有「依」字，就
　　校語而云然。（胡克家，頁 89）

　　案：《考異》以爲善注無「依」字，乃傳寫誤脫耳，且不信何義門校語

云五臣有「依」字，非也。此胡克家未見善本致誤也。今據明州本有「依」字，下著校語云善注無「依」字。陳八郎本即同明州本，知五臣固有。又贛州本、叢刊本皆從善注無「依」字，下著校語云五臣有「依」字，與明州本、陳本同。尤本無，故《考異》以為脫誤，非也。此正兩注本之異也。尤本善注無，宜也。《考異》只見袁本、茶陵本，未見更早善之本，因此誤校也。

東方朔〈非有先生論〉「躬親節儉」。（51／10a）

《考異》：

> 茶陵本無「躬」字，「親」下校語云五臣作「躬」。袁本「躬」下校語云善有「親」字。此初刻同茶陵所見，後用袁所見脩改添之也。《漢書》作「躬節儉」，與五臣同。（胡克家，頁132）

案：今見尤本作「躬親節儉」，陳八郎本亦作「躬親節儉」，此二本無異也。《考異》未見五臣注更早之本，遂誤五臣與《漢書》同作「躬節儉」，宜訂之。

孫子荊〈為石仲容與孫皓書〉「乘桴滄流」。（43／12b）

《考異》：

> 茶陵本「流」作「海」。袁本作「流」，與此同。何校「流」改「海」。陳云「流」，「海」誤。《晉書》作「海」。案：袁本、茶陵本所載五臣濟注云，「滄流，海也」，似五臣作「流」，二本失著校語，尤亦以之亂善也。（胡克家，頁117）

案：此胡氏誤讀「滄海也」句，復又不見更早之本，逕據後出之茶陵本作「乘桴滄海」，遂有此誤校也。今見贛州本、叢刊本皆作「滄流」，下無校語，知即作「滄流」。善注引《論語》，蓋注「桴」字，非謂即滄海也。且贛州本、叢刊本所見五臣注作「滄，海也」，非如《考異》所見「滄流海也」，衍「流」字，此《考異》誤讀也。故知正文皆作「滄流」，善注與五臣注無異，何庸校語？云何亂善？

六、闕校尚多

　　雖然，《考異》之校，不可謂不備，然細味之，顧尚多闕校，而明顯其誤者。下引諸例即是：

沈休文〈齊故安陸昭王碑文〉「豈唯僑終蹇謝，興謠輟相而已哉」

善注：

> 僑，子產也。《左氏傳》曰：產從政一年，興人誦之曰：取我衣冠而
> 褚之，取我田疇而伍之。孰殺子產，吾其與之。及三年，又誦之曰：
> 我有子弟，子產誨之；我有田疇，子產殖之。子產而死，誰其嗣之？
> 潘岳〈賈充誄〉曰：秦亡蹇叔，春者不相杵。《史記》，趙良曰：五
> 羖大夫死，春者不相杵。《史記》以為五羖，而云蹇叔，未詳潘、沈
> 之旨。」（59／36a）

案：自「僑子產也」以下至「誰其嗣之」七十一字，唯尤本善注獨有。
叢刊本此併入五臣注，明州本五臣注即有，唯稍異，與陳八郎本同。
然五臣注括取《左傳》之文而已，尤本善注則直錄之。知此必尤據五
臣有者而增注之。尤本例多如此，茲其一也。

嵇康〈與山巨源絕交書〉題注：「《魏氏春秋》曰：山濤為選曹郎」。（43
／1a）

案：「選曹郎」，五臣注翰曰作「吏部郎」。考《晉書》卷四十三本傳有
「久之，拜趙國相，遷尚書吏部郎。」（案：洪氏版，頁 1224）知當作
「吏部郎」為是。善注非。

「足下昔稱吾於潁川，吾常謂之知言」

善注：

> 善曰：稱，謂說其情不願仕也，愜其素志，故謂知言也。虞預《晉
> 書》曰：山嶔守潁川。《嵇康文集錄注》曰：河內山嶔，潁川山公族
> 父。（43／1a）

案：尤本作「河內山嶔守潁川山公族父」，重「守」字。贛州本、叢刊
本無重「守」字。黃季剛謂：「上『守』字別本作『字』，下『守』字
羨文，別本無。」（案：《文選黃氏學》，頁 202）案：黃說亦非。無下
「守」字是也，但上「守」仍當作「守」，各本無作「字」者。

陸士衡〈豪士賦〉「自下財物者哉」。（46／3b）

案：「財」當作「裁」，謂裁制之意。贛州本叢刊本俱作「裁」，《晉書》
本傳同。觀善注：「后以財成而臣為之，故云自下」，知善注本作「財」。
又引《尸子》文「聖人財之」，疑亦當作「裁」。

干令升〈晉紀論晉武帝革命〉題下

善注：

> 撰《晉紀》，起宣帝迄愍，五十三年。（49／4a）
>
> 案：「宣」字當作「武」，蓋晉世自武帝司馬炎迄愍帝司馬鄴，歷五十三年，共四世。各本皆誤爲「宣」。

陸士衡〈五等諸侯論〉「愿法期於必涼，明道有時而闇」。（54／4a）

> 案：「愿」，《晉書》作「原」。《斠注》：「原」當「愿」誤。是也。「涼」，陳八郎本作「諒」。下五臣注良曰：諒，明也。可知善作「涼」，五臣作「諒」，此二注本之異也。《晉書》同五臣注，《斠注》：「諒」作「涼」誤。此未必然也。善注既引《左傳》杜預注：涼，薄也，知此二本之異文。今據贛州本亦作「諒」，注文同。凡贛州本例以善注爲從，疑善原作「諒」與五臣無異。今本尤本已改作「涼」，後世仍沿之。則「諒」字注，一曰薄也，一曰明也。此注文相異之解。核之五臣注釋之例，每見與善注刻意而別者，此又其一。

潘安仁〈楊荊州誄〉「族始伯喬，氏出楊侯」注「食菜於晉之楊」。（56／33b）

> 案：「菜」，「采」誤也。各本皆誤。《漢書‧揚雄傳》作「采」。師古曰：采，官也，以官受地謂之采地。

枚叔〈七發〉「冒以山膚」

> 案：「冒」字各本皆誤，考叢刊本作「胃」字，善注「胃」與「芼」古字通，正作「胃」，《考異》未查，胡刻本亦作「冒」。

「烏號之雕弓」句下注「此枝爲弓」。

> 案：「此」各本皆誤，惟叢刊本作「比」。「比枝爲弓」，蓋謂比柘枝之勁健，如弓之快飛，作「比」爲是，胡氏漏校也。

「觀望之有圻」（頁 640）

> 案：胡刻本有「觀」字，是涉下文善注：「言逐獸於燒田廣博之所，而觀望之有圻堮也」而衍。今見「觀」下校云「五臣無觀字」可證。再者，此段文字自「冥火薄天」以下至「太子曰」，皆四字句成韻，讀之爽暢，衍一「觀」字，不諧耳。

「荄軟谷分」（頁 642）

案：「斬」下，叢刊本六臣校云「五臣作斬，眞忍切」，今胡刻亦作「斬」，非善注也。

司馬長卿〈難蜀父老〉「湛恩汪穢」。（44／33a）

案：《史記》、《漢書》俱作「汪」，王先謙《補注》引宋祈曰「汪」當作「涅」。先謙謂字書無「涅」字，疑「洼」之譌。（案：《漢書補注》卷五十七下，藝文版，頁 1202）考顏師古注：汪音烏皇反。案：《廣韻》：汪，烏光切。同音，知師古作「汪」。《史記》同。善注引張揖：汪，烏黃切。

「僕常惡聞若說」。（44／34a）

案：《史記》「僕」作「余」，「常」字《史記》、《漢書》俱作「尚」字。

「故曰非常之原」。（44／34b）

案：贛州本、尤本、《史記》俱同作「原」，《漢書》作「元」，師古注：元始也。

「氾濫衍溢」。（44／34b）

案：各本俱作「衍溢」，非，當作「衍溢」。下注云：「古《漢書》爲溢，今爲衍，非也。」故知善注本當作「溢」，各本作「衍」，善注別之耳。觀其注引「張揖曰：溢，溢也。郭璞《三蒼解詁》曰：溢，水聲也」，可知。又據王先謙《漢書補注》引王念孫說以爲李善本文作「溢」與顏異也。（案：參《漢書補注》卷五十七下，藝文版頁 1203）案以上諸說均非。黃季剛云：「乃『溢』訛『溢』，非訛『衍』也，注『衍』字當作『溢』字。」（案：《文選黃氏學》，文史哲版，頁 210）此說甚切，當從之。

「躬腠胝無胈」（44／35a）

善注：

善曰：張晏曰：躬，體也。孟康曰：腠，膚理也。韋昭曰：胈，其中小毛也，蒲葛切。郭璞《三蒼解詁》曰：胝，蹋也，竹施切。《莊子》曰：兩袒女浣於白水之上者，禹過之而趨，曰：治天下奈何。女曰：股無胈，脛不生毛，顏色烈凍，手足胼胝，何以至是也？胼，步千切。

案：注引張晏曰，《漢書》顏師古注作張揖，是也，善注誤。各本俱誤

作「晏」。又《漢書》此句作「躬仲骿胝無胈」，《史記》作「躬胝無胈」，《漢書》非，已經王先謙詳證之。〔案：參《漢書補注》卷五十七下，藝文版，頁 1203〕。先謙云：《文選》作「躬膝胝無胈」，「膝」字亦後人誤增。所云是也。誠案：唐人所見本俱有「膝」字，善注引孟康曰可證，師古注本乃誤上重誤，亂諸家所見而益甚也。今據《史記》作「躬胝無胈」，四字爲句，前後文同，意協暢也。且劉宋裴駰《集解》云：胈，踵也，一作膝，音湊，胈音魅。〔案：見《史記會注考證》，洪氏版，頁 1255。〕知劉宋時所見《史記》本尚不誤，乃後世見有一作「膝」者，誤刻入正文，復傳寫移置錯之，遂不可解讀矣！

「幼孤爲奴虜」。（44／36a）

案：史記無「虜」字，《漢書》亦有。

「係縲號泣」注「係虜於道路」

案：據正文「虜」當作「縲」字。

劉孝標〈廣絕交論〉「張羅沮澤，不覩鴻雁雲飛」（55／3b）

善注：

《異物志》曰：沮，有菜蒲也，巴東有澤水。《孟子注》：言澤生草曰葅，沮與葅同，子豫切。

案：此卅字，贛州本、叢刊本俱有。惟今本尤本刪之，但作「沮澤」已見〈蜀都賦〉七字。此尤本刪注後，必出已見例。

第三節　《文選考異》補證

一、據敦煌寫卷補證

夫敦煌寫卷之可寶，大有助乎「文選學」之《考異》，自先儒劉師培先生已早及之。寫卷之訛文俗字，附見其中，雖不免駁雜，是以本書第一章乃一一詳爲考訂。雖然，以視宋本經後賢改竄者，固弗同矣，況宋本後之明清仿刻者乎！茲以胡克家《考異》爲例，揭示數端，以見其概。

東方朔〈答客難〉「譬若鷾鴯」。（45／5a）

案：「鷾」字《考異》無校。今據贛州本、陳本、叢刊本、尤本俱作「鷾」。惟北宋本《漢書》作「鷄」。《史記》自此下至「敏且廣矣」凡百七十

八字無。今見敦煌本作「鶺」，與《漢書》同。可知《史記》乃節取之
文，《文選》本之《漢書》。案：《詩·小雅》作「脊令」，《左傳》昭公
七年傳引作「即令」，《爾雅·釋鳥》作「鶺鴒」。

「至則靡耳，何功之有」。（45／7a）

善注云：

《說文》曰：靡，爛也。亡皮切。靡與糜古字通也。

案：《考異》以爲《說文》曰「靡」，當作「糜」字，然未深說。今據
敦煌本伯二五二七寫卷並無此十六字，贛州本、叢刊本、茶陵皆有，
尤本添「亡皮切」三字。知合併本已增添，尤本又增，實皆非善注原
貌。案：《孟子·富國篇》：以糜蔽之。注：糜散也。《釋名·釋飲食》：
糜，煮米使糜爛也。《說文》：糜，糝也，从米麻聲。《爾雅·釋言》：
粥之稠者曰糜。《說文》非部：靡，披靡也。火部：麛爛也。凡此俱見
各本善注皆後人混入者，非善注原貌。

張平子〈西京賦〉「爾乃振天維，衍地絡」。（2／22a）

案：「衍」字誤，《考異》無校。今敦煌永隆本作「捵」，最是。各本皆
誤作「衍」。薛注蓋本《玉篇·手部》：「捵，余忍切，《西京賦》曰捵
地絡，捵謂申布也。」（案：顧野王1982，頁上／48）《集韻》音義同。
饒宗頤據日本上野本亦作「衍」，上有校語云「《玉篇》入守部」（案：
于大成、陳新雄，頁127），與薛注所見、《玉篇》所見同。今據陳八郎
本五臣注有「衍，舒布也。」蓋襲取薛注而未冠人名也。然則此爲《玉
篇》文可證。永隆本作「捵」最合原書，各本皆誤。

「奮隼歸鳧」。（2／21b）

《考異》：

袁本「奮」作「集」，校語云善作「奮」。茶陵本校語云五臣作「集」。
案：各本所見，皆非也。薛自作「集」，「集隼」與「歸鳧」對文，
承上四句而言，猶揚子雲以「鷹集」與「鳧飛」對文也。善必與薛
同，則與五臣亦無異，傳寫謁「奮」耳，二本校語，但據所見而爲
之。凡如此例者，全書不少，詳見每條下。（胡克家，頁8）
案：《考異》說是，惜未有別本以證。今據敦煌寫卷永隆本作「集隼」，
可輔證《考異》之說。尤本已誤作「奮」，蓋從合併本之誤也。陳八郎

本作「集隼」，如《考異》所言，此當兩注本無異。叢刊本亦有校語同袁本、茶陵本，可知合併本所見善注刊必有異也，或別有它本。於此可證兩宋刊善注之盛也，是以各本異出，而互有正誤。或從寫本而正，或從寫本而誤刊，皆不可究詰矣！

「沸卉軿訇」注「奮迅聲也」（2／21b）

《考異》：

> 袁本、茶陵本無此四字。案：無者最是。詳袁、茶陵所載五臣濟注有「沸卉砰訇，鳥奮迅聲」之語，既不得於「奮」字讀斷，亦不得移作上句之解。尤不察所見正文「奮」為「集」之誤，乃割取五臣增多薛注以實之，斯誤甚矣。（胡克家，頁9）。

案：《考異》說非。《考異》所據乃經增刪之合併本六臣注，此因合併本刪而據以謂尤本誤增，非也。今見敦煌永隆本即有此四字在薛注下，四句蓋釋「沸卉軿訇」也。今尤本永隆本薛注有此注，但未重舉正文，蓋合於注書之例。陳八郎本五臣注有此四字，且重舉正文曰：「沸卉砰訇，鳥奮迅聲，言此鳥形狀既多，音響亦異，不可勝述」，得之。高步瀛《義疏》引胡紹瑛曰：「卉字本作𦾧，省作㞞，沸卉猶沸渭盛疾貌。〈藉田賦〉善注引字書曰：砰大聲也。《史記·司馬相如傳》「砰磅訇磕」，《正義》曰：砰磅，水流鼓怒之聲。砰宕、砰磅，與軿訇，音義並同。今人猶謂物擊物為砰磅矣。」（案：高步瀛，頁2／50a）胡說最是，可與薛注相參。然則當有此四字可無議矣！此尤本竊取五臣注文，而不自覺即暗合善注原貌，非尤真見善注單行本之例也。

「鮪鯢鱣鯊，脩額短項，大口折鼻，詭類殊種」

善注：

> 綜曰：自鱣鯊以上，皆魚名也。脩額至折鼻，皆魚形也。詭類殊種，多雜物也。善曰：郭璞《山海經》曰：鼉，似蜥蝪。郭璞《爾雅注》曰：鱣似鱏，知連切。鄭玄《詩箋》曰：鱮，似魴，《爾雅》曰，鱧，鮦也，音童。毛萇《詩傳》曰：鮪，似鮎。鮪，乎軌切。鮎，奴謙切。又曰：鱣，揚也，鯊，鮀也。」（2／21b）

《考異》：

> 注「又曰」。案：此二字當作「毛萇詩傳曰」五字。各本與上互誤。此節注所引「郭璞曰鮦也」，在《釋魚》，所引「又曰鮪鱣屬鯢似鮎」，

亦在《釋魚》；所引「毛萇詩傳曰」云云在《魚麗》首章。今脱落顚
倒，絕不可通，爲之訂正如此。（胡克家，頁8）

案：《考異》未見唐寫永隆本，致所校未是。今據永隆本作「毛萇詩傳
曰鮪似鮥」，《考異》所見善注尤本「鮥」誤作「鮎」，遂誤以爲此非《毛
傳》，當亦《爾雅·釋魚》文，因據以校曰：「案『鮪』下當有『鱣屬
鯷』三字，各本皆脱。」《考異》說非。此《毛傳》文無誤。《毛詩·
衛風·碩人》傳：「鮪，鮥也。」《爾雅·釋魚》：「鮥，鮛鮪。」郭注：
鮪，鯉屬也。大者名王鮪，小者名鮛鮪。今宜都郡自京門以上江中通
出鱣鱧之魚，有一魚狀似鯉而小，建平人呼鮥子，即此魚也。誠案：
據此知《毛傳》所釋不誤，寫本作「鮥」者是。則此不必改又曰。饒
宗頤氏嘗假擬此條注應作：「毛萇詩傳曰：鮪，鮥也。于軌反。爾雅注
曰：鯷似鮎，奴謙反。」（案：于大成、陳新雄，頁125）所說近是。《爾
雅·釋魚》：「鯷，大者謂之鰕。」郭注：「今鯷魚似鮎，四足，前似獼
猴，後似狗聲如小兒啼，大者長八九尺。」凡此，蓋諸家注所本。

「繚垣綿聯」。（2／19b）

《考異》：

陳云，善曰：今並以「亘」爲「垣」。案：據此則正文及薛注中，「垣」
皆當作「亘」。案：所說是也。善但出「垣」字於注，其正文必同。
薛作「亘」，至五臣銑注直云，「垣墻」，是其本乃作「垣」，各本所
見非。（胡克家，頁8）

案：胡克家說是，惜其無輔證。今據敦煌永隆本作「繚亘綿聯」，善注
作「臣善曰亘當爲垣」，與胡氏所說恰合，此蓋兩注本之異也。薛注所
見本爲「亘」，故注文以繞了釋之。善所見同薛，惟必已另見他本作「垣」
者，今據陳八郎本作「垣」，可證。然則善注蓋以爲作「垣」者是，故
以〈西都賦〉「繚以周牆」爲釋。《說文》：亘求亘也，從二回，象亘回
形。《說文句讀》：亘回者，回環也。《說文釋例》：回，祇向一面旋轉。
亘，求亘也。展轉回環，上下求之，故象其兩面旋轉。據此，則薛綜
注本義即此。《說文》：垣，墻也，從土，亘聲。故五臣注，以牆釋垣。
善注引〈西都賦〉「繚以周牆」皆作牆意。此善注《文選》本當作「亘」，
善注意以爲「亘」即「垣」也。敦煌永隆本注文並作「亘」，與善注文
相照，最是。

「若夫翁伯濁質……壯何能加」（2／17b）

善注：

> 善曰：《漢書・食貨志》曰：翁伯以販脂而傾縣邑。濁氏以胃脯而連騎。質氏以洗削而鼎食。張里以馬醫而擊鍾。晉灼曰：胃脯，今太官常以十月作沸湯燖羊胃，以末椒薑坋之訖，曝使燥者也。燖，在鹽切。坋，步寸切。如淳曰：洗削，謂作刀劍削也。張里，里名也。

《考異》：

> 袁本、茶陵本無「謂」「削也」三字，下有「晉灼曰」三字。案《漢書》顏注引如淳曰「作刀劍削」者，尤依之校改也。「晉灼曰」，三字誤去。（胡克家，頁8）

案：此善注今見各刻本多誤亂，疑後人纂亂也，惟唐寫本近其實。此《漢書・貨殖傳》文，疑各刻本作〈食貨志〉，當是讀善書者旁批而誤刻之也。敦煌永隆本《漢書》下無「食貨志」三字，最是。「質氏以洗削而鼎食」，敦煌本「洗」作「洫」，乃「洒」字形近之誤，作「洗」與《漢書》原文不合。「胃脯今太官常以十月」，叢刊本、尤本、胡刻本脫「常」字，「月」字誤作「日」，又尤本「太」誤作「大」。《考異》所見如淳曰，尤本作：「洗削謂作刀劍削也」，敦煌本作：「洒削，作刀劍削也」，與《考異》所見袁本、茶陵本不同。北宋本作：「洗削作刀劍」。明州本、廣都本俱同。可知自北宋本誤脫「削也」二字，誤「洒」爲「洗」，其後各本皆隨之誤，惟敦煌本近其實。

揚雄〈解嘲〉「故士或自盛以橐，或鑿坏以遁」。（45／9b）

善注：

> 善曰：服虔曰：范睢入秦，藏於橐中。《史記》，王稽辭魏去，竊載范睢入秦，至湖見車騎，曰：爲誰？王稽曰：穰侯。范睢曰：此恐辱我，我寧匿車中，有傾，穰侯過。《淮南子》曰：顏闔，魯君欲相之而不肯，使人以幣先焉，鑿坏而遁之。坏，普來切。

案：「竊」字誤，當作「過」。《考異》未校。今敦煌伯二五二七作「過」。又《史記・范睢傳》：「王稽辭魏去，過載范睢入秦，至湖。」可證作「過」是也。尤本、胡刻本、叢刊本、贛州本俱誤作「竊」。

「時雄方草創太玄」。（45／7b）

《考異》：

何校去「創」字，云《漢書》無。案、袁、茶陵二本所載五臣濟注云，「草創」，是其本有此字，恐各本所見以之亂善，而失著校語耳。（胡克家，頁120）

案：《漢書》脫「創」字，有者是。今敦煌伯二五二七寫卷有。又陳八郎本、叢刊本、贛州本皆有。《漢書補注》：「宋祈曰草字下當有創字。」（王先謙，頁1534），此非善注有異，胡克家未見敦煌寫卷，致有是誤。

「獨說數十餘萬言」。（45／8b）

《考異》：

案：《漢書》無「數」字，此不當有。袁、茶陵二本所載五臣向注有之，是其本誤衍，後又以之亂善。（胡克家，頁120）

案：此《考異》盲信《漢書》而誤校也。今據贛州本、叢刊本、陳本、尤本俱有「數」字，敦煌伯二五二七亦有，知此善注單注本固有者。《考異》據五臣注：「文辭如枝葉四布，至於數十餘萬言」云云，以爲此五臣注亂善注文。殊未必也。胡克家嘗自訂條例謂凡它書無者，善注有，未可以彼校此，即或相出入，亦但可取證耳。何以此處復自反其規而率從《漢書》本者？然則揚雄《太玄》與《法言》二書今具在，皆未達數十萬言，此曰數十萬言，當別有說之文，故黃季剛云：「據此，知《太玄》，自有說之之文也。」（案：黃季剛，頁121）此說或亦本之王鳴盛，《漢書補注》引王西莊云：「今《太玄經》具存，晉范望叔明所注共十卷，正文大約與五千文之數合。《法言》凡十三篇分爲十卷，正文不及萬言。此云十餘萬言，不可解。」（案：王先謙，頁1534）案二說可信。然則今本二書或皆非原本也。《考異》即校以無「數」字，亦不合其說，故有者是。此《考異》未有更早更善之本所致也。

張平子〈西京賦〉「都邑遊俠，張趙之倫，齊志無忌，擬跡田文」。（2／17b）

善注：

善曰：《漢書》曰：長安宿豪大猾箭張回、酒市趙放，皆通邪結黨。一云，張子羅、趙君都，其長安大俠。具〈遊俠傳〉。（2／18a）

案：敦煌寫本作「箭張禁，酒趙放」，此蓋引《漢書・王尊傳》文也。北宋本同。今尤本、叢刊本、袁本、茶陵本俱與此異。各刻本所引乃

《漢書‧游俠傳》文，與〈王尊傳〉稍異。顧炎武《日知錄》卷二十八：「〈游俠傳〉，酒市趙君都、賈子光。服虔曰酒市中人也。非也。按〈王尊傳〉，長安宿豪大猾，箭張禁，酒趙放。晉灼曰，此二人作箭作酒之家。今此上文有箭張回，即張禁也。趙君都即放也，名偶異耳。」（案：顧炎武 1979，頁 801）顧說是。然則寫卷從〈王尊傳〉，刻本反從〈游俠傳〉，明知刻本殆從合併本之校改而出，故刻本有「一云張子羅」以下十七字之校語。此蓋讀寫卷本者旁批於注文中，殆合併者刻之，乃誤取以爲善注校勘語也。今寫卷無此十七字。又「張子羅」出在五臣注文中，宜因涉而混入善注也。

張平子〈西京賦〉注：「因顯口決」「詔將作監，爲賢起大第」。（2／16a）
案：此引《漢書‧佞幸傳》文。《漢書》「口」作「白」，「將作監」作「將作大將」，《漢書》是，各刻本誤。敦煌永隆本「口」作「自」，「將作」下無「監」字，並誤。

二、據它本善本補證

胡克家《文選考異》惟據茶陵本、袁本以校尤本，以爲二本爲最古，故《考異》斷語多有失誤者，良以未見更早之本也。如下引諸例。

任彥升〈奏彈曹景宗〉「臣謹奉白簡以聞云云」
《考異》：

「云云」，袁本、茶陵本無此二字，有「臣昉誠惶誠恐頓首頓首死罪死罪臣昉稽首以聞」二十字。案：此似善、五臣之異也。（胡克家，頁 111）

案：今贛州本無「云云」二字，亦無此二十字，叢刊本同。陳八郎本有此二十字，無「云云」二字。故知所謂「善五臣之異也」，實未必盡然，蓋兩本之原貌恐已不可得。贛州本主善注，已非胡氏所見，乃不得明謂善注本作某者。

陶淵明〈歸去來辭〉「農人告余以春兮」。（45／28b）
《考異》：

袁本、茶陵本無「兮」字。案：此尤校添也。（胡克家，頁 121）

案：本集「兮」字作「及」字。《宋書》作「農人告余以上春」，《晉書》

作「暮春」，《南史》作「春及」。與本集合，當作「春及」。

「既窈窕以尋壑。」（45／28b）

案：《南史》、《宋書》作「窮壑」，《晉書》作「尋壑」，同本集。何義
門云「窮字佳」，孫志祖《文選考異》從之。案五臣注翰曰：「壑，澗
水也，謂行舸以尋之也。」知唐代所見本俱作「尋」。是也。

潘安仁〈夏侯常侍誄〉「入侍帝闈」。（57／4b）

《考異》：

袁本、茶陵本「闈」作「闈」。案：此無以考也。

案：《考異》所見袁本、茶陵本乃失著校語。今據贛州本、叢刊本作「闈」，
與陳八郎本同。可知二本乃從五臣注本也。今本尤本作「闈」。此二主
本正文之異。

潘安仁〈哀永逝文〉「嫂姪兮憧惶」。（57／34a）

《考異》：

茶陵本「憧惶」作「章惶」，云五臣作「憧惶」。袁本云善作「章惶」。

案：此以五臣亂善，非。（胡克家，頁142）

案：各本至爲混亂。今據贛州本作「憧惶」，校語善本作「章惶」。叢
刊本倒反之。惟據今陳八郎本所見作「章惶」。尤本作「憧惶」，與袁
本同。疑即袁本誤，後皆誤矣！合併本惟贛州本所見爲是。今以尤本
陳本證之亦然。

蔡伯喈〈陳太丘碑文〉「弘農楊公東海陳公每在袞職羣寮賀之皆舉手曰
潁川郡陳君絕世超倫大位未躋慼於臧文竊位之負。」（58／17a）

案：此節選文，善注與五臣注斷句不同。合併本之叢刊本、贛州本俱
從五臣注本斷句。且有注文異同校語。贛州本善注云：

善曰：范曄《後漢書》曰：太尉楊賜，司徒陳耽，每拜公卿，羣
寮畢賀，賜等嘗嘆寔大位未登，愧於先之也。袞職，謂三公也。（58
／17a）

五臣注云：

銑曰：同善注。舉手，謂指麾百官也。躋，登也。臧文仲爲大夫，
知柳下惠賢而不舉之，孔子以爲竊位。楊陳二公慼負此名也。（58
／17a）

較而可知，兩注同者乃楊賜、陳耽事。至於臧文仲竊位之譏，則五臣注有，善注缺。今據陳八郎本即有「臧文仲爲大夫，知柳下惠賢而不舉之，孔子以爲竊位，楊陳二公慙負此名也」卅字。《考異》於善注文「袞職謂三公也」云：

> 袁本無此六字，是也。茶陵本有，其此節注與五臣錯互而誤衍。（胡克家，頁143）

今據合併本贛州本，知此固善注、五臣注同有者。又尤本於此節選文增添善注有二條，其一於「臺寮賀之」爲句，下增注文：

> 袞職，謂三公也。《周禮》曰：三公自袞冕而下。

又於「臧文竊位之負」爲句斷，下增注文云：

> 《論語》曰：臧文仲其竊位者歟，知柳下惠之賢而不與立也。

據前證，知此非善注文原有者，當爲五臣注文，必尤見之而取以爲善注，加冠《論語》書名耳。

王仲寶〈褚淵碑文〉「內謨帷幄」。（58／36a）

《考異》：

> 袁本、茶陵本「謨」作「薲」。案：上文「內贊謀謨」作「謨」，「宏二八之高薲」作「薲」，善果何作？無以考之也。（胡克家，頁144）
>
> 案：據今本尤本作「謨」，下注文同。陳八郎五臣注作「薲」，下注文同。贛州本正文作「薲」，叢刊本同，此蓋從五臣注本者，然二本俱缺校語。《考異》所見袁本、茶陵本皆正文作「薲」，知此兩注本固不異也。今本尤本必已校改者。《考異》不知善果何作，蓋無由見更早之本也。

羊叔子〈讓開府表〉「皆服事華髮」（頁696下）

善注：

> 服事，謂公家服事者也。
>
> 案：胡氏《考異》謂：袁本、茶陵本「事」下有「也」字，何校改「也」作「者」。又「謂」下添「爲」字，是也。各本皆脫誤。考贛州本作「服，謂公家之事也」，叢刊本同。疑「服」下脫「事」字，尤刻本作「服事，謂公家服事者」，蓋尤校改。胡氏依之，據以爲是，又「謂」下添「爲」字，皆失察耳。未可據信。

「而令朝議用臣不以爲非」。（頁696上）

案：「令」字，尤本、叢刊本、胡刻本同。胡氏失校，當作「今」，其下善注文亦作「今」，善注：「今乃朝議用臣不以為非」可證。考陳八郎本五臣正作「今」。是也。惟叢刊本校云「五臣無議字」，考陳八郎本亦無，但觀注文翰曰作「雖朝議用我以為得人」，知五臣本當亦有「議」字，或陳本漏刻者。

李令伯〈陳情事表〉作者注「字令伯」。（頁 696 下）

案：《考異》謂下有「犍為武陽人」五字，乃茶陵本并五臣入善注者。此失考之語。尤本無此五字，知尤本脫字，贛州本即有此五字，叢刊本同，可證。

桓元子〈薦譙元彥表〉「庶武羅於羿浞之墟」。（頁 709 上）

案：「庶」字，各本同。倘作「庶」字，與下文「想王蠋於亡齊之境」以動詞領文首，不諧。知庶字當誤。今見于光華集注本校語云「庶一作廉」，是也。「廉」有察訪意。《後漢書·第五倫傳》「廉察災害」，〈袁宏傳〉「使仁恕掾肥親往廉之」，注：廉，察也。又《後漢書·魯恭傳》注，〈梁統傳〉注，〈華佗傳〉注皆同。《管子》「人君不廉而變」注：廉，亦察也。《文選·洞簫賦》「廉察其賦歌」注：廉，亦察也。知「庶」字乃涉形近「廉」字而誤也，胡氏失校。

劉越石〈勸進表〉「下以釋溥天傾首之望」。（頁 703）

案：「溥」字，叢刊本同，尤本作「普」。胡氏《考異》謂乃尤校改也，不可信。胡說是也，惜以《晉書》為證，失考。今見陳八郎五臣注本正作「普」，可證五臣作「普」，同《晉書》。

任彥升〈為卞彬謝脩卞忠貞墓啟〉「名教同悲，隱淪悃悵」。

善注：

名教謂王隱，隱淪謂翟湯。

胡氏《考異》謂：

袁本、茶陵本無此十字。

案：此十字當為五臣注文散入善注者。今見五臣注陳八郎本有「良曰：名教謂當時士大夫為之悲傷也。隱淪謂徵士翟陽也。」贛州本同陳八郎本，亦無此十字。可證。

左太沖〈雜詩〉作者注

善注：

善曰：沖于時貫充徵爲記室，不就，因感人年老，故作此詩。（29
／34a）

《考異》：

案：此二十字於例不類，非善之舊，必亦并五臣也，今無以考之。（胡
克家，頁89）

案：《考異》據善注通例以爲此二十字不當有，惜無憑可證。今觀明州
本、贛州本、叢刊本俱有，尤本同。又陳八郎本無此二十字。則《考
異》謂此必并五臣注者，亦未必然。然疑此二十字，或也。蓋此二十
字文意似有脫落未續者，當傳寫已誤之，至刻本時未查而迤刻之，乃
相沿成誤至今。

李陵〈與蘇武詩〉「徘徊蹊路側，恨恨不得辭」。（29／12b）

《考異》：

袁本、茶陵本「得」作「能」，案：此蓋所見不同，或善與五臣之異，
今無以考之。（胡克家，頁89）

案：此當作「能」是。今據明州本、陳八郎本、贛州本、叢刊本與《考
異》所見同，下並無校語「能」「得」異同。知正文實作「能」，兩注
本無異也。此必尤本誤刻。且五臣注文云「恨恨，相戀之情，不能爲
別。」亦作「能」，可資輔證。

張平子〈西京賦〉「日月於是乎出入，象扶桑與濛汜」注：「日出暘谷」

《考異》：

案：「暘」當作「湯」。下「出自暘谷」，「暘」亦當作「湯」，各本皆
誤。（胡克家，頁8）

案：《考異》說是，惜未有輔證。今據北宋本、敦煌永隆本皆作「湯谷」，
注文同。此善注引《淮南子・天文篇》文以注也。「湯」字與《楚辭・
天問》同。洪興祖《楚辭・天問補注》云：《書》云宅嵎夷，曰暘谷，
即湯谷也。《說文》云：「暘日出也，或作湯，通作陽。」今案《北堂
書鈔》、《藝文類聚》、《初學記》等各類書所引並同。《御覽》天部引作
「陽谷」，《離騷》王逸注作「湯谷」。然則「暘」「湯」古書各有。于
大成云：「湯之與暘，乃許愼高誘之異同，不關乎是與非也。」（案：

于大成，頁 95）

揚雄〈解嘲〉「若江湖之崖，渤澥之蠹」。（45／10b）

案：尤與胡刻蠹均誤作島。贛州本叢刊本俱作島，與敦煌本同。陳本與尤本胡刻本同誤。《漢書》亦誤「島」。又「崖」作「雀」。師古曰：「雀」字或作「崖」，「鳥」字或作「蠹」。《文選》謝玄暉〈拜中軍記室辭隋王箋〉注引揚雄〈解嘲文〉，「崖」作「魚」，「島」作「鳥」。師古云：「鳥」字或作「蠹」，「蠹」海中山也。其意兩通。據此知此兩句或作「崖」「鳥」，或作「雀」「鳥」，或作「魚」「鳥」。當從敦煌本作「崖」「蠹」。《漢書補注》引王念孫說云：「臧玉林《經義雜記》云古『蠹』字有通借『鳥』者，〈禹貢〉『鳥夷』，孔讀『鳥』為『蠹』可證。此言江湖之崖，渤澥之蠹，其地廣濶，子雲借鳥為蠹，淺者因改崖作雀以配之。臧說是也。」（案：王先謙，頁 1535）

據此可知當作「崖」「蠹」。兩字對文，以啓下文「乘雁集不爲之多，双鳧飛不爲之少。」蓋謂江湖之崖多，渤澥之蠹亦夥，乘雁隻鳧，集之不爲多，飛去不爲少。若謂「崖」作「雀」，「蠹」作「鳥」，則與下文重矣！揚雄意不當爲是。

「徽以糾墨，制以鑽鈇」

善注：

善曰：服虔曰：制，縛束也。應劭曰：束以繩徽弩之徽。《説文》曰：糾，三合繩也。又曰：墨，索也。《公羊傳》曰：不忍加之鈇鑽。何休注曰：斬腰之刑也。音質。（45／10a）

案：「制」當作「徽」。敦煌本作「刑」，亦誤。贛州本、叢刊本俱誤作「制」，又贛州、本叢刊本音誤作束。尤本已改之。可證尤本實自合併本出。「制」當「徽」者，可據《漢書》宋祈注引蕭該《文選音義》云：徽音以繩徽弩之徽。又《太玄經》養次七云：小子牽象，婦人徽猛。則此句之「徽」，意束縛也。顏注誤以繩也。善注不從，遂引它說別釋。

（案：王先謙，頁 1535）

「是故以頡頑而取世資」（45／9b）

善注：

應劭曰：齊人，著書所言多大事，故齊人號談天鄒衍，仕齊至卿。

蘇林曰：頡，音提挈之挈。頡頏，奇怪之辭也。鄒衍著書雖奇怪，
尚取世以爲資，而己爲之師也。言資以避下文也。頏，苦浪切。

案：所引應劭說，亦見《漢書》顏注。《考異》據之而校，只校「鄒」
字衍。今案「大」字「天」誤也。今贛州本、叢刊本、尤本俱作「大」，
皆誤而未校。知尤本實自合併本而出者。敦煌本自此以下七十字無。

三、據善注條例補證

曹顏遠〈感舊詩〉（29／30a）

題下善注：

善曰：此篇感故舊相輕，人情逐勢。

《考異》：

案：此十一字不當有，乃五臣注也。袁本、茶陵本所載此上之「善
曰」，「善」字誤耳。尤延之取以添入，非。（胡克家，頁 89 下）

案：《考異》所見未必是。今據明州本、贛州本、叢刊本皆有此十一字，
云「善曰」。尤本亦有。陳八郎本則無。知此五臣注無，而善注有者。
《考異》以爲當五臣注，未舉可證，不免臆斷。今據何敬祖〈雜詩〉
題下有善曰：「贈答何在陸前，而此居後，誤也。」（29／31a）知善注
於《文選》題下亦多有說，此其注題條例也。依此推之，十一字何獨
不然？

謝惠連〈七月七日夜詠牛女〉「躡足循廣除，瞬目曬曾穹」。（30／4b）

《考異》：

注「徒頰切」，袁本、茶陵本無此三字。案：二本非也。此亦善音刪
削僅存者。凡尤有，二本無，皆倣此。（胡克家，頁 90）

案：《考異》於此歸納善注音切獨有之例，恐未足信。此音切或疑尤所
增補者。今尤本「躡」字下無音釋。然各本皆有音釋「躡」字。陳本、
明州本、叢刊本、贛州本俱同。知各本所據皆有音讀，獨尤本無。尤
乃於善注文中，增「徒頰切」三字以替各本「躡」字音讀。則《考異》
云此「善音刪削僅存者」，恐未足信也。案之《廣韻》，知各本但以同
字音讀，尤本惟引音切，其法固不同也。

四、據五臣單注本補證

　　自來校勘《文選》者，所用之本，或善注單行本，如尤本、胡刻本、汲古閣本是也。或據合併六臣注本，如袁本、茶陵本者是也。諸本俱詳於善注，而略五臣注，是以每論五臣注當何者，率因未見單注本妄斷，甚或臆測、誤校者，隨處可見。此皆因於五臣單注本之少見也。即以近人饒宗頤氏之校《文選》，能廣用唐代寫卷，並日本古鈔，與乎更早之宋刻，如叢刊本，合併參酌，所得善本既廣，其創獲亦夥，乃前此之清儒莫及也。惜饒氏凡所校《文選》各文，亦未用五臣單注本，不免一憾。幸今得國立中央圖書館庋藏南宋紹興年間建陽崇化坊刊五臣注本，持以校前人之失，可謂利器矣！如下引各例：

　　東方朔〈非有先生論〉「遂及飛廉惡來革等，二人皆詐偽」。（51／8a）
《考異》：

> 五臣良注云：「其子惡來革多力」，是五臣以飛廉爲一人，惡來革爲一人，而其本作「二」也。善引《說苑》，以革爲一人，而其本作「三」，尤改正之，是矣。又案：今本《漢書》，亦作二，似有誤。顏注未有明文，無以相訂。（胡克家，頁132）

> 案：據此知《考異》從尤本改作「三」。今本尤本即作「三」。叢刊本作「二」，陳八郎本亦同。袁本、茶陵本亦作「二」。當作「二」爲是。據《說苑》卷十七〈雜言〉云：「昔者，費仲惡來革長鼻決耳崇侯虎順紂之心，欲以合於意，武王伐紂，四子身死牧之野。」（劉向，頁76）核其意，當以費仲、惡來革、長鼻決耳、崇侯虎，四人爲四子，則惡來革爲一人可證，不當析惡來、革爲二人。又王先謙《漢書補注》云：「官本輩作革，沈欽韓云秦紀惡來革者，蜚廉子。」（案：王先謙，頁1303）可知作惡來革是。則《考異》以爲當作三人誤矣，宜從五臣注本作二人。〔案：今見叢刊本善注引《說苑》文作「二子身死牧之野」，「四」誤爲「二」。當正。〕

　　傅季友〈為宋公脩張良廟教〉「綱紀」。
善注云：

> 綱紀，謂主簿也。教，主簿宣之，故曰綱紀，猶今詔書稱門下也。

> 案：胡氏《考異》謂「此二十三字袁本、茶陵本無」，「似二本因併入五臣而刪削，其尤所見異本爲是矣。」此語失察，今案陳八郎本，「綱

紀」下五臣注云「綱紀，謂主簿之司也，教皆主簿宣之，故若先呼之，亦猶今出制首言門下是也」，是尤本所增，實五臣注也。蓋尤本刻在孝宗淳熙年間，距陳八郎本稍後矣！胡氏未見，故有此誤案。

曹子建〈求通親親表〉「以藩屏王室」（頁693上）

案：「藩」字，尤本、叢刊本同。胡氏《考異》曰「袁本作藩」，「袁本用五臣也，此以五臣亂善。《魏志》作藩，藩蕃通用耳」，考陳八郎本作「蕃」，知胡氏誤，疑《魏志》據五臣改耳。

范曄〈宦者傳論〉「朝臣圖議」。（50／7b）

《考異》：

茶陵本「圖」作「國」。袁本作「圖」，與此同。案：今范書作「國」，疑善「國」、五臣「圖」，二本失著校語，而此以五臣亂善也。（胡克家，頁130）

案：今見五臣注陳八郎本作「朝臣國議」，與《考異》所見不同。故尤本、袁本作「圖」，非。《考異》以爲此二本以五臣亂善，更非。蓋五臣本原作「國」也。（25／14b）

東方曼倩〈非有先生論〉「寡人將竦意而聽焉」（51／7a）

《考異》：

袁本、茶陵本「聽」作「覽」。案：二本是也。下文「寡人將覽焉」，《漢書》作「聽」，尤延之欲校改彼字，而誤以當此處耳，凡宋以來刊板脩改，往往有如此者。（胡克家，頁132）

案：《考異》從袁本、茶陵本以爲當作「覽」，乃未參陳八郎本而致誤也。此當是善注五臣注之異文。今陳八郎作「覽」。必五臣作「覽」，善作「聽」。今本尤本仍作「聽」可證。今本尤本多與胡克家所見尤本不同，殆較少修改之本也。

王子淵〈四子講德論〉「精鍊藏於鑛朴」（51／14b）

《考異》：

注「說文曰鑛銅鐵璞也」　案：「鑛」當作「礦」，「璞」當作「樸」。各本皆譌。「礦」即「磺」字也。又案：依此，正文「朴」字當作「樸」，二字羣書中頗有相混者，五臣并正文改爲「璞」，誤甚。（胡克家，頁132）

案:《考異》以爲當作「礦樸」。謂各本皆譌,且五臣作「璞」誤甚。實未見陳八郎本也。今據陳八郎本正作「鑛樸」,非作「璞」。又善注已曰「礦與鑛同」,則不煩改字。五臣注云:礦樸,謂金石相和未理者也。恰是《考異》改字之義。故知五臣注本文爲確,善注本文誤。此《考異》失校。

「紛紜天地寂寥宇宙」(51/15a)

《考異》云:

> 茶陵本「寥」作「聊」,云五臣作「寥」。袁本云善作「聊」。案:此尤以五臣本改之也。袁、茶陵注中作「聊」。尤改恐未必是。(胡克家,頁 132)

案:《考異》所見各本皆非。茲據今本尤本作「寂寥」,陳八郎本作「寂聊」。則二本之異故如是也。觀其下注文,善正作「寂寥」,五臣則作「寂聊」,可證。《考異》失校。

「且觀大化之淳流」。(51/16a)

《考異》云:

> 袁本、茶陵本無「且」字。案:二本不著校語,無以考之。陳云「且」字衍,恐未必然,當各依其舊。(胡克家,頁 132)

案:《考異》以爲且字衍未必然,誤。今據尤本有「且」字,陳八郎本無,叢刊本同袁本、茶陵本,仍未著校語。此必兩注本之異也。《考異》失校。

「大廈之材」。(51/18a)

《考異》云:

> 茶陵本「廈」作「夏」,云五臣作「廈」。袁本云善作「夏」。案:尤本以五臣亂善,非也。凡此字「夏」、「廈」錯見者,疑皆善「夏」,五臣「廈」,餘以此求之。(胡克家,頁 132)

案:《考異》以爲尤本以五臣亂善,非。今據今本尤本作「廈」,陳八郎本作「夏」。各本校語皆誤。此兩注之異,《考異》疑五臣「廈」,善注「夏」,適相反。

「是以北狄賓洽」。(51/23a)

《考異》云:

茶陵本云五臣作「洽」。袁本云善作「合」。案：此尤以五臣本改之
也，注不見明文，無以考之。（胡克家，頁 133）

案：今據陳八郎本作「洽」，今本尤本亦作「洽」。疑袁本所見善注未
必是。此二注本無異文也。

「而旌旗仆也」。（51／23a）

《考異》云：

茶陵本云五臣作「旌」。袁本云善作「旍」。案：此尤以五臣本改之
也。「旍」即「旌」字，前已屢見，當各依其舊。（胡克家，頁 133）

案：陳八郎本、今本尤本皆作「旌」。叢刊本從袁本作「旍」，其下校
語云五臣作「旌」。此未必也。

陸佐公〈新刻漏銘〉「譬猶春華，同乎海藻」注「有水赤其中」。（56／
21b）

《考異》：

袁本、茶陵本無此五字。（胡克家，頁 140）

案：《考異》知各本善注無此五字，信矣！今贛州本叢刊本俱同。然《考
異》不知有無何是。其失在未見五臣單注本，遂無由據斷。今據陳八
郎本五臣注即有「東海之中，有水赤，有棗華而不實，何也？」云云，
較善注引書多「有水赤」三字，疑即尤本所據以增添者。

曹子建〈王仲宣誄〉「自君二祖，爲光爲龍」（56／28b）

善注：

張璠《漢紀》曰：王龔，字伯宗，有高名於天下，順帝時爲太尉。
暢字叔茂，名在八俊，靈帝時爲司空。《魏志》曰：粲曾祖父龔，祖
父暢，皆爲漢三公。《毛詩》曰：既見君子，爲龍爲光。毛萇曰：龍，
寵也。」

《考異》：

注「魏志曰粲」下至「爲龍爲光」。此二十七字，袁本、茶陵本無。

案：因已見五臣衍而節去。（胡克家，頁 140）

案：此《考異》未見更早合併本，與五臣注單行本，遂凡見各本無、
尤本有者皆曰此各本節去之文。今據贛州本亦無此廿七字。且贛州本
五臣注文與今本陳八郎本俱同，惟「龔」字皆誤作「襲」。案所引乃《魏

志》卷廿一〈王粲傳〉文。知贛州本承陳八郎本五臣注之誤而未校改。至尤袤則已改「襲」爲「冀」，然漏「三」字。《魏志》有「三」字。此尤校改後復又自誤也。凡此可證別本誤者，尤已改之。則尤本自合併本出可知矣！

王簡栖〈頭陀寺碑文〉「於是玄關幽揵」。（59／4b）

《考異》：

> 袁本、茶陵本「揵」作「鍵」。袁校語云善本作才，注字皆作「揵」。茶陵本無校語，注字皆作「鍵」。案：茶陵以五臣亂善，非。」（胡克家，頁 144）

案：此疑即合併本誤改者。其初二本無異也，今據陳八郎本五臣注仍作「幽揵」，注文同。尤本亦同。知二本當無異也。胡說未必是。

顏延年〈陽給事誄〉（57／15b）

題下善注：

> 善曰：沈約《宋書》曰：永初三年，索虜嗣自率眾至方城。虜悉力攻滑臺，城東北崩壞，王景度出奔，景度司馬陽瓚堅守不動，眾潰，抗節不降，爲虜所殺。少帝追贈給事中。尚書令傅亮議瓚家在彭城，宜即以入臺絹一百匹，粟三百斛賜給。文士顏延年爲之誄焉。

《考異》：

> 注「文士顏延年」。袁本「文」上有「後文帝立命」五字，茶陵本無。案此節注袁并善入五臣，茶陵并五臣入善，皆非其舊。（胡克家，頁 142）

案：《考異》據袁本有五字者，謂此并善入五臣注者。然則五臣注果爲何？《考異》只據合併本之注文，實未見眞單行之五臣注也。故所校只此五字而又不能斷其是否。今據陳八郎本五臣注云：「索虜嗣率眾攻滑臺城東北崩壞，王景度出奔，景度司馬陽瓚堅守不與，眾潰，抗節不降，爲虜嗣所殺。少帝追贈給事中。尙書令傅亮議瓚家在彭城，宜即以入臺絹百匹，粟三百斛賜給。後文帝立命文士顏延年爲之誄。」今持兩注文校之，其異者尚不止《考異》所云者。五臣無「永初三年」四字。「自率眾至方城，虜悉力攻滑臺城」，五臣注作「率眾攻滑臺城」。善注無「王景度出奔」五字。「堅守不動」，五臣注作「堅守不與」。「一

百匹」五臣注作「百匹」。

顏延年〈陶徵士誄〉「故無足而至者，物之藉也，隨踵而立者，人之薄也」（57／21b）

善注云：

> 善曰：言物以希爲貴也。藉，資藉也。《韓詩外傳》曰：晉平公游於河而樂，曰：安得賢士與之樂此也？舡人蓋胥跪而對曰：夫珠出於江海，王出於崑山，無足而至者，由主君之好也。士有足而不至者，蓋君主無好士之意也。何患無士乎！言人以眾爲賤也。薄，賤薄也。《戰國策》，齊宣王曰：百世一聖，若隨踵而生也。此亦不以文而害意。
>
> 案：此注文自「《韓詩外傳》曰」下至「何患無士乎」，今贛州本、叢刊本俱有，與尤本善注同。

《考異》曰：

> 袁本無此注，茶陵本有。案：疑茶陵複出，尤所見與之同耳。蓋本是「無足而至，已見上文」，袁因已見五臣而刪削此句。（胡克家，頁142）

案：據此，《考異》以爲善注當有，袁本誤刪耳。蓋皆未見五臣單注本而誤校也。今據陳八郎本五臣注節有此，惟非全取《韓詩外傳》文，乃節略取之。疑即尤袤見五臣有，善無，乃據以增添而全錄《韓詩外傳》彼段文也。何則？今見合併本無「餘與善注同」或「餘與五臣注同」云云，知必合併本有混兩注者，如贛州本、叢刊本，亦有仍兩注原貌者，如《考異》所見袁本。然則尤本從混注者而刻，且全錄其文，而諸合併本亦闕異同校語，遂不辨兩注之眞矣！今幸而得陳八郎本得以觀五臣注原有，而合併本刪者，持以校《考異》所云，可訂其誤多也。

第三章 《文選》注疏學──以善注、五臣注爲例

第一節 善注《文選》析論

一、注文文詞具典雅之美

　　或有病善注《文選》，專事搜引，證語詞出處耳，不能飾文，乃有書簏之譏。如《唐書》本傳之說。此恐未諦之論，皆不明其注書之例，有自訂之規。且善注文中亦非僅釋事忘義之語，詞語極工，對仗允切，而用事融會，自然暢順，節韻頓挫如美文之精者，如〈劇秦美新〉題下釋揚子雲作文之旨，善注云：

> 王莽潛移龜鼎，子雲進不能辟戟丹墀，亢辭鯁議；退不能草玄虛室，頤性全眞；而反露才以耽寵，詭情以懷祿，素餐所刺，何以加焉！抱朴方之仲尼，斯爲過矣。(48／9b)

此文短練精切，用事妥貼，且四六雜錯，甚得韻美，宜其爲唐文之佳者。

　　善注注文括解文義，引文之外，偶有兼訓句義，而出以語體文，讀之曉暢明白。然亦有四六駢體之文，句美韵洽，自著俊辭，以釋選文作者里籍流寓，並作文之旨，而獨擅一說者。如劉孝標〈辨命論〉一文於題下善注云：

> 善曰：孝標植根淄右，流寓魏庭，冒履難危，僅至江左。負材矜地，自謂坐致雲霄。豈圖逡巡十稔，而榮懸一命。因茲著論，故辭多憤

激，雖義越典謨，而足杜浮競也。（54／136）

此段注文，均不見《梁書》本傳與《南史》列傳，其爲善注自構可證。雖所具史實無出正史之外，然約舉史實，重爲複述，以新語下之，亦可謂創發之筆。試以《梁書》本傳相關史實及正史文字，持以相較，兩異判然，本傳云：

> 劉峻字孝標，平原人。父珽，宋始興内史。

> 峻生期月，母攜還鄉里。宋泰始初，青州陷魏，峻年八歲，爲人所略至中山，中山富人劉實愍峻，以束帛贖之，教以書學。魏人聞其江南有戚屬，更徙之桑乾。峻好學，家貧，寄人廡下，自課讀書，常燎麻炬，從夕達旦，時或昏睡，熱其髮，既覺復讀，終夜不寐，其精力如此。齊永明中，從桑乾得還，自謂所見不博，更求異書，聞京師有者，必往祈借，清河崔慰祖謂之「書淫」。時竟陵王子良博招學士，峻因人求爲子良國職，吏部尚書徐子嗣抑而不許，用爲南海王侍郎，不就。至明帝時，蕭遙欣爲豫州，爲府刑獄，禮遇甚厚。遙欣尋卒，久之不調。天監初，召入西省，與學士賀蹤典校秘書。峻兄孝慶，時爲青州刺史，峻請假省之，坐私載禁物，爲有司所奏，免官。安成王秀好峻學，及遷荊州，引爲戶曹參軍，給其書籍，使抄錄事類，名曰《類苑》，未及成，復以疾去，因遊東陽紫巖山，築室居焉。爲《山栖志》，其文甚美。

> 高祖招文學之士，有高才者，多被引進，擢以不次。峻率性而動，不能隨衆浮沉，高祖頗嫌之，故不任用。峻乃著〈辨命論〉以寄其懷曰：（《梁書》卷五十）

據此，可知「植根淄右」，即青州陷魏事。按青州，古禹貢九州之一，前漢武帝元封五年置州，後漢常治臨淄，三國魏、晉仍之。義熙六年劉裕滅南燕，始遷東陽。孝建二年移歷城。後爲魏所得，當即指泰始初事。（陳芳績，1973，頁 30）「流寓魏庭」，即流略中山，徙之桑乾事。其後，從桑乾得還，蓋指「冒履難危，僅至江左」。至於求爲國職，不獲許用，以及有司奏私載禁物，又率性而動，爲高祖所嫌云云，殆峻所以「榮憝一命」，乃著憤激之辭所由之也。凡此皆善注據史實以編撰成文之證。然則，善注於此，一反直引原書，不另著詞之例，別構新詞，出以四六，詞典而麗，精練可觀，其文采之雅有如是者。

二、注及版本之異

善注於版本則廣錄異文，可資古本之校勘者，如：

王簡棲〈頭陀寺碑文〉「淳源上派，澆風下黷」（59／14a）

善注引《莊子》注云：

> 善曰：《莊子》曰：德又下衰，及唐虞，　淳散朴。《淮南子》以
>
> 為澆，音義同。（59／14a）
>
> 案：其意以為今本所見《文選》作「澆」，即《莊子‧繕性篇》「澆淳
> 散朴」之「澆」字，且明揭另本者即《淮南子》也。可補注《經典釋
> 文》之未明。《莊子‧繕性篇》：「澆醇散朴」，《釋文》：「澆，古堯反，
> 本亦作澆。醇，本亦作淳。」（郭慶藩 1978，頁 552）

班叔皮〈王命論〉「夫餓饉流隸，饑寒道路」（52／3a）

善注云：

> 善曰：《說文》曰：餓，飢也。《穀梁傳》曰：五穀不升，謂之饉。
>
> 流隸，流移賤隸也。《左氏傳》曰：人有十等，輿臣隸也。饉或為殣。
>
> 荀悅曰：道瘞，謂之殣也。

「思有短褐之襲，擔石之蓄」（52／3a）

善注：

> 韋昭曰：短為裋，裋，襦也。毛布曰褐。善曰：裋，丁管切。
>
> 案：此善注明版本或作某字例。今見陳八郎、本尤本俱同，可知二本
> 無異，惟善嘗見別本或作某，乃據以載錄。謂別作「殣」作「裋」。不
> 但載異本，且載異本字之義。

陸士衡〈五等諸侯論〉「或以諸侯世位，不必常全」。（54／11b）

善注：

> 善曰：《公羊傳》曰：諸侯世位，故國君為一體也。「全」或為「今」，
> 非。」
>
> 案：善所見別本作今「字」，今諸本俱作「全」。

陸機〈演連珠〉：「是以物勝權而衡殆」（55／18a）

善注：

> 善曰：「勝」或為「稱」。《爾雅》曰：稱，舉也。一曰：稱亦勝也。
>
> 《吳錄》，子胥曰：越未能與我爭稱負也。

案：此明一本「勝」作「稱」。然斷語謂兩作皆可

范蔚宗〈後漢書皇后紀論〉「終於陵夷大運，淪亡神寶」。（49／29b）

善注：

　善曰：《漢書》，張釋之曰：秦陵夷至于二世，天下土崩。《史記》作「陵遲」（49／30a）

　案：《史記》，「陵夷」作「陵遲」。此善注彼時所見異本如上。今據五臣注：「陵夷，微也」，知五臣注本實作「陵夷」。此或兩注本之異也。

潘安仁〈馬汧督誄〉：「剖符專城紆青拖墨」。（57／7a）

善注：

　善曰：《東觀漢記》，韋彪上議曰：二千石皆以選出京師，剖符典千里。《古樂府》〈日出東南隅〉曰：「三十侍中郎，四十專城居。」〈解嘲〉曰：「紆青拖紫，朱丹其轂。」《漢書》，比六百石以上，銅印墨綬。云剖符專城，則青墨是也。墨或爲紫，非。

　案：此據《漢書》職官制度，核之選文詞句意以校，或本作「紫」，非。今陳八郎本從「紫」，未辨正誤。

蔡伯喈〈郭有道碑文〉「委辭召貢，保此清妙」。（58／15a）

善注：

　「召」或爲「台」。

　案：此書或本作「台」，但不置可否，惟存錄耳。

王元長〈三月三日曲水詩序〉「度邑靜鹿丘之歎，遷鼎息大坰之慙」

善注：

　善曰：《周書》，武王曰：膚受大命革殷，受天明命。又曰：我聞古商先王成湯，保生商人。又《度邑篇》曰：維王克毅。乃永歎曰：嗚呼不淑，充天之對，自鹿至于丘中，具明不寢。《帝王世紀》曰：湯即天子位，遂遷九鼎于亳，至大坰，而有慙德。《周書》丘或爲苑。（46／16a）

　案：「鹿丘」或作「鹿苑」，此《帝王世紀》與《周書》二本之異文，即版本之別也。

王元長〈三月三日曲水詩序〉「侮食來王，左言入侍」。（46／21a）

善注：

古本作「晦食」。《周書》曰：東越侮食。

案：此善注明「侮食」有異本。惟注所引《周書》有誤，胡克家《考異》曰：

> 注「東越侮食」。袁本「侮」作「海」。案：「海」字當是也。詳注意，
> 上句當云「古本作海食」，而引此以解之。其上作「晦」、下作「侮」，
> 不相應，皆譌字。唯袁此一字未誤也，至於「侮食」在「古本」之
> 上，已解訖矣。茶陵本作「侮」，誤與此同。今本《周書》亦作「侮
> 食」，又非善所見。《困學紀聞》識元長用之，皆就今本《文選》、今
> 本《周書》而言，似未深得其理。（胡克家，頁123）

詳其意，蓋以爲注文兩「晦」「侮」字，皆當作「海」。故正文作「侮」，與善所見《周書》異，善注因下此校勘版本之語。黃季剛先生亦以爲「侮食」乃「海黿」之誤，引《困學紀聞》之說而從之。與《考異》之駁伯厚不同。然則《考異》說是也。此可見善注明版本之學。〔註：黃季剛說見《文選黃氏學》頁220。〕

王元長〈三月三日曲水詩序〉「殷殷均乎姚澤，膴膴尚於周原」（46／24b）

善注：

> 善曰：《呂氏春秋》曰：顓頊生於若水，乃登爲帝。又曰：舜陶於河
> 濱，釣於雷澤，登爲天子，賢士歸之，萬人譽之，陳陳殷殷，無不
> 戴悅。高誘曰：殷，盛也。《呂氏春秋》曰：舜爲天子，輄輄啟啟，
> 莫不戴悅。高誘曰：啟啟，動而喜貌也。殷殷，或爲啟啟，故兩引
> 之。輄，知葉切。啟，仕勤切。《帝王世紀》曰：瞽叟之妻曰握登，
> 生舜于姚墟，故姓姚氏。堯求賢而四嶽薦舜，堯乃命于順澤之陽。《毛
> 詩》曰：周原膴膴，菫荼如飴。

案：此釋「殷殷」「姚澤」，皆謂舜爲天子，賢士殷殷歸之。然所引《呂氏春秋》文亦有兩本之異，故不憚煩並引之，斯亦版本學之例也。

揚子雲〈劇秦美新〉「神歇靈繹」（48／13a）

善注：

> 「繹」猶「緒」也，言神靈歇其舊緒，不福佑之。「繹」，或爲「液」

案：此注先釋「繹」字，知善從之。惟見別本作「液」，乃並存錄之，

但不具釋，此亦版本學取捨之例也。

「貞而明之者窮祥瑞，回而昧之者極妖怨」（48／13a）

善注：

善曰：貞，正也。言既正且明，故祥瑞咸格。回，邪也。言既邪且闇，故妖怨競集也。昧或爲蔑。

案：據注「昧」作「闇」解，知善從之。惟別本或作「蔑」，乃並存錄，明版本之異。

司馬長卿〈封禪文〉「天下之壯觀，王者之卒業」（48／6a）

善注：

卒，終也。卒或爲本。張揖曰：願以封禪全其終。

案：叢刊本校語云五臣本作「丕」。今本《史記》同。瀧川龜太郎從之。《漢書》作「卒」。其下師古注云：「卒，終也。字或作本，或作丕，丕，大也。」（《補注》，藝文版，頁1211）茲者，善曰下無師古曰，通觀此文注凡引諸家說，仍依善曰某某曰例，以冠名首。凡師古注有者，則不曰其名，疑兩家作注時，前說尙在，可共觀，故師古注云，或善亦別見他處，乃不得專云師古獨說也，故不曰其名。若然，此注明或本作某者，皆善注有見版本之異並存之以資參考也，亦《文選》版本學之例證。

揚子雲〈劇秦美新〉「仲尼不遭用，春秋困斯發」

案：「困」字，叢刊本作「因」，今本尤本同。胡刻尤本作「困」，《考異》以爲：「袁本、茶陵本『困』作『因』，案：此所見不同也。」（胡克家，頁127）知袁本俱作「因」。皆與胡刻異。案，疑作「因」是。據下五臣注云：「故脩春秋，因而發思也」云云，實以「因」字而釋。尤氏初見當亦作「因」，其後傳刻轉寫誤，胡克家所據或爲誤本尤刻者。

善注版本學非僅指涉《文選》正文，亦兼及注引書之版本。若〈齊故安陸昭王碑文〉「郭壢之內，雲屋萬家」善注云：

徐幹〈陳情詩〉曰「踟躕雲屋下，嘯歌倚華楹」。屋或爲薆。（59／26b）

核善注義，殆以爲徐幹詩「雲屋」或有作「雲薆」者。非謂選文之或作。蓋今見各本，率無作「雲薆」者。知善注不謂此也。則善注兼校引書版本之

異即其例也。

　　賈誼〈過秦論〉「叩關而攻秦」。（51／3a）

　　善注：

　　　　叩或爲仰，言秦地高，故曰仰攻之。

　　「九國之師逡逃而不敢進」。（51／3a）

　　善注：

　　　　逡逃，《史記》作逡巡。

　　　　案：此善所見兩本之異。今本《新書》「叩關」作「仰關」，「逡逃」作
　　　　「逡巡」，與善所見《史記》本同。

三、注及辨僞校勘

　　善注遇選文與舊說不合，前注已疑之，乃復詳爲引書，盡搜各家之可見
者，排比以見，以資考證之徵。如陸機〈演連珠〉第七首「是以巢箕之叟，
不眄丘園之幣，洗渭之民，不發傳巖之夢。」句下，舊注劉孝標已有考辯之
語，以爲巢父許由或二人或一人，洗耳事，或說洗於潁水，或說洗於渭河。
如劉孝標注云：

　　　　劉曰：古之隱人結巢以居，故曰巢父，或言即許由也。洗耳，一說
　　　　巢父也。記籍不同，未能詳孰是。又傳說築於傳巖，而精通武丁。
　　　　言巢、許冥心長往，故無發夢之符。（55／20a）

善注據此，更進其詳，徧引各書之有說者，排比並列，以觀其異同何在，其
引書竟達九種之夥，可謂創同一事而引注最多之例。善注云：

　　　　善曰：頓，猶整也。《說文》曰：振，舉也。陸云洗渭，而劉之意云
　　　　洗耳。據劉之意，則以洗渭爲洗耳乎？《呂氏春秋》曰：昔者堯朝
　　　　許由於沛澤之中，曰：請屬天下於夫子。許由遂之箕山之下，潁水
　　　　之陽。《琴操》曰：堯大許由之志，禪爲天子。由以其言不善，乃臨
　　　　河而洗耳。李陵詩曰：許由不洗耳，後世有何徵？《魏子》曰：昔
　　　　者許由之立身也，恬然守志存己，不甘祿位，洗耳不受帝堯之讓，
　　　　謙退之高也。《益部耆舊傳》，秦宓對王商曰：昔堯優許由，非不弘
　　　　也。洗其兩耳。皇甫謐《逸士傳》曰：巢父者，堯時隱人也。及堯
　　　　讓位乎許由也，由以告巢父焉，巢父責由曰：汝何不隱汝光？何故

見若身、揚若名令聞？若汝，非友也。乃擊其膺而下之。由悵然不自得，乃過清泠之水洗其耳。皇甫謐《高士傳》云：巢父聞許由之爲堯所讓也，以爲污，乃臨池水而洗耳。譙周《古史考》曰：許由，堯時人也，隱箕山，恬泊養性，無欲於世。堯禮待之，終不肯就。時人高其無欲，遂崇大之，曰：堯將以天下讓許由，由恥聞之，乃洗其耳。或曰：又有巢父與許由同志。或曰：許由夏常居巢，故一號巢父。不可知也。凡書傳言許由則多，言巢父者少矣。范曄《後漢書》，嚴子陵謂光武曰：昔唐堯著德，巢父洗耳。士故有志，何至相迫乎？然書傳之說洗耳，參差不同。陸既以巢箕爲許由，洗耳爲巢父，且復水名不一，或亦洗於渭乎？（55／20a）

由是知二說向來不一，然則疑則存疑，善注斷語亦未主何是，此知之爲知之，不知爲不知法。亦注書之善例也。至於考證對象，非僅選文正文，亦兼及舊注之誤。如同上陸機文第十二首「是以柳莊黜殯，非食瓜衍之賞，禽息碎首，豈要先茅之田」句，劉孝標注云：

夫黜尸以明諫，觸車以進賢，並發之於忠誠，豈有求而然哉？（55／22b）

此劉注組織成文以注書也，文雖美，惜不辨選文使事之正誤，甚以碎首誤爲觸車，既乏引書以證，可謂考證之不精也。

善注就此而補證云：

善曰：《韓詩外傳》曰：昔衛大夫史魚病且死，謂其子曰：我數言蘧伯玉之賢而不能進，彌子瑕不肖而不能退，死不當居喪正堂，殯我於室足矣。衛君問其故，子以父言聞於君，乃召蘧伯玉而貴之，彌子瑕退之，徙殯於正堂，成禮而後去。可謂生以身諫，死以尸諫。然經籍唯有史魚黜殯，非是柳莊，豈爲書典散亡，而或陸氏謬也？《左氏傳》曰：晉侯賞桓子狄臣千室，亦賞士伯以瓜衍之縣，曰：吾獲狄土，子之功；微子，吾喪伯氏矣。《韓詩外傳》曰：禽息，秦人，知百里奚之賢，薦之於穆公，爲私而加刑焉。公後知百里之賢，乃召禽息謝之。禽息對曰：臣聞忠臣進賢不私顯，烈士憂國不喪志。奚陷刑，臣之罪也。乃對使者以首觸楹而死。以上卿之禮葬之。《論衡》曰：傳言禽息薦百里奚，繆公出，當門仆頭碎首以達其友。應劭《漢書注》曰：繆公出，當車，以頭擊門。而劉云觸車，未詳其

旨。（55／22b）

據此始知史傳經籍但有史魚黜殯事,無柳莊之觸尸。故善注以爲或陸氏用典之謬也。至於禽息碎首,以薦百里奚事,歷載典籍,明文可查,而《韓詩外傳》、《論衡》、應劭《漢書注》,三書異時而同載碎首。何以劉注獨曰觸車。故善注不憚繁引以證劉注之誤,其注書之用心,可公于世矣!

善注於選文若見作者同時人已有校勘改正之軼事者,每直載錄之,置於注文,亦其校勘選文之一方也。如陸佐公〈新漏刻銘〉「屬傳漏之音,聽雞人之響」句下善注云:

> 集云:雞人二字是沈約所改作也。（56／23a）

又「乃詔小臣,爲其銘曰」句下善注云:

> 集曰:銘一字,至尊所改。勅書辭曰故當云銘。（56／25a）

善注《文選》,見有異文,必盡力校之。其引證之本,有參之方志以資校勘者。如曹子建〈王仲宣誄〉「振冠南嶽渥纓清川」句下善注云:

> 盛弘之《荊州記》曰:襄陽城西南有徐元直宅,其西北八里方山,
> 山北際河水,山下有王仲宣宅。故東阿王誄云:「振冠南岳,渥纓清
> 川。」集本「清」或爲「淯」,誤也。（56／29b）

此謂別本或有作「淯」者,誤矣!當從本集作「清」,乃更引盛弘之《荊州記》引文亦作「清」,以資輔證。

善注校勘之法,有參之舊注以資校勘。如:

潘安仁〈楊仲武誄〉「光祿勳密陵成侯之元女」（56／39a）

善注云:

> 善曰:賈弼之〈山公表注〉曰:鄭袤爲司空、密陵元侯,生默。爲
> 光祿勳密陵成侯。默女適滎陽楊潭,潭生仲武。成侯或爲元侯,誤
> 也。

> 案:此引賈弼之〈山公表注〉文,涉及選文事者,彼作「密陵元侯」,
> 與選文異,遂據以校勘「成」或爲「元」誤。

善注與舊注之取捨,既經自訂條例,門徑可尋,而顯其價值。可不待煩言。另外,善注與類書之關涉,猶有可述者,當在類書校勘與類目之詳略。

即以顏延年〈三月三日曲水詩序〉題下注爲例,善注凡引《風俗通》載上巳日祓除之俗以釋曲水。後引《韓詩》言鄭國三月上巳於溱洧執蘭招魂之

說，三引《續齊諧記》晉武帝與摯虞束晳對答三月曲水之義。可謂稱引詳備，解題盡矣。善注云：

> 善曰：《風俗通》曰：《周禮》，女巫掌歲時祓除疾病。禊者絜也，於
> 水上盥絜也。巳者祉也，邪疾巳去，祈介祉也。《韓詩》曰：三月桃
> 花水之時，鄭國之俗，三月上巳於溱、洧兩水之上，執蘭招魂，祓
> 除不祥也。《續齊諧記》曰：晉武帝問尚書摯虞曰：三月曲水，其義
> 何？答曰：漢章帝時，平原徐肇以三月初生三女，至三日而俱亡，
> 一村以爲怪，乃招攜至水濱盥洗，遂因水以泛觴。曲水之義起於此。
> 帝曰：若所談，非好事。尚書郎束晳曰：仲治小生，不足以知，臣
> 請說其始。昔周公成洛邑，因流水以泛酒，故逸詩曰：羽觴隨流波。
> 又秦昭王三日置酒河曲，見有金人出，奉水心劍曰，令君制有西夏，
> 乃因其處，立爲曲水。二漢相沿，皆爲盛集。帝曰：善。賜金五十
> 斤，左遷仲治爲陽城令。裴子野《宋略》曰：文帝元嘉十一年三月
> 丙申，禊飲於樂遊苑，且祖道江夏王義恭，衡陽王義季，有詔會者
> 咸作詩，詔太子中庶子顏延年作序。（46／7a）

此注不惟解題，就古已有之俗以明其源，復引史書，述文章撰作之起。縱橫兼至，題旨暢達矣！惟曲水流觴之俗，既自古有之，則好事之徒，於類書纂集之功，必旁羅搜抉，以集其詳。今以唐初類書之首，虞世南編《北堂書鈔》比較之。頗有可論者如下。

《北堂書鈔》卷一百五十五有子目「三月三日」，下列曲水之辭並事典二十八項。其引書與善注略異有三：

其一：

> 《風土記》云：「漢末郭虞三女，一女以三月上辰，一女以上巳產乳
> 並亡，時俗以爲忌，至是月日，婦女皆適東流，就遠地祓禊自表濯
> 也。」〔註：參虞世南《北堂書鈔》卷一百五十五，臺北：宏業書
> 局，63 年 10 月，頁 749～750。〕
> 案：此說與善注引《續齊諧記》摯虞說漢章帝時平原徐肇有三女事同，
> 惟本事稍異。徐肇三女同日俱亡，此則亡二女；又彼因水而泛觴，此
> 則祓禊自表濯。顯然《書鈔》所見自與善不同，而鈔成於善注之前，
> 善如不之見，殆亦不可能，然則善注不從鈔引，另抉它書，增廣傳聞，
> 益見其廣搜旁取，專精注書之用心也。此後玄宗朝勒成之《初學記》，

卷四之「三月三日」子目下徐堅即從善注引《續齊諧記》之說，而不從《書鈔》。故善注引書並其材料，古事古典，皆有助類書之成，亦可資類書子目引說分合詳略之軌轍。〔案：參唐代徐堅《初學記》卷四，臺北：鼎文書局，65 年 10 月，頁 68～73。案：《初學記》所引略異，賜金十五斤善注作五十斤，「及秦霸諸侯」五字，善注無。〕

其二：

《韓詩》云：「三月桃華水下之時，鄭國之俗，三月上巳之晨，此兩水之上，祓除不祥。」

案：此與善注引書同，事亦同，惟引文互有詳略。善注多「溱與洧兩水」，又多「執蘭招魂」事。較《書鈔》爲詳。此後《初學記》亦引同書，而從善注，復增多「執蘭招魂續魄」一句之「續魄」二字。由是可觀類書引書踵事增華之跡，而善注可資校勘之用。

其三：

善注引《風俗通》說，《北堂書鈔》未引，而《初學記》引之，但節去「巳者」以下十二字。今本《風俗通義》引《周禮》此文較詳，知善注蓋約取之耳。其中「祓除疾病」，今本《風俗通義》作「祓除釁浴」，與《周禮》同，鄭玄注云：「釁浴謂以香薰草藥沐浴也。」〔案：參王利器《風俗通義校注》卷八，臺北：明文書局，71 年 4 月，頁 382～383。〕此《北堂書鈔》漏引之事典，經善注採入〈曲水詩〉解題，遂爲諸類書所共收，此可見善注《文選》，不盡依舊注之有無，敢下一家之識見。

善注《文選》運用石碑刻文，一則以校選文正文詞句之是否，一則以輔助雜史紀傳所載之不是。前者可資選文版本校勘，兼明字義所安。後者可明選文作者時世里籍，以供知人論世之須。若王簡棲〈頭陀寺碑文〉，名下善注云：

善曰：《姓氏英賢錄》曰：王巾，字簡棲，琅邪臨沂人也。有學業。爲〈頭陀寺碑〉，文詞巧麗，爲世所重。起家郢州從事，征南記室。天監四年卒。碑在鄂州，題云：齊國錄事參軍琅邪王巾製。（59／1a）

此先引《姓氏英賢錄》，知王巾里籍，惟在所處世代僅云卒在天監四年，未足據其何時？乃又援頭陀寺碑刻之今在鄂州者，親睹其名下繫官爵云「齊國錄事參軍」，於是其卒在梁初遂可信矣！此善注據石碑刻文之例，以較五臣注，只竊取善注同引《姓氏英賢錄》，未及碑文，其用心自不可同日而語哉。雖然清代諸選學家如何義門、陳少章者，以爲王巾當作王屮，所據即《說文通釋》

所從作者，民國黃季剛氏不以爲然，仍信善注所引碑刻作「巾」者。（案：黃季剛 1977，頁 270）蓋以爲碑刻允宜信之也。胡克家於此僅揭其異同，不置可否。（胡克家，頁 144）此胡氏不從信碑刻之故也。然則若不從信，究無以解下文之諱，何則？

下文「憑五衍之軾，拯溺逝川」，據石碑刻文則作「憑四衢之軾」，善注以爲「蓋梁代諱衍」之故而改焉。（59／4a）

善注《文選》，其不知奧文僻典者，但曰未詳，不更稱引。然亦有書未詳，後覆加引證，進而校勘者，如王仲寶〈褚淵碑文〉「餐東野之祕寶」58／31b善注云：

> 善曰：《家語》曰：舜彈五絃之琴，造〈南風〉之詩。王隱《晉書》，庾峻曰：知足如疎廣，雖去列位而居東野。東野，未詳。又曰：〈雛書零准聽〉曰：〈顧命〉云：天球河圖在東序。天球，寶器也。《河圖》本紀，圖帝王終始存亡之期。《典引》曰：御東序之祕寶。然「野」當爲「杼」，古「序」字也。以是圖緯，故曰「餐」。餐，美也。

此注先書「東野未詳」，繼而引《顧命》文作東序，乃復據之而校勘謂當爲「杼」，「杼」即古「序」字。

善注校勘選文，有參之舊注眾說，臚列其同異，而下斷語，定其是非者。此雖非善注，然亦注之法也。眾說雖在，猶須選擇去取以觀其可否。則不能少識見，宜多聞問也。如謝希逸〈宋孝武宣貴妃誄〉「晨輻解鳳，曉蓋俄金」善注云：

> 善曰：葬訖，故車解鳳飾。蓋，斜金爪也。《漢書》曰：載霍光尸以輼輬車。如淳曰：輼輬車形廣大，有羽飾。〈甘泉賦〉曰：乃登夫鳳皇。然羽飾則鳳皇也。杜延年奏曰：載霍光柩以輬車，以輼車爲倅也。臣瓚曰：秦始皇崩，祕其喪，載以輼輬車，百官奏事如故。此不得是輴車類也。然輼車吉儀，瓚說是也。輬，力強切。（57／33a）

案此解輼車出自《漢書》，引如淳、臣瓚二家說以注，後即斷語從臣瓚說，謂輼車吉儀也。

至於參之緯書，不避其孤陋之說，引以爲校勘者，亦其用心之一方，並其餘諸校，例示如下：

顏延年〈宋文皇帝元皇后哀策文〉「用集寶命，仰陟天機」

善注：

謂文帝即位也。《尚書》曰：用集大命。又曰：無墜天之降寶命。天機，喻帝位也。《尚書考靈耀》曰：璿璣玉衡，以齊七政。《尚書》爲此璣。曹植〈秋胡行〉曰：歌以永言，大魏承天璣。然「璣」與「機」同也。（58／3b）

案：此校勘選文或有作「機」者。引緯書《尚書考靈耀》以證，斷曰「璣」、「機」同也。

任彥昇〈王文憲文集序〉「故自策勔分司，盧欽兼掌」

善注：

善曰：應劭《漢官儀》曰：獻帝建始四年，始置左右僕射，以執金吾策勔爲左僕射，衛臻爲右僕射。今以策勔爲策勔，誤也。策，役瓊切。勔，烏合切。虞豫《晉書》曰：盧欽少好學，爲尚書僕射，領吏部，欽清實選舉，稱爲廉平。（46／35a）

案：此注校勘正文「策勔」作「策勔」之誤，而引應劭《漢官儀》說以正之。此既見兩本之異，並錄之，復申己意，以考其正誤，殆《文選》校勘學之例也。〔案：今正文作策勔，蓋傳寫誤，胡克家《考異》詳言之，以爲當作策勔，甚是。見《考異》，頁124，藝文版。〕

王子淵〈聖主得賢臣頌〉「伯牙操遞鍾，蓬門子彎烏號」（47／5b）

善注：

善曰：晉灼曰。遞音迭遞之遞。二十四鍾，各有節奏，聲之不常，故曰遞鍾。瓚以爲《楚辭》曰：奏伯牙之號鍾。馬融〈長笛賦〉曰：號鍾高調。號鍾，琴名也。謂伯牙以善鼓琴，不說能擊鍾也。且《漢書》多借假，或以遞爲號，不得便以迭遞判其音也。

案：此引晉灼音、臣瓚云云，皆顏師古注所引者。師古見《楚辭》作「號鍾」，此作「遞鍾」，因判其別，謂：「字既作遞，則與楚詞不同，不得即讀爲「號」，當依晉音耳。」（《漢書補注》，藝文版，頁1289上）然則善所見與師古異，乃更爲校勘，以爲《漢書》多假借，「遞」或爲「號」，不當作「遞」。此亦善注持版本學以資校勘之顯例也。〔案：善注校勘「遞」爲「號」，王念孫以爲作「號」是也，王先謙云原文亦作「號」爲是，蓋與「虩」相似，「虩」即「箎」字，號蹄呼也，「號」亦取蹄呼之義。二字漢時聲義相近，傳寫者誤「號」爲「虩」，又改「虩」爲「箎」，因而加辵於下爲「遞」。或並誤「遞」字之竹爲厂而作「遞」。

於是諸本所見遂異耳。(《漢書補注》，藝文版頁 1289）王說可參，故《文選》善注引皆作遞可證，今見叢刊本校語「五臣作號」，知彼時五臣注本尚不誤也。〕

王孟堅〈典引〉「臣固言：永平十七年，臣與賈逵傅毅杜矩展隆郁萌等，召詣雲龍門」（48／20b）

善注：

> 善曰：范曄《後漢書》曰：賈逵，字景伯，為侍中。《七略》曰：尚書郎北海展隆。然《七略》之作，雖在哀、平之際，展隆壽或至永平之中。

> 案：此辨正展隆見於《七略》紀述，知為《七略》成書前之在世者。時距班固〈典引〉自述永平十七年，當歷有年所，或疑即不當存。善注因別為疏之，以為展隆壽或至永平中。此蓋辨正考證之辭也。

范曄〈後漢書逸民傳論〉「揚雄曰：鴻飛冥冥，弋者何篡焉」。（50／13a）

善注：

> 善曰：《法言》曰：鴻飛冥冥，弋者何篡焉。宋衷曰：篡，取也。鴻高飛，冥冥薄天，雖有弋人執矰繳，何所施巧而取焉。喻賢者深居，亦不罹暴亂之害。今「篡」或為「慕」，誤也。（50／13a）

> 案：今尤本、胡克家本、陳八郎本、袁本、茶陵本，俱作「篡」。惟叢刊本作「慕」，非。

陸士衡〈五等諸侯論〉「皇祖夷於黥徒，西京病於東帝」

善注：

> 皇祖，高祖也。〈南都賦〉曰：皇祖止焉。《史記》曰：淮南王黥布反，高祖自往擊之，布走。高祖時為流矢所中，行道病。杜預《左氏傳注》曰：夷，傷也。《楚漢春秋》曰：下蔡亭長罳淮南王曰：封汝爵為千乘，東南盡日所出，尚未足黔徒群盜所邪！而反，何也？然「黥」當為「黔」。《漢書》曰：吳王濞反，削吳會稽、豫章郡，書至，起兵反。以袁盎為太常，使吳，吳王聞盎來，知其欲說，笑而應曰：我已為東帝，尚誰拜？不肯見盎。（54／8a）

> 案：此善注先引《史記》作「黥布」，以符選文正文。次引《楚漢春秋》有「黔徒」一詞，遂以為此即正文詞源所從出，遂下校語，以為當作

「黔徒」。此先正後駁之校勘例也。

劉孝標〈廣絕交論〉「凡斯五交，義同賈鬻，故桓譚譬之於闤闠，林回論之於甘醴」（55／12a）

善注：

> 善曰：杜預《左氏傳注》曰：賈，買也。鄭眾《周禮注》曰：　，賣也。《譚集》及《新論》並無以市喻交之文。《戰國策》譚拾子謂孟嘗君曰：得無怨齊士大夫乎？孟嘗君曰：然。譚拾子曰：富貴則就之，貧賤則去之。請以市喻：市朝則滿，久則虛。非朝愛而夕憎之也。求存故往，亡故去，願君勿怨。然此以市喻交，疑「拾」誤爲「桓」，遂居「譚」上耳。《莊子》林回曰：君子之交淡若水，小人之交甘如醴。司馬彪曰：林回，人姓名也。

> 案：此揭選文用典使事之誤，以考正文措辭之危。蓋謂「譚拾子」非「桓譚」也。

劉孝標〈廣絕交論〉「是以伍員濯溉於宰嚭」

善注：

> 《史記》曰：伍子胥者，楚人，名員。楚王誅員父奢，子胥往吳。闔廬既立，得志，以子胥爲行人。楚又誅大臣伯州犁，州犁之孫亡奔吳，亦以嚭爲大夫。《吳越春秋》曰：帛否來奔於吳王，闔廬問伍子胥：帛否何如人也？伍子胥對：帛否者，楚州犁孫。楚平王誅州犁，否因懼出奔，聞臣在吳而來。吳王因子胥請帛否以爲大夫，與之謀於國事。《史記》曰：闔廬死，夫差既立，以伯嚭爲太宰。吳敗越於會稽，大夫種厚幣遺吳太宰請和，將許之，子胥諫不聽。太宰既與子胥有隙，因讒子胥。王乃使賜子胥屬鏤之劍，乃自到。《左氏傳》曰：哀公會吳橐皋，吳子使太宰嚭請尋盟。然本或作「伯喜」，或作「帛否」，或作「太宰嚭」，字雖不同，其人一也。（55／10a）

> 案：此三引史書，而各異。乃下以校勘之語，謂名雖不同，其人一也。

劉孝標〈廣絕交論〉「英蹄俊邁，聯橫許郭」

善注：

> 《魏志》曰：崔琰謂司馬朗：子之弟，剛斷英蹄。裴松之案：「蹄」或作「特」。竊謂「英特」爲是。（55／14a）

案：此明版本之例，兼作校勘之語。既校正史書之誤，復明選文正文
之當作。

原夫《文選》之有辨偽，亦自李善開其端。往往選文作者及篇目與後世
所知者迥異，善注皆依例發起，詳列考證，以辨眞偽。若史孝山〈出師頌〉
一文，善注云：

善曰：范曄《後漢書》曰：王莽末，沛國史岑，字孝山，以文章顯。
《文章志》及《集林》、《今書七志》並同，皆載岑〈出師頌〉，而《流
別集》及《集林》又載岑〈和熹鄧后頌并序〉。計莽之末，以訖和熹，
百有餘年。又《東觀漢記》，東平王蒼上〈光武中興頌〉，明帝問校書
郎此與誰等，對云前世史岑之比。斯則莽末之史岑，明帝之時巳云前
世，不得爲和熹之頌明矣。然蓋有二史岑，字子孝者仕王莽之末，字
孝山者當和熹之際，但書典散亡，未詳孝山爵里，諸家遂以孝山之文，
載於子孝之集，非也。隲則鄧后之兄，元舅則隲也。（47／8b）

此注辨兩史岑眞偽，何者爲是。其所據之法，特就作者身處時序，與乎目錄
學知識，並考之史實，綜合並參，乃下斷語，其所持之方，率自班固、劉向
已創者而益進其詳。至於已析其原委，知史孝山爲作〈出師頌〉者，然里爵
亦由乎書典散亡，闕而不載，乃又從自訂未詳例而闕疑，亦符「盡信書不如
無書」意，眞辨偽學之本衷也。〔案：有關劉向班固辨偽之法，其例有六，
一曰明訂其偽，二曰從文辭定其偽，三曰從事實訂其偽，四曰從時代訂其偽，
五曰從後世增託訂其偽，六曰疑者闕疑。另參張舜徽《中國文獻學》，頁 184
〜191，臺北坊間影本，不著年月。〕

**夏侯孝若〈東方朔畫贊并序〉「大夫諱朔，字曼倩，平原厭次人也。魏
建安中」**

善注：

善曰：《漢書》曰：朔字曼倩，平原厭次人。《漢書·地理志》無厭
次縣，而〈功臣表〉有厭次侯爰類，疑〈地理〉誤也。善曰：范曄
《後漢書》曰：獻帝改興平三年爲建安元年，今云魏，疑誤也。」
（47／28a）

案：此注辨《漢書》本傳與〈地理志〉之抵觸，乃下斷語謂〈地理志〉
誤也。又下注云「魏」字誤，是也，此皆善注辨《文選》之偽。

沈休文〈恩倖傳論〉「東方朔爲黃門侍郎，執戟殿下」。（50／20a）
善注：

> 善曰：應劭《漢書注》曰：入侍于子，故曰侍中。晉令曰：侍中除
> 書表奏皆掌署之。應劭《漢官儀》曰：侍中，出則佩璽抱劍。《漢書》
> 曰：東方朔初爲常侍郎，後奏泰階之事，拜爲太中大夫、給事中。
> 嘗醉，小遺殿上，詔免爲庶人。復爲中郎。〈百官表〉，郎中令屬官
> 中有郎，比六百石；侍郎，比四百石。又黃門有給事黃門。《漢官儀》
> 云：給事黃門侍郎，位次侍中、給事中，故曰給事黃門。然侍郎、
> 黃門侍郎二官全別，沈以爲同，悮也。〈答客難〉曰：官不過侍郎，
> 位不過執戟，非黃門侍郎，明矣。（50／20a）

案：此善注辨沈約以爲「侍郎」、「黃門侍郎」混一之僞。考《漢書》
卷六十五〈東方朔傳〉云：「是日因奏泰階之事，上乃拜朔爲太中大夫
給事中，賜黃金百斤。」又云：「先是，朔嘗醉入殿中，小遺殿下，劾
不敬。有詔免爲庶人。待詔宦者署，因此復爲中郎，賜帛百匹。」又
云：「而朔嘗至太中大夫，後常爲郎，與枚皋、郭舍人俱在左右，詼諧
而已。」據此，知朔不曾爲黃門侍郎。考太中大夫，秦代始置，主掌
議論，歷代莫不襲之。《漢書・賈誼傳》（卷四十八）：「每詔令議下，
諸老先生未能言，誼言之，人人各如其意……帝悅，一歲中，超遷至
太中太夫。」又《漢書・王嘉傳》（卷八十六）：「王嘉，字公仲，召見
宣室，對政事得失，超遷太中太夫。」可見太中太夫向爲士子超遷特
徵，起爲備問言對之官。又給事中，亦奏代始置，西漢沿之，東漢省，
魏復置。蓋爲加官性質，均給事殿中，備顧問應對，與言政事得失。《漢
書》卷十九〈百官公卿表〉云：「給事中，秦官也，所加或大夫博士議
郎，掌顧問應對，位次中常侍、侍中黃門。」然則，朔爲太中大夫加
給事中可證也。至於郎，亦爲帝王侍從，「郎」即古「廊」字。戰國始
置，秦漢沿之，有議郎、中郎、侍郎、郎中。其出身或由仕子、資選，
或由文學、技藝。朔爲中郎，其非給事黃門侍郎可證。

四、注及文章修辭之法

　　善注《文選》，多以引書爲注，不另釋義，所謂前人所譏「釋事忘義」也。
是以無得見其注文之美，因致書籮之誚。然此蓋受制於自訂條例之規也。其

有不然，則偶或出以己意，構詞以爲釋，亦稱典雅之美。（如本節之一、所示）
由是知，善非不能文也。是少爲之耳。何則？蓋從其所習知，乃可考其所擅。
茲者，善注《文選》每見正文具修辭巧構者，必明揭之以示人之法，即所謂
修辭以衡鑑也。《文心》所謂：「環情草調，宛轉相騰，離合同異，以盡厥能。」
（案：范文瀾，頁 7／23）以下諸例，即其所見修辭之法也：

揚雄〈解嘲〉「是故鄒衍以頡頏而取世資」（45／9b）
善注：

> 頡頏，奇怪之辭也。鄒衍著書雖奇怪，尚取世以爲資，而己爲之師
> 也。言資以避下文也。（45／9b）

> 案：此謂用「資」字，不用「師」字，蓋避下文也，下文云「孟軻雖
> 連蹇，猶爲萬乘師」，兩「師」字不當重，故避之而云「資」，此即修
> 辭避重文例，後世評點《文選》之學者，屢言重文以避者，實仿自善
> 注矣！

劉孝標〈廣絕交論〉：「藐爾諸孤，朝不謀夕，流離大海之南，寄命障
癘之地」
善注：

> 諸孤，昉子也。劉璠《梁典》曰：昉有子東里、西華、南客、北叟，
> 並無術學，墜其家業。《左氏傳》，晉獻公曰：以是藐諸孤。又，趙
> 孟曰：朝不謀夕，何可長也。李陵〈與蘇武書〉曰：流離辛苦，幾
> 死朔北之野。范曄《後漢書》，朱勃上書曰：士人飢困，寄命漏刻。

> 〈蔣子萬機論〉曰：許文休東渡江，乃在嶂氣之南。《梁典》不言昉
> 子遠之交、桂，今言大海之南者，蓋言流離之甚也。（55／16a）

> 案：此善注引《梁典》揭明昉之後世子孫出處行誼，悉據史實，以訂選
> 文之說。以爲並無昉子流離大海事，遂據以謂今言大海之南者，蓋言流
> 離之甚也，此猶「天地同悲」「白髮三千丈」之例，取其夸飾言之也。

陸佐公〈石闕銘〉「懸書有附，委篋知歸」（56／19b）
善注：

> 善曰：《周禮》曰：正月之吉，始和布教于邦國。又曰：正月乃懸治
> 象之法于象魏，使萬民觀治象，浹日而斂之。懸書則懸法也，委篋
> 則藏書也，重用之，故變文耳。（56／19b）

案：此書重用變文例，即修辭之法也。蓋前文已有「懸法無聞，藏書弗紀」之語，此再用其意而不重其文也。

顏延年〈宋文皇帝元皇后哀策文〉「撫存悼亡，感今懷昔」（58／5b）

善注：

善曰：沈約《宋書》曰：〈哀策〉既奏，上自益此八字，以致其意焉。

案：此注善特標出八字之用，在致意再三。所謂強調致意之修辭也。後代選學家亦嘗從其說，若清人何義門云：八字故自一篇體要。（于光華，頁1089）。近人黃季剛亦云：此八字固纏綿悽愴。（黃季剛，頁268）

張景陽〈七命〉「價兼三鄉，聲貴二都」（頁658下）

案：「三鄉」一詞，善引《越絕書》，而補注曰：「然實二鄉，而云三者，避下文也。」核此，知善以「三鄉」對「二都」，以釋犯重，是明辭對之例也，善之修辭學亦云一斑。

袁彥伯〈三國名臣序贊〉「夫萬歲一期，有生之通塗」（47／35a）

善注：

《桓子新論》曰：夫聖人乃千載一出。然此文云萬歲一期，蓋甚言之，以避下文也。《莊子》曰：萬世之後，而遇大聖，知其解者，是旦暮遇之也。（47／35a）

案：此選文與《桓子新論》有異文，非選文誤書，故善注不以辨偽校勘爲注，反出以「甚言之」以避不文之解，蓋謂作萬歲者，夸飾之筆法也，此殆文選學之修辭學例。

鮑照〈東武吟〉「願垂晉主惠，不愧田子魂」。（28／22b）

善注：

晉主言惠，田子言愧，互文也。然田子久謝，故謂之魂。（28／23a）

案：此注詞語互文之例，且細審用字旨意。皆語言修辭之道。

五、自訂條例以注

（一）善注標準例

善注《文選》，事義兼顧，爲其標準例。然而今本善注大都確如評者所云釋事而忘義。即謂只明語詞出處，典故之源，史實之詳，而多不釋選文當句之旨意，論者以此相責。今細查《文選》善注非全如此類，亦有事義兼及，

既引書以注難字語詞，亦以淺近白話以解當句文意，圓融貼切，意貫旨暢者，如陸士衡〈五等諸侯論〉「愿法期於必涼，明道有時而闇」句下，善注云：

> 善曰：言法不可常愿，故期在於必薄；道不可常明，故有時而或闇。以諭盛衰廢興，抑唯常理也。孔安國《尚書傳》曰：愿，愨也，娛萬切。《左氏傳》，渾罕曰：君子作法於涼，其弊猶貪。杜預曰：涼，薄也。（54／4a）

此注先以語體通釋全句，次引古書以注字義，明其源出。所謂事義兼釋者，即如此類，可定為善注《文選》之標準式。原夫善注《文選》全部注文皆當如此，始曰完善。再如：

顏延年〈宋文皇帝元皇后哀策文〉「倫昭儷升，有物為憑」（58／2b）
善注：

> 言天地未分之前，已明倫匹之義，又昇伉儷之道，皆有物象，有所依憑。《毛詩》曰：天生蒸民，有物有則。鄭玄曰：有物象也。《左氏傳》曰：石言於晉魏榆。師曠曰：石不能言，或憑焉。〈劇秦美新〉曰：上覽古在昔，有憑應而尚缺。
>
> 案：此通釋句意，再摘書明語詞出典，乃善注之標準式也。

然則今見善注如此類者反而不多？進而索解，可資我人推測者，至少二端：

其一，今見傳本善注《文選》或者非原來本貌，率自六臣合注本摘出，故而善注與五臣注每因合併者之各取兩注之長而相混合之，以利讀者，蓋合併者以解曉選文之便利為訴求對象，其專意在便利閱讀參考。乃因此而忽略兩注之各別，亦並視之為次要之事矣！何者，今見五臣注特色多在釋義，少有引書者，即引書，亦例取引文，割斷而節略之。與善注之法大異，兩注甚易區明。如今或有兼取兩注之長者，疑即合併者之刻意所為，當其合併之初，人既稱便，久而行之，乃亦莫之察究，遂相沿至今。

其二，善注《文選》最後定本或未完成。據李匡乂《資暇錄》謂善注《文選》有初注覆注至三四注者。其絕筆之本皆釋音訓義，注解甚多。可知訓義乃善注絕筆之本必有者。核李濟翁氏所見本，其標準注例當即如前揭示例者。至於釋音，今見尚多存於注文中，並無淹沒。然則何以獨訓義之語而少見耶？可推知或李氏所見之善注絕

筆本或爲殘本，或未全之本。蓋天年所限，善注最後之本未克竟功。然則後世既刻行之，則必合取諸本，不分詳略初注四注，並合而集刻爲一帙以利行梓，總其名曰善注。即爲今世通行之本。而訓義或有或無，注文或詳或略，已無由窺其因矣！

以下既就其注書條例之尤者，論述其法如何。

（二）其它條例

1. 稱引書名嚴謹，白文與注書分題

枚叔《七發》「久執不廢，大命乃傾」

注云：

> 毛萇《詩傳》：廢，猶去也。《毛詩》曰：曾是莫聽，大命以傾。（頁636）

> 案：毛萇《詩傳》指的是《毛傳》，《毛詩》指的是毛亨所傳《詩經》，一經文一注文，善注未嘗混同，特分題書名以別之，用意深刻。

傅季友〈爲宋公修楚元王墓教〉「追甄壚墓，信陵尚或不泯」（頁674下）

善注云：

> 鄭玄《尚書緯注》曰：甄，表也。

> 案：此引《尚書緯注》，冠注者名。蓋注書與本經離然分題，是善注稱名引書之例也。

「可蠲復近墓五家」（頁674下）

注云：

> 郭璞《方言注》曰：蠲，除也。

> 案：此注引《方言注》書，人名兼冠題，與原書揚雄《方言》分題，是又引書稱名之一例也。

王元長〈永明九年策秀才文〉「改憲勑法，審刑德之原」（頁678上）

> 案：善注引司馬彪《續漢書》永平詔、引《春秋保乾圖》，以釋改憲之由，次又引宋均《易緯保乾圖注》，再釋改憲之因，兩引書而同釋一詞，引書有別，經傳分列，可見善注引書嚴判之例。

2. 善注有引書之末，繼以校訂引書或字例

任彥昇〈爲蕭揚州薦士表〉「既筆耕爲養，亦傭書成學」（頁720）

善注：

　　《東觀漢記》：班超家貧，爲官傭寫書，投筆嘆曰：丈夫獨不效傅介
　　子，立功絕域之地以封侯，安久筆耕乎？《東觀漢記》，耕或爲研。
　　此善注引書後，出校引書例，善注已涉古書版本學矣！

3. 善注有釋一辭而兩引書，收博觀約取之功

任彥升〈奏彈曹景宗〉「奉而行之，實弘廟算」。（40／743a）
善注：

　　〈西征賦〉曰：彼雖眾，其焉用？故取制於廟算。《孫子》曰：夫未
　　戰而廟算勝，得算多也。

　　案：「廟算」一辭，善注兩引〈西征賦〉、《孫子》以釋之。

陳孔璋〈檄吳將校部曲文〉「鶹鳩之鳥，巢於葦苕，苕折子破，下愚之
惑也」。（44／25b）
善注：

　　善曰：《韓詩》曰：〈鴟鴞〉：既取我子，無毀我室。鴟鴞，鶹鳩，鳥
　　名也。鴟鴞所以愛養其子者，適以病之。愛憐養其子者，謂堅固其
　　窠巢，病之者，謂不知託於大樹茂枝，反敷之葦藚。風至，藚折巢
　　覆，有子則死，有卵則破，是其病也。《字林》曰：鶹鳩，鴞也，上
　　乃丁切，下古穴切。《廣雅》曰：鶹鳩，工雀也。《荀卿子》曰：南
　　方鳥名蒙鳩，爲巢，編之以髮，繫之葦苕。苕折卵破。巢非不牢，
　　所繫之弱也。《說文》曰：葦，大葭也。苕與藚同。

　　案：此先引《韓詩‧鴟鴞》，次引《荀卿子》蒙鳩，蓋二鳥皆繫巢於苕，
　　風至，則苕折子死卵破矣。此惟釋「苕折子破」一辭，而引兩書以釋，
　　並見選文旨意。

4. 善注好引緯書例

　　善注好引緯書，每見於《文選》注。較言之，當以王元長〈三月三日曲
水詩序〉一文之注爲最。（46／23a）該文每多用緯書語，援引緯書典故。善注
有見及此，亦每引緯書以證之。

5. 善注引書有書同引文節段不同

　　善注引書有同書而引分見兩處，引文互異者，如：袁彥伯〈三國名臣序
贊〉「子布佐策，致延譽之美，輟哭止哀，有翼戴之功」句下善注引《吳志》

云：

> 善曰：《吳志》曰：策薨，以事授權。權哭未及息，張昭謂權曰：孝
> 廉，此寧哭時耶？乃扶權上馬，使出巡軍士。（47／38b）

蓋以涉張昭與孫權事，有止哭勵志，佐助王業之功，遂引《吳志》以釋之。
同文「桓王之薨，大業未純，把臂託孤，惟賢與親」句下復引同書云：

> 善曰：《吳志》曰：孫策臨亡、以弟權託昭，昭率群察立而輔之。（47
> ／48a）

此引文多「以弟權託昭」事，乃前引無者。然則五臣注引事詳於兩注之引文，
其於「有翼戴之功」下五臣注云：

> 向曰：孫策臨終、以弟權託於昭，昭率群臣立而輔之。權悲哭未視
> 事。昭謂權曰：方今天下鼎沸，何得伏哀感以肆匹夫之情乎？權乃
> 止，陳兵而出也。翼戴，謂輔佐也。（47／38b）

此引文復異於善注，蓋合兩注而引者，然而近於原書，今案《三國志》卷五
十二〈張昭傳〉：

> 策臨亡，以弟權託昭，昭率群僚，立而輔之，上表漢室，下移屬城，
> 中外將校，各令奉職。權悲感未視事。昭謂權曰：夫爲人後者，貴
> 能負荷先軌，克昌堂構，以成勳業也。方今天下鼎沸，群盜滿山，
> 孝廉何德，寢伏哀戚，肆匹夫之情哉？乃身自扶權上馬，陳兵而出，
> 然後眾心知有所歸。昭復爲權長史，授任如前。（商務百衲本，頁
> 602）

較而可知，凡善與五臣引者，皆有節略，非全文而錄。其中五臣所引，較近
原書，字句更易者少。善注引則略取甚矣，復改原《吳志》文，致語意脫散
而不密，且「以弟權託昭」事關選文「輟哭止哀，有翼戴之功」，而善注引文
易以「以事授權，權哭未及息」，則無由見昭佐策之功也。蓋昭之功，等同孔
明，皆以承先主命，佐後主功。裴松之注引《吳歷》曰：「策謂昭曰：若仲謀
不任事者，君便自取之，正復不克捷，緩步西歸，亦無所慮。」知當時策臨
終以大事託昭，此不猶之蜀主託亮語乎？蜀主亦嘗以後事託亮，告曰：嗣子
可輔，輔之，如其不才，君可自取。故昭之位如諸葛孔明，固其才智不侔，
差等亮耳，乃竟廢免，蓋遭遇有時。

6. 引書與釋意或符或不符

善注引書以釋意，不另加言增辭，以爲引書意即本文意者，遍及所注《文

選》。然遇特殊文例，則另注異同之語，遂有引書釋意之二條例。一曰引書與本文意同，一曰引書與本文意殊。

若曹子建〈雜詩〉「拊劍西南望，思欲赴太山」句下，善注云：

善曰：《左氏傳》曰：子朱怒，撫劍從之。太山，東岳，接吳之境。

西，喻蜀。〈責躬詩〉曰：願蒙矢石，建旗東岳，意與此同也。(29／24a)

此先引《左傳》釋「撫劍」一辭之出源。然二句之意，則又引〈責躬詩〉「願蒙矢石，建旗東岳」二句，以爲即正文句意。此引書以明句意，與前引書以注語詞出源者不同，宜析別之。此引書與本文意同例。

又若嵇叔夜〈雜詩〉「孰克英賢，與爾剖符」二句，善注云：

善曰：言詠讚妙道，遊心恬漠，誰能以英賢之德，與爾分符而仕乎？

班固《漢書》述曰：漢興柔遠，與爾剖符。然文雖出彼，而意微殊。

《東觀漢記》，韋彪上議曰：二千石皆以選出京師，剖符典千里。

此先通釋二句全意，而譯解之。又引《漢書》以明「剖符」一辭所從出。復又注云所引書與正文句意不同，故雖出處自彼而意則分殊。此與全書注遍引書而不另注異同之例又稍有別。蓋不另注者，謂出處自此，句意無別。由是知善注引書條例，其式有三：

其一：引書即正文出處，句意亦同。此爲常例，遍見全書。

其二：引書雖正文出處，然句意與正文殊別。此偶見特例。

其三：引書與正文出處無涉，然即正文句意。尤少見之例。

就上三例，其末條者，尚有別例。若陸機〈園葵詩〉首四句「種葵北園中，葵生鬱萋萋，朝榮東北傾，夕穎西南晞」，蓋陸機謝司馬穎救命之恩，以葵之向日爲喻，善注就四句之意，總括之而引《淮南子》說注云：

善曰：《淮南子》曰：聖人之於道，猶葵之與日，雖不與終始哉，其

鄉之誠也。高誘曰：鄉，仰也，誠，實也。(29／28b)

此注乃取《淮南子》以葵爲喻，謂聖人與道終始，猶之臣心忠君之鄉誠也。注引書非明葵之語詞出處，乃取引書之喻意，以資類比而伸之。此引書例當屬之條例之第三則。凡此類之引書，稍具文學詮釋之趣，知言外之意也，是善注之尤可寶視者。惜全書此類引書究乏見也。

善注《文選》，有引文之後，另下識語，區別引文與正文異義者。如劉孝標〈辨命論〉「故言而非命，有六蔽焉爾」句下善注云：

善曰：《論語》：子曰：由汝聞六言六蔽矣乎。然文雖出此，蔽義則殊。（54／21b）

案：善注先引《論語》「六言六蔽」之語，以明出處。復下校語，謂此蔽義蓋兩殊也。

7. 引書兼訓詁

善注引書以釋選文，若遇正文與引書異字不合，則逕曰某與某合。此亦其引書兼訓詁例。若王仲寶〈褚淵碑文〉「具瞻之範既著，台衡之望斯集」（58／22b）句下善注「台衡」，以爲「台」即「三台」，引《春秋緯·漢含孳》曰：「三公在天法三能。」然《春秋緯》作「三能」，與選文正文不合，善注即下訓詁云：「台與能同」。

8. 引書兼校勘

傅季友〈爲宋公修張良廟教〉「過大梁者，或佇想於夷門，游九京者，亦流連於隨會。」

案：「九京」，善注引《禮記》趙文子與叔譽遊於九原事以釋出典，引文末校云「京當爲原」，是也。《禮記》本文正作「原」可證。五臣注本即作「原」。此善注改正本文例。

9. 既引原書兼釋典故旨意

枚叔〈七發〉「扁鵲治內，巫咸治外，尚何及哉」

注：

《史記》曰：扁鵲得長桑君禁方，視病盡見五藏，《韓子》曰：……巫咸雖善祝，不能自被也。（頁636）

案：原文用了兩個事典，扁鵲典直引史書，這是典型的釋事例，李善凡遇典故，但引原書，即不再訓解。但這裏的注文，巫咸典並未引原書，只是把用典意旨指出來，說此典實寓諷刺意。可見，善注不惟釋事，更兼釋義。這是事典例。

又若語典，則直引出處，兼釋當句之意。

「可以要言妙道說而去也」。

注：

善曰：言可無用藥石，唯可用要言也。《莊子》，瞿鵲子問長梧子曰：夫子以爲孟浪之言也，而我以爲妙道之行也。（頁637）

案：此注先釋要言妙道之意，再直引此語出處，既明語典，兼釋其義。
是善注語典例。

又兩引出典同釋一詞：

「左烏號之雕弓。」

注：

> 烏號，已見〈子虛賦〉。又《古考史》曰：柘樹，枝長而勁，烏集之。
> 將飛，柘起彈烏，烏乃號呼。此枝爲弓，快而有力，……因名也。（頁
> 640）

而司馬長卿〈子虛賦〉此句下，善注曰：

> 張楫曰：……墮黃帝弓，臣下抱弓而號，名烏號也。

案：此注兩引出處，一張揖曰，一《古考史》曰，以同釋一詞。其實
單引其中一事，足以說明「烏號」，然善注不憚其煩，用二事注一詞，
以爲二事之關係在「此枝爲弓」，所以，二事又互有比喻關係。

10. 本文有字清詞順，恐意猶不明，遂訓解之

枚叔〈七發〉「太子曰謹謝客。賴君之力，時時有之，然未至於是也。」

注：

> 善曰：言賴君之力，天下太平。故久耽安樂，時有此疾也（頁636）

案：原文乍讀之，實不易解。因爲「賴君之力」，下面當接表如何之補
語或受詞目的語，但原句藏尾，「時時有之」，又是藏尾，有什麼？經
李善訓解是「有此疾」，故承上句乃有「賴君之力，天下太平」，如此
句意得解矣！這個例子，可以看出，本文無一難字音讀，但義有未明，
李善仍進一步訓解。

善注條例，另有一詞而引三義以釋之，而己意在其間。

王子淵〈四子講德論〉「今子執分寸而罔億度」（51／16a）

善注云：

> 善曰：億度之言無限也。《韓子》曰：有尺寸而無億度。又曰：前識
> 無緣，而妄億度也。（51／16b）

此先以己意釋「億度」，繼則兩引書以明其詞源。凡此釋一詞，而不煩三說之，
亦條例之一。

11. 善注於典故史書不明者，皆書未詳，不妄作解。然有書未詳者，

　　實非不詳，乃有二說，疑似之間，不知其可否，仍書未詳。

嵇康〈與山巨源絕交書〉「吾每讀〈尚子平〉、〈臺孝威傳〉，慨然慕之，想其爲人」。（43／4a）

善注：

> 善曰：《英雄記》曰：尚子平有道術，爲縣功曹，休歸。自入山擔薪，賣以供食飲。范曄《後漢書》曰：向子平隱居不仕，性尚中和，好通《老》《易》。尚向不同，未詳。

> 案：正文作「尚子平」，知爲「尚」字，善注引《英雄記》作「尚」，《後漢書》作「向」，未知向長是否即尚子平，因書「尚向不同，未詳」。此與它未詳例不同。考《後漢書》卷八十三：「向長，字子平，河內朝歌人也。隱居不仕，性尚中和，好通《老》、《易》。貧無資食，好事者更饋焉，受之取足而反其餘。王莽大司空王邑辟之，連年乃至，欲薦之於莽，固辭乃止。潛隱於家。讀《易》至〈損益卦〉，喟然嘆曰：吾已知富不如貧，貴不如賤，但未知死何如生耳。建武中，男女娶嫁既畢，勑斷家事勿相關，當如我死也。於是遂肆意，與同好北海禽慶俱遊五嶽名山，竟不知所終。」（洪氏版，頁2758-2759）據此知《後漢書》作「向」，然〈高士傳〉乃作「尚」，知凡嵇康引者，俱作尚，善注先從選文尚字，枯搜索解，引僻書以明出處，可推其注書堅守正文，不妄改字之規。其尤可道者，諸佚傳僻書，亦因是以傳。此善注之價值也。

沈休文〈齊故安陸昭王碑文〉「豈唯僑終蹇謝，興謠輟相而已哉」

善注：

> 善曰：潘岳〈賈充誄〉曰：秦亡蹇叔，舂者不相杵。《史記》，趙良曰：五羖大夫死，舂者不相杵。《史記》以爲「五羖」，而云「蹇叔」，未詳潘、沈之旨。（59／36a）

> 案：此據史傳以校選文用典之誤。蓋文集若潘岳、沈約俱從「蹇叔」秦人之說。與《史記》云「五羖大夫死」云云不同，是以善注作未詳例，但舉異說爲釋耳。五臣注則不疑，直謂蹇叔死，秦人舂而思憶之。

曹子建〈七啟〉「故田光伏劍於北燕，公叔畢命於西秦。」

注云：

> 公叔，未詳。（頁650上）

案：凡書未詳者，五臣或補釋，或不補釋。其補者，或允或否，或詳或略，大抵例不皆一。

張景陽〈七命〉「大梁之黍，瓊山之禾。」

注云：

大梁黍，未詳。（頁660上）

王元長〈永明九年策秀才文〉「文條炳於鄒說。」（頁678下）

善注：

鄒說未詳。

枚叔《七發》「楚苗之食，安胡之飯」

注：

安胡未詳。一曰：安胡，彫胡也。宋玉〈諷賦〉曰：爲臣炊彫胡之飯。（頁637）

案：善注既曰「未詳」，又引宋玉〈諷賦〉作一曰，是其解字義，或在疑似之間。

「薄耆之炙」

注：

薄耆，未詳。一曰：薄切獸耆之肉，而以爲炙也。耆，今人謂之耆頭（頁638）

案：薄耆爲何物，善注先言「未詳」，復作「一曰」，尤近於義。至於銑注云「取薄耆上著滑肉爲炙」，實屬臆測。如銑注，乃全不辨爲何物矣！

「齒至之車」

注：

齒至之車未詳。或說曰：公羊傳曰：先軫謂晉侯曰：君馬齒至也。言以齒至馬駕車也。戰國策曰：驥之齒至矣，服檻車而上太行也。」（頁638）

案：此先書「未詳」，繼又作「或說曰」云云，與前此之一說曰稍異，其實一也。

張景陽〈七命〉「駕紅陽之飛燕。」

注：

紅陽、飛燕，未詳。或曰：〈駿馬圖〉有含陽、侯驪，疑「含」即「紅」

聲之誤也。（頁 656 下）

　　案：此於「未詳」下，又作「或曰」以釋，書疑者，無可疑也。可證
　　凡善注「或曰」者，蓋謂是解也。可與前舉「安胡」例相發明。

12. 舊注已有者，先錄之，仍未備，乃於舊注末益以己說，仍標善曰以別之。

司馬長卿〈喻巴蜀檄〉「移師東指，閩越相誅，右弔番禺，太子入朝」。
善注：

> 善曰：文穎曰：弔，至也。番禺，南海郡縣治也。東伐越，後至番
> 禺，故言右也。顏師古曰：南越爲東越所伐，漢以兵救之。南越蒙
> 天子德惠，故遣太子朝。所以云弔也，非訓至也。太子即嬰齊也。
> 閩越，地名也。越有三，此其一也。」（44／1b）

　　案：此注文自「文穎曰」以下至「訓至也」，皆《漢書》顏師古注，善
　　以爲未備，益以己說，先明太子名，繼標越地名。故「太子」上當有
　　「善曰」二字。此善注條例，舊本皆脫，蓋傳寫誤耳。〔註：胡克家
　　《考異》謂：「案：依他篇如韋孟〈諷諫〉之例，當有「善曰」在「太」
　　字上，以分別顏注。袁、茶陵二本此篇以善與舊注相連，乃合并六家
　　體例之不畫一者，尤仍之耳。又每節首非舊注皆當有之，尤概刪去，
　　亦與他篇例岐也。後〈難蜀父老〉〈答客難〉等皆放此」。〕案：今見
　　贛州本、叢刊本亦脫此二字。

13. 善注於選文題下，揭明題旨，例取史傳已有書者

司馬長卿〈喻巴蜀檄〉
善注：

> 善曰：《漢書》曰：相如爲郎數歲，會唐蒙使略通夜郎、僰中，徵發
> 巴蜀吏卒千人，郡又多爲發轉漕萬餘人，用軍興法，誅其渠率，巴
> 蜀人大驚恐。上聞之，乃遣相如責唐蒙等，因喻告巴蜀人以非上之
> 意也。（44／1a）

　　案：善注明選文題旨蓋只一端，即史書傳注舊有者，即約取錄之。其
　　無者，亦並不申。故五臣注每於題下補注選文題旨，此兩注條例之異。
　　胡克家《考異》謂：「凡篇內自明之旨，題下注又贅出，必皆五臣混入
　　者。」（《文選考異》，藝文版，頁 116）蓋所見爲是也。然則史傳已書，

善注約取之者，固不在此例。

14. 選文有誤用典故，與事實不符者，善注不書其誤，不予辨訂，另
　　標取意略文例。

趙景真〈與嵇茂齊書〉「李叟入秦，及關而歎，梁生適越，登岳長謠」
善注：

> 善曰：《列子》曰：楊朱南之沛，老聃西遊於秦，邀於郊，至梁而遇
> 老子。老子中道仰天歎曰：始以汝爲可教，今不可教也。楊朱曰：
> 請聞其過。老子曰：睢睢而盱盱，而誰與居？范曄《後漢書》曰：
> 梁鴻，字伯鸞，扶風人也。東出關，過京師，作〈五噫〉之歌，曰：
> 陟彼北邙兮，噫！顧瞻帝京兮，噫！宮室崔嵬兮，噫！人之劬勞兮，
> 噫！遼遼未央兮，噫！肅宗聞而非之，求鴻不得。居齊、魯之間，
> 又去適吳。然老子之歎，不爲入秦，梁鴻長謠，不由適越。且復以
> 至郊爲及關，升邙爲登岳，斯蓋取意而略文也。（43／19a）

> 案：據善注引《列子》老子之歎，蓋歎楊朱也。又引《後漢書》梁鴻
> 不適越，當過京師。凡此，皆不符選文事典，但善注不指其失，另曰：
> 「取意而略文也」。此與書誤用例不同，宜辨之。

15. 引文內有難讀難義字，復引它書以釋該字，兼明音切

孫子荊〈爲石仲容與孫皓書〉「恐俞附見其已困，扁鵲知其無功也」
善注：

> 善曰：《列子》曰：楊朱之友曰季梁，得病七日，大漸，謁醫俞氏，
> 俞氏曰：汝始則胎氣不足，乳湩有餘，疾非一朝一夕之故，其所由來
> 者漸矣。季梁曰：良醫也，且食之。《史記》，虢中庶子曰：上古之時，
> 醫病不以湯液。又曰：扁鵲過齊，桓侯客之，入朝見曰：君有疾在腠
> 理。不療將深。桓侯曰：寡人無疾。後五日，扁鵲復見曰：君有疾在
> 腸胃間，不療將深。桓侯不應。後五日，扁鵲復見，望桓疾而走。桓
> 侯使人問其故，扁鵲曰：疾其在骨髓，雖司命無奈何。今在骨髓，臣
> 是以無請也。後五日，桓侯體痛，使人召扁鵲，扁鵲已逃去。桓侯遂
> 死。郭璞《穆天子傳注》曰：湩，乳汁也。竹用切。」（43／18a）

> 案：此先引《列子》書以釋俞附，引文中有「湩」字，音義難曉，乃
> 於注末引郭璞《穆天子傳注》文以釋「湩」字，兼明音切。此注書體

例，乃善所創，《文選》注文中，此例多見，亦善注之大特色也。

16. 辨《文選》編次先後例

善注《文選》，於文義既已詳釋之。固文內詮解之必然也。復於《文選》本書之編集，見有不類，亦嘗劍及而挑之。此可謂考證之功，多方爲用也。若何敬祖〈雜詩〉題下，善注云：

> 贈答何在陸前，而此居後，誤也。（29／31a）

此即考《文選》篇次編第之先後謬誤。蓋贈答一類，何敬祖列陸機之前，此則居後，依前以訂後，知此處誤也。善注凡見此微末處，亦不輕忽而略之，不憚煩詞以指之。此謂之偶發條例。

17. 善注偶有顧及當世俗風橫觀者

善注《文選》，偶有顧及選文旨意，案之時事衰風，探選文作者之所隱，其寓託寄意，可因是以明，此所謂橫觀之注也。如劉孝標〈廣絕交論〉「王丹威子以檟楚，朱穆昌言而示絕，有旨哉有旨哉」句下善注云：

> 善曰：有梁之初，淳風已喪，俗多馳競，人尚浮華，故敘叔世之交情，刺當時之輕薄。朱生示絕，良會其宜。重言之者，歎美之至。范曄《後漢書》曰：王丹，字仲回。其子有同門生喪親，家在中山，白丹欲奔慰，丹怒而撻之，令寄縑以祠焉。《禮記》曰：夏楚二物，收其威也。鄭玄曰：夏，榎也；楚，荊也。夏與檟古今字也。《尚書》曰：禹拜昌言，孔安國曰：昌，當也。孫綽子曰：莊多寄言，渾沌得宗，罔象得珠，旨哉言乎。（55／13b）

此不獨引史書以明王丹威子事，更進而揭明用典之意，在刺當時之輕薄。如是則一典兼有古今兩義，所謂辭單而旨遠也。

第二節　善注《文選》評價

一、善注之優

善注條例凡前注已書者，其再出每作已見上某注，此其自訂條例也。於是選家多有謂此善注書體例之首創。是又不然。蓋此例亦往往見於顏師古之注《漢書》，不當曰善注始作者。如王子淵〈聖主得賢臣頌〉「百里自鬻，甯戚飯牛，離此患也」句，顏師古注云：「飯牛解在〈鄒陽傳〉。」（案：《漢書》

卷六十四下，藝文版，頁 1288）蓋謂同書〈鄒陽傳〉已解「飯牛」，此不重出複注，是其注書例已自明矣！善注於此句下亦曰：「飯牛已見鄒陽上書」〔案：案叢刊本引《呂氏春秋》曰甯戚飯牛車下望桓公而悲，擊牛角疾歌。（47／4b），胡克家《考異》謂袁本、茶陵本俱同，皆複出。今見尤本善注作已見例云云，疑即尤所改者。〕蓋仿師古例也。

　　善注自訂條例，皆可自古注已有之例尋其源。若未詳例，即昉自《爾雅》郭璞注。善注《文選》亦嘗引之，若張平子〈西京賦〉「戎葵懷羊」（2／20b），善注引《爾雅》曰：瘣懷羊。郭璞曰未詳。即郭注有未詳例，善注亦仿其例。汪師韓嘗增補善注凡例四條，其中云：以李氏之浩博，而選中用事，時亦多所未詳，李氏皆一一標出，不似後人之強以臆說解之也，其類凡百有十四。其說得之。

　　善於舊注或留之。其有乖謬，乃具釋之。其釋文膚淺，引證疏略，則不取。然則其所取者，亦非全文，蓋皆舊注之節取。如張衡〈西京賦〉「武庫禁兵設在蘭錡」（2／16b），善注引劉逵〈魏都賦〉注曰：受他兵曰蘭，受弩曰錡。（2／16b）此劉注即所稱舊注者。胡克家《考異》云：

> 案：此有誤也。〈吳都〉有「蘭錡內設」，〈魏都〉有「附以蘭錡」。
> 今善於兩賦舊注中，皆不更見。此所引語，無以決其當爲，「劉逵吳
> 都賦注曰」，或當爲「張載魏都賦注曰」也。凡善各篇所留舊注，均
> 非全文。（胡克家，頁 8）

據此知，此所引劉逵注文，不見引於他篇，彼無而此有。知善於舊注非錄全文，當有所刪取。

　　李善注《文選》時，所見舊注或有別出單行之本，尚存初唐，故善注得以徧引之。此單行舊注或亦因善注引而見存後世，其晚出注疏家遂得據以補注。即以《文選》司馬長卿〈難蜀父老〉爲例，此文分見於《史記》《漢書》。二書舊注，在善注之前者，《史記》有劉宋裴駰《集解》，《漢書》有顏師古注。然善注此文與二家舊注自同，其增損刪補者多，尤其善注所引別家舊注往往多有不在《漢書》顏師古注者。既經善注稱引，舊注以存，其後開元之際司馬貞《索隱》、張守節《正義》乃多襲之。以是而論，善注之於舊注，富存義之功，之於後注，表開示之能。茲舉數例見之。

　　（一）善注屢引張揖注《漢書》說，皆不見顏師古注。

　　考顏師古注《漢書》，於舊注所取者都廿三家，中有張揖，注謂止解〈司

馬相如傳〉一卷，據師古序稱：「凡舊注是者，則無間然，具而存之，以示不隱。」云云，實未符己例也，蓋舊注有張揖說是而可取，師古例不稱引，偶或引之，不冠著者名姓，皆其失之。善注則備引張揖說，以繫難句，其可見諸例如下〈難蜀父老〉注：

1. 善曰：張揖曰：汪濊，深貌也。善曰：汪，烏黃切。濊，烏外切。
案：師古注「汪濊，深廣也。」與此稍異。《史記正義》從之。

2. 善曰：服虔曰：冉、駹、筰、邛，皆蜀郡西部也。應劭曰：蜀郡岷江本冉、駹也。文穎曰：邛今為邛都縣，筰，今為定筰縣，皆屬越嶲。
案：此引應劭、文穎二家舊注，皆不見師古注。《索隱》、《正義》亦不引。然二家在師古注序稱廿三家舊注之例，應劭，字仲瑗，汝南南頓人，後漢蕭令，泰山太守。文穎，字叔良，南陽人，後漢末荊州從事，魏建安中爲甘陵府丞。知二家皆在師古之前，今既不見師古引，而見善注引，知二家注書，其時尚可得見，或單行別出也。

3. 善曰：鄭玄曰：斯，音曳。張揖曰：斯俞，本愈國名也，服虔曰：苞蒲，夷種也。
案：此引張揖、服虔說亦不見師古注。其中服虔說，復見引於《史記索隱》。知《索隱》從善注引也。且《史記》「蒲」作「滿」，則所見本文又與善異。考今本司馬貞《史記索隱》、在善注之後，錢大昕以爲司馬貞與賈膺、徐彥伯、魏奉古等反覆對論〈高祖紀〉。徐彥伯卒在開元二年，以此驗之，當在中、睿之世，似在張守節《正義》之前。蓋守節自序開元廿四年八月《正義》殺青斯竟。又司馬貞〈史記序〉自題國子博士弘文館學士。考弘文館之名，神龍以後，避孝敬皇帝諱，或稱「昭文」，開元七年，仍爲「弘文」，司馬貞既稱弘文，當在此年以後成書。〔註：錢大昕說轉引自瀧川龜太郎《史記會注考證》，臺北：洪氏版，頁9。〕據此，知《索隱》必在李善上《文選注》之後成書也，亦必在善卒之年永昌元年（689）之後也。

4. 善曰：《楚辭》曰：結余軫于西山，王逸曰：結，旋也。
案：此善注別引它書，以明「結軫還轅」詞語出處。

5. 善曰：應劭《漢官儀》曰：馬曰羈，牛曰縻，言四夷如牛馬之受羈

麋也。

案：師古注云：羈，馬絡頭也，麋，牛矧也，言牽制之故取諭也。然未引應劭說，《索隱》從善注引，不從師古注。

6. 善曰：應劭曰：巴蜀皆古蠻夷，椎結左袵之人也

案：此引應劭說，亦不見師古注，然後出之張守節《史記正義》從善注引。

7. 善曰：張揖曰：溢，溢也。郭璞《三蒼解詁》曰：溢，水聲也。《字林》云：匹寸切。古《漢書》為溢，今為衍，非也。

案：此注正文「氾濫衍溢」一辭出處，顏師古注未注，《索隱》、《集解》、《正義》皆不注。獨善有注。且善所見古本《漢書》亦與二書異，據善注云，「衍溢」當作「衍溢」，此諸家注不云而未見者也。然師古所見《漢書》本已作「衍溢」，知彼時或尚有別本《漢書》在，師古未見，或見而未校。則善注於古義之解，古版本之校勘，尤具偉功也。

8. 善曰：張揖曰：灑，分也。韋昭曰：灑，史紙切，蘇林曰：澹，音淡。言分其沈溺搖動之災也。灑或作漸。《字書》曰：漸，水索也，賜移切。《說文》曰：澹，水搖也，徒濫切。顏師古曰：沈，深也，澹，安也。言分散其深水，以安定其災也。灑，所宜切。

案：此注先引舊注張揖、韋昭、蘇林說，復列師古注，以存其異，兩義並列，未注可否，蓋讀者自取也。此亦善注《文選》之例也。此後《索隱》有說，俱從善注引舊說。且謂：《漢書》「漉」作「漸」。考今本顏師古注本《漢書》已作「漉」，知非即同本。善注云，「灑或作漸」，則善所見與司馬貞同本。或索隱從善說，亦未可知。然則，必當時《漢書》有多本存世，故諸家所見有異也。

善注引書，例皆多少約取，有出於己意，任為截斷古書文句以符選文注之需，亦有憑己意直率引書，其間相錯互有增損。即以常見之《史記》《漢書》，善注引文，亦往往互有出入。以《文選》卷四十四司馬長卿〈難蜀父老〉一文為例，題下善注引《漢書》曰：

善曰：《漢書》曰：武帝時，相如使蜀。長老多言通西南夷之不為國用，大臣亦以為然。相如業巳建之，不敢諫，乃著書假蜀父老為辭，而己以語難之，以諷天子，因宣其使指，令百姓知天子意焉。（44

（／32b）

此注文蓋引自《漢書》卷五十七下〈司馬相如傳〉，持以校之，其異者如下：
《漢書》無「國」字；「相如業已建之，不敢諫」，《漢書》作「相如欲諫，業
已建之，不敢」；「假」，《漢書》作「藉」；「而己以語難之」，《漢書》作「而
己詰難之」；「諷」，《漢書》作「風」；「因」上《漢書》有「且」字；「指」，《漢
書》作「詣」；〔案：王先謙補注引錢大昭曰：「詣」當作「指」，《史記》及
閩本俱作「指」。又先謙曰：官本作「指」。見王先謙《漢書補注》，臺北：藝
文版，頁 1202。惜乎各家校語未引《文選》善注亦作「指」，胡克家《考異》
亦未校出。〕「知」上《漢書》有「皆」字；《漢書》無「焉」字。

　　據以上隨意而校，其異文殆有九處，可知凡善注所引書絕非直錄原文，
必有所刪補或改易。其或出於臨注時，憑記憶所及，未加查對，或其引書意
止於此，抑或所見《漢書》當時本，與今本所見有異，非同本出，亦或善注
原引者與原書同，經傳寫誤爾。皆不可得論焉。〔案：據今本《史記》卷一
百十七有此引文，校其異者如下：《史記》，「使」下有「時」字，「夷」下《史
記》無「之」字，「國」字《史記》亦無。「大」上《史記》有「唯」字，「假」
下《史記》有「以」字，「指」，史記同，《史記》無「之」字「焉」字，亦無
「皆」字。案以上皆與《漢書》《文選》引文異，此又前人未校者。參《史記
會注考證》，臺北：洪氏版，頁 1254。〕

　　又如《文選》卷四十五錄〈毛詩序〉、〈尚書序〉、〈春秋左氏傳序〉三文，
古皆有注，而善注只取《毛詩鄭玄注》數條，至於〈尚書序〉、〈左氏傳序〉
則悉無注。恐李善彼時別有說，今不存耳。

　　善注引舊注之書，若《列女傳》曹大家注，今已不見。（49／26a）幸得
《文選》善注引之，都五處，可以略窺漢代舊注之一斑。（《引得》，頁 108）
又如：

王子淵〈聖主得賢臣頌〉「記曰恭惟春秋法五始之要。」
善注：
　　胡廣曰：五始一曰元，二曰春，三曰王，四曰正月，五曰公即位。（47
　　／1b）
　　案：此引胡廣說，爲顏師古所列《漢書》舊注取資者二十三家之一，
　　惟此注文未引於句下，蓋師古不取也。後世遂無由得見胡廣之說。今
　　幸賴善注引而略知其詳。〔案：王先謙《補注》亦闕錄胡廣說。〕

「及至巧冶鑄干將之璞，清水淬其鋒，越砥歛其鍔」

善注：

> 善曰：《越絕書》曰：楚王召風胡子而問之曰：寡人聞吳有干將，越
> 有甌冶，願此二人爲鐵劍。《吳越春秋》曰：干將者，吳人，造劍二
> 枚，一曰干將，二曰莫耶。郭璞《三蒼解詁》曰：淬，作刀鋻也。
> 淬，子妹切。鋻，工練切。《說文》云：鍔，劍刃也。晉灼曰：砥石
> 出南昌，故曰越砥。應劭曰：傳曰：得一寶劍，不如一甌冶。甌冶，
> 即巧冶也。（47／2a）

案：此注別引《越絕書》、《吳越春秋》、郭璞《三蒼解詁》、《說文》、
應劭等五家之說，皆舊注無者。僅晉灼注「砥石出南昌」見引於顏師
古注。且顏注誤書作「砥百出南昌故曰越也」云云，已經王先謙校正
之。〔案：見《漢書補注》，藝文版頁 1287。〕此則善注引舊注較前人
爲詳者，惜乎後世不之查，王先謙補注《漢書》亦未稱引。

善注引書，例皆引前代之書以明選文之旨，述其語詞出典及相承之關涉。
此皆文學影響，互爲指涉之跡，西人近有所謂正文互爲指涉者
（intertextuality），善注已早發斯例矣！然猶有進者，影響指涉非僅限於前代
沾被後代，亦有後世之文承自選文而引伸者，善注亦並言之。如于令升〈晉
紀論晉武帝革命〉「堯舜內禪，體文德也。漢魏外禪，順大名也」句下善注：

> 善曰：謝靈運〈晉書禪位表〉曰：夫唐、虞內禪，無兵戈之事，故
> 曰文德。漢，晉外禪，有翦伐之事，故曰順名。以名而言，安得不
> 僭稱以爲禪代邪？靈運之言，似出于此，文既詳悉，故具引之。（49
> ／4b）

此言後世之人如靈運者師法選文，變造而出，有所承受之顯例，所謂選學之
影響學，實仿自善注。

二、善注之弊

善注既號稱徵引賅博，望重士林，然爲文之道，究難預設，變造新出，
往往而在。勉強以謂某句出於某書，某詞出乎某卷，每易不洽其例。善注凡
遇此類，輒有改字之舉，使正文依違其注，以完己說。是以《文選》正文有
與它本不同者，有時五臣作某，善注異文，而實以五臣爲是。若下之例：

曹子建〈求自試表〉「冀以塵露之微，補益山海，螢燭末光，增暉日月。」
（頁 692 下）

　　案：「塵露」，五臣作「塵霧」，向注曰「言己如塵霧之微，螢燭之光也」，
　　於義曉然。善注本作「塵露」，何者？據所引謝承《後漢書》「猶塵附
　　泰山，露集滄海」正作「塵」「露」，故善注改正文以符引書。此其誤
　　改也。蓋今本《魏志》正作「霧」，與五臣注本合。

　善注有因牽合正文語詞，強爲之解，既不明語詞出典，遂下己意，以致
扞格不入，細審其誤，皆由於所據正文不同，勉強爲解。例

羊叔子〈讓開府表〉「臣祜言，臣昨出，伏聞恩詔，拔臣使同台司。」
（頁 695 下）

　　案：善據《文選》本有「出」字，「昨出」，善曰「昨出，爲沐浴而出
　　在外」，意屬不倫，蓋所據本有「出」字，遂不得不做此強解。今考陳
　　八郎本五臣所據《文選》本無「出」字，作「臣昨伏聞恩詔」，句暢明
　　曉，不煩索解，此善因所據本誤隨之注誤也。

　善注有勉強引書，不符正文詞意者。

羊叔子〈讓開府表〉「誠在遇寵，不患見遺，而猥超然降發中之詔，加
非次之榮。」（頁 695 下）

　　案：「發中之詔」，善注引孔融〈答曹公書〉「來書懇切，訓誨發中」，
　　蓋此謂書牘之語，訓誨發乎中心。與正文「發中之詔」意不侔。五臣
　　注濟曰「中詔，謂授儀同三司詔也」，於義爲安。當指所發詔書也。

　善注偶有兼明事義本旨者，既先言詞語之意，揭示比喻之遠旨，復引諸
書以證事典所出，然因必句句明其語詞所源出，有本四字成句，合爲一辭，
不可割裂者，善注竟拆裂兩詞，遂各引兩詞出處，釋而再釋，既病疊床架屋，
且前後釋義，竟因此互相矛盾矣！例：

任彥昇〈爲范始興求立太宰碑表〉「鴟鴞東徙，松檟成行。」（頁 722）
善注：

　　善曰：言成王未知周公之意，類鬱林之嫌子良；而周公有居攝之情，
　　由子良有代宗之議，故假鴟鴞以喻焉。吳均《齊春秋》曰：鬱林王
　　即位，子良謝疾不視事，帝嫌之。又潘敞以仗防之。子良既有代宗
　　議，憂懼不敢朝事，而子良薨。〈毛詩序〉曰：〈鴟鴞〉，周公救亂也。

成王未知周公之志，乃作詩以遺王。名之曰〈鴟鴞〉焉。《說苑》曰：
梟與鳩相遇，鳩曰：子安之？梟曰：我將東徙。鳩曰：何？梟曰：
西方之人，皆惡我聲。鳩曰：子鳴。於是鳴。鳩曰：子改鳴則可，
不改子鳴，雖東徙猶惡子也。《左傳》伍子胥曰：樹吾墓檟。
案：善注先明「鴟鴞」一詞之義，知當指周公事，後引〈毛詩序〉以
正之，事畢矣。故「鴟鴞東徙」四字合文，當連文讀之，始完其義，
東徙者，周公之東徙也。善注竟割裂四字爲二文，遂再引《說苑》梟
與鳩相遇對語之事，再複釋之，不惟犯重之弊，且適與首揭比喻詞旨
之例相觸牾矣！寧不失之。

　　五臣注嘗明文質疑善注之誤，且標選文用事之非。則見於揚雄〈解嘲〉「昔
三仁去而殷墟，二老歸而周熾」句下善注：

三仁，微子、箕子、比干。《孟子》曰：伯夷避紂居北海之濱，聞文
王作，興曰：盍歸乎來！吾聞西伯善養老者。二老者，天下之大老
也。（45／11a）

此善注引《孟子・離婁篇》以注「二老」，蓋指伯夷、太公也。《漢書》本傳
顏師古注引應劭曰：二老伯夷太公也。又三仁注，善已云三仁已見上，即《論
語・微子篇》也。五臣注於此無異議，惟於「二老」，乃別有說，翰曰：

三仁，比干、箕子、微子也。紂不用忠諫，比干死，箕子囚，微子
去，而殷遂亡，宗廟爲之丘墟。太公歸文王而周業盛，是爲一老，
不聞其二老焉，李善引伯夷與太公爲二老，甚誤矣。且伯夷去絕周
粟，死於首陽，奈何得去歸周也？揚雄言二老，亦用事之誤也。（45
／11a）

此注謂二老當用事之誤，且伯夷義不食周粟，不當言歸周。凡此既選文用事
之誤，善注復從其誤而非，是以五臣注詳說而駁之。

　　善注《文選》，引書之富，可堪稱美。然亦有一字之解，稱引三書，其中
實有煩引而不切於當句語意者。若王仲寶〈褚淵碑文〉「出爲司徒右長史，轉
尚書吏部郎，執銓以平」，此句謂褚淵後出爲司徒右長史，復轉吏部郎，當其
任官之際，多能持事公平，執權衡以量物。銓者，權也，所以權事之輕重公
正。其句意如此，善注云：

韋昭《漢書注》曰：銓，稱錘。《聲類》曰：銓，所以稱物。《晉起
居注》曰：太康四年，詔曰：選曹銓管人材。（58／23b）

其一「銓」字之解煩引三說，而引《晉起居注》四年詔云云，以「選曹銓」叩「銓」字之意，殊不類。蓋無涉正文也。

　　《文選》有正文用典誤混，善注既未校勘，亦不書未詳例，將誤就誤，而從選文之誤以注者。若揚雄〈解嘲〉一文有「故士或自盛以橐，或鑿坯以遁」（45／9b），此蓋用二典也，前句謂士有自己以橐囊盛身以逃險地，或有鑿之壁牆以離危境者，一謂伍子胥出昭關事，一謂顏闔避相事。然則善注引舊注服虔說云：

> 服虔曰：范睢入秦，藏於橐中。《史記》，王稽辭魏去，竊載范睢入秦，至湖見車騎，曰：爲誰？王稽曰：穰侯。范睢曰：此恐辱我，我寧匿車中。有頃，穰侯過。（45／9b）

據此知服虔注已誤，善注未校勘，復從其誤。今顏師古注亦引應劭說曰：自盛以橐，謂范睢也。蓋皆相沿而未明查其說也。案《史記・范睢傳》並無橐載事，只謂范睢因王稽之識，約於三亭之南，與王之車而去魏，匿於車中，即善注所引。然則自盛以橐，當謂伍子胥也。《戰國策・秦策》載范睢說秦昭王當去穰侯，黜太后，以除內患，初疑昭王不信己說，先迂迴其辭，昭王三問而三不對，皆唯唯以應之，其故何在？范睢乃自云：

> 臣非有所畏而不敢也，知今日言之於前，而明日伏誅於後，然臣弗敢畏也。……三王之仁而死，五霸之賢而死，……死者人之所必不免也。處必然之勢，可以少有補於秦，此臣之所大願也。臣何患乎？伍子胥橐載而出昭關，夜行而晝伏，至於淩水，無以餌其口，坐行蒲服，乞食於吳市，卒興吳國，闔廬爲霸。（高誘，頁101）

據此可知橐載事蓋伍子胥出昭關也，事出於范睢之口，乃范睢述其事以自比之，欲諫之於秦昭王也。其非范睢事可定矣！惟今《史記・伍子胥傳》云：

> 乃與勝俱奔吳，到昭關，昭關欲執之，伍子胥遂與勝獨身步走，幾不得脫。追者在後，至江，江上有一漁父乘船。知伍胥之急，乃渡伍胥。（瀧川龜太郎，頁871）

知伍子胥本傳亦並無橐載事。然則此或自有別說而今不聞者，雖然，其出范睢口而非自身事可無論矣！舊注並善注皆非。

　　至於善注之眞貌，因輾轉傳刻，已有錯置誤刊者，以故注文乃見扞格不能讀，亦今世刻本當注意及之。如：

> 陸機〈演連珠〉「是以淫風大行，貞女蒙冶容之悔；淳化殷流，盜跖挾

曾史之情。」

善注：

> 言舟本搖蕩，流靜則安。流爲水及風，誤也。悔當爲誨。曾，曾參；
> 史，史魚。《莊子》曰：削曾史之行，鉗楊墨之口。（55／32a）

> 案：此注惟曾史之情一辭注與正文涉。餘自善曰以下十六字，當爲它
> 文錯置於此者。下有「悔當爲誨」四字，當善注校勘選文之語。然則
> 此十六字謂舟本搖蕩，流靜則安，蓋爲風及水之所誤也。觀其注意，
> 似當置於「臣聞衝波安流，則龍舟不能以漂」句下注。此自贛州本已
> 誤如此，叢刊本，尤本俱同。皆錯置而未改者。胡克家《考異》亦失
> 校。〔案：胡氏《考異》謂下「流」字衍也，各本皆衍。胡説是。〕

第三節　五臣注《文選》析論

一、五臣注條例

（一）五臣注與善注有詳略之分，善注略者，五臣爲詳。

謝玄暉〈拜中軍記室辭隨王牋〉「渤澥方春，旅翮先謝」。（40／31a）

善注：

> 滄溟、渤澥，皆以喻王、波臣、旅翮，皆自喻也。

五臣注：

> 翰曰：〈解嘲〉云：若渤澥之鳥也。渤澥，海名。方春，鳧雁時也，
> 喻王左右居也；旅翮先謝，自喻去王也。謝，去也，翮，鳥羽也。

> 案：此條注，善未引書以明語詞所出，五臣注則引揚雄〈解嘲〉文，
> 以明出處。至於所喻，亦與善稍有別，五臣注於明所喻之外，增「王
> 左右居也」「自喻去王也」之意，得畫龍點睛之妙。

「輕舟反溯，弔影獨留」。（40／31b）

善注：

> 善曰：言舟反而己留也。〈洛神賦〉曰：浮輕舟而上溯。曹子建〈責
> 躬表〉曰：形影相弔，五情愧赧。

五臣注：

> 良曰：別王乘輕舟，反向而望心，已馳於王左右矣。而形影相弔，

則留礙矣。

案：此條注，適與前例反，此注善已引書，兼明原句詞意，惟譯解稍略，故五臣注於善注引書之詳，不復增益，獨於譯解文意，詳於善注，且顧譯解文詞，暢達若新出別造，兩「矣」字前後對置，收音節調暢之功矣！

（二）善注引書詳者，五臣略取之，補釋譯解。

應休璉〈與從弟君苗君胄書〉「且宦無金張之援，游無子孟之資，而圖富貴之榮，望殊異之寵，是隴西之游，越人之射耳。」（42／37a）

善注：

> 善曰《漢書》〈金日磾贊〉曰：夷狄亡國，羈虜漢庭。七葉内侍，何其盛也！又〈張湯贊〉曰：張氏子孫相繼，自宣、元已來，爲侍中、中常侍者凡十餘人。功臣之後，唯有金氏、張氏。《漢書》曰：霍光，字子孟，驃騎將軍去病之弟也。《淮南子》曰：夫乘舟而惑者，不知東西，見斗極則曉然而寤矣。性亦人之斗極，有自見也，則不失物之情；無以自見，則動而惑，譬若隴西之游，愈躁愈沈。又曰：越人學遠射，參天而發，適在五步之内，不易其儀。時已變矣，而守其故，譬猶越之射爾。

五臣注：

> 向曰：金，金日磾；張，張安世。子孟，霍光字也。並用勢漢朝。《淮南子》云：隴西之游，喻躁急也，言游者志欲疾而益沈也。越人學遠射，仰天而發矢，矢在五步之内。言求官游宦，無金、張、子孟之援，而謀富貴殊異，亦如欲疾而沈，射遠而近也。圖，謀也。

案：善注已詳引「金張之援」，「子孟之資」，「隴西之游」，「越人之射」諸語詞典故出處，五臣注無庸贅引，遂約取引書，繼而補注譯解，文義今旨由是益明。

（三）五臣注引書同善，但互有闕詳，仍不標書名。

劉孝標〈重答劉秣陵沼書〉題下。

善注：

> 善曰：劉璠《梁典》曰：劉沼，字明信，爲秣陵令。劉峻〈自序〉
> 曰：峻字孝標，平原人也。生於秣陵縣，朞月歸故鄉。八歲，遇桑

　　梓顛覆，身充僕圉。齊永明四年二月，逃還京師。後爲崔豫州刑獄
　　參軍。梁天監中，詔峻東掌石渠閣，以病乞骸骨。後隱東陽金華山。
　　（43／28a）

五臣注：

　　良曰：同善注。初孝標以仕不得志，作〈辨命論〉。秣陵令劉沼作書
　　難之，言不由命由人行之，書答往來非一，其後沼作書未出而死，
　　有人於沼家得書以示孝標，孝標乃作此書答之，故云重也。（同前）

　　案：據善注，可知選文作者身世，與乎受者里氏。然於作書之由則闕
　　如也，五臣補注，引同書，不標書名，即目而知。特詳於作書之由，
　　答書旨趣，且及文章主意，有畫龍點睛之妙。

（四）善注引書有與選文不符合，致令語詞出處，懸而不解，五臣注
　　　別為譯解，並作或說，兩存文義，較善注為詳佳。

曹子建〈與楊德祖書〉「非要之皓首，豈今日之論乎？其言之不慚，恃
惠子之知我也。」（42／21b）

善注：

　　善曰：〈張平子書〉曰：其言之不慚，恃鮑子之知我。

五臣注：

　　翰曰：要，約；皓，白也。言著此書非約至於白首尚猶不已，豈獨
　　今日之論乎。今我有此言而不慚者，待子恩惠之知我也。一云惠子，
　　惠施，

　　案：依善注引書作「鮑子」，與選文「惠子」不符。五臣注先以恩惠釋
　　之，旋又疑，作或曰惠子，惠施也。兩存文義，較善注之引書不符者
　　佳。

（五）善注引書以證選文疑義，案語作某者，五臣立意與之異，堅持
　　　善所去非之說。

劉子駿〈移書讓太常博士〉「及夫子沒而微言絕，七十子卒而大義乖」

善注：

　　《論語讖》曰：子夏六十四人，共撰仲尼微語。（43／30b）

五臣注：

　　濟曰：七十二子，謂孔子弟子達者之數也。（同前）

案：善注好引緯書，往往所引者不符選文，此一例也。六十四乃不是
七十語，不當引。五臣別以七十二子之說以實之而約言數目。

「然公卿大臣絳灌之屬，咸介胄武夫，莫以為意。」

善注：

《楚漢春秋》曰：漢已定天下，論羣臣破敵擒將，活死不衰，絳灌、
樊噲是也。功成名立，臣為爪牙，世世相屬，百世無邪，絳侯周勃
是也。然絳灌自一人，非絳侯與灌嬰。（43／31a）

五臣注：

濟曰：周勃封絳侯。灌，灌嬰。（同前）

案：善注引《楚漢春秋》絳灌，周侯事，然注末下案語謂非二人，蓋
絳灌者，一人耳。五臣注則立與之異，注曰二人，即灌嬰、周侯。

（六）善注兩引書同釋一詞，五臣復據第三書同釋一詞，立異騁學，
　　　可見注家之廣博，然善注僅止明出處，五臣復通釋全句文意，
　　　較善注通貫明朗者。

沈休文〈奏彈王源〉「雖埋輪之志，無屈權右，而狐鼠微物，亦蠹大猷」。
（40／13a）

善注：

范曄《後漢書》曰：張綱，字文紀，為侍御史。順帝遣八使詢風俗，
餘人受命之部，綱獨埋其車輪於洛陽都亭，曰：犲狼當路，安問狐
狸？遂奏大將軍梁冀。《東觀漢記》曰：皇甫嵩上言，四姓權右，咸
各斂手也。應璩詩曰：城狐不可掘，社鼠不可熏。《晏子春秋》，景
公問晏子曰：治國亦有常乎？對曰：讒佞之人，隱在君側，猶社鼠
不熏也。去此乃治矣。范曄《後漢書》，虞延謂馬成曰：爾民之巨蠹，
久依城社，不畏熏燒。《毛詩》曰：秩秩大猷也。

五臣注：

良曰：權，勢也；右，用事也。賈誼曰：城狐不掘，社鼠不燻。蠹，
敗也；猷，道也。言己雖有張綱埋輪之志，未能盡服權勢用事者，
而王源事同，狐鼠族有承藉，一失綱紀，亦敗天道也。

案：「狐鼠」一詞，善注兩引應璩詩、《晏子春秋》。五臣復據賈誼語同
釋一詞。末徑以全句譯解，讀之通貫明暢。

又五臣注引書以釋典故，倘有別書，必引別書，以與善注所引有異，可收廣博並參之功。如：

任彥昇〈為褚諮議蓁讓代兄襲封表〉「昔武始迫家臣之策，陵陽感鮑生之言，張以誠請，丁為理屈。」（頁721）

善注曰：

《東觀漢記》曰：張純，字伯仁，建武初先詣闕，封武始侯，子奮，字穉通，兄根，常被病。純病困，勑家丞翕：司空無功，爵不當傳嗣。純薨；大行移書問嗣，翕上書，奪詔封奮。奮上書曰：根不病，哀臣小稱病。今翕移臣。又曰：丁綝為陵陽侯，薨。長子鴻，字季公，讓位於弟盛，逃去。鴻初與九江鮑駿友善，及鴻亡，駿遇於東海，陽狂不識駿。駿乃止讓之曰：今子以兄弟私恩，而絕父不滅之基，可謂智乎？鴻感悟垂涕，乃還就國。

五臣注：

銑曰：張純，光武封其子奮嗣侯，以父遺勑，違詔不受。有詔書下獄，惶懼，乃受。丁綝卒，子鴻當嗣，上書讓於弟，弟不受，遂逃去。後因門生鮑駿讓之，鴻乃感悟，因還就國。此理屈也。

案：善注引《東觀漢記》，五臣引《後漢書》，引書所據不同，本事亦稍異，故兩注詳略皆有別。

（七）五臣注援引史事較善注只明出處為優。

孫子荊〈為石仲容與孫皓書〉「又南中呂興，深覩天命，蟬蛻內向，願為臣妾。」（43／15a）

善注：

善曰：《淮南子》曰：蟬飲而不食，三十日而蛻。《孝經》曰：治家者不敢失於臣妾。

五臣注：

銑曰：南中，嶺南也，交趾郡吏呂興殺太守孫諝，使如魏請太守及兵是覩天命也。背亂向理，如蟬之蛻皮也。

案：善注僅明「蟬蛻」「臣妾」語詞所出，無助文意疏解，尤於呂興史事不及。五臣乃別為補注，引史事以明之。案《魏志》：「吳將呂興因民心憤怒，又承王師平定巴蜀，即糾合豪傑，誅除句等。驅除太守長

吏（孫諝），撫和吏民，以待國命，九眞日南郡，聞興去逆即順，亦齊心響應。」〔案：百衲本《三國志》，商務版，頁 72〕又：「今交阯僞將呂興，已帥三郡，萬里歸命，武陵邑侯相嚴等，糾合五縣，請爲臣妾。」（案：同前，頁 73）此即五臣注所本者。故下句「外失輔車脣齒之援，內有毛羽零落之漸」，五臣注云：

> 向曰：輔車，陪乘也。吳蜀相資，猶陪乘之與脣齒也。「外失」謂蜀亡也。「內漸」謂呂興叛吳降魏，亦如鳥之毛羽零落也。援，助也。
> （43／15b）

亦同指此事也。故五臣注能明史事之由，有助選文之解，較善僅詳語詞爲佳。

又五臣注引史書，凡善注已引者，另引它文，有助選文作者里氏生平之通解。

陶淵明〈歸去來辭〉

善注：

> 善曰：序曰：余家貧，又心憚遠役，彭澤縣去家百里，故便求久。及少日，眷然有歸與之情，自免去職。因事順心，故命篇云〈歸去來〉。（45／27a）

五臣注：

> 銑曰：潛爲彭澤令，是時郡遣督郵至，縣吏當束帶見督郵，潛乃歎曰：我不能爲五斗米折腰，向鄉里小兒。乃自解印綬，將歸田園，因而命篇曰〈歸去來〉。（45／27a）

案：此兩注同引沈約《宋書》卷九十三本傳。唯善注據胡克家《考異》，「序」上袁本有「歸去來」三字。若然，則善注所引者乃此文之序。考沈約《宋書》本傳此文無序，《晉書》《南史》俱無。則善注或嘗見別本單行陶集有此序，亦未可知。然則無論善注所引爲何，五臣必別引它文，以廣見聞，亦其用心也。

（八）同引史事，善注節略，難曉典故史實，五臣注不憚煩引，終則歸結文意。

吳季重〈答東阿王書〉「屢獲信陵虛左之德，又無侯生可述之美。」（42／26a）

善注：

善曰：《史記》曰：魏公子置酒大會賓客，公子從車騎，虛左，自迎夷門侯生。攝衣冠，直載公子上坐，不讓，欲以觀公子，公子執轡愈恭。侯生謂公子曰：今日嬴之爲公子亦足矣！市人皆以嬴爲小人，而以公子爲長者，能下士也。

五臣注：

向曰：信陵君，魏公子無忌。公子方置酒，大會賓客，公子從車騎，虛左位自迎夷門侯嬴，嬴上坐不讓，欲以觀公子之德。公子愈恭。後秦伐趙圍鄲鄲，平原君使使求救於魏，魏王使晉鄙將十萬救趙，秦王聞之，使人告曰：諸侯救趙者，必移兵伐之。魏王懼秦，遂令止晉鄙軍。公子諫救趙，王不從。用侯生計盜兵符，使朱亥殺晉鄙，伐之，將以救趙。鄲鄲遂解。此美爲侯生可述之意。

案：善注引書簡略，無得窺曉侯生之美，美於何？五臣注引較詳，且終言「此美爲侯生可述之意」。

（九）五臣注於善所引書本未全者，例皆補闕，有今本正史未有，可互參史實。

任彥升〈奏彈曹景宗〉。（40／741a）

善注：

梁典曰：高祖即位，昉爲吏部郎，遷中丞。

五臣注：

良曰：曹景宗爲郢州刺史。初司州被圍，詔荊郢二州發兵往救，景宗及荊州援軍至三關，頓兵不進，聞司州沒，即日退，還延頸敵人，縱暴緣邊，景宗不能禦，遂失三關。有司奏景宗罪，輒去州詣闕，泥首待罪，帝一無所問」（741a）

案：善注簡略，於奏彈事由無補。五臣乃足其事，所引史實，有不見於今本正史者。《梁書》卷九：天監二年十月，魏寇司州，圍刺史蔡道恭。時魏攻日苦，城中負板而汲，景宗望門不出，但耀軍遊獵而已。及司州城陷，爲御史中丞任昉所奏，高祖以功臣寢而不治，徵爲護軍。（案：洪氏版179，又《南史》大略與此同，見《南史》列傳第四十五，頁1355）蓋即此事也。然正史與此所記，詳略不同，五臣引書於奏彈事由，始終明白，茲可補正史之不足也。

（十）五臣注於名物制度器量，古今對注，明白切當。

李陵〈答蘇武書〉「賜不過二百萬，位不過典屬國」（41／8b）

善注：

> 《漢書》曰：元始六年，武至京師，拜爲典屬國，秩中二千名，賜錢二百萬。

五臣注：

> 向曰：武自匈奴還，賜錢二百萬，今之二千貫，屬國，今鴻臚卿。
>
> 案：五臣注以漢之二百萬比之二千貫，漢之屬國，比唐之鴻臚卿，今古名物制度，讀之瞭然。

（十一）五臣兼有明避諱例，而善注本未及之。

任彥升〈上蕭太傅固辭奪禮啟〉「昉啟」（39／740a）

注：

> 濟曰：昉家集諱其名但云君，撰者因而錄之。

（十二）五臣注引文雖與善注同，然善注引文有脫字，五臣注無脫字，可補善注之失，有助校勘古注。

任彥升〈百辟勸進今上牋〉「加以朱方之役，荊河是依」。（40／25b）

善注：

> 善曰：劉璠《梁典》曰：蕭順之生高帝及兄懿，懿爲豫州荊史，鎮歷陽。護軍將軍崔慧景反，破左興眾十萬於鍾山，宮城拒守。豫州聞難，投袂而起，戰於越，城城，慧景走，舟徒追斬之，除侍中，遷尚書令。

案：善注此引《梁典》，頗明其事，惟「左興」下脫「盛」字。胡克家《考異》引陳仁子校語云當有「盛」字，胡氏從之，謂各本皆脫，茲據陳八郎本同引作「破左興盛十萬眾於鍾山」，即有「盛」字，較善注爲佳。〔註：贛州本叢刊本皆脫「盛」字。〕故知胡氏謂各本皆脫，乃不盡然也。

（十三）善注引文有衍文者，五臣注同引，則不衍，可補善注之失，有助古注之校勘。

任彥升〈百辟勸進今上牋〉「雖累繭救宋，重胝存楚」。（40／35b）

善注：

> 善曰：《戰國策》曰：公輸般爲楚設機械，將以攻宋。墨子聞之，百

舍重繭，往見公輸般。輸般服焉，請見之王。王曰：善哉，請無攻
宋。高誘曰：公輸般，魯班之子。百舍，百里一舍也。重繭，累胝
也。《淮南子》曰：申包胥累繭重胝，七日七夜至于秦庭，以見秦王，
曰：使下臣告患。秦王乃發軍擊吳，果大破之，以存楚國。

五臣注：

向曰：公輸班爲楚機械，將以攻宋，墨翟聞之，百舍重繭往見公輸，
使無攻宋也。吳入楚，申包胥重胝七日七夜至於秦，告急於秦，王
乃發兵，破以存楚也。累，亦重也。

案：善注：「重繭，累胝也」當在下引《淮南子》書之後，善注蓋以爲
重繭之意，類同累胝。故下引《淮南子》書「申包胥累繭重胝，七日
七夜至于秦庭」實不該有「累繭」二字，蓋衍文也。諸家考訂未及校
出〔註：若陳仁子、胡克家皆闕校。〕茲檢陳八郎本同此引書，作「吳
入楚，申包胥重胝，七日七夜……下同」，即無「累繭」二字，知五臣
注引文近其實，可資古書考訂之用。

（十四）即以選文正文偶有涉筆成誤者，兩注皆以修辭之法釋之，然
善注曰此例，五臣必改曰彼例，此可見修辭法不同之別，而
五臣注揭示，亦並可觀。

任彥昇〈爲范始興作求立太宰碑表〉「尊主之情，致之於堯禹」。（頁722）

善注：

尊主，謂伊尹也，恥其君不如堯舜。《書》曰：昔先正保衡作我先王，
乃曰：予弗克俾厥后惟堯舜，其心愧恥，若撻于市。禹亦聖帝，故
連言之。

五臣注：

銑曰：伊尹恥其君不如堯舜，是尊主。今言禹者，變文也。

案：善注曰「連言之」，五臣注曰「變文也」。所云修辭例固不同，皆
拘於正文作「堯禹」，非「堯舜」，乃有是解。

（十五）善注指明語詞出處，五臣注輔以當世史事，可收互參之功。

任彥昇〈百辟勸進今上牋〉「況世哲繼軌，先德在民」。（40／35a）

善注：

善曰：《毛詩》曰：世有哲王。《晉中興書》曰：王綏八世，德名繼

軌。《左氏傳》，晉士鞅謂秦伯曰：樂武子之德在人，如周人思召公焉。

五臣注：

翰曰：言況高祖之家，代有聖哲，有遺德在人也。謂高祖父順爲齊侍中，兄懿監郢州。

案：善注三引書以明「繼軌」、「世哲」、「先德」語詞之所出。五臣乃援高祖武皇帝家世祖功，以符今義，一古一今，兩注並存，頗能收貫時並時詮釋之效。

（十六）五臣遇特殊音讀，善注無切音者，例皆補注。

繁休伯〈與魏文帝牋〉（40／19a）

五臣向曰：

繁，步何反。

案：《廣韻》繁歸「煩」字下，附袁切。

（十七）五臣於選文互證，例皆指明，有疊某書例。

楊德祖〈答臨淄侯牋〉「若仲宣之擅漢表，陳氏之跨冀域，徐劉之顯青豫，應生之發魏國，斯皆然矣。」

五臣注：

良曰：仲宣，王粲字也。寓於楚壤，故云漢表。陳琳屬於袁氏，故云冀域，徐幹昌於高密，故云青。劉楨游於許京，故云顯於豫。應璩時居汝潁，此疊植書。（40／16b）

案：此言疊植書例，蓋謂疊植前所作書語。

（十八）五臣注亦有通解全句，條暢文意，以新出之語翻譯引文者。

傅季友〈爲宋公修楚元王墓教〉「感遠存往，慨然永懷。」（頁674下）

案：二句文意，善注惟釋「慨然」、「永懷」出典，殊屬瑣屑。蓋二詞皆常見習用之語也。五臣注則通譯之曰「感傷遠化，存思往事，慨然爲嘆，而長懷者也。」如此貼近原句，而益朗然可曉者也。

「況瓜瓞所興，開源自本者乎。」（頁674下）

案：二句出傅季友〈爲宋公脩楚元王墓教〉，是以瓜瓞之連比宋公與楚元王之族親相連，善注引《毛詩》明「瓜瓞」一詞之始，五臣則通釋全句曰「言召伯信陵尚且如此，況我與元王，如瓜蔓所起相連，開源

自彭城爲本也。」如是詞清意洽，頗便曉解，較善注爲切要實際矣！

（十九）五臣注明選文文體之淵源。

司馬長卿〈喻巴蜀檄〉題下

五臣注云：

> 翰曰：檄，皎也，喻使皎然知我情也。此周末時，穆王令祭公謀甫
> 爲威猛之辭，以責狄人之情，此檄之始也。（44／1a）

此謂檄文始於西周穆王令祭公謀甫之辭，選文文體由是以明，此五臣開示文體學之端也。惟此說特就檄之實有似之者而論，非穆王令祭公謀父詞責敵類即謂之檄，彼時或未有檄之名。《戰國策》：「張儀爲檄告楚相」，當爲有檄名之始。

二、五臣注之校勘

依五臣注條例，凡善注略者闕者，五臣注每補之詳之。此兩注異同可以持之以校正今本單行善注之眞僞。蓋今本善注其最早者曰尤袤刻本，即胡克家所云宋本而仿刻者，然尤本亦非善注本原貌，乃自六臣注本析出者。當其析出別行時，或有因見五臣注有善注無者，欲掩善注之短，竟不覺失察，誤亂五臣注以入善注，後世依之傳刻，遂有各本不見，而尤本獨有者。胡克家《考異》復又據之以校各本，遂有失校之語。然終莫由辨其可否？茲者，持五臣注本以校之，以更早之六臣注本並觀輔證，往往可證《考異》之失。此五臣注於校勘學之價值也。

例：《文選》卷四十六陸士衡〈豪士賦序〉「故曰天可讎乎」句下，各本皆無善注。尤本獨有「左氏傳曰：楚子入于雲中，鄖公辛之弟懷將殺王，辛曰：君討臣，誰敢讎之？君命，天也。若死天命，將誰讎乎？」四十字善注。於是胡克家《考異》云：「袁本、茶陵本無此一節注，案：二本脫也。」（藝文版，頁 122）蓋以爲善注當有此注。殊不知此當尤據五臣注而另引文以添之耳。

考單注本與六臣注合併本，於選文句下繫注，位置不同。今見贛州本，叢刊本，皆合併本，於此句下無注，然連下四句至奮於阡陌之上，則有善注云：

> 善曰：《漢書》曰：宣帝祠孝昭廟，先歐旌頭劍挺墮地，首垂泥土中，

乃響乘輿車，馬驚，於是召梁丘賀筮之，有兵謀，不吉。上還，使
有司侍祠。時霍氏外孫代郡太守任宣坐謀反誅，宣子章爲公車丞，
亡在渭城界，中夜絝服入廟，居郎間，執戟立廟門，待上至，欲爲
逆，發覺，伏誅。蘇林曰：絝服，黑服也。〈過秦論〉曰：陳涉躡足
行伍之間，而俛起阡陌之中，斬木爲兵，褐干爲旗。（46／3a）

此善注蓋明「絝服荷戟」與「奮於阡陌之上」兩句之出典。故繫於此無妨。
然五臣注則云：

翰曰：絝服，黑衣也。荷，執。援引，奮起也。君命，天也，而天
命可讎之乎？而欲有大逆之事也。餘同善注。楚將項燕爲秦所殺，
項梁與諸侯引旗誓眾，約將滅秦，以報父讎也。阡陌，道路也。（46
／3a）

此注於善已詳者，約略簡述耳，獨於天命可讎句，乃善注闕者，遂補釋之。
且復引項梁與諸侯誓眾滅秦以報父讎之事，夫秦於時爲帝，故曰天，既殺項
燕，故報之父讎，此選文設問「天可讎乎」之自解也。此注原善注闕，五臣
因別爲釋之。至六臣注合併時，併者亦並錄。尤袤欲自六臣合併析出，更
參此注，遂據以添之，於是尤刻本乃獨有此四十字。此《考異》未辨之者。

五臣注所從《文選》本多有與善注從本異，然五臣注亦嘗自爲校勘，以
明所從本之眞僞。若沈休文〈齊故安陸昭王碑文〉「無假里端之藉，而惡子咸
誅。」善注作「里端」，下引〈歌錄〉注文同。五臣注云：

此云「黑」者，蓋後人書寫之誤。里端，謂以法令著於里閭也，藉，
用也，惡子，賊也。言緬之有德不假致法令於里端，賊皆已誅也。（59
／27b）

審其意，當以作「里端」者爲是。今合併各本皆有校語云「五臣本作黑字」，
陳八郎本即作「黑」字，知諸家所見有異文。然五臣注已明言異文蓋謬寫之
誤，則五臣亦從善注所見本，而出以校勘之語也。

善注偶有誤明史事，與正史本傳不合者，五臣補注，乃正其失，可驗史
實之眞，是五臣注之佳善可陳者。例任彥升〈爲齊明皇帝作相讓宣城郡公第
一表〉，「太祖高皇帝，篤猶子之愛，降家人之慈」句下，善注：「太祖高皇帝
諱道成，道生即太祖之弟也」。案：「太祖之弟」，當作「太祖之兄」也。《南
齊書》武帝本紀：「（建元元年五月）辛酉，陰安公劉巘等伏誅。追封諡上兄
道度爲衡陽元王，道生爲始安貞王」，〈明帝本紀〉：「高宗明皇帝諱鸞，字景

栖，始安貞王道生子也。小諱玄度，少孤，太祖撫育，恩過諸子。」據此可知道生爲太祖之兄。故五臣補注曰「猶子謂太祖兄子也」。注符史實。

潘安仁〈楊荊州誄〉「吳夷凶侈，僞師畏逼」。

善注：

善曰：班固〈高紀〉述，乘釁而運，席卷三秦。（56／36b）

五臣注：

銑曰：吳夷凶侈，謂孫皓也。僞師畏逼，謂吳將步闡降晉，陸抗攻之甚急，詔令迎闡、羊祜遣荊州刺史楊肇攻抗不克，闡爲抗所擒也。

肇爲庶人，言肇初乘闡之降將，席卷於吳也。（56／36b）

案：善注未注「吳夷」、「僞師」何所指，五臣乃具釋之。兩句義遂明。諸本皆作「師」字，與本事不符，何義門或因五臣注義而悟，校改「師」爲「帥」，以證僞帥指步闡。師字廟諱，似不應用。信矣何說。然則五臣注之有助校勘，此又一例也。

善注單行本北宋以後已不多見，多併五臣注而爲合併本行於世，其併注時傳寫誤刻者益夥，遂無由見原注之眞僞。今據尤袤本而觀，有闕文脫字，每需引它書以爲校勘，胡克家《考異》即本此法。如范蔚宗〈後漢書皇后紀論〉「官備七國，爵列八品」句下，善注云：

善曰：當秦之時，凡有七國，秦并其六國。故內職皆備置之，而爵列八品焉。《漢書》曰：漢興，因秦之稱號，正嫡稱皇后，妾皆稱夫人，又有美人、良人、八子、長使、少使之號焉。（49／27a）

細核之，八品者，善注只七品，當有闕文脫字，否則注不相稱。於是胡克家《考異》據它書以校云：

案：「子」下當有「七子」二字。各本皆脫。此〈外戚傳〉文可證，章懷注所引亦可證。（胡克家，頁129）

今考《後漢書》卷十〈皇后紀〉章懷太子注，即有「七子」二字，可知有者是，惜胡克家未引五臣注以資旁證，今案五臣注該句下注云：

良曰：以亂寵愛妾，破國亡身者，不可勝數也。弛，廢也。防，備也。言皆輕禮廢備，重色之所由。秦之時并六國，兼秦，七也，多自驕大，備置內職之數八品，謂皇后、妾、美人、良人、八子、七子、長使、少使之號。（49／27a）

此五臣注已明謂八品者，皇后、妾、美人、良人、八子、七子、長使、少使，

恰足其數。知善注原有「七子」二字。則五臣注可資善注之校勘，此又一顯
例也。〔註：八字或作九字，據《後漢書集解》校補引《文選》正錢大昭曰
前書〈外戚傳〉考證，齊召南曰《後漢書》云秦爵列九品，是錢、齊所據本
皆原作九也。官本作八，與選合。余案作八者是。參《後漢書集解》，藝文版，
頁 165。〕

　　王仲寶〈褚淵碑文〉「餐東野之祕寶」。（58／31b）
　　五臣注：

　　　　翰曰：舜彈五絃琴以韻〈南風〉之詩，言其仰奉明君，如仰舜德故
　　　　也。餐，猶美也。〈顧命〉云：天球河圖在東序，此寶器，帝王之美
　　　　瑞，故致在東序，美聖明之時，故託美此寶。「野」當爲「序」，此
　　　　云野者，當書寫之誤也。（58／31b）

　　　　案：此五臣注校勘選文「東野」之誤，「東野」當作「東序」。

　　陸士衡〈五等諸侯論〉「三代所以直道四五所以垂業也」。（54／3b）
　　善注：

　　　　善曰：《論語》子曰：三代之所以直道而行也，包氏曰：三代、夏、
　　　　殷、周也。《禮記》曰：三王四代唯其師。鄭玄曰：四代謂虞、夏、
　　　　商、周也。《漢書》〈武帝策詔〉曰：屬統垂業，廢興何如。

　　五臣注：

　　　　向曰：三代，夏、殷、周也。但有三，不聞有四，今云四者，愼也。

　　　　案：三代指夏商周，《文選》各文多見，已成通詞。四王必別有所指，
　　　　何須與三代重複。且各本俱作四王無誤，善注引《禮記》則作「三王
　　　　四代」之辭。四代非四王，善注勉強引之以解，實有未諦。故五臣注
　　　　以爲誤矣。此五臣校勘之語。可正善注臆斷之失。

三、五臣注亦及修辭學

　　五臣注《文選》正文，遇有譬喻語，其取譬之意，凡善注有說者，五臣
每與之異，而另求別解。可見正文之意，非限於一，惟待讀之者之所受也。
正文之意非在正文，非關作者，亦非形而上之自存永存者，乃讀者與正文交
互流通，意識之，印認之，始成其義者。（Holub, p.148-151）

　　試觀張衡〈四愁詩〉之「美人贈我金琅玕，何以報之双玉盤」句（29／

17a)，善注云：

> 《尚書·禹貢》曰：厥貢惟球琳琅玕。〈古詩〉曰：委身玉盤中，歷
> 年冀見食。應劭〈漢官儀〉曰：封禪壇有白玉盤。（29／17a）

觀其注惟釋語詞出源，若琅玕之自《尚書·禹貢》，玉盤之出〈古詩〉，白玉盤之出《漢官儀》。至於玉盤與白玉盤，究何別悁，則未言也。且其譬喻之意，既已見於序言，謂仿屈原香草美人之比。則全詩取譬必有先例可據，若第一首太山以喻時君，梁父以喻小人之類即是。故善注但明語詞所出，未言取意，於詩意之解，尚未定也。五臣注乃直揭喻意所指，明言：

> 良曰：琴，雅器也，以美玉飾之。琅玕，美玉也。玉盤，美器，可
> 以致食。言雙者，美其偶。（29／17a）

此注率以琅玕、玉盤爲美器，以譬美食可致，謂時君之所賜也。案五臣此注，既不類善注之隱晦不明，但直說旨意，其所指之意，復與序言不同。依序云：屈原以美人爲君子，以珍寶爲仁義，以水深雪雰爲小人。則琅玕玉盤固珍寶也，當比之君臣仁義之道。此〈四愁詩〉譬喻之所據也。然五臣注於此不言仁義之比。但言美食之比。此五臣注自我解讀之例也。下第四首之「美人贈我錦繡段，何以報之青玉案」句，兩注所指譬意亦不同。善注云：

> 善曰：錦繡，有五采成文章。玉案，君所憑倚。喻大臣亦爲天子所
> 恃。《禮記》曰：春服青玉。《楚漢春秋》，淮陰侯曰：臣去項歸漢，
> 漢王賜臣玉案之食。（29／18a）

此注亦不言錦繡玉案之爲珍寶仁義之比，別指文章與倚恃二意，亦可謂新矣！知序言自限比喻之意，乃不能規圍讀詩者之受想，蓋讀者不必非準之以爲言。讀者亦容自身「曲解」也。（Holub, p.157-159）蓋後代詩人，其創作之先，必始讀前代詩文，意會溶得，而轉化生成，以造一己之意，而成其爲詩也。由是而推，凡讀詩文仿此，其間必有曲解之隙，以容己說之可立。故曲解也者，詮釋，閱讀，並文學史之常貌也。蓋吾人之所解，既不能悉應之始作者之心，無何，退以取吾之所得，造吾之所意會，思所以尋新跡，以立新義，仰複出之義也。（同前，頁158）據此，知序言如此，而善注不必定如之，是以善注敢謂錦繡爲文章，謂時君美我以言，贈予佳篇。敢謂玉案爲憑倚所恃，謂吾何以忠誠幹達，捐心廟堂，專屬時君之待，以爲報焉之不及。噫，此善注別取之譬意也。至於五臣注，又悉屏去前說，但云：

> 良曰：玉案，美器，可以致食。（29／18a）

此注逕謂美食可致，玉案譬意在此。蓋謂時君贈我以錦鏽珍寶（此處無仁義之比），吾何報之以玉案以致美食。此五臣注但言美食佳味，互有施報之喻意，茲不論其雅俗，固屬別進一層之意也。此又讀詩文之「曲解」一例也。故五臣注之取譬喻意，每每與善注異，其法則乃據詮釋曲解之必要也。五臣注多方施用曲解，與善注必欲尋始作者初意，兩者蹊徑大異，注釋手法亦夐乎其難合哉！

五臣注力言譬喻指涉之意，於《文選》正文之深旨，多有助申發揮，可謂文學解讀之方，非僅限於語詞字句之考訂也。若王仲宣〈雜詩〉「風飆揚塵起，白日忽已冥」句，善注無說，五臣注向曰：

> 向曰：飆，舉也。風起舉揚塵埃，喻兵戈暴起。（29／18b）

此注力申風飆言外之意，以爲當有所譬，喻意謂兵戈暴起之徵。此五臣多言譬喻之例。此說一出，後世評點家若清人何義門，乃繼之而發，闡暢五臣注說，何云：

> 風飆二句，謂值喪亂而獻帝播遷也。（于光華，頁557）

此評專就風飆句解其指涉之意，乃順五臣注時代喪亂兵戈暴起之徵以說之也。何評更援之史傳以實其指，雖云便解，然不若五臣注之寬，可會意之未必案實之。

五臣注多能明詩語言外之意，不斤斤於字句訓詁，以較善注之格於字義，無當於詮解者大異。若〈古詩十九首〉「著以長相思，緣以結不解」句（29／11a）善注引《儀禮注》、《禮記注》，但注「著」字、「緣」字之意，於二句詩本意實無多助。五臣注乃兼言之云：

> 言被中著棉，謂長相思，綿綿之意。緣被四邊，綴以絲縷，結而不解之意。（29／11a）

此不惟知字之本義，兼曉其於句中當下之引伸義。雖然，詞旨甚白，然觀兩家注法，自是不同。又例：

揚雄〈劇秦美新〉「振鷺之黨漸階」。（48／18a）

五臣注：

> 振鷺鴻鸞皆喻賢人也。

> 案：此書修辭學比喻例。以振鷺鴻鸞喻賢人，乃指其言外之意。

文學之義非僅字面之義者，理至易明。凡語詞所出，字詞所攝，乃語義

之形貌，以爲進解初階耳。至於語所未盡，言外之意，絕非自形貌可得者。
此不得不待之讀者之契入，悟之，感之，以析之，遂有以深照自得。此注家
特須表述者也。今試以二法，持以觀善注與五臣注之異，適可舉以印證。則
五臣注多揭明譬喻之道，有善注所不及其義者。

〈古詩十九首〉「青青陵上柏，磊磊澗中石，人生天地間，忽如遠行客。」
善注云：

善曰：言長存也。《莊子》，仲尼曰：受命於地，唯松柏獨也，在冬
夏常青青。《楚詞》曰：石磊磊兮葛蔓蔓。《字林》曰：磊磊，眾石
也。

善曰：言異松石也。《尸子》，老萊子曰：人生於天地之間，寄也。
寄者固歸。《列子》曰：死人爲歸人，則生人爲行人矣。《韓詩外傳》
曰：枯魚銜索，幾何不蠹？二親之壽，忽如過客。（29／2a）

觀此注，但詳指語詞所出源，詞上疊詞，實不知本義並及所引詞之義何指，
若此猶未解也，至於詩旨，其言外之意，乃闕如之，五臣於此多言其歸，五
臣注云：

銑曰：陵，山也。磊磊，石貌。此詩歎人生促迫多憂，將追宴樂之
理。

向曰：柏、石，皆貞堅之物。人生之促，若客寄於時，其死之速，
反如赴歸，信不如柏、石二物也。（29／2b）

此注悉屏去語詞出源。直下詩語之意。謂全詩之旨在嘆人生促迫多憂，是以
將逐宴樂，宛洛之遊。青陌與磊石，所以長青長存，反襯人生之速朽，不如
遠矣！噫，如此說來，全詩之比喻技法已明，其所喻指之意亦瞭解可辨，眞
可謂點醒讀者，於四句之中，令驚心動魄矣！

五臣注，遇正文事典與史實不侔者，爰起辨證之詞，隨文校勘，兼明修
辭不犯重例。

曹子建〈求自試〉「絕纓盜馬之臣赦，楚趙以濟其難。」（頁691下）
五臣注翰曰：

楚莊王與羣臣夜宴，燭滅，有引王美人衣，美人乃挽絕其纓以告，
王曰：飲人以酒，如何責人以禮。乃命羣臣，皆絕纓，然後舉火。
楚與晉戰，有人常力戰斬首以退，問之，乃昔絕纓者。公失馬，野

人取之，公自求之，見野人，方食之，公曰：食駿馬肉，不飲酒，恐傷汝徧，飲而去。後晉人與穆公戰，公爲晉環之，野人率三百餘人，畢力疾鬪，遂大剋晉，及獲惠公以歸。此秦事而言趙者，植之誤也，植時遭譖，貶爲侯，故有是引也。

案：此明指植誤辭錯用之例。何以誤引？曰「時遭譖，貶爲侯，故有是引也」，知引此以自況之辭，的爲確解。然則何以書「楚趙」，而不用秦楚？蓋避前文「故奔北敗軍之將用，秦魯以成其功」之秦字，使不犯重故也。此書修辭不犯重例。而善注不察，謂「《史記》曰：趙氏之先，與秦共祖。然則以其同祖，故曰趙焉」云云，實乃曲解之耳。然則五臣注亦非己意者，乃本之《魏志》裴注也。裴注云：秦穆公有赦盜馬事，趙則未聞，蓋以秦亦趙姓，故互文以避上秦字也。

至於尙有論及協韻典故連言夸張反語之修辭者，如下諸例：

張景陽〈七命〉「價兼三鄉，聲貴二都。或馳名傾秦，或夜飛去吳。」（頁 658 下）

案：「傾秦」「去吳」二詞，善注引《越絕書》湛盧劍事，五臣注依之，乃再考釋曰：「此乃先去吳，而後傾秦，今先云秦者，蓋取韻也。」

潘元茂〈冊魏公九錫文〉「故周室之不壞，繄二國之是賴。」（頁 668 下）

案：此句謂周襄王時，楚叛，王使晉侯伐之，晉於是代作諸侯盟主。又周公時，管叔叛，王使邵康公賜齊太公履，征伐於東，以定叔亂。此二事乃周代之事也。茲引於此，其意維何？五臣注云「蓋將封錫曹公，乃引此古典」，是五臣揭示典故類比之例，別有所指也。

「雖伊尹格于皇天，周公光于四海，方之蔑如也。」（頁 668 上）

案：此蓋美曹操之功德，善注亦惟注語詞出處，未及引伸義，五臣注曰「伊尹之高德，上至皇天，周公之明德，遠照于四海，比之曹公則無如德者。若此，蓋禮言之辭過實也。」五臣此注語能明言外之旨，知修辭誇張之法，所謂禮言過實，即指此意也。

任彥昇〈宣德皇后令〉「五老游河，飛星入昴。」

案：此二句乃太后勸梁王蕭衍進帝位也。五臣注云「言梁王亦有此瑞，蓋美言之，其實無也」，此亦明修辭誇張之法。

曹子建〈求通親親表〉「臣竊自比葵藿，若降天地之施，垂三光之明者，

寔在陛下。」（頁 694 下）

五臣翰曰：

　三光：日月星，葵藿但向日。此言三光，文家連言以屬於君也。

　案：前文既言葵藿傾葉，太陽不爲迴光。是單指葵藿而言。如此，三光一辭何由索解，五臣注因起修辭之例，以爲言三光之日月星者，蓋「連言之以屬於君也」。此五臣明修辭連言之例，遂不必如善注非引原書以注不可，若可引，即略諸，相較可知死結活解矣！

又五臣注有明修辭反語之例。

楊德祖〈答臨淄侯牋〉「豈由愛顧之隆」。（40／16a）

五臣注：

　「豈由」言「豈不由」也。

陳孔璋〈答東阿王牋〉「況於駑馬，可得齊足」。（40／21b）

五臣注：

　「可得」言「不可得」也。

第四節　五臣注《文選》評價

一、五臣注之優

（一）五臣注本正文於義爲佳者

　五臣注本，不但注文有與善別，即選文本字與善亦多異，持以相較，可資考訂宜否，且五臣注本，有較善注本爲長者。若下舉之例：

王元長〈永明九年策秀才文〉「但赤側深巧學之患，楡莢難輕重之權。」

（頁 678 上）

　案：「側」字，尤本善注正文作此也。善注引《漢書》亦作「赤側」。五臣注陳八郎本作「仄」，所引書同。考《漢書・食貨志》：錢多輕，而公卿請令鑄官赤仄。正作「赤仄」，惟《史記》作「赤側」，《索隱》：鍾官掌鑄赤仄之錢。亦作「赤仄」。如淳《漢書注》：以赤銅爲其郭也。今善注既引《漢書》，宜作「赤仄」爲是。而竟改「仄」爲「側」，以符史書，實不若五臣注之存其眞也。故五臣注本有較善注本爲優者，豈可忽之。

「泉流表其不匱,懋遷通其有亡。」(頁 677 下)

案:「懋遷」,尤本善注作「貿遷」。注引《尚書》,帝曰「貿遷有亡化
居」,實已先改字,再援《尚書》以符之,誤也。考《漢書・食貨志》:
「懋遷有無。」師古注:「懋與茂同,勉也。言勸勉天下,遷易有無。」
「有亡」,善注改「無」爲「亡」,亦非。知五臣保存正文本字,不輕
易改字爲宜也。五臣注云:「懋,勉也,謂遷有貨至於無貨之處,以遂
其利,皆勉力爲之。」與師古義近,是爲得之。此五臣不改字,而善
改字,然五臣留古義以爲長之例也。

陸佐公〈新漏刻銘〉「布在方冊」。(56/21b)

案:贛州本校語云五臣作「有布方冊」。今據陳八郎本正作是。可知此
兩注本之異也。然則較而論之,「有布方冊」與「無彰器用」,乃偶對
成文,如從善本,則失解且失對矣,故五臣注本於義爲長。

曹子建〈王仲宣誄〉「誰謂不痛,早世即冥。」(56/27a)

《考異》云:

贛州本、叢刊本校語善注作「庸」,今本尤本即作「庸」。何校「庸」
改「痛」。陳云:「庸」,「痛」誤。袁本茶陵本作「痛」,云善作「庸」。
案:「庸」字不可通,蓋各本所見皆傳寫誤。(胡克家,頁 140)

案:《考異》所見未必是。今賴五臣注本知有作「痛」者爲是。作「庸」
義不可解。五臣注本正文較佳。

任彥昇〈天監三年策秀才文〉「而使直臣杜口,忠讜路絕。」(頁 684 下)

案:「路絕」,五臣注陳八郎本作「絕路」。此二句對文,「杜口」與「絕
路」,句式相對,五臣注本於義爲長。

孔文舉〈薦禰衡表〉「陛下叡聖,纂承基緒。」(頁 685 上)

案:「叡」,五臣注作「睿」。注曰「睿,亦聖也。」尤本作「睿」,胡
氏《文選考異》:「尤以五臣亂善」,是也。陳八郎本同。作「睿」爲妥。

諸葛孔明〈出師表〉「然侍衛之臣,不懈於內。忠志之士,亡身於外者。」
(頁 686 下)

案:「亡」,五臣注本作「忘」,注云「謂以身許國於邊疆也」。於義爲
佳。善注作「亡」,無解。

「論其刑賞,以昭陛下平明之理。」(頁 687 上)

案：「理」字，五臣作「治」。是也。

五臣注本正文，與善注本正文互有出入，持以校現存它書，五臣注本正文多與之合，可據以斷今本之正誤，即或不合，亦可持以參今本之存字。若以李令伯〈陳情表〉一文爲例，即有五處異文：

「躬親撫養」

善注本作「躬見撫養」，胡氏《考異》謂「此以五臣亂善」。非也。蓋胡氏所據者尤本正作「親」，乃尤刻校改耳。今案贛州本校語「善作見」。可證善作「見」也。陳八郎本作「親」。知二本不同，核文意，作「親」爲是。

「煢煢子立」

善注本作「煢煢獨立」，尤本同叢刊本，非也。五臣注本義爲善，《晉書·蜀志注》俱同可證。

「臣少多疾病」

善注本脫「少」字。今尤本有，乃尤校改耳，觀贛州本、叢刊本，俱無可證。此以五臣注本爲善，「少多疾病」與下「九歲不行，零丁孤苦，至于成立。」皆四字成文。《蜀志注》、《晉書》俱有可證。

「辭不赴會」

諸本俱作「會」，善注本、五臣注本同。惟尤刻本作「命」，蓋尤校改也。陳八郎本、贛州本俱作「會」。《晉書》、《蜀志注》作「命」，此可互校，以觀今存史志之正文。

「則以劉病日篤」

善注本脫「以」字，讀之拗口，五臣注本有，讀之爽口。「以」者，因也，五臣注本正文爲佳。

以上五例皆可見五臣本正文有較善爲優者，是以五臣注不可廢，非獨注文有補釋之功也，即正文並多佳本。

五臣注本正文有與善注本異，從而可考見正文分段組織體例之原貌者。若從善注本，即無由知之。如枚叔〈上書諫吳王〉一文之「臣願披心腹而效愚忠，惟大王少加意念惻怛之心於臣乘言」句，五臣注陳八郎本作「臣乘願披心腹而效愚忠，惟大王少加意焉」句至此即空格，另起一行，首接「臣乘言……」，頗與善注本分段有別，核之，此文當有類序跋之語以爲文首，自臣乘言另題一行，始爲本文。胡克家《考異》失考，未明其別。今本《漢書》

卷五十一本傳同善注本，叢刊本六臣注亦同。然諸本皆晚出陳本，疑自《漢書》本出，諸本俱從之，五臣注本遂湮滅不彰矣！

五臣注本之正文，往往有與善注本不同者。故凡六臣合併本，例皆有校異之文曰善注作某，五臣作某者。兩家所存文，皆可供今本之校勘。即以五臣注本爲例，曹子建〈求自試表〉一文「固夫憂國忘家，捐軀濟難，忠臣之志也。今臣居外，非不厚也。而寢不安席，食不遑味者，伏以二方未剋爲念，伏見先武皇帝，武臣宿兵，年耆即世者有聞矣」五十九字，五臣本無「固」字，無首「伏」字，無「武皇」二字，胡氏《考異》謂「今本《魏志》有，乃尤據之校改也」，蓋屬臆斷之詞耳。何者？今本《魏志》疑與五臣所見不同本，或五臣所見如此，善所見如彼，乃五臣注本、善注本互存異文也。今本《魏志》以善注本通行，故刻者據以校改，而不從五臣注本者。蓋善注本「武臣宿兵」，今本《魏志》作「武臣宿將」。或即今本《魏志》校善注本而不及者。再者，從五臣注本之正文讀之，字諧句暢，調吻口利，無犯兩重之弊，較今本《魏志》爲可誦。故五臣注本正文實較諸本爲優也。

任彥升〈奏彈曹景宗〉「職是之由，不有嚴刑，誅賞安寘，景宗即主」。 （40／3b）

善注：

善曰：《左氏傳》曰：齊人侵魯疆，疆吏來告。公曰：疆場之事，慎守其一。又范宣子數諸戎曰：言語漏洩，則職汝之由。《史記》曰：繁法嚴刑而天下振。〈西征賦〉曰：峻徒御以誅賞。毛萇《詩傳》曰：寘，置也。主謂爲主首也。王隱《晉書》，庾純自劾曰：醉酒荒迷，昏亂儀度即主，謹按河南尹庾純，云云。然以主爲句，臣當下讀也。

案：據善注，知以「景宗即主」爲句，自是而發。洪邁《容齋隨筆》謂：「《史記》文帝問陳平決獄錢穀，平謝曰：『主臣』，《漢書》亦同。張晏曰：『若今人謝曰惶恐也。』文穎曰：『惶恐之詞，猶今言死罪也。』善拾《史》、《漢》而引王隱《晉書》，已非其朔，更誤以主爲句，不知所謂某即主有何義哉。」蓋以「主臣」爲句，如是不能與上文連讀，其說未洽。黃季剛謂：「即主者，當時文書之式，《魏書·于惠傳》，閹官〈抱孝壽傳〉皆有即主之文。本趙翼說。」此文以「景宗即主」爲句，如是孤立一句，與上下文意不通。今據贛州本有「五臣本無景宗即主一句」，核之陳八郎本正作「不有嚴刑謀賞，安寘景宗，臣謹

案……」，於句讀爲洽，文義曉然。蓋謂不有嚴刑以置景宗之罪，則謀賞不及，有功於朝者，將何以安其心之意也。故從五臣本正文，即無諸家臆測懸解之詞，此五臣注本正文較優之證也。〔案：黃季剛說，引見《文選黃氏學》，頁187，臺北：文史哲出版社，66年1月。〕

任彥昇〈王文憲集序〉「然檢鏡所歸，人倫以表，雲屋天構，匠者何工」。（46／30a）

案：叢刊本「工」下著校語云善本無工字，今考尤本亦無。《考異》以爲各本傳寫脫，有者是。恐未必也。蓋善注本《文選》每有異同，而五臣注正文往往較之爲長，此其例也。

司馬長卿〈封禪文〉「陛下謙讓而弗發」句上。

《考異》：

袁本、茶陵本此節上有「上帝垂恩儲祉將以慶成」十字，校語云：善無此二句。案：《漢書》有，《史記》亦有，「慶」作「薦」，《索隱》云：《漢書》作「慶」，義亦通。何校據添。（胡克家，頁127）

案：胡說是也，今見尤本亦無。叢刊本有，惟「祉」誤作「社」，「慶」與《漢書》同。今案有者意較通。〔註：黃季剛據下韋昭注「三神」之文，以爲亦當有此十字爲通。黃說可參，見《文選黃氏學》，頁227。〕

賈誼〈過秦論〉「叩關而攻秦」，五臣本作「仰關」，注云「秦地高故曰仰攻之」。今本《新書》同。又「施及孝文王莊襄王，享國之日淺，國無事。」（51／3b），五臣本「國」下有「家」字，讀之順口，今本《新書》亦有「家」字。又「俛首係頭，委命下吏」，五臣本作「係頸」，注云：「係頸，自係其頭。」（51／4a）今本《新書》作「係頸」。案，「係頸」乃常詞。少云「係頭」，作「係頸」是。又「隳名城，殺豪俊」，五臣本作「墮」，今本《新書》同。又「繩樞之子，甿隸之人」，五臣「甿」作「氓」。又「非抗於九國之師也」，五臣本無「於」字。注云：「抗，敵也。」今本《新書》無「於」字。是句謂陳涉之眾非能敵九國之師，故不宜有「於」字，有者，意謂敵於九國之師，然彼時涉非有此舉也。以上諸例俱可證，五臣本於義較善注爲優。

（二）五臣引書之可參酌者

五臣注選文，凡解題，釋作者生平爵里，明撰文之旨，皆立意與善注異，引書舉證亦必別於善注。茲者，善注既爲後世注家所取資，有功於注疏之學，

五臣注雖不盡繁引，以釋意爲宗，然所注者，亦有足多後世取爲舊注者。若司馬長卿〈封禪文〉題下，善注云：

> 善曰：《史記》曰：長卿病甚，武帝使所忠往求其書，及至，長卿已卒。其妻曰：長卿未死時，爲一卷書，曰：有使來求書，奏之。其遺札書言封禪事，所忠奏言。（48／1a）

詳其所引，蓋取之《史記》本傳。於長卿晚年作封禪之歷，可知之矣！至於封禪解題，則付之缺如。五臣注遂曰：

> 濟曰：封，封泰山。禪，禪梁父。築土爲壇，因高事天，告王者之功成，銘於金石，以示後代，知其盛德也。（48／1a）

此釋封禪事並其主意，蓋五臣綜取前說以爲注者，《史記》《漢書》古注舊皆無錄，顏師古亦闕釋，至開元 24 年張守節《正義》乃復取五臣注以爲《史記·封禪書》注云：

> 此泰山上，築土爲壇以祭天，報天之功，故曰封，泰山下，小山上，除地報地之功，故曰禪，言禪者，神之也。《五經通義》云：易姓而王致太平，必封泰山，禪梁父，荷天命以爲王，使理羣生，告太平於天，報羣神之功。〔瀧川龜太郎，頁 496〕

觀此，知張守節亦嘗參《五經通義》說，與五臣注同發其例。然則呂延祚上五臣集注事在開元六年，其距正義書成已越二十年矣！諸家古注既闕，惟五臣有說，則《正義》或必本之始廣其說也。

　　五臣注引書雖與善注引同，但詳略有別，往往善注引略者，五臣注有詳引而可補佚文。如曹子建〈與楊德祖書〉「昔田巴毀五帝，罪三王，呰五霸於稷下，一旦而服千人，魯連一說，使終身杜口」句下，善注云：

> 善曰：《魯連子》曰：齊之辯者曰田巴，辯於狙丘而議於稷下，毀五帝、罪三王，一日而服千人。有徐劫弟子曰魯連，謂劫曰：臣願當田子，使不敢復說。《七略》曰：齊有稷，城門也，齊談說之士，期會於稷下者甚眾。《漢書》，鄧公謂景帝曰：內杜忠臣之口。（42／19b）

此善注引《魯連子》說，文不見於今本唐馬總之《意林》，特具價值，爲可寶之佚文，惜有省略，致令魯連何以一說而杜田巴之口不明，茲據陳八郎本五臣注云：

> 濟曰：稷下服之者有千人。呰，亦毀也。五帝謂少昊、顓頊、高辛、唐、虞。三王，夏、殷、周。五霸，秦繆、楚莊、齊桓、晉文、宋

襄也。　翰曰：魯仲連聞田巴毀五帝，往見而謂曰：今楚軍南趙伐高唐，亡在朝夕，今臣將罷南陽之師，還高唐之兵，所貴談說，此之謂也。如先生之言，有似梟音，人皆惡之，田巴於是杜口，易業終身不談也。（42／19b）

案此五臣引文，較善引爲詳，而所側重各異，於《魯連子》佚文，又增多甚矣。故五臣注與善注同可補佚文之失，可資文史考證。〔案：據今本四部備要本唐馬總《意林》卷一有魯連子五卷，其文均不見此條所引。見臺灣：中華書局版卷一，頁 14。〕

王元長〈三月三日曲水詩序〉「襃帷斷裳，危冠空履之吏」（46／20a）

善注：

後漢賈琮爲冀州刺史，車垂赤帷而行，及至州，自言曰：刺史當遠視廣聽，糾察美惡，何反垂帷裳以自掩塞乎？乃命御者襃之。百城聞風，自然震悚。《漢書》曰：蓋寬饒初拜爲司馬，未出殿，斷其單衣，令短離地。《說苑》曰：楚人長劍危冠，而有子西。《漢書》曰：唐遭以明經飾行，顯名於世，衣獘履穿。

五臣注：

銑曰：後漢賈琮爲冀州刺史，車垂赤帷而行，及至州，自言曰：刺史當遠視廣聽，何反垂帷於車以自掩蔽？乃命御者襃去其帷。朱博爲琅邪太守，俗多舒緩，衣長不中節度，皆斷其衣裳，令去地三寸，以便於事。危冠，壞冠也。空履，敝履也。言其吏清廉而貧也。

案：斷裳事，善注引蓋寬饒出殿斷單衣，五臣注引朱博斷衣裳，去地三寸事。彼此雖異，然義可並通，相互參酌也。〔案：兩注所引《後漢書》賈琮事，尤本善注與五臣注引文同，惟據胡克家《考異》謂袁本善注引文稍異，胡氏曰：「袁本作范曄《後漢書》曰：賈琮爲冀州刺史，琮之部升車言曰，是也。茶陵本并入五臣，與此同，皆非。」（胡克家，頁 123）案胡氏所言甚是，此當兩注引文之異，袁本從廣都本出，較能存善注之眞，叢刊本後出，誤刻，尤本從此本析出，亦失校，遂有此誤耳。〕

夏侯孝若〈東方朔畫贊〉題下。（47／28a）

善注：

臧榮緒《晉書》曰：夏侯湛，字孝若，譙國人，才章富盛，早有名

譽，爲散騎常侍卒。

五臣注：

善注同銑。銑曰：臧榮緒《晉書》云：夏侯湛，字孝若，譙國人也。
美容儀，才華富盛，早有名譽，與潘岳友善，時人謂之連璧，爲散
騎常侍。此贊爲當時所重。

案：此兩注同引臧榮緒書而互有詳略，較而可知五臣注引爲詳可參。
且謂此贊爲當時所重，則又喻評價之意也。〔案：此處善注文據胡克
家《考異》所見引袁本所作文此廿九字，各本善注曰皆同五臣注五十
字，與袁本不同。參《考異》，藝文版，頁 126。〕

王元長〈三月三日曲水詩序〉「爾乃迴輿駐罕，岳鎮淵渟」（46／26b）

善注：

善曰：《東觀漢記》曰：天子行有畢罕。石崇〈楚妃歎〉曰：矯矯莊
王，淵渟嶽峙。

五臣注：

向曰：輿，天子車也。罕，獵車名。《孫武子兵法》云：其鎮如岳，
其渟如淵也。

案：善注但引「駐罕」「淵渟」兩語詞出處，仍不甚解其豢，不若五臣
注直云罕者，獵車名。揚雄〈羽獵賦〉「及至罕車飛揚」，善注：罕，
畢罕也。案「畢罕」即獵車名。又「岳鎮淵渟」，五臣注引《孫子兵法》
文，通詞皆解，較善注引石崇〈楚妃歎〉爲長也。

張季鷹〈雜詩〉。（29／34b）

善曰：

善曰：《今書七志》曰：張翰，字季鷹，吳郡人也。文藻新麗，齊王
同辟爲東曹掾，觀天下亂，東歸，卒於家。

五臣注：

濟曰：《晉書》云：張翰有清才而縱任不拘，時人號爲江東步兵。

案：此兩注引書不同，然可互補《文選》之注，以助通解。善所引乃
王儉《今書七志》，蓋目錄學之作也。惜其書早亡。《南齊書》本傳作
四十卷，《唐志》增至七十卷，《隋志》則曰《今書七志》七十卷，又
云不述作者之意，但於書名下，每立一傳。所云頗與善引合，知《七
志》雖部別書目，實作者之傳略。今幸賴《文選》善注引得窺其一斑。

　　然五臣引亦善所未注者，今本《晉書》即有注引諸文。可資以校勘，
且供善注之參解。此五臣注引書之功，不減善注之例。

　　五臣注之可參，尚有引書一事，爲五臣注獨引，而善注未引者。若王簡
棲〈頭陀寺碑文〉「欲捨百齡於中身，徇肌膚於猛鷙」，善注引李尤〈七難〉
曰「猛鷙陸嬉，龍黿水處」云云，以釋正文「猛鷙」出典，似與正文意不相
涉，五臣注據猛鷙即鷹也，引《稜伽經》而注云：

> 翰曰：言欲中捨百年之身，志救萬物也，徇，猶施也。膿，膚肉也。
> 猛鷙，鷹也。《稜伽經》云：自在天王化身爲鴿，釋提桓因是諸天王
> 化身作鷹，逐此鴿，鴿來投我，稱己身肉與鷹代鴿也。（59／9b）

據此，知「猛鷙」爲釋典，自以引釋書爲宜，與正文始相涉。且所引書《稜
伽經》，皆不見善注引，彌足珍視。今凡據《文選》注引書以驗古籍傳承存歿
者，絕不可略五臣注引，而妄恃善注引也。

沈休文〈齊故安陸昭王碑文〉「豈唯僑終蹇謝，興謠輟相而已哉」。
五臣注：

> 濟曰：僑謂子產也，蹇謂蹇叔也。終、謝，皆死也。子產死，鄭人
> 興歌曰：我有子弟，子產誨之，我有田疇，子產殖之，子產而死，
> 誰其嗣之，此則興謠也。秦相蹇叔死，秦人皆輟舂而思憶之。相，
> 送杵聲也。」（59／36a）
> 案：此五臣注獨有者，可補善注之闕。僑終，謂子產之歿，鄭人誦之。
> 善未有注。至於蹇叔事，善兩引潘岳〈賈充誄〉與《史記》趙良曰兩
> 書異說，而注以未詳。五臣注凡於善注未詳者，例多補注，此亦其例
> 也。

　　五臣注有引書與善注同，而所引之書節段不同，善注意在生平身世，五
臣注意在作文旨意緣由，雖所取各不同，然多資並參互補之功。如崔子玉〈座
右銘〉，善注：

> 善曰：范曄《後漢書》曰：崔瑗，字子玉，涿郡人也。早孤，銳志
> 好學，盡能傳其父業，舉茂才，爲汲令，遷濟北相，疾卒。（56／6b）

此注只載明崔瑗之姓氏里籍與出處生辰。五臣注云：

> 濟曰：瑗兄璋爲人所殺，瑗遂手刃其仇，亡命，蒙赦而出，作此銘
> 以自戒，嘗置座右，故曰〈座右銘〉也。餘同善注。（56／6b）

此注同與善注取自《後漢書》，然五臣注在明崔子玉撰〈座右銘〉之緣由始末，二注合觀，乃可盡白。此五臣注之價值又一例也。

王子淵〈四子講德論〉「越石負芻而寤晏嬰」。（51／12a）
善注：

善曰：《晏子春秋》曰：晏子之晉，至于中牟，睹弊冠皮裘負芻息於途側者，晏子曰：吾子何爲者？對曰：我越石父者也。晏子曰：何爲此？曰：吾爲人臣僕於中牟，見使將歸。晏子曰：何爲爲僕？對曰：吾身不免凍餓之地，吾是以爲僕也。晏子曰：可得而贖乎？對曰：可。遂解左驂而贖之，因載而與之俱歸，至舍不辭而入。越石父立而請絕，晏子使人應之：子何絕我之暴也。越石父對曰：臣聞之，士者詘乎不知己而申乎知己，吾三年爲人臣而莫吾知也，今子贖我，吾以子爲知我矣，今不辭而入，是與臣僕我者同矣。晏子出見之，曰：嚮也見客之容，而今也見客之意。

案：五臣注向日亦引《晏子春秋》同段文，惟「皮裘負芻」句五臣注引作「反裘負芻」。是也。「皮」當作「反」，今陳八郎本即作「反」。各本善注皆誤作「皮」。然俱詳善注，而於五臣則曰「同」而略去。今幸得見陳八郎本，明州本之詳於五臣注者，始得據以校勘善注之誤。

干令升〈晉紀總論〉「禮法刑政，於此大懷，如室斯構而去其鑿契，如水斯積而決其隄防，如火斯畜而離其薪燎也。」（49／21b）
善注：

善曰：《呂氏春秋》曰：若積大水，而失其壅隄矣。

五臣注：

銑曰：鑿契，篡也。言禮法刑政既壞，欲望爲理，其猶構室而去鑿契，積水而決隄防，畜火而離薪燎也。

案：善注只引《呂氏春秋》文而不釋諸句之義。五臣則通解之，兼釋難字，語貫意暢。

「是以目三公以蕭杌之稱，標上議以虛談之名」。（49／19b）
善注：

蕭杌，未詳。

五臣注：

言時名目三公皆蕭然自放机爾，無爲名稱，標著上議以正朝廷者，
則蒙虛談之名。

　　案：據善注作「蕭杭」。今本尤本同，叢刊本作「机」，據五臣注語「自
　　放机爾」，知五臣作「机」，則「杭」、「机」乃兩注本之異。惟叢刊本
　　未著校語。（胡刻亦作「机」）

（三）五臣譯解釋義爲佳者

　　五臣與善注凡於簡易之詞，無須引書以明出典者，每以今語復釋原文，
類今人之白話翻譯，而兩注譯解，優劣互見，有善注譯解而不洽者，或疑似
模稜，未審所安。故五臣往往於此重新譯解，有較善注爲優者，如下諸例：

　　王元長〈永明九年策秀才文〉「世代滋多，銷漏參倍。」（頁 677 下）

　　　案：善注譯解云「言錢之銷磨缺漏，或復三分，或至一倍」，善注泥於
　　　「參倍」一詞，模稜其義，終至難解。五臣譯解云「謂用錢年代多，
　　　則銷磨缺漏，減薄三倍也」，詞旨曉白，明確清晰，較善注爲優也。且
　　　也，「參」字，陳本作「參」，下注「三」，尤本作「參」，用假借例，
　　　知陳本存本字爲佳也。

　　五臣注力與善注異，又可自難句譯解者以求之。

　　顏延年〈宋文帝元皇后哀策文〉「祕儀景胄，圖光玉繩」

　　善注云：

　　　善曰：祕其令儀而生景胄，圖其容光而升玉繩也。《廣雅》曰：圖，
　　　度也。沈約《宋書》曰：宋有玉繩殿。（58／2b）

　　五臣注：

　　　翰曰：祕，閉；景，大；胄，澂也。言后在室時，閉藏儀形於大族
　　　之家，及配於帝，圖發容光於玉繩之內。宋有玉繩殿。（58／2b）

　　依善注，雖亦能知其意，究不若五臣注語，更貼句意且語體通暢，文意
暢白。

　　善注泥於條例，凡遇字詞，必引書以明出典出處，惟其中有原文與引書
字詞不侔者，善注亦直引之，以爲相似可通，其實非同義之例。五臣每於此
等處，直釋原文字詞，不泥引書，有切當簡要之功。若下舉之例：

　　王元長〈永明九年策秀才文〉「下貧無兼辰之業，中產闕汋歲之貲。」
　　（頁 677 下）

案：「兼辰」，善注引《周書‧夏箴》曰「小人無兼年之食」，「兼年」
非「兼辰」，善注類同之。五臣注云「兼辰謂兩日也」，於義爲安。洊
歲，善注引《左傳》「晉洊飢」，又引《字書》曰「洊，仍也」。五臣注：
「洊歲，謂再歲也」，於義爲切當。考《周易》「水洊至習坎」，《釋文》：
《爾雅》云再也，劉云仍也。知善注本《釋文》，五臣注本《爾雅》。

王元長〈永明十一年策秀才文〉「所以關洛動南望之懷，獫夷邊北歸之
念。」（頁681下）

案：此第五首文。善注止謂「邊，競也。」它皆無解。五臣注濟曰「關，
秦也。洛，洛陽。南望，謂亂已下齊都江南，故云南望。獫夷，北狄
也。言其處北，有歸化於國家之念。」此注即明正文當時之義。

善注礙於自訂條例，凡注疑義，但釋事，明出典而已，故於所引，偶有
未洽，甚至冗贅其文，尚不明何指。五臣注則單刀直入，援今義以爲釋，可
補善注之未詳或未明者。

王元長〈永明九年策秀才文〉「清甽冷風，述遵無廢。」（頁676上）

案：「清甽」一辭，善注引《呂氏春秋》后稷曰「甽欲小以清」，於義
尚不能全明。五臣注曰「甽，田中爲隴，廣尺深尺，所以停水以潤田，
故云清甽」，此注但以今語釋之，益明其字義，實可補善注之未明者。
至於「述遵無廢」，善無注，五臣則曰「明述其義，使人法之，農事無
廢也」，詞旨曉白，可補善注之未詳者。

諸葛孔明〈出師表〉「宮中府中俱爲一體，陟罰臧否，不宜異同。」（頁
687上）

善注：

《毛詩》曰：嗚呼小子，未知臧否。何休《公羊傳注》曰：否，不
也。

五臣翰曰：

宮中，禁中也。府中，大將軍幕府也。陟，升也，臧否，善惡也。

案：宮中府中宜分，此五臣已明言之，前文「不懈於內」，五臣注云「內，
宮中也」。否，善注以爲不也。核此文義不洽。故五臣注云「善惡也」，
於義近之。《周易‧師卦》：否臧凶。《釋文》：否，惡也。《詩‧抑》：
未知臧否。《釋文》：否，惡也。凡「臧否」連文，「否」字義「惡」，

若「否」字單文，始作「不」義。《易》：大人否亨。虞翻：否，不也。
《書·堯典》：否德忝帝位。《釋文》：否，不也。

江淹〈詣建平王上書〉「剖心摩踵，以報所天。」（頁 736 下）

善注：

> 鄒陽上書自明曰：剖心析肝。

五臣注：

> 比干不避殺身而忠諫於紂，紂剖其心而觀焉。

> 案：善注互引鄒陽上書自明文以釋，而於前文彼句下亦無解，遂懸而
> 再懸。五臣注明指比干剖心事，宜也，可補善注之闕。

李令伯〈陳情表〉「臣生當隕首，死當結草。」（頁 698）

> 案：善注引《漢書》谷永上書明「隕首」出語。未釋「結草」。五臣注
> 不厭其詳，歷敘其事，蓋約取之《左傳·宣公十五年》文也，此較善
> 注爲詳而可取者。

五臣補注，亦引書稱篇名，若：

曹子建〈求通親親表〉「此則古人之所歎，風雅之所詠。」（頁 694 上）

五臣注：

> 良曰：古人歎，謂大哉堯之爲君，以親九族。〈風〉〈雅〉，謂〈鹿鳴〉
> 〈棠棣〉之詩也。

曹子建〈求自試表〉「將持風人彼己之譏，是以上慙玄冕，俯愧朱紱。」
（頁 689 上）

善注：

> 善曰：《周禮》曰：王之五冕，玄冕朱紱。《禮記》曰：諸侯佩山玄
> 玉而朱組綬。〈蒼頡篇〉曰：紱，綬也。

五臣注：

> 濟曰：桂，懸也。《詩》云：惟鵜在梁，不濡其翼，彼己之子，不稱
> 其服。此譏無德而衣玄冕，言我無功德以益國朝，而空衣紱冕，恐
> 懸此譏，是以慙也。

> 案：「風人彼己之譏」，善未注，五臣引《詩》而釋曰「此譏無德而衣
> 玄冕」，是也。今本尤刻該句下有善注：《毛詩》：「彼己之子，不稱其
> 服」八字。胡氏《考異》未校，當即五臣注亂入善注者。

王元長〈永明十一年策秀才文〉「是以三王異道而共昌，五霸殊風而並烈。」（頁 681 上）

善注：

善曰：《淮南子》曰：五帝異道而德覆天下，三王殊事而名施後世。《左氏傳》，賓媚人曰：五伯之霸也，勤而撫之，以役王命。杜預曰：夏伯昆吾，商伯大彭、豕韋，周伯齊桓、晉文。《戰國策》，趙王謂趙文曰：三代不同服而王，五伯不同俗而政。

五臣注：

良曰：三王謂夏、殷、周也。五霸晉文、齊桓、秦繆、楚莊、宋襄。異道，謂異其政道。殊風，謂殊其風化。霸，長烈盛也。

案：善注但引《淮南子》「三王殊事而名施後」，仍不知三王何指。五臣直謂夏、商、周也。五霸，善注引左氏傳杜預注，以爲三代時之五霸，誤矣！蓋如此而不可言正文之三王五霸爲對文矣！且正文明謂「五霸並烈」，似不當五霸爲不同時不同代之五伯。故五臣注直謂「晉文、齊桓、秦繆、楚莊、宋襄」爲五霸，較爲得近其義，蓋彼五人俱並時之輩也。

五臣注補善注之未備者，約其明顯之例，厥有三：其一明正文本事微恉，其二明正文當時所指，其三譯善注未譯者。其例如下：

王元長〈永明十一年策秀才文〉「五都復而事痒序，四民富而歸文學。」（頁 681 下）

案：善注引《漢書・王莽傳》立五都事以明五都，然則通句未解，何以「五都復，而事痒序」？五臣注因謂「五都，謂臨淄，宛，洛，邯鄲，成都也。于時此五都人叛，故欲先農戰，後痒序」，如此全句逐得通解，正文微恉蓋指此也。

「宋人失馭，淮汧崩離。」

案：宋人何者，善注未明，惟引〈答賓戲〉「王塗蕪穢，因失其御」以釋「失馭」一詞。五臣注直謂：「宋人，宋帝也。失馭，謂亂也。」此較能明正文所指當時之意，使不離乎本旨矣。

「加以納款通和，布德脩禮。」

案：善注先譯解前句曰「納其款關之誠，而通其和好之禮」，下句未譯。

五臣遂通句譯解曰:「戎狄納言款誠,通其和親,而我則布德以悅之,脩禮以制之」,於義更善。此又五臣注之可取者。

王元長〈永明九年策秀才文〉「徒以百鍰輕科,反行季葉,四支重罰,爰創前古。」(頁677上)

善注:

> 《尚書·呂刑》曰:穆王訓夏贖刑,墨辟疑赦,其罰百鍰。孔安國曰:六兩曰鍰。鍰,黃鐵也。張孟陽〈七哀詩〉曰:季葉喪亂起。《呂氏春秋》曰:越王勾踐曰:孤雖首足異處,四支布裂。《周禮》曰:司刑掌五刑之法,以麗萬民之罪。墨罪五百,劓罪五百,宮罪五百,荆罪五百,殺罪五百也。

五臣注云:

> 向曰:徒,但也。百鍰,金刑,以金贖罪者。周穆王有此刑科。季葉則穆王時。四支謂墨、劓、宮、割也。爰於創始也。前古謂周也。

案:「百鍰」,善注引《尚書·呂刑》,固其宜也,然五臣逕謂「金刑」,簡當扼要。「四支」,善注引《周禮》,顧《周禮》所言者,五刑也,五刑皆及於四支,唯殺刑除外,故善注引五刑釋四支,未洽也,五臣逕以五刑及於四支者,曰墨,曰劓,曰宮,曰割。較善注切當也。且「前古」者,直指周也,亦簡要而明。

「歌雞鳴於闕下,稱仁漢牘。」(頁677上)

案:「雞鳴」,善注引班固五言詩「三王德彌薄」,又引《列女傳》緹縈歌〈雞鳴〉〈晨風〉之詩,只「雞鳴」一詞,而煩引兩書一事,但釋一詞而已,未免冗贅。五臣注銑曰「齊太倉令淳于公有罪當刑,淳于公少女緹縈詣闕歌〈雞鳴〉之詩,上書曰:妾父為吏,皆稱清平,今坐法當刑,妾傷死者不可復生,雖欲改過自新,亦無由也。妾願入為官婢,以贖父罪,使得自新。書奏,文帝憐悲其意,遂赦之。令天下除肉刑。故稱漢文帝為仁,列於史牘。」合舉歌詩與上書事,簡要切當,且兼釋下句「漢牘」之意,較善注為優也。

(四)可與善注互補互參者

五臣注《文選》,必不可廢,猶且必參之,始曉選理。凡五臣注,有與善注立心為異者,此古私心意氣之爭。然其它若補善注之闕者,同書別引文者,

題下明旨意者，補釋善注未詳例者，明今義曉名物制度者，選文正文較善注本為長者，皆可一一尋之，例不乏舉。茲以孔稚珪〈北山移文〉為例，即多有如上所云之例，蓋五臣注之價值於此可見斑痕。如該文題下，善注云：

> 蕭子顯《齊書》曰：孔稚珪，字德璋，會稽人也。少涉學，有美譽，舉秀才，解褐宋安成王車騎法曹行參軍。稍遷至太子詹事，卒。（石門版尤本，頁 623）

此注僅釋選文作者出生名氏里爵耳，至於解題之旨，全文文意，皆不知也。五臣注云：

> 向曰：蕭子顯《齊書》云：孔稚珪，字德璋，會稽人也。少涉學，有美譽。仕至太子詹事。鍾山在都北，其先周彥倫隱於此山，後應詔出，為海鹽縣令，欲卻，過此山，孔生乃假山靈之意移之，使不許得至，故云北山移文。（43／35b）

觀此注，則解文題，並釋文意，大有助乎選文之注矣。且同引書，然善注於「事」下衍「卒」字，既經胡克家《考異》判其誤，而五臣所引則無，可資旁證。又如文首二句「鍾山之英，草堂之靈」下，善注云：

> 善曰：梁簡文帝《草堂傳》曰：汝南周顒，昔經在蜀，以蜀草堂寺林壑可懷，乃於鍾嶺雷次宗學館立寺，因名「草堂」，亦號「山茨」。（43／35b）

此注惟釋「草堂」之所出，固云善矣，然究不解「鍾山」何意。故五臣注云：

> 濟曰：蔣子文自謂青骨死當為神，後吳王為立祠於鍾山下，因改山為蔣山也。昔蜀有法師居於草堂寺，及東歸，至此，玩彼林泉之美，乃於此山南作草堂，以擬焉。英、靈，二神也。（43／35b）

此注較善注多蔣子文事，故「草堂」一詞而今可增它名，「鍾山」亦如是也，此可見五臣注必欲反善注另求列解之孤詣。至於同引《草堂傳》文，五臣亦與善互有詳略，以顯其異焉。故凡善注作某者，五臣必另有它解，如「悾傯裝其懷」句，善注以「悾傯」為困苦，蓋徒《楚辭》王逸注，五臣則謂「悾傯，繁偪貌」，於義為長，此不特立意與之異解耳。又如「希蹤三輔豪，馳聲九州牧」句下，善注云：

> 善曰：《漢書》曰：內史，武帝更名京兆尹，左內史更名左馮翊，主爵中尉更名右扶風，是為三輔。（43／39a）

善注蓋以京兆尹、左馮翊、右扶風為三輔，五臣注云：

> 翰曰：渭城以西爲右扶風，長安以東爲京兆，長陵以北爲左馮翊，
> 此謂三輔也。秩皆二千石。牧，長也。蹤，跡也。言希跡及之，馳
> 聲譽以過之。（同前）

五臣注乃就三輔職司領域，明辨東西，劃以爲界。一就新舊制度沿革言，一
就屬地權限言，立心既別，意可並參。然則凡此皆善注有者，五臣更益己說，
觸類引伸其說耳。抑有善注闕如，但言未詳，五臣力爲疏通，詳其未詳者，
若「聞鳳吹於洛浦，值薪歌於延瀨」句下善注：

> 《列仙傳》曰：王子喬，周宣王太子晉也。好吹笙，作鳳鳴，遊伊
> 雒之間，薪歌延瀨，未聞。（43／36a）

善注僅明鳳吹洛浦之事，下典則書未詳。五臣注云：

> 向曰：周靈王太子晉，吹笙作鳳鳴，游於伊洛之間。蘇門先生游於
> 延瀨，見一人採薪，謂之曰：子以終此乎？採薪人曰：吾聞聖人無
> 懷，以道德爲心，何怪乎而爲哀也，遂爲歌二章而去。言有堅固如
> 此。（43／36b）

於是薪歌延瀨，乃得確解，千載而下，甚難有破之者，至今諸家選文評箋之
作，無論允否，率引五臣注說，若孫志祖蓋嘗疑之，然亦不能終定正誤，此
尤見五臣注之價值也。〔案：孫志祖以爲值薪延瀨疑指延陵季子取遺金事，
然亦僅疑之耳，它如何義門亦以爲如此，民國黃季剛氏從二氏之說。孫說見
引於黎經誥《六朝文絜箋注》，卷八，頁10，臺北：世界書局《中國文學名著》
第六集第卅冊，64年，6月。何說見引於于光華《評注昭明文選》，臺北：學
海出版社，頁829。黃說見《文選黃氏學》頁207，臺北：文史哲出版社，66
年1月。〕

　　它如補善注之略者，猶有三例，分別可觀五臣注之用心焉。
其一「豈期終始參差，蒼黃翻覆，淚翟子之悲，慟朱公之哭」句下，善注云：

> 善曰：終始參差，岐路也。蒼黃翻覆，素絲也。高誘曰：閔其別與
> 化也。（43／36b）

此注不及翟子朱公事由，五臣注因謂：

> 濟曰：參差，不一也。翻覆，不定也。翟，墨翟；朱，楊朱；墨子
> 見練絲而泣之曰：可以黃可以黑。楊朱見岐路而哭之曰：可以南可
> 以北。言周子其一定之志，故宗此二人悲哭以譏之。（同前）

其二「尚生不存，仲氏既往」句下善注：

> 善曰：尚生，子平也。《英雄記》曰：尚子平有道術，爲縣功曹，休
> 歸自入山，擔薪賣以供食飲。范曄《後漢書》曰：尚子平隱居不仕，
> 性尚中和，好通老易。又仲長統字公理，山陽人也。性倜儻，默語
> 無常，每州郡命召，輒稱疾不就。（同前）

此於尚生事，兩引書以釋，不可謂不詳，獨於仲長統事，則嫌語略，蓋無由
見仲氏之志言哉，五臣注遂云：

> 翰曰：嗚呼，歎辭。尚長，字子平。男女嫁娶訖，便隱而不出。仲
> 長統嘗歎曰：若得背山臨水，游覽平原，此即足矣，何爲區區於帝
> 王之門哉！言此二人無使山阿空虛，千載已來，無人賞樂。（同前）

其三「竊吹草堂，濫巾北岳」句下善注云：

> 善曰：偶吹，即齊竽也。偶，匹對之名。巾，隱者之飾。《東觀漢記》
> 曰：江革專心養母，幅巾屝屨。（43／37a）

此注但言二典所出，猶有未盡，五臣再引同書它事，以助疑惑，復就當下文
詞今義，用典之旨，切明陳述，以符隱微暗指之比，說解喻意。如五臣注云：

> 向曰：竊，盜也。濫，僭也。南郭處士盜居吹竽之位。巾，隱者之
> 服也。北岳即北山也。言顯盜居草堂，僭服幅巾，濫吹竽也。（同前）

以上就一文而觀，已見兩注優劣短長之徵，善注於《文選》既有功，闈揚爬
梳，釋事明典，皆有可誦。五臣繼其後而殿其成，踵事增華，互補詳略，別
求異解，豈曰不可廢，尤且必參之，其中勝義佳旨，隨文發示，往往間出，
又不特「寧過而存之，勿過而廢之」之意也。

五臣注《文選》之標準例，可以阮元瑜〈爲曹公作書與孫權〉一文之注
爲例，此文注若不參五臣，只以善注爲依，必不能通曉文意，故五臣注絕不
可廢，豈不可廢，亦絕不可忽視之。

任彥昇〈王文憲集序〉「挂服捐駒，前良取則」。（46／36b）

五臣注：

> 翰曰：魏裴潛爲兖州刺史，嘗作一胡牀，及去，留挂於官第，凡所
> 用物，必皆呼爲服也。王遜爲上洛太守，家有私馬，生駒，留以付
> 郡，謂所產故也。捐，棄也。言前代賢良，取之以爲法則。

> 案：挂服事，善注事未詳，五臣注於此補釋之。於義乃明也。

王元長〈三月三日曲水詩序〉「出龍樓而問豎，入虎闈而齒冑」

善注：

善曰：《漢書・成紀》曰：上嘗召太子出龍樓門。《周禮》曰：師氏以三德教國子，居虎門之左。蔡邕〈明堂月令論〉曰：周官有闈門之學。《禮記》曰：行一物而三善皆得者，唯世子而已，其齒於學之謂也。《尚書》曰：夔典樂，教胄子。（46／18a）

五臣注：

翰曰：龍樓，漢太子門名也。問豎，謂文王爲太子，至寢門外，朝於王季，問於內豎。又曰：今日安否如何？虎闈，教國子之學所也。公卿之子爲胄子，言太子入學，以年大小爲次，不以天子之子爲上，故云齒胄。齒，年也。（同前）

案：「問豎」善注闕，五臣謂文王朝王季問內豎之事，貼合其義。

顏延年〈三月三日曲水詩序〉「隆周之卜既永，宗漢之兆在焉」

善注：

善曰：揚雄〈河東賦〉曰：脈隆周之大寧。《左氏傳》，王孫滿曰：成王定鼎於郟鄏，卜世三十，卜年七百。」（46／8b）

五臣注：

良曰：周室既興，卜年七百。漢丞相陳平等共誅諸呂，使迎代王立之。《文紀》曰：王卜得大橫，占曰大橫庚庚，余爲天王，遂即位爲文帝也。宋爲漢後，故云宗漢，言宋祚將與周漢同也。」（46／8b）

案：善注只注隆周之卜，五臣乃更詳宗漢之兆所出典，前略後詳，又指宗漢一詞於本文之當時意，謂宗漢實與宋祚之代稱也。

「赬莖素毳，并柯共穗之瑞，史不絕書，梯山航海，踰沙軼漠之貢，府無虛月。」（46／10a）

善注：

善曰：《左氏傳》，晉司馬叔侯曰：魯之於晉也，職貢不乏，史不絕書，府無虛月，如是可矣。揚雄〈交州箴〉曰：航海三萬，束牽其犀。

五臣注：

良曰：赬莖，朱草也。素毳，白虎也。并柯，連理木也。共穗，嘉禾也。皆太平之瑞也。言於國史上書之不絕，言常有之。濟曰：言遠方之國，山作棧道，海濟舟航，踰度沙漠，來貢土物，府庫之內，每月無絕也。

案：兩注亦五臣爲詳。若「楨莖」、「素氄」之類，皆太平之瑞物，以應「史不絕書」句，是爲得理之解。

《文選》卷四十五有序三篇，〈尙書序〉，〈春秋左氏傳序〉，〈毛詩序〉，前二篇善皆無注，惟五臣注之。後一篇，善注只略取鄭玄《毛詩箋》數條，其餘亦以五臣注爲詳。此五臣注之價值自不待言。

陶淵明〈歸去來辭〉「眄庭柯以怡顏」

善注：

善曰：《戰國策》曰：扶老攜幼，迎孟嘗君。稽康〈贈秀才詩〉曰：旨酒盈樽。陸機〈高祖功臣頌〉曰：怡顏高覽。」（45／28a）

五臣注：

向曰：柯，樹枝也。怡，悅也。言其枝柯相掩覆，以爲可榮，故悅也。（45／28a）

案：「柯」字善無注復無解，五臣補釋，特拈示庭柯喻意，蓋見其相掩覆以爲可榮也，故悅。詞義爽朗明白。

（五）有獨出己意之創見者

五臣注之字義訓詁，或有不據各本字書，未循古義所限，而自出新解者。此與善注之一字一音，一詞一語，必探本溯源，援引成說，排比字書，以爲訓詁者，其法固自不同。若〈古詩十九首〉「盈盈一水間，脈脈不得語」二句，善注兩引字書謂：

《爾雅》曰：脈，相視也。郭璞曰：脈脈謂相視貌也。」（29／6b）

詳其意，通句謂相隔一水之盈盈，兩相遙視，竟阻隔而不得對言也。其意固無不可解，究少創解，且惟恃字書而拘其說。五臣注反是，但云新出之自解義，不煩引字書，然猶有可觀也。五臣注良云：

盈盈，端麗貌。脈脈，自矜持貌。喻端麗之女在一水之間，而自矜持，不得交語。亦猶才明之臣與君阻隔，不得啓沃也。（同前）

案此解「脈脈」一詞之義，悉出各本字書所限者。但由讀者尋詩所含意以逆之而自解之。且「盈盈」不謂水之清遠，乃謂女之端麗，大異其解矣！因是以演，「脈脈」亦自此端麗之女，矜持自守，遂不得與之語而解之。與善注謂脈脈兩相對視之說亦差，其別在一指一人，一指二人。然則五臣注亦自成一說也。此詩語自身多義之樣態也，既多義，必然得多解矣！五臣注書不惟法

之不同可觀，即注義乃又多助一解，豈云忽之哉！

　　五臣注有釋題長於善注，於義切當於正文者，如王簡棲〈頭陀寺碑文〉，「頭陀」一辭，善注於題下釋云：

　　　　善曰：天竺言頭陀，此言斗藪，斗藪煩惱，故曰頭陀。（59／1a）

蓋以同音相轉釋之，斗藪頭陀，音轉相通。五臣注雖於題下無注，然於「故以頭陀爲稱首」句下注云：

　　　　向曰：大迦葉，佛大弟子也。言法師景行，如大伽葉，故以頭陀爲
　　　　寺之稱首。頭陀，斗藪也。言斗藪煩惱，以歸正眞。（59／10b）

觀此注於名義之始起，與頭陀之辭旨，均較善注爲明爲詳，又言「斗藪煩惱，以歸正眞」，則頭陀辭之轉義殆明矣！

　　曹丕《典論論文》，於「魏文帝」君名下，五臣補釋云：

　　　　向曰：文帝〈典論〉二十篇兼論古者經典文事，有此篇論文章之體
　　　　也。（52／7b）

東方朔〈非有先生論〉，五臣注云：

　　　　良曰：非有，謂無有也，言無有此先生而假立之，以仕吳之事而明
　　　　君臣之義以風之。（51／6b）

王子淵〈四子講德論〉，五臣注云：

　　　　濟曰：四子謂，微斯文學，虛儀夫子，浮游先生，陳丘子也。襃蓋
　　　　假立以爲論端也。（51／11a）

以上三條，其題下善俱無注，惟五臣有注，於選題益有明焉。

　　選文作者可疑者，善注但舉兩說，不明可否，五臣進而疏解，增強例證，並下斷語，此詮釋之道也。例趙景眞〈與嵇茂齊書〉，善注云：

　　　　善曰：《嵇紹集》曰：趙景眞與從兄茂齊書，時人誤謂呂仲悌與先君
　　　　書，故具列本末。趙至，字景眞，代郡人。州辟遼東從事。從兄太
　　　　子舍人蕃，字茂齊，與至同年相親。至始詣遼東時，作此書與茂齊。
　　　　干寶《晉紀》以爲呂安與嵇康書。二說不同，故題云「景眞」，而書
　　　　曰「安」。

此但引《嵇紹集》以爲趙景眞作，又引干寶《晉紀》以爲呂安作，二說不同，未定可否？五臣注乃進而斷之，注云：

　　　　翰曰：干寶《晉紀》云：呂安，字仲悌，東平人也。時太祖逐安于
　　　　遠郡，在路作此書與嵇康。《安子紹集》云景眞與茂齊書。且《晉紀》

國史實有所憑，紹之家集未足可據。何者？時紹以太祖惡安之書，
又父與康同誅，懼時所疾，故移此書於景眞，考其始末，是安所作，
故以安爲定也。（同前）

此明指史書國史可信之理，兼謂太祖惡安書，故家集不敢謂先君作，蓋有隱
情也，故仍定爲安書，觀此文首有「安曰」可證。近人黃季剛先生亦摘取文
中語有「平滌九區，恢維宇宙」之議，以爲實干寶《晉紀》所言，次爲呂安
其人烈，與康志道相合，長懷濟世之願。顧此書氣勢姿態有似之者，蓋黃氏
從知人論世令言之也，然則此書當呂安致嵇康書無疑。〔註：黃季剛說見《文
選黃氏學》，臺北：文史哲出版社，頁 205，黃氏除於篇首定爲安作，另就篇
中文句，舉五例以資旁證，考辨特詳，在前人之上。〕

　　五臣注於選文文詞比喻之意，於善注引舊注之外，復益以己說，獨出機
杼，別爲一解，力與舊注異，倘不先云可否，至少五臣所注比喻旨意，有可
並參互通者。於詮釋學之功，力行「創造性詮釋」之宗旨，頗値一覽。例：

楊惲〈報孫會宗書〉「詩曰田彼南山，蕪穢不治，種一頃豆，落而為萁。
人生行樂耳，須富貴何時」。（41／30a）

善注：

善曰：張晏《漢書注》曰：山高在陽，人君之象也。蕪穢不治，朝
廷荒亂也。一頃百畝，以喻百官也。言豆者，貞直之物，零落在野，
喻己見放棄也。其曲而不直，言朝臣皆諂諛也。臣瓚案：田彼南山，
蕪穢不治，言於王朝而遇民亂也，種一頃豆，落而爲萁，雖盡忠効
節，徒勞而無獲也。

五臣注：

向曰：田，作也。南山陽地而膏腴，以喻其君。良曰：喻朝政亂也。
銑曰：萁，豆莖也，言百官無才，若豆零落不實，空有莖而無益於
時用也。

案：善注引張晏說，同顏師古，惟臣瓚曰，又不見於顏師古書，乃善
別引舊注者。依張晏注意，謂朝臣諂諛，己遭見棄。依臣瓚注意，謂
王朝昏亂，徒勞盡忠孝節。二注微不同，然皆叩其字曲而不直意。五
臣注別爲一說，令空莖釋萁，蓋本顏師古說，然援此以通釋全詩比喻
之意，則謂百官無才，「若萁之空莖不實，遂無益時用」，於是，己不
與爲伍，乃接下文「人生行樂耳，須富貴何時」，意直貫而下，詞旨朗

暢，既以諷當世之亂，並以明己心之志。本傳稱宣帝覽書大恚，蓋嫌此意耳，故王先謙《補注》引周壽昌說以爲，宣帝惡者不係此書，蓋失察之見。〔案：周壽昌說見引於王先謙《漢書補註》，藝文版，頁1311。〕

揚雄〈劇秦美新論〉「上覽古在昔，有憑應而尚缺，焉壞徹而能全」
善注：

言古帝王之興，有憑依瑞應而尚毀缺，焉有行壞徹之道，而全立者乎？言無也。（48／13a）

五臣注：

向曰：覽古者憑仁義而感應瑞，而尚聞有喪缺之理，何有爲壞廢之道而能全乎？言必無全者也。徹，猶廢也。此亦微有意言漢有仁義之德尚缺矣。」（48／13a）

案：此兩注解讀各異，詮釋亦有別。善注此文不謀有諷諫之意，故全文不以隱語而釋。五臣注始終於題下，已明言「非本情也」，蓋「素餐所刺，何以加焉」。故全文即以隱射微旨而發其義。此即其例，於文句譯解更詳，復揭示本文譏刺「漢有仁義之德尚缺矣」云云。自與善注大異其趣。

王仲寶〈褚淵碑文〉「雖無受脤出車之庸，亦有甘寢秉羽之績」
善注：

善曰：《毛詩》曰：我出我車，于彼牧矣。《莊子》，仲尼謂楚王曰：孫叔敖甘寢秉羽而郢人投兵。《慎子注》曰：甘寢，安寢也。（58／29b）

五臣注：

翰曰：《左傳》云：國之大事，在祀與戎。祀有執膰，戎有受脤。脤，祭肉也。言天子遣將，必賜其胙肉也。言其雖無此受脤之功，亦有甘寢秉羽之功。楚孫叔敖甘寢秉羽而郢人投兵也。羽，舞也。言其但安寢以脩禮樂，而有折衝千里之勝。（58／29b）

案：受脤，善注無，五臣引《左傳》以解其典，可助句意。

又如班孟堅〈公孫弘傳贊〉題下，善無注，於史論之體類，乃不得而短也。五臣注翰曰：

翰曰：凡史傳之末作一贊以重論傳內人之善惡，命曰史論。（49／1a）
則補釋傳論體之緣由，並其主旨在論傳內人之善惡。此就史傳論體之大要言
之，至於各篇之撰作心膂，亦嘗分別疏解之於題下，如干令升〈晉紀論晉武
帝革命〉一文謂：

銑曰：論者論革魏命之事。革，改也。言改魏命歸於晉，故史官作
此論以論之。（49／4a）

此揭該文所以爲論之由，及分篇之旨，亦符妥是體之要也。

善注與五臣注皆以釋選文正文字詞音義爲主。然二注之別，厥在引書之
異法。善注引書例皆如原書照錄，不另出釋意，五臣反此，有同於引書出處
者，但約舉原書文意。有簡要明白之利，惜無考於出處，則其弊也。例

**韋弘嗣〈博奕論〉「若甯越之勤，董生之篤，漸漬德義之淵，棲遲道藝
之域」**

善注云：

善曰：《呂氏春秋》曰：甯越，中牟之鄙人也。苦耕稼之勞，謂其友
曰：何爲而可以免此苦耕也？其友曰：莫如學。學三十歲則可達矣。
甯越曰：請以十五歲。人將休，吾將不休，人將臥，吾將不敢臥；
十五歲而周威王師之。《漢書》曰：董仲舒修《春秋》，三年不窺園
圃，其精如此。（52／21b）

此善注引《呂氏春秋》文以釋「甯越之勤」句，復舉《漢書》文以釋「董生
之篤」意。所引《呂氏春秋》即卷二十四〈博志〉文也。惟與今本小異。上
「不」字下原書有「敢」字，「王」字原書作「公」字。

又所舉《漢書》卷五十六本傳原文作：

董仲舒，廣川人也。少治《春秋》，孝景時爲博士。下帷講誦，弟子
傳以久次相授業，或莫見其面。蓋三年不窺園，其精如此。（洪氏版，
頁 2495）

可知善注引書乃節取本段文也。惟引文不變易原書。此善注堅守之例。至於
五臣則反是。於甯越事，亦本《呂氏春秋》，惟引文非原書，甚或增之，有出
原書之外者，至於文意，則約舉之耳。如五臣注濟曰：

甯越常苦耕稼之勞，謂其友曰：何以免此勞？友曰：莫如學，學三
十年可以達矣。越曰：他寢吾不寢，他食吾不食，積年十五以當卅
年足矣！後遂爲周威王師。

顧此可知五臣注非直引原書，已大易原文矣！且增句如「他寢吾不寢，他食吾不食」則非原書所有。此固五臣注不標明出處之由也。至於董生事，五臣注云：

> 董生，董仲舒也，下帷讀書，三年不窺後園。

則易「下帷講誦」為「下帷讀書」，與《漢書》原文之意適相反。此五臣注與善注旨趣大別之處也。

班孟堅〈史述贊‧述高紀第一〉題下

五臣注：

> 翰曰：列題於後者，亦猶《毛詩》之趣也。（50／23b）

復於「班孟堅」下注云：

> 濟曰：固脩《漢書》，自作敘傳而重述其旨。（同前）

案：此後於史述贊之體例並范書作述之旨，與蕭選條例之混，或有執其一端而發之者。先是方伯海云：「此贊宜列從上公孫弘一類，如何夾入論中間，此是昭明混處。」（案：于光華，1977，頁 967）此駁蕭選體類相混，不當別置史論中間。先是，顏師古已駁摯虞流別論，謂此亦「漢書述」，今見善注引但作「漢書述」可證，「古云：班固自論撰《漢書》意，此依仿史記之敘目耳。……然而改言述，蓋避作者之謂聖，而取述者之謂明也。……後之學者，見有述字，因謂此文追述《漢書》之事，乃呼『漢書述』，失之遠矣！」（案：王先謙 A,1772）此語已明揭《文選》分類之不妥，據其意，則不當有「史述贊」，此文既明曰敘傳，蓋亦敘目一類。奈何師古已揭之論，善注竟不察，未有辨訂之語繫題下。且於選文題目移置亦並無考。今則五臣補注之，先明此固脩《漢書》自作敘傳，以確定此文為敘體，次揭文題置後之由，蓋仿《毛詩》之趣也。然則善注實未明其由。故《考異》云：

> 袁本、茶陵本校語云：善本如此，五臣本列在後。案：各本所見皆非也。此連述贊為文，非用為標題，善亦不得在前，蓋傳寫誤移之，而五臣尚未經移耳。後二首同。（胡克家，1979，頁 131）

今見尤本即「高紀贊」連文「史述贊」，而陳八郎本五臣注則〈述高紀贊〉移置於後，知此二本之別。《考異》一意護善注，乃有此誤。黃季剛先生因總前人之說云：「四言頌贊斷宜以班氏為宗，士衡彥伯皆於是出。」（案：黃季剛，

1977，頁 241）似欲別四言頌贊爲一類，以班作爲草創。乃又云：「《文心》云，遷固著書，託讚褒貶，又紀傳後評，亦同其名，而仲洽流別，謬稱爲述，失之遠矣。然則昭明承仲洽之誤者也。」（同前），此云明指昭明分體之誤，自不待辯。總上諸說，先由五臣注發其例，次由方、黃二家定其僞，而師古先見，善注未曾採擇，不免一漏，幸五臣注揭《漢書》本文，明紀贊之旨，後世遂得以更詳其說，疑誤終消，是五臣注之有功選學，此又一例。

（六）其 它

　　五臣注於經學總義，每有闡發，其解經之語，不以引經據注爲能事，而出以隱括總攝之法，語及切中，是又經學界域之一途。然善注亦有釋經之語，往往引經據注，兩者相較，詮釋理路亦自不同。如〈晉紀總論〉「風俗淫僻，恥尚失所，學者以莊老爲宗，而黜六經」句下，善注云：

> 善曰：干寶《晉紀》劉弘〈教〉曰：太康以來，天下共尚無爲，貴
> 談《莊》《老》，少有說事。（49／19a）

善注引《晉紀》劉弘〈教〉語足以明史實之確，知彼時莊老盛行，六經不宜，爲史載有徵者。至於莊老之旨，六經之義，其別何在？旨何所安？則弗及。五臣注遂云：

> 濟曰：淫，過；僻，邪也，言風俗過邪，以高尚爲恥辱，而人失所。
> 良曰：黜，退也。莊老放誕爲德，六經以莊敬爲本，言學者皆尊放
> 誕而退莊敬。（49／19a）

由是知彼時學者所宗者放誕，所退者莊敬，義更顯矣。而莊老六經之別，理在其中。又「故賈后肆虐於六宮，韓午助亂於外內，其所由來者漸矣，豈特繫一婦人之惡乎」句下，善注於六宮者何無解。五臣注云：

> 濟曰：賈后，惠帝后。肆，縱；虐，殘也。六宮，中宮也，言六者，
> 取象坤數也。韓午壽妻，賈后妹也，相助爲妬忌淫亂事也。言晉室
> 不道，而致敗壞，豈獨繫賈后一婦人也。（49／23a）

此注蓋解六宮之名何所起？並其事變之歷。以六宮爲中宮，謂六者坤數也。坤者爲母后，故六宮以指后居之宮。此本之《易·繫辭》象數之旨而解之。知五臣注亦善括隱易學要義以資詮釋之須者。〔案：六宮爲后宮，亦有別證，考鄭玄《周禮注》：皇后正寢一，燕寢五，是爲六宮也，夫人以下分居焉。見《後漢書集解》引，藝文版，頁 154。〕

　　五臣注於經學傳承授受，頗詳於善注，凡於善注此類簡脫之注，皆能補

釋源流始末，較善注之略，未可同日而語。例劉子駿〈移書讓太常博士書〉，善注以爲濟南伏生獨壁所藏《尙書》共得二十九篇，五臣注以爲止二十篇。又於「博士在朝之儒，唯賈生而已」句下，善無注，五臣注云：

> 銑曰：萌芽，謂初始也。眾書謂《禮》《公羊春秋》。諸子，孔子弟子。學官，博士也。在朝之儒生有賈誼作《左傳訓詁》，爲文帝博士也。（43／31a）

此五臣知賈生作《左傳訓詁》。至於「孝武皇帝，然後鄒魯梁趙，頗有《詩》《禮》《春秋》先師，皆出於建元之間」句下，善亦無注，蓋不詳經學淵源。五臣注云：

> 向曰：鄒、魯、梁、趙，四國名。鄒人慶忌受《詩》於浮丘伯，梁人戴德受《禮》於后蒼，賈誼爲訓詁授於趙人貫公。先師，謂前進者。（43／32a）

五臣注有於涉《易》道之選文，不若善注之引《易傳》以釋，乃逕直解之，出以語體之注，而於《易》道，有非原意，終能獨出別解者，可資《易》學之一解。若謝玄暉〈齊敬皇后哀策文〉「厚下曰仁，藏往伊智」兩句蓋用《易‧剝卦》與《繫傳》文，善注已明引之，惜通句未得新解，五臣則具譯之，注云：

> 豐厚在下之人，自不取功，是曰仁。藏已過往之善物，不得知，是惟智也。言皇后兼有此德也。（58／8b）

又五臣注凡釋詞義，每約略引書之旨，不揭書名，獨於《易》書，明示篇名卦稱，是五臣或於《易》道爲詳焉。

如若傳季友〈爲宋公脩張良廟教〉一文即兩引《易》書，一見〈坤卦〉六二爻辭，一見〈易繫辭〉。

袁彥伯〈三國名臣序贊〉「百六道喪，干戈迭用」

善注：

> 善曰：《漢書》：陽九厄曰初入百六陽九。《音義》曰《易傳》所謂陽九之厄，百六之會者也。（47／45a）

五臣注：

> 濟曰：四千六百一十七歲爲一元，一百六歲曰陽九之厄，言漢道喪亂，遭此之厄。迭，遞也。干戈遞用，言亂也」。（同前）

案：五臣注謂四千六百一十七歲爲一元，此說未見，蓋本唐世《易》

學家之說。可持以備論宋人《易》圖之說。

　　五臣解詩，多從忠諫君之意，凡一詩之句意如此解，通首之意亦然。其譬喻之旨亦不離忠諫寓意。若〈古詩十九首〉之「東城高且長」一首。邵子湘以爲但道生死之感，各見作法，謂古詩自「迴車駕言邁」一首以後五首皆如此，道人生死之感也。（于光華，頁 549）孫月峰則舉「西北有高樓」一首以北之，特言二首風格之異。一在饒姿態，一在遒勁。然於此詩之旨，皆未析述。試觀五臣注各詩句並全詩之旨，則別自一解，所解者，率由忠者諫喻之道。即自政治之觀以解之，至於評價詩意，均出於補察治道之意識型態也。故全詩之意，五臣銑注云：

　　　銑曰：此詩刺小人在位，擁蔽君明，賢人不得進也。東，春也，所
　　　以養生萬物。城，可以居人，比君也。高且長，喻君尊也。相屬，
　　　德寬遠也。（29／7a）

此注以刺詩爲注，是以詩語譬喻之意，皆專此而引申之。於是東者喻春養生萬物，城者比人君，相屬指德之寬遠。由是知，凡詩語之喻意，皆指政治之意識型態。蓋一權勢之位，所求如此，應之者，遂不得不符之，以解其外爍之義，此五臣注本出，上之於朝，可以得高力士口宣獎諭之緣由也。此下悉順此而解。故「迴風」者，指人君之號令。「地」者臣位也。「四時更變化，歲暮一何速」，乃解曰：「寄情於政令數移之速。」至於「晨風懷苦心，〈蟋蟀〉傷局促」，善注不明義，但引出處云：

　　　善曰：《毛詩》曰：鴥彼晨風，鬱彼北林，未見君子，憂心欽欽。〈蒼
　　　頡篇〉曰：懷，抱也。《毛詩序》曰：〈蟋蟀〉，刺晉僖公儉不中禮。
　　　《漢書》，景帝曰：局促效轅下駒。（29／7b）

此善注引書，但明「晨風」一詞出處耳，未必即謂善注「晨風」從《毛詩》之旨也。其下「蟋蟀」一詞，始引〈毛詩序〉以解之，亦主刺詩之意。總是，善注或引此引彼，晦暗不明。五臣注始專從逐小人，蔽賢者之喻意以解之。五臣注濟曰：

　　　濟曰：晨風鷹鷂，屬志逐鳥也，而賢人懷苦心，將欲逐小人，如鷹
　　　之逐鳥也。〈蟋蟀〉，《詩》篇名也，言君局促不中禮，不能去小人，
　　　使其蔽賢而不知之。（29／7b）

此五臣注專從刺詩以解之。且非僅據〈毛序〉者。晨風〈毛序〉云：「刺康公也，忘穆公之業，始棄其賢臣焉。」核此兩義，皆在傷賢者不得進之旨。知

五臣注蓋從毛序之刺意以發。然五臣注乃通首皆如此解，其一貫之意無有變易者。試觀以下各句可知。

「蕩滌放情志，何爲自結束。」

五臣注：

良曰：君當去讒佞，行威惠，是蕩滌情志也，左右置小人，佞讒不止，是自結束也。（29／7b）

「音響一何悲，絃急知柱促。」

五臣注：

向曰：響悲，謂悲君左右小人也。絃急，謂政令急也。知柱促，恐君祚將促也。（同前）

「馳情整巾帶，沈吟聊躑躅。」

五臣注：

翰曰：整其衣冠將進用，復懼邪臣所中，故復沈吟也。躑躅，行不進貌。（同前）

總此，知五臣注有其一貫解詩之據。其所據者，非字書，非成說，非前賢之解。蓋以政治爲歸之意識型態也。

五臣注於善注無者，別爲補注。尤於文學批評關涉者，所補注之語，切乎文學批評之眞義，且多有爲後代據以更申明發揮者，則五臣首啓之功，特不可沒。例沈休文〈宋書謝靈運傳論〉「自漢至魏，四百餘年，辭人才子，文體三變。相如工爲形似之言，二班長於情理之說，子建仲宣以氣質爲體」句下善注無，五臣注：

良曰：二班，謂叔皮、孟堅也。情理，謂得事之實也。氣質，謂有力也。三變謂形似、情理、氣質。（50／16b）

此五臣以「情理，謂得事之實也」釋之，後以效力釋氣質。皆獨標新說，可創爲唐人於四百年文變之見識。其後選學家據此以更進論者，若何義門曰：

《詩品》以公幹配陳王，而予意獨在仲宣，及得此論，蓋嘆休文權衡之審矣。（于光華，1977，頁963）

此何義門右沈約說，而駁《詩品》之謬也。其意似亦泥於五臣以有力釋氣質，否則必不能發鍾記室之眛也。蓋《詩品》評公幹有云：「仗氣愛奇」，又云：「氣過其文」。皆指其氣盛，獨不言有耳，徒氣足必無以力舉。故何氏以爲沈約說

是。此必先識氣質之爲有力，不然，恐盲從《詩品》矣！

其後，至民初黃季剛《文選學》更進而言：

> 形似，摹寫事物之情狀也。情理，權論是非也。氣質專上天姿，取
> 其道上也。（黃季剛，1977，頁238）

顧此，知黃氏所論，尚無出五臣意者。惟於氣質之解，以爲天姿遒上。蓋能發前人之未睹，惜以天姿語不明，未若五臣注之以有力釋氣質也。何者？《詩品》以仲宣原出李陵發愀愴之詞，當其遭亂離，文多悽怨，故〈七哀〉之詩，寫兵亂之象，讀之欲絕。其風力殆與李陵同。故曰氣質，故曰有力。

二、五臣注之失

五臣注之失，在於不明引書，無以知其來源。以較善注，凡有徵引，必冠書名作者，其嚴謹撰作，不窃它功，自是不同。

任彥昇〈奏彈曹景宗〉「至乃趙母深識，乞不爲坐，魏主著令，抵罪已輕」。（40／471a）

> 案：此句下兩注大略皆同，故贛州本作「向曰「括果敗而母不坐，故云深識，已輕言輕於常法，餘文同」，然則趙母，見《史記》，《魏主》事見〈魏志〉太祖令，善皆冠書名，五臣不冠，是二注之不同。

其餘尚有補注未善，且前已校，五臣未改者。又於字句訓義並譯解之未安者。請示諸例如下：

班孟堅〈史述贊述韓英彭盧吳傳〉「越亦狗盜，芮尹江湖」。（50／25b）

五臣注：

> 濟曰：苟且爲盜。

> 案：「狗盜」五臣作「苟盜」，遂曰「苟且爲盜」。《漢書》卷卅四：「彭越，字仲，昌邑人也，常漁鉅野澤中，爲盜。」然則《漢書》本文非作「苟盜」可知。至於善注本作「狗盜」，亦非是。班孟堅於本傳書「盜」，復於卷一百紀傳贊作「狗盜」，何自異其文。蓋盜則爲盜，必與狗盜有大小之別，未可泥混。詳其由，乃紀傳贊之文四字爲句，「越亦狗盜」與上句「信惟餓隸，布實鯨徒」皆四句對文，必無單舉「盜」字之理。故曰「狗盜」，此孟堅前後自異之因也。善注復從其誤。

蔡伯喈〈陳太丘碑文〉「先生諱寔，字仲弓，潁川許人也」

善注云：

善曰：范曄《後漢書》曰：寔，潁川許人。《漢書》，潁川郡有許縣，《魏志》曰：文帝黃初二年，改許縣爲許昌縣。然蔡邕之時，惟有許縣，或云許昌，非也。（58／15b）

案：此善注校勘選文，據後出制度以校者，其說是也。選文既成於蔡邕手，當後漢之際，不宜有許昌縣名者。作許縣是。許即今許昌。知善注校勘例從古本之舊。然則五臣注本作許昌，五臣注所據必爲誤改者。今贛州本叢刊本、尤本俱從善本作「許」。

謝希逸〈宋孝武宣貴妃誄〉「家凝霙庇之怨」（57／28a）

案：善注校勘「庇或爲妣」，非也。今陳八郎本乃作「妣」。

王元長〈永明九年策秀才文〉「或設虛待賢」。

五臣注：

語以獄者揮鞞（頁 675 上）

案：「揮鞞」，善注作「揮鞀」，是也。《說文》：鞞，刀室也，從革卑聲。是「鞞」乃刀鞘之謂，何能揮之，五臣改字，誤矣。考《說文》「鞀」字曰：遼也，從革召聲。段注：「遼者，謂遼遠必聞其音也，《周禮注》曰：鼗如鼓而小者，持其柄搖之旁耳，還自擊。」據此，知作「鞀」爲是也。

「又問聚人曰財，次政曰貨」。（頁 677 下）

案：「次政曰貨」，善注引《尙書》「八政，一曰食，二曰貨」，故云次政，是也。五臣注良曰「《書》云：一曰政，二曰貨，次於政下，故曰次。貨，通萬物之名。」如此，五臣與善注立異，而實不通之甚也，蓋今本《尙書》無有作五臣引文者，明知五臣引誤，且貨者，謂掌財物之官也，五臣注非。

羊叔子〈讓開府表〉「未若今日兼文武之極寵，等宰輔之高位也」（頁 696 上）

五臣注：

銑曰：兼文武，謂爲將軍兼儀同也，儀同，同於三公，故云等。宰輔，高位也。

案：文武，指羊叔子身兼車騎及開府。等宰輔即善注指「儀同三司」之意。五臣注謬矣！

「光祿大夫魯芝，潔身寡欲，和而不同。」（頁696下）

　　案：「和而不同」，即《論語》「和而不同」之意，五臣注謂「貞節不同」，謬矣！貞節，陳八郎本作眞潔，誤也。

陶淵明〈歸去來辭〉「恨晨光之熹微」

五臣注：

　　良曰：熹微，日欲暮也。（45／27b）

　　案：注非。「熹」，善注：「熹，亦熙字也。熙，光明也。」故「熹微」不可獨詞爲解，是句蓋謂：恨晨起過早而日光微稀不明也。

桓元子〈薦譙元彥表〉「是以上代之君，莫不崇重斯軌，所以篤俗訓民，靜一流競。」

五臣注：

　　向曰：謂堯讓許由，禹禮伯成。

　　案：前句是，後句非，蓋「崇重斯軌」，乃指前文「洗耳投淵」、「秉心矯跡」之三事，以此三事爲軌而崇重之意。非僅指許由伯成事。

任彥昇〈爲蕭揚州薦士表〉「至乃集螢映雪，編蒲緝柳。」（頁720上）

五臣注：

　　車武子勤學，貧無燈燭，夏則拾螢盛練囊中以爲明，冬取雪以映之。

　　案：五臣注泥「集螢」「映雪」爲一事，失考史實也。《晉書》卷五十三〈車胤傳〉曰：「胤恭勤不倦，博學多通，家貧不常得油，夏月則練囊盛數十螢火以照書，以夜繼日焉。」據此，〈車胤傳〉有集螢事，不及映雪，五臣泥混，失之。考映雪事，見《孫氏世錄》曰：「孫康家貧，常映雪讀書，清介交遊不雜。」善注即引此，是也。

曹子建〈與楊德祖書〉「文之佳惡，吾自得之，後世誰相知定吾文者邪。」（42／19a）

五臣注：

　　向曰：佳，好也。但爲我潤飾之，後代誰知。子建改定吾文也。

　　案：核之前後文意，五臣注非。蓋以「定吾文」爲子建定德祖之文，亦子建知德祖，非其意。黃季剛曰：「意言子定吾文，吾可以自得其佳惡，後世既與余不相知，亦焉貴定吾文耶。其旨如此，非欲假力之建，以欺後世也。」黃說甚是，蓋以後世不相知者，何能定吾文之優劣，

不若子建之與余相知，凡其所定佳惡，彼知之，余亦知之也。當從黃說。〔案：見《文選黃氏學》，頁 199。〕

第五節　善注與五臣注之比較

一、兩注各有別解異說

　　五臣注與善注有同引一書，然間有異文，知五臣所見本固與善不同，至於去取選據，以釋選文正文，蓋注意心有別，旨趣亦異，兩存並觀，可見古書之原貌，能收輯佚之功矣。如孔融〈論盛孝章書〉題下善注云：

　　善曰：與魏太祖。虞預《會稽典錄》曰：盛憲，字孝章，器量雅偉，舉孝廉，補尚書郎，遷吳郡太守，以疾去官。孫策平定吳、會，誅其英豪。憲素有名，策深忌之。初，憲與少府孔融善，憂其不免禍，乃與曹公書，由是徵為都尉。詔命未至，果為權所害。子匡奔魏，位至征東司馬。（41／31b）

此善注引虞預《會稽典錄》，以紀盛孝章事，然於二人交誼始末，金蘭之義則闕，不免美中不足，五臣注同引，乃就此而補書，五臣注曰：

　　翰曰：是書與魏太祖曹操也。《會稽典錄》云：盛憲，會稽人也，漢末為吳郡太守，孫策定江東，以憲江東首望，恐人歸之，囚禁欲殺之。故融作書論之，欲使曹公致書於吳以救之，書未致，已誅矣。初盛憲為臺郎，路逢童子，容貌非常，憲怪而問之，答曰：魯國孔融，時年十餘歲，憲以為異，乃戴歸。與之言，知其奇才，便結為兄弟，升堂見親也。（41／31b）

故知五臣注大有補釋並參之功，使後之讀是書者，知孔融盛憲，知心推舉，既同莊惠，而效死盡義之節，長留古風。《會稽典錄》一書，今已不存，幸賴兩注所引，知其一鱗半爪矣！然則五臣所引又與善注引有異文，詳略互參，五臣注之價值，自不待言矣！

　　善注引文，有全引一段以釋事者，五臣補注，則約舉引文之意而裁剪之。此例多見於五臣注與善注同有者。

　　　曹子建〈求自試表〉「昔耿弇不俟光武，亞擊張步，言不以賊遺於君父也。」（頁 689 下）

五臣注：

> 翰曰：耿弇，光武臣也。俟，待也。弇爲張步所攻，上聞自救之。
> 未至，陳俊謂弇曰：虜盛，可閉營休士，以待上來。弇曰：乘輿至，
> 臣子當以牛酒待，百官反欲以賊虜遺君父耶！遂出擊之，及夜而破，
> 光武救始至。

案：善注所引，與今本《東觀漢記》同，五臣注文則約舉其事，而另出新詞，雖然，不離原書之意，究非原引書正文，然而因此而得剪裁之功，有簡要之便，亦屬二度詮釋之例也，此五臣注之異於善注者。

又善注於字義訓詁，有據傳注之書者，五臣別據字書以釋，與善注不同。

羊叔子〈讓開府表〉「誠在過寵，不患見遺，而猥超然降發中之詔。」
（頁 695 下）

善注：

> 猥，猶曲也。

五臣注：

> 猥，頓也。

案：善注非據字書，乃憑史傳集注以釋。若《漢書》〈梁孝王傳〉、〈朱雲傳〉、〈匡衡傳〉，又《後漢書》〈鄧艾傳〉、〈孔融傳〉等注或集注，「猥」皆釋「曲也」。故曹元首〈六代論〉「猥用晁錯之計」，善注亦曰「曲也」，又諸葛孔明〈出師表〉，曹子建〈上責躬應詔詩表〉俱同。知善所據者史傳注書也。五臣所據，則非，乃字書也。《廣雅·釋言》「猥，頓也」。考「猥」字，《廣雅》凡四釋，或曰眾曰積曰多曰頓。《廣韻》，「猥，犬聲，又鄙也。」與《說文》同。

五臣注或與善注引書不同，然兩注並存，兩義同觀，可收互參比義之功，未可盡廢。

王元長〈永明九年策秀才文〉「永念畫冠，緬追刑厝。」（頁 677 上）

案：「畫冠」一詞出典，善注引《墨子》曰：「畫衣冠，異章服，謂之戮。上世用戮，而民不犯」，固無誤。然則五臣注良曰：「堯畫其衣冠，使異於常人，有犯罪者，使服之，人皆不犯，故永念之」，別引它書，義並可參，且兼釋「永念」一詞，較善注爲詳。

任彥昇〈奉答勑示七夕詩啟〉「臣早奉龍潛，與賈馬而入室，晚屬天飛，

比嚴徐而待詔。」（頁 739 上 a）

善注：

> 善曰：〈答賓戲〉曰：泥蟠天飛者，應龍之神也。《漢書》曰：嚴安、徐樂上疏言世務，上召見，乃拜樂、安偕爲郎中。又曰：東方朔待詔金馬門。

五臣注：

> 翰曰：《易》云：潛龍勿用。謂帝在齊朝時，昉已得承奉也。《法言》，以孔子之門論賈誼升堂、相如入室，昉自言彼時已有升堂入室之聲也。又《易》曰：飛龍在天，謂帝建梁而登極也，漢嚴安、徐樂上疏言世務，昉自云此時同此二人而待詔矣。

> 案：此條注，最能見示兩注之旨趣，善注例皆引書以釋事，而詞旨宗義不費辭墨。五臣則凡善注已引書者，有誤，乃訂之而別引它書，且引書之末，釋事之餘，兼明今義。所謂貫時與並時共生，相成相發明也。

鄒陽〈獄中上書自明〉「司馬喜臏腳於宋，卒相中山。」（頁 729）

善注：

> 《尚書‧呂刑》曰：臏者，脫去人之臏也。郭璞《三蒼解詁》：臏，膝蓋也。

五臣注：

> 翰曰：臏，刖也。

> 案：善注引兩注釋臏，此其字義訓詁之慣例，所謂兩義並成也。五臣注與善異，蓋亦立心與之異，此其注書慣例也。然則各有所本。臏，膝蓋也，《文選‧西征賦》注引同。又《荀子‧正論》「捶笞臏腳」楊注：臏，膝骨也。又曰：臏腳，謂刖其膝骨也。又《古微書》引《尚書‧刑德放》曰：臏者，脫去人之臏也。凡此，皆善注所本。至於《周禮》司刑四、五百。注：臏，刖也。此五臣所本。《說文》：髕，厀耑也，從骨，賓聲。《漢書‧武帝記》：畫象而民不犯。注：髕，去膝蓋骨也。又《漢書‧刑法志》：髕罰之屬五百：注，髕，罰去膝蓋骨。據此，知原作「髕」，《周禮》改之，然其義實同，故兩注可並存而觀。

司馬遷〈報任少卿書〉「修身者，知之符也」。（41／42a）

善注：

> 符，信也。

五臣注：

> 翰曰：府，聚也。

> 案：「符」，五臣作「府」，此五臣與善注選文異文者，故兩注亦別。

「昔者衛靈公與雍渠同載，孔子適陳」。（41／12b）

善注：

> 善曰：《家語》曰：孔子居衛月餘，靈公與夫人同車出，令宦者雍渠參乘，使孔子爲次乘，遊過市。孔子曰：吾未見好德如好色。於是恥之，去衛過曹。此言孔子適陳未詳。

五臣注：

> 向曰：雍渠，閹人。載，謂同車而行，靈公與此閹人同車，孔子爲次車，孔子恥之，去衛之陳也。

> 案：善引《家語》，作過曹，非適陳，因書未詳。五臣注謂去衛之陳，蓋以適陳爲是，兩注不同。

孫子荊〈爲石仲容與孫皓書〉「土則神州中岳，器則九鼎猶存」

善注：

> 善曰：《河圖括地象》曰：崑崙東南地方五千里名曰神州，中有五岳地圖，帝王居之。《左氏傳》，王孫滿曰：成王定鼎於郟鄏。《史記》曰：秦取周九鼎。（43／11b）

五臣注：

> 良曰：神州，洛陽也。中岳，嵩山也。九鼎，九州之金鑄鼎也。存，在也。鼎可烹，故云器。（同前）

> 案：善注以神州爲五千里之土，中岳，謂中有五岳。五臣注以神州爲洛陽，中岳爲嵩山。

劉子駿〈移書讓太常博士〉「泰誓後得，博士集而讚之」（43／32a）

善注：

> 善曰：《七略》曰：孝武皇帝末，有人得〈泰誓〉書於壁中者，獻之。與博士，使讚說之，因傳以教。今〈泰誓篇〉是也。

五臣注：

> 良曰：孝文末，人有得〈泰誓〉於壁中者，獻之，使博士會讀而傳之，今〈泰誓篇〉也。

案：一作武帝末，一作文帝末。

司馬長卿〈難蜀父老〉「故曰非常之原，黎民懼焉」。（44／34b）

善注：

> 善曰：張揖曰：非常之事，其本難知，眾民懼也。《尚書》曰：黎民
> 於變時雍。」

五臣注：

> 翰曰：非常人，聖人也。原，本也。言立聖人之功本，則眾人見而
> 懼。

> 案：顏師古《漢書注》曰：「非常之事，其始難知，眾人懼之。」（藝
> 文版，頁1203）蓋《漢書》「原」作「元」，師古訓「元」為「始」，故
> 有是解。然則師古此譯解或本之張揖說，而闕其名，善注乃引張說，
> 不從顏注。五臣注復譯解非常人為聖人，乃立異與前二注別，另生新
> 解。凡五臣注於舊注有者，必訓為別用，此其一貫之例也。

顏延年〈三月三日曲水序〉「旌門洞立，延帷接枑」

善注：

> 《周禮》曰：王之會同，為帷宮，設旌門。揚雄〈蜀都賦〉曰：延
> 帷揚幕，接帳連岡。又《周禮》曰：王之會同之舍，設梐枑再重。
> 杜子春曰：梐枑，行馬也。

五臣注：

> 銑曰：延帷謂列帷，使相接而迴枒也，枒即牙也。（46／12a）

> 案：枑字，叢刊本有校語云「五臣本作枒字，音牙。」知此善注、五
> 臣注兩異也。《說文》：枑，行馬也，從木互聲。《周禮》曰設梐枑。《說
> 文》引與善注同。又《晉書音義》「故書枑為柜」云：枑，行馬也。《說
> 文》：枒，木也。從木，牙聲。一曰車輞會也。案兩注義並可通，依善
> 注謂延張帷幕，行馬接續。依五臣注謂延張帷幕，車輛連接。

范蔚宗〈逸民傳論〉「蓋錄其絕塵不及，同夫作者，列之此篇」。（50／
14b）

> 案：「不及」，五臣本作「不反」。善注引《莊子》、司馬彪注，謂言不
> 可及也。意謂此逸民之行，若絕塵奔逸之不可及。五臣注則曰：「謂絕
> 塵離俗，往而不反者。」意謂此逸民皆如絕塵離俗，往而不反者。反

即返也。然則二家之說義並可通，依善注，則我人凡俗不及逸民，依五臣注，則逸民皆往而不返。

王簡棲〈頭陀寺碑文〉「唱無緣之慈而澤周萬物」。（59／5a）

善注：

> 善曰：夫行慈者，以眾生爲緣，眾生爲緣，則慈無所寄。故大士之慈，離於眾相。離相行慈，名爲無緣。無緣生慈，是爲眞實。以斯而唱，則物無不周。

五臣注：

> 向曰：大事之慈，空中而行，空中行慈，故爲無緣之慈。

案：此二家注「無緣之慈」譯解不同。善注大抵據佛經順文以釋，不另增意，所守者佛經本意之謂。五臣注益以創造性解釋，以空中行慈爲無緣之慈，著一空字，與善注行慈無所寄之意，乃一實一虛之謂也。雖然猶不可定何說爲是，必正文有歧義使然也。

「演勿照之明，而鑒窮沙界」。（59／5a）

善注：

> 善曰：夫以明照物，明盡則照窮。而勿照之明，猶無得之得，無得而得，斯爲眞得。故勿照之明，斯爲眞明矣。演眞明而廣照，何止鑒窮沙界乎。

五臣注：

> 濟曰：演，廣；勿，無也。大聖無私，萬品無有不盡照者，故以無私照之，明而鑒，極於沙數之界。

案：善注釋解「勿照之明」，合文爲解，訓爲有明，與無得而得斯爲眞得，類此而訓。故謂以眞明而照，則何止鑒窮沙界？據此，則勿照之明，當別有專義，與不施之捨、無緣之慈、無有之有、無空之空，皆釋家常話。非凡義可訓。故善注拘之而不敢申演。五臣注逕以「勿，無也」注之。勿照，謂無私照，勿照之明，猶曰廣照、徧照、盡照之明，既盡而照之，乃能窮極沙數之界也。此善注以虛義，五臣注反以實義之別也。又此「演勿照之明」者，據善注，當屬之至人，下引《僧肇論》曰「至人虛心實照，理無不統」可證。五臣注則易以大聖無私照。蓋以爲勿照者聖人之勿照，準此，所指非釋可知。下引「導亡機之權而功濟塵劫」，善注仍以導者爲至人，五臣注則逕謂聖人以有機之

權，蓋謂導引者，乃聖人也。凡此皆五臣釋解，援儒以注佛之義。大與善注不同。

二、兩注引書互有詳略

善注與五臣注引書之爲用，亦稍別殊，先是善注《文選》例多釋事忘義，釋事者，兼及引書以明語詞出處。《文選》全書注文多類此。然猶有引書不明出處，但取喻意，以與正文符之，此善注偶或爲之〔案：見本章善注條例一節示例〕。五臣注則反是，其注文例多不引書，惟參之前說，出以己意。《文選》全書五臣注例多如此，然則猶有出乎者。即五臣注引書在明出處，與善注但取後出書之喻意者不同。若陸機〈園葵詩〉首四句「種葵北園中，葵生鬱萋萋，朝榮東北傾，夕穎西南晞」，蓋陸機謝穎之詩，以葵爲喻，取其向日之誠，以喻君臣相契之知。善注云：

　　《淮南子》曰：聖人之於道，猶葵之與日，雖不與終始哉，其鄉之
　　誠也。高誘曰：鄉，仰也。誠，實也。（29／28b）

此引《淮南子》文，非在明四句之出處，惟取引書取喻之意，以類同四句所託，皆所謂鄉之誠也。可知此引書之用在取其喻意。五臣注則反是，先注云四句用葵爲喻，取其能衛足而向日，隨之傾側，注云：

　　銑曰：葵性衛足，朝日出則東，榮葉向東傾，夕陽在西，則傾心向
　　日。穎，心；晞，日也。（29／28b）

知五臣注乃引《左傳・成公十七年》傳文云：「仲尼曰鮑莊子之知不如葵，葵猶能衛其足。」注云：「葵傾葉向日，以蔽其根，言鮑牽居亂，不能安行言孫。」（阮元，頁482）此五臣注本意如此，此間，不惟示原詩四句以葵爲喻之出處，且示其喻意者，厥在能衛其足。能衛其足者何？曰能自操其守，不踰份而行，即注云「能安行言孫」也。據此，五臣注之取喻在衛足，與善注取喻在向日，雖同體而義則分殊。五臣注從始源出處以發其意，善注從後出轉生之意以申其喻，二者旨趣不同，釋意雖似而實異，不可不辨。蓋所見者異，注亦不同，二家注之析別處在此。然不論始出抑轉生，皆各見一面可助一解，允宜並參，庶幾通徹，此之謂文學詮釋之道也。

　　任彥昇〈爲褚諮議蓁讓代兄襲封表〉「昔武始破家臣之策，陵陽感鮑生之言，張以誠請，丁爲理屈。」
　　善注：

善曰：《東觀漢記》曰：張純，字伯仁，建武初先詣闕，封武始候。子奮，字穉通，兄根，常被病。純病困，勑家丞翕：司空無功，爵不當傳嗣。純薨，大行移書問嗣，翕上書，奪詔封奮。奮上書曰：根不病，哀臣小稱病，今翕移臣。又曰：丁綝爲陵陽侯，薨。長子鴻，字季公，讓位於弟盛，逃去。鴻初與九江鮑駿友善，及鴻亡，駿遇於東海，陽狂不識駿。駿乃止讓之曰：今子以兄弟私恩，而絕父不滅之基，可謂智乎？鴻感悟垂涕，乃還就國。

五臣注：

張純，武始侯，臨終，勑家丞曰：我無功於時，猥蒙爵士，身死之後，勿議傳國。復光武封其子奮嗣侯，以父遺勑，違詔不受，有詔書下獄，惶懼乃受也。

案：兩注引同書，然詳略互異，蓋裁取之功，各有所長，善注多「勑家丞翕司空無功爵不當傳嗣」，而五臣不載家丞名。又多「大行移書問嗣，翕上書奪詔封奮，奮上書：根不病，哀臣小稱病，今翕移臣」諸語，亦五臣本所無。且五臣以奮上書，而善注多翕奪詔封奮，事皆不侔。考《後漢書》卷三十五〈張曹鄭列傳〉：「奮，字釋通，父純，臨終勑家丞曰：『司空無功於時，猥蒙爵士，身死之後，勿議傳國。』奮兄根，少被病，光武詔奮嗣爵，奪稱純遺勑，固不肯受。帝以奮違詔，勑收下獄，奮惶怖，乃襲封。」（洪氏版 1198）據此，知五臣據《後漢書》而注，善則據《東觀漢記》，故有家丞名歙。由是知，凡善注引書以釋典故者，五臣有別書可引，必引別書，此立意與善注有等差也。

又有同一事典，善注與五臣注所引出處不同，但善注記明出處，五臣則闕。

張景陽〈七命〉「單醪投川，可使三軍告捷。」（頁 661 上）

案：此事善注引〈黃石公記〉，五臣注引楚晉之戰，但不注所出，雖所引不同，而善注於引事之末，另析其意曰：「夫一簞之醪，不味一河，而三軍思爲致死者，以滋味及之也。」如此詞旨曉白，不覺其贅，是以較五臣爲優。

善注引書以明選文語詞出處，亦有誤引而不符者，五臣注乃別引同書它文，以符選文典語。

孫子荊〈為石仲容與孫皓書〉「并敵一向，奪其膽氣」（43／14b）
善注云：

> 善曰：兵法曰：三軍可奪氣，將軍可奪心。

此善注引《孫子兵法・軍爭篇》文，然不符選文正文，蓋善誤引也。
五臣注云：

> 兵法曰：并敵一向，千里殺將。奪其膽氣，言威可奪蜀將士之膽氣
> 也。

此五臣另引《孫子兵法・九地篇》文也，蓋即出此，引文意亦然，集註
曹操曰：「并兵向敵，雖千里能擒其將也。」，又王皙曰：「并兵一力以向之，
乘勢可千里而覆軍殺將也。」當即此意。〔案：參《孫子集註》，臺北：商務
印書館，四部叢刊本，頁160，頁91～92。〕

丘遲〈與陳伯之書〉「如何一旦為奔亡之虜，聞鳴鏑而股戰。」
善注：

> 《音義》曰：箭鏑也，如今鳴箭。（43／23a）

五臣注：

> 鳴鏑，髀也。（43／23a）

王元長〈三月三日曲水詩序〉「臣聞出豫為象，鈞天之樂張焉」
善注：

> 善曰：《史記》，趙簡子病，二日而悟，曰：我之帝所甚樂，與百神
> 遊于鈞天，廣樂九奏萬舞。《莊子》曰：北門成問於黃帝曰：帝張〈咸
> 池〉之樂於洞庭之野。（46／14a）

五臣注：

> 良曰：《易・豫卦》云：先王以作樂崇德。象則易象也，鈞天乃天帝
> 樂也。（同前）

案：「出豫爲象」句之出典，善注闕，惟據胡克家《考異》所見袁本善
注有引《周易》文，胡氏曰：「袁本作『張樂已見上文。《周易》曰：
時乘六龍以御天』，十六字，是也，茶陵本誤與此同。」（藝文版，頁
123）蓋指善注「《莊子》曰」以下至「洞庭之野」止，袁本別作如上
引十六字，知尤本善注與袁本不同。然則，從袁本之注文善注，此引
〈豫卦・大象傳〉文也，即合文意。至於易，言易象，蓋即〈豫卦〉
之象也。

三、善注非是者

〈古詩十九首〉「玉衡指孟冬」(29／4)

善注：

> 《春秋運斗樞》曰：北斗七星，第五曰玉衡。《淮南子》曰：孟秋之
> 月，招搖指申。然上云促織，下云秋蟬，明是漢之孟冬，非夏之孟
> 冬矣，《漢書》曰：高祖十月至霸上，故以十月爲歲首。漢之孟冬，
> 今之七月矣。

案：此善注以爲孟冬指漢太初曆所改十月歲首之孟冬，故即漢之七月，
非夏正之十月。善注。蓋下文已明言秋蟬鳴樹間，知其時屬秋。且第
十七首復言「孟冬寒氣至，北風何慘慄」。明指即夏正之孟冬，則何自
相矛盾之至。五臣於此無說。清人何義門從善注說，且以爲自此詩始
作太初以前，自十七首「孟冬寒氣至」則作太初後。（于光華，頁 548）
近人黃季剛氏從其說，謂此第十七首作太初後。（黃季剛，頁 136-137）
然則方廷珪《文選集成》疑「冬」字是「秋」字之誤，如此則語順意
暢矣！惟其改字無所據。余考今存各本單注與合併注之宋本者，若廣
都本、贛州本、明州本、尤本、陳八郎本、叢刊本等，諸本俱作「孟
冬」，其餘袁本茶陵本亦同。知《文選》正文如此，此後近人祝文白〈文
選六臣訂譌〉一文從之，亦以爲三代改正，不改月數，秦漢亦然，知
十月仍爲孟冬。（謝康，頁 149-150）考改曆但改歲首，不改月份之說，
王先謙已明云：「秦二世二年及此元年，皆先言十月，次十一月，次十
二月，次正月，俱謂建寅之月爲正月也。秦曆以十月爲歲首，漢太初
曆以正月爲歲首。歲首雖異，而以建寅之月爲正月則向。太初元年正
曆，但改歲首，未嘗改月號也。」（王先謙，頁 38-39）知漢之孟冬仍
爲十月，則玉衡指孟冬，自不誤。惟下句云「眾星何歷歷」，明指時辰，
即夜視星之時也。於是，近人金克木別有解，謂玉衡所指孟冬，乃半
夜時辰所在之位置，其位或在申酉之間，即西方之位也。金氏曰：「由
遙詩已說秋天，可知玉衡指孟冬句乃說一日時刻而不是說一年的節
令，就時刻說，孟秋或仲秋的下弦予月時（陰曆二十二，二十三日）
或後一、二日，夜半與天明之間，玉衡正指孟冬（亥，西北），同時月
皎星明。」（國文月刊 63 期）據此，則稍可貫串全詩，得其通解而無
礙窒。且下文有「南箕北有斗」之北，「牽牛不負軛」之譏。知詩人此

時或正愁困難眠，憑欄枯坐以觀星也。此說是，善注說非。

潘安仁〈馬汧督誄〉「偵以瓶壺，剦以長塹」。(57／12b)

善注：

> 善曰：〈解嘲〉曰：雖其人之贍智哉。《字書》曰：贍，足也。徐爰
> 〈射雉賦注〉曰：剦，割也。《說文》曰：塹，坑也。七豔切。(57
> ／12b)

五臣注：

> 良曰：博，廣也。贍，足，偵，覗。剦，掘也。言賊爲地道攻城，
> 敦乃掘塹置瓶壺以覗之，皆知所在也。(57／12b)

> 案：剦或釋曰割，或釋曰掘。字書俱無此字，從善注義失不得解，從
> 五臣注義較可取。

陶淵明〈陶徵士誄〉「夫璿玉致美，不爲池隍之寶，桂椒信芳，而非園
林之實。豈其深而好遠哉，蓋云殊性而已。故無足而至者，物之藉也。
隨踵而立者，人之薄也。」(57／20b)

善注：

> 言物以希爲貴也。

五臣注：

> 翰曰：言人以難得爲貴，易致爲賤也。

> 案：善注通釋全句失解，五臣注稍通其義。黃季剛有說云：「注非也，
> 此及下文同意，言物因藉而至，人隨踵而立，皆不足貴也。無足而至
> 即承璿玉不畜池隍，桂椒不入園林，而反言之。此四句承上關下，下
> 云，物尚孤生，則無足而至者，亦不足貴也。」(黃季剛，頁 264)黃
> 先生說甚是，今從之。

「依世尚同，詭時則異，有一於此，兩非默置，豈若夫子因心違事。」
(57／23b)

善注：

> 善曰：言爲人之道，依俗而行，必譏之以尚同。詭違於時，必譏之
> 以好異。有一於身，必被譏論，非爲默置。豈若夫子因心而能違於
> 世事乎，言不同不異也。《莊子》曰：烈士懷植散群，則尚同也。郭
> 象曰：所謂和其光，同其塵。班固《漢書》曰：東方朔戒其子以上

容。首陽為拙，桂下為工。飽食安步，以仕易農。依隱玩世，詭時不逢。《毛詩》曰：因心則友。

五臣注：

　　向曰：詭，反；置，捨也。凡人依於世者必務與世同，反於時者必務與時異，皆非默捨與道之俱也。翰曰：能和而不同。夫子，謂潛也。

　　案：黃季剛先生以為善注非是。通句謂依世則尚同，詭時則尚異。二者皆有可議，不如默置也。

陸士衡〈五等諸侯論〉「皇祖夷於黥徒，西京病於東帝」（54／8a）

善注：

　　皇祖，高祖也。〈南都賦〉曰：皇祖止焉。《史記》曰：淮南王黥布反，高祖自往擊之，布走。高祖時為流矢所中，行道病。杜預《左氏傳·注》曰：夷，傷也。《楚漢春秋》曰：下蔡亭長罵淮南王曰：封汝爵為千乘，東南盡日所出，尚未足黔徒群盜所邪！而反，何也。然黥當為黔。《漢書》曰：吳王濞反，削吳會稽、豫章郡，書至，起兵反。以袁盎為太常，使吳，吳王聞盎來，知其欲說，笑而應曰：我已為東帝，尚誰拜？不肯見盎也。

五臣注：

　　濟曰：黥徒，黥布也。西京，謂景帝都西京也。東帝，吳王濞也。

　　案：善注先引《史記》以為黥布之徒，蓋指高祖為流矢所中事。次引《楚漢春秋》有黔徒群盜語，遂又駁前引書，以為黥當作黔。於是正誤反倒矣！五臣逕指黥徒，黥布也。頗切正文，合於史實。

「使其並賢居治，則功有厚薄，兩愚處亂，則過有深淺」。（54／13a）

善注：

　　言八代同建五等，而廢興殊迹者，譬並賢居治，而功有優劣也。言秦漢同立郡縣，而脩短異期者，譬兩愚居亂而過有輕重也。

五臣注：

　　向曰：言使諸侯與郡縣並賢而理，則諸侯以長乂而功多，郡縣長以數易而功少，若愚處亂，則諸侯以累世流惠，過乃淺矣，郡縣長以侵人利己，過則深焉。

　　案：黃季剛謂「並」「兩」皆謂封建郡縣也，注誤。（黃季剛，頁253）

據此，則五臣注譯解以諸侯與郡縣並賢而比較之，謂封建功多而郡縣功少。若處亂，則亦封建過淺而郡縣過深。如此而重申五等諸侯之必要也，殆合選文正文意。故五臣注爲是。

陸機〈演連珠〉「臣聞衝波安流，則龍舟不能以漂。震風洞發，則夏屋有時而傾。何則？牽乎動則靜凝，係乎靜則動貞」。（55／13b）

劉孝標注：

> 言舟牽乎水，波靜而舟定，故曰靜凝也。言屋係乎地，風動而屋傾，是動貞也。

善注：

> 屋雖靜，而爲動之所牽，則靜止而爲動也。鄭玄《儀禮注》曰：凝，止也。自定之貌也。舟雖動，而爲靜之所係，則動止而爲靜也。《周易》曰：貞，正也。然此文勢與上句稍殊，不可以文而害意也。

五臣注：

> 翰曰：凝，止也。舟牽水是動也，以波安而反。靜，止也。銑曰：屋係於地是靜也，風震而動正也。

案：此文有舊注劉孝標注文，自不誤，五臣注依襲之，亦不差。善注則適與二注反。大失原義。蓋上句「牽乎動則靜凝」指舟本動而無波則止，善注誤倒曰屋。下句「係乎靜而動貞」，蓋謂屋本靜，因風則動，善注反倒曰舟。互易其義，遂失解矣！然猶自矜其是，不肯從正文之原句，勉強爲釋，又覺失其眞。善注遂又因此故而自訂條例以約之，謂文勢稍殊，不可以文害意。實蛇足之例也。此善注因失解而訂條例之錯也。〔案：善注之失，黃季剛亦有詳說，參黃季剛1977，頁259。〕

陸士衡〈豪士賦序〉「況乎伐主制命，自下財物者哉」（46／3b）

善注：

> 善曰：后以財成而臣爲之，故云自下。《尸子》曰：天生萬物，聖人財之。

五臣注：

> 向曰：異世所聞將讖於君者，尚以爲大逆之道，況乎今者，代天子之政以行制命，自臣下而裁成於物，此爲臣陵其君，非臣下之道。
>
> 案：贛本、叢刊本、《晉書》本傳，「財」字俱作「裁」，是也。「裁」與上句「制」對文。蓋即裁成萬物，意謂爲人臣下者欲自爲主張，擅

權以裁成諸物，豈可成乎？善注譯解非。引《尸子》文亦疑當作「裁」
字。故五臣注近是，全句以「非臣下之道」釋之，句完意暢。

司馬長卿〈難蜀父老〉「而勤思乎參天貳地」

善注：

> 己比德於地，是貳地也。地與己并天，是三也。（44／35b）

五臣注：

> 濟曰：參，比也。言君德比於天而與天同一，能合於地故云貳地也。」
> （同前）

案：善注乃從師古說也，五臣別解與之異，但二說猶未審。「參天貳地」，
即參天兩地，《易繫辭》傳：「參天兩地而倚數。」孔穎達疏：參，奇
也，兩，耦也，取奇數於天，取偶數於地。故此句蓋謂君子德配於天
地也。五臣稍近是，惜語焉未詳。

四、善注是者

（一）善注權衡文義，引伸比類，五臣注枯守文義，不知變通。

張景陽〈七命〉「乃有圓文之狷，班題之豵。」（頁657上）

案：豕一歲曰狷，豕生三子曰豵。惟此二句置之張景陽〈七命〉一文
中，當有別義，五臣但注云「狷、豵，獸名」，失之泥也。善乃發揮之，
謂「然此狷、豵，指諸獸，不專論豕也」，似為得之。

（二）注書態度謹嚴或否，善注遠超五臣之上。

凡善注一音一義，一事一詞，必先引其所從出，據本書或它書以證，其
有不足，再補己意，以助詮解。五臣則反是，尠出典，闕來歷，音義但憑己
意，詞旨每依偏解。

張景陽〈七命〉「音朗號鐘，韻清繞梁。」

案：號鐘，善注引楚辭「操伯牙之號鐘兮，挾秦箏而彈徵。」繞梁，
善注引《尸子》「繞梁之鳴，許史鼓之，非不樂也，墨子以為傷義，故
不聽也。」依善注，出典旨意俱明，五臣注，但曰「號鐘、繞梁，並
琴名也。」不惟蛇足，復又增疑。蓋既曰琴名，當明出處，而五臣未
引。考梁元帝《纂要》曰「古琴名，有清角……號鐘，自鳴空中。……
繞梁，楚莊王琴名。」惜五臣注未進其說也。

（三）五臣妄改本文，援注文以屈就之，善則並參比類，詳本文語詞
　　所從出。

枚叔《七發》「使琴摯斫斬以為琴。」

善注：

　善曰：《論語》曰：師摯之始，〈關雎〉之亂，洋洋乎盈耳哉。鄭玄
　曰：師摯，魯太師也，以其工琴，謂之琴摯，猶京房善《易》，謂之
　易京。

五臣注：

　良曰：班，公輸班。爾，王爾。皆古之工人。（頁637）

　案：「琴摯」一詞猶如「易京」，有其典故淵源，五臣不解，先妄改「琴
　摯」為「班爾」，再以公輸班，王爾例釋之。實誤矣！

（四）五臣錯解詞義，善則引出處以明其義。

枚叔《七發》「九寡之珥以為約」

善注：

　《列女傳》曰：魯之母師，九子之寡母也。不幸早失夫，獨與九子
　居。

五臣：

　九寡，九度寡也。（頁637）

　案：「九寡」一詞，據《列女傳》當指九子之寡婦也。五臣以「九度寡」
　釋之，未免荒唐。

「眾芳芬鬱，亂於五風」。

善注：

　遁甲開山圖曰：五風，異色也。

五臣注：

　翰曰：五風，宮商角徵羽之風也。

　案：此條善注為是，善但引出典，而五臣以五音釋五風，未審原義也。

（五）五臣縱使有補善注例，猶不明出處，勉強訓解，亦不合注書體
　　例。

枚叔《七發》「景春佐酒，杜連理音。」

善注：

杜連未詳。

五臣注：

良曰：杜連，即田連，善鼓琴者。（頁639）

案：五臣注但揣測原文「理音」二字，遂想當然耳以杜連爲善鼓者，惜未引出處，未能信人。

（六）善有未詳地名，五臣補注，仍不能詳其地。

枚叔〈七發〉「臨朱汜而遠逝兮。」

善注：

朱汜，蓋地名，未詳。

五臣注：

良曰：朱汜，南方水涯也。（頁641）

案：南方水涯，籠統其詞，亦未能詳其地。

「或圍之津涯。」（頁642）

善注：

或圍，蓋地名也。

五臣

翰曰：或圍，津名。

案：或圍，善注既曰地名，然猶未詳其地，五臣易以津名，亦未詳其地。

張景陽〈七命〉「大梁之黍。」

善注：

大梁黍，未詳。

五臣

良曰：大梁，郡名，出黍。（頁660上）

案：此注，五臣曰郡名，未詳何地。

（七）善注據文意，五臣注據詞組結構。

枚叔〈七發〉「似神而非者三：疾雷聞百里；江水逆流，海水上潮；山出內雲，日夜不止。衍溢漂疾，波涌而濤起。」

案：此段文字，善注以爲「疾雷聞百里」是「似神而非」的一種，「江水逆流，海水上潮」是其二，「山出內雲，日夜不止」是其三，與五臣

注分法不同。五臣注以善注一二合併爲一，另添「衍溢漂疾，波湧而濤起」爲其三。但未明理由。今考善注分法，一就濤之聲而言，二就濤之流而言，三就濤之形而言，其意至明，五臣但據詞例，以四字句雙式爲斷，因此，別添第三類。其實蛇足也。而且，第三類實涉下句而言，非指前段意。

（八）五臣偶文異字，據異文以釋義，往往不切，未若善注依原文而釋，反能進其詳。

枚叔〈七發〉「踰岸出追」

善注：

追亦堆字，今爲追，古字假借之也。

五臣注：

塠，高貌也。

案：「追」字，善依本字引〈上林賦〉注而釋音義，「追」假借「堆」，皆以動詞＋名詞組構，五臣妄改「追」爲「塠」，另注都迴切，再釋以高貌，則似爲動詞名詞＋動詞形容詞，不合詞例至明。

五、五臣注非是者

五臣注因出五人之手，固不免同釋一詞而互相矛盾之語，於選文注釋，有莫衷一是之虞，不若善注殆出一手，始終可定，前後不易。此五臣注先天之限格也。如魏文帝〈與吳質書〉「別來行復四年」句，善注：「行猶且也」，蓋以「行復」爲「且又過」四年之意。五臣注銑曰：「行謂四時運行，復謂寒暑往復也。」（42／12a）如此「行復」繁瑣滋多，疑上加疑，不若善注之簡明切當然。下文「既痛逝者，行自念也」句下，善無注，五臣注向曰：「痛死者逝去，行復自念於己，終當於此。」（42／13b）細審其意，當以行復，爲且再、且將之意，固知前文「行復四年」之行復，亦當作且將解，惜此條注出向手，前文出銑曰，注者既二人，終難協取一貫，致令矛盾矣！

應休璉〈與廣川長岑文瑜書〉「土龍矯首於玄寺，泥人鶴立於闕里」。（42／33b）

善注：

善曰：《淮南子》曰：聖人用物，若用朱絲約芻狗，若爲土龍以求雨，

芻狗待之而求福，土龍待之而得食。高誘曰：土龍致雨，雨而成穀，
故待土龍之神，而得穀食。玄寺，道場也。《風俗通》曰：尚書御史
所止皆曰寺，故後代道場及祠宇皆取其稱焉。《淮南子》曰：西施，
毛嫱，猶供醜也。高誘曰：供醜，請雨土人也。司馬彪《續漢書》，
梅福上書曰：仲尼之廟，不出闕里。

五臣注：

濟曰：土龍、泥人，並祈雨之物也。矯，舉也。玄寺，謂祈雨祈鬼
神之事，故玄寺寺司也。鶴立者，言如鶴之望也。闕，天子闕也。
里，閭里也。」

案：善注以「玄寺」爲名詞，以與下句「闕里」對文，故玄寺即道場
祠宇，蓋謂道場以土龍致雨也。五臣注以寺司，通假字，謂司事鬼神
祈雨之事也。然則玄寺對闕里，皆地名，土龍對泥人，蓋物名，似不
宜別「闕里」爲二字之義，亦不當以「玄寺」爲動詞之稱也。

陸士衡〈豪士賦序〉「且好榮惡辱，有生之所大期，忌盈害上，鬼神猶
且不免」。

善注：

《周易》曰：鬼神害盈而福謙。（46／3a）

五臣注：

良曰：忌人盈滿，而下之陵上者，則鬼神害之也。（46／3a）

案：善注引《易》謙卦象傳爲釋。是也。《周易集解》，崔憬曰：「朱門
之家，鬼闞其室。」此句蓋謂：鬼神之道，常福庇謙讓之人，而施災
滿盈之家。此述居功謙退之高行，勸齊王冏有以效之也。與上句對文。

范蔚宗〈後漢書二十八將傳論〉「選德則功不必厚，舉勞則人或未賢，
參任則群心難塞，並列則其弊未遠」。（50／3a）

善注：

善曰：言選德棄功，參差雜用，即怨望必多，故云難塞。若論功棄
德，並列於朝，即葅戮相仍，故云未遠。（50／3a）

五臣注：

濟曰：若選有德則無功，若選有功則無德。參，三也，若三分而任，
則眾意不滿，中半並列，其政之弊，則不遠矣。（50／3a）

案：二注大抵意無別，其關鍵則在「參」字。善注以「參」字謂「參

差雜用」。五臣以「參」爲「三」，謂「三分而任，則眾意不滿。」蓋語意不清，誤矣。當從「參差雜用」意爲是。《後漢書》卷二十二章懷太子注：「參任謂兼勳賢而任之，則群臣之心各有覬望，故難塞也。」（《後漢書集解》，藝文版，頁 259）此注蓋以爲參任者，參勳賢而任之，或勳大而任，或賢高而用；何所依憑，具無準式，若兼參而用，顧此失彼，眾心難平，則必有「難塞」之慮。此或本之善注。蓋其時二人並世，或彼此兩注同見，互有參酌。然則，作參差解是，五臣注謂「三也」非。

陸士衡〈五等諸侯論〉「六臣犯其弱綱，七子衝其漏網」。（54／7b）

善注：

> 善曰：《漢書》，賈誼曰：大抵彊者先反，及淮陰王楚最彊，則先反。韓信倚胡，則又反。及貫高因趙資，則又反。陳豨兵精，則又反。彭越用梁，則又反。黥布用淮南，則又反。盧綰最弱，最後反。然誼言八而機言六者，貫高非五等，盧綰亡入匈奴，故不數之。

五臣注：

> 翰曰：勢足者，謂地廣兵足故爲叛疾也。土狹者逆遲，謂終懷逆心，爲其土狹勢不足，故爲逆遲也。向曰：六臣謂燕王臧荼、韓王信、淮陰侯韓信、梁王彭越、淮南王黥布、燕王盧綰等，皆反。

案：正文作六臣，核之賈誼說不實。善注以爲六臣者乃去八臣之貫高、盧綰不數之，合得六臣。五臣注則混數之，韓王信、淮陰侯韓信，實一人而析爲二。又不去盧綰，漏數貫高。據其目實五人，與正文不合，善注是。

謝希逸〈宋孝武宣貴妃誄〉「純孝擗其俱毀，共氣摧其同爂」。（57／31b）

善注：

> 純孝、共氣，謂皇子也。（57／31b）

五臣注：

> 純孝，謂皇子也。共氣，謂貴妃兄弟也」。（57／31b）

案：善注是，五臣非。「共氣」，「純孝」爲對，此兩句偶文。「共氣」「純孝」指子，當即《呂氏春秋》父母之於子也。一體而分形，同血氣而異息。此句之「俱毀」與「同爂」爲對。案爂，瘦瘠貌。《詩·素冠》：棘人爂爂兮。傳：爂，瘠貌。兩句意謂宣貴妃歿，亦傷而至瘠瘦不掌。

五臣注《文選》，妙在譯解選文詞句，惟有時泥於選文已誤用典故之語，不能辨明指之，致譯釋曲誤，強作解人，此五臣之失也。例：

陳孔璋〈爲曹洪與魏文帝書〉「蓋聞過高唐者，効王豹之謳。」
善注云：

> 善曰：《孟子》，淳于髡曰：昔王豹處淇，而西何善謳，綿駒處高唐，而齊右善歌。按此文當過高唐者，効綿駒之歌，但文人用之誤。（41／42a）

善注揭明選文誤用典故之例，明指之而不泥於作者。所謂「盡信書，不如無書」之距也。五臣注云：

> 翰曰：高唐，齊邑也。善歌者，綿駒居是焉。而齊右之人，皆善爲歌者，言風俗。梁人王豹亦善歌者，居沂，今云過故高唐効王豹之謳歌也。（同前）

五臣注以選文有「過」字，遂泥而曲解之。善謂過者，歿亡之謂，以爲綿駒已逝，故高唐之謳，當効王豹。

楊惲〈報孫會宗書〉「頃者足下離舊土，臨安定。安定山谷之間，昆夷舊壤，子弟貪鄙，豈習俗之移人哉。」（41／31a）
善注：

> 善曰：《毛詩》曰：文王西有昆夷之患，北有獫狁之難。鄭玄曰：昆夷，西戎也。言豈隨懷安貪鄙之俗，而移人之本性哉。

五臣注：

> 向曰：昆戎，西戎也。其人子弟多貪鄙之性，如子有節概清素之風，豈能使鄙俗習子之風，而移其人心。平言我志，亦不可遷也。

兩注譯解習俗之移人句不同，善注以爲移人者，移孫會宗也，隨貪鄙之俗，而移其凜然節概之風。五臣注以爲移者，移昆夷子弟貪鄙之俗，非也。觀上下文可知移人者，孫會宗因地異而移也。五臣注譯解誤矣。

善注能解修辭之道，明反謂隱者旨之趣，五臣臆測文意，不諳修辭。

曹子建〈七啓〉「譬若畫形於無象，造響於無聲。」
善注：

> 言像因形生，響隨聲發。今欲無聲而造響，圖像而無形，豈有得哉？
> 孫卿子曰：下之和上，譬響之應聲，影之像形。楊雄〈解難〉曰：

辟若畫者放於無形，絃者放於無聲也。

五臣注：

銑曰：識其爲物生情，獨守異見。

案：善注連引孫卿子、揚雄二家之解，其義至明，蓋謂不可能之事也。五臣注，不解此二句之修辭，遂以譏語釋之，殊謬。

六、五臣注是者

（一）五臣本正文於義爲長

五臣注文引書有與善注同而異文者，善注辯或字之非，五臣依然從非字之誤，而不稍改，顯五臣所見與善異，有因此而後世史書皆從五臣本者。如

阮元瑜〈爲曹公作書與孫權〉「昔蘇秦說韓，羞以牛後，韓王按劍作色而怒」（42／3b）

善注云：

善曰：《戰國策》，蘇秦爲楚合從說韓王曰：臣聞鄙諺曰：寧爲雞尸，不爲牛從。今西面交臂而臣事秦，何以異於牛從也。夫以大王之賢也，挾彊韓之名，臣竊爲大王羞之。韓王忿然作色，攘臂按劍，仰天曰：寡人雖死，其不事秦。延叔堅《戰國策注》曰：尸，雞中主也。從，牛子也，「從」或爲「後」，非也。

據此知善注以爲當作「牛從」，且雞尸不改字，五臣注云：

向曰：蘇秦說韓王云：寧爲雞口，不爲牛後。今交臂事秦，何異牛後乎？以大王之賢，有牛後之名，竊爲大王羞之。韓王作色，攘臂曰：寡人雖死，不能事秦。當是時，韓王雖兵敗地割，亦不悔。此辯巧辭以發怒其情也。折，猶敗也。

案：五臣注以「雞尸」作「雞口」，「牛從」作「牛後」，知五臣所見本與善異，《考異》以爲此當作「從」，依陳仁子校語、何義門校語同，並以爲今本《史記》、《戰國策》皆傳寫誤耳。殊不知或未必然也。〔案：胡克家《考異》曰：何校「後」改「從」，陳云：據注則正文中「後」字當作「從」。案：何陳所校是也。袁、茶陵二本所載五臣向注作「後」各本皆以之亂善，而失著校語。史記傳寫譌爲「後」。今本《國策》亦然，故五臣改「從」爲「後」耳。〕

茲據贛州本五臣注即已作「後」，陳八郎本同。今本《史記》、《戰國策》既從五臣本作「後」，則善注復援《戰國策》以訂正選文，得無先後因果不分邪？蓋據異本以訂其異，其異必然也。疑此五臣注本爲諸史籍所依從之本者，足證五臣注本之佳，影響之遠。〔案：黃季剛「文選學」亦從《考異》說，非也。〕

其它尚有兩注本正文不同，而五臣注於義爲長者。例：

范蔚宗〈逸民傳論〉「戈人何纂焉」。（50／13a）

案：戈人，五臣本作戈，胡克家《考異》以爲作者是。胡氏曰：「袁本、茶陵本『人』作『者』。案今范書亦作『者』、『者』字是也。尤蓋依所見《法言》改耳。此注引《法言》。袁、茶陵仍作『者』，其宋衷注乃云『戈人』，『戈人』不出正文，蔚宗及善與尤所見自不同，改之非是。」（頁130）

今《法言》正文既作「戈人」，似宋衷注時，已作「人」。尤本亦依之而改。於文義不若五臣之從未改之本也。

「與卿相等列」（50／14a）

案：尤本、叢刊本、胡刻本，善注「與」上皆無「羞」字。袁本「與」上有「羞」字，校語云：善無。茶陵本校語亦云五臣有。今陳八郎注五臣有「羞」字。知五臣注本有。有者是，於義乃可通，謂德衰之世，處子懷耿今之操，乃羞爲公卿之列。

沈休文〈宋書謝靈運傳論〉「甫乃以情緯文，以文被質」。（50／16a）

善注：

善曰：鄭玄《周禮注》曰：甫，始也。言始將情意以緯於文。

五臣注：

濟曰：甫，始也。緯，猶織也。以文被質，謂文質相參也。

考異：

茶陵本無「文」字，云五臣有「物」字。袁本有「物」字，云善無。

案：此尤延之所校添也，今《宋書》是「文」字。（胡克家，頁130）

案：據此，知善注本「以情緯文」，五臣注作「以情緯物，以文被質。」今陳八郎本作「以情緯物」可證。惟《考異》從善注本做「緯文」，且引今本《宋書》爲證。誠案，此不明文義何者爲善，徒以盲從善注而

致誤也。細核之，善注意以爲「言始將情意以緯於文」，句義不可通。蓋泥於緯文而解。五臣注濟曰「緯，猶織也」，謂以情織物，其要則在文質相參。於義較可解。且也，若作「以情緯文」，則必與下句「以文被質」重兩「文」字，亦於句不諧。今茶陵本、袁本既皆校語有「物」字，叢刊本亦同，可知五臣注本有「物」字，較核之，亦於義爲長。

東方朔〈非有先生論〉「於是吳王懼然易容」。(51／9a)

善注：

懼，敬貌也。

五臣注：

懼然，驚視貌。

案：今尤本作「懼，敬貌也，居具切。」五臣注陳八郎本作「懼」，下音句。此當兩注本之異也。袁本作「懼」，音句，校語云善作「懼」。茶陵本亦校語云五臣作「懼」。叢刊本同。惟三本俱無善注音切，諸本惟尤本有「居具切」三字。今據顏師古注云：「懼然，夫守之貌也，懼音居具反弼」（王先謙，1304）知善注乃從《漢書》注也。王先謙云：「錢大昭曰懼漢紀作瞿。」（同前）《說文》：「懼，恐也，從心瞿聲。」又《方言》：「懼，驚也。」（卷十三）五臣作驚視貌，宜其義。又《廣韻》：「懼，其遇切」。嚮臣音注句。《廣韻》：「句：九遇切。」可證音亦合「懼」。《一切經音義》引蒼頡云：懼，驚也。《廣雅·釋詁》同。則「懼」「懼」，古書往往借爲互用。《莊子·天運篇》：「吾始聞之懼然。」《釋文》：「懼」本作「懼」。又〈庚桑楚〉：「南榮懼然顧其後。」《釋文》：「懼」本作「懼」。可知「懼」或借爲「懼」。《廣韻》：「懼，驚懼，又曰遽視，居縛切。」今善注作居具切，即同「懼」字音讀，則善注「懼」「懼」當作假借義。即當曰驚視義，不當作敬貌。二注相較，五臣音義爲優。〔案：胡克家《考異》亦主善注本當作「懼」，蓋其音切與句音同也。見胡克家，1979，頁 132。又黃季剛亦謂據音及《漢書》當作「懼」。見黃季剛，1977，頁 243。〕

（二）五臣譯解通暢者

五臣譯解選文詞句，有較善注簡潔明要者。善注煩文疊意，詞上加詞，既不得解，徒生詞費耳，五臣易以新解，釋語明白。如：

嵇康〈與山巨源絕交書〉「不喜弔喪，而人道以此為重，己為未見怨者
所怨，至欲見中傷者」。（43／6a）

善注：

> 善曰：言人於己，爲未見有矜恕之者，而纔有所怨，乃至欲見中傷，
> 言被疾苦也。

五臣注：

> 良曰：言不爲人所矜，但多怨者及有欲中傷者。

> 案：相較兩家譯解，知五臣注爲佳。

袁彥伯〈三國名臣序贊〉「至於體分冥固，道契不墜，風美所扇，訓革
千載」（47／33b）

善注：

> 善曰：言至於君臣之體分，既固於冥兆；上下之契，亦存而不墜。〈蒼
> 頡篇〉曰：革，戒也。《孟子》曰：先聖後聖，其揆一也。

五臣注：

> 翰曰：至於爲君之體，爲臣之分，冥應之理堅固，道合之義不墜，
> 皆風靡振於後代，雖訓教改於千載，其理天下一也。

> 案：善注合「體分冥固」爲一句而譯解之，五臣析爲二義，「體分」言
> 君臣，「冥固」謂冥應之理堅固，於義得之，亦較善注爲佳也。

　　五臣譯解選文，通釋詞語，既立意與善別，宜參其異，且其中有善誤文
意，五臣得其正解者，如阮元瑜〈爲曹公作與孫權書〉「思計此變，無傷於孤，
何必自遂於此，不復還之」句下，善注云：

> 善曰：言荊州之土，非我之分，今盡以與君，實冀取餘地耳。《列子》，
> 孟孫陽禽子曰：有侵若飢膚獲萬金者，若爲之乎？曰：爲之。（42
> ／5b）

此善注以爲不復還乃不還荊州其餘之地，曹公以此責權。如此，則不接上下
文意，尤於「此變無傷」無解，又「自遂」者，誤以爲自不還荊州餘地，失
謬。故五臣注曰：

> 向曰：荊本非吳分，謂屬蜀也。我與君，謂曹仁棄城而走，其地入
> 吳也。志望益權國之地，故曰冀其餘也。非相侵割者，言無傷於孤
> 也。（42／5b）

　　如是，遂得通解，蓋謂權不必因赤壁之變，江陵退守，有嫌於我曹公，

我蓋無傷也，但望權有悔心復還於漢之意也。〔案：善注此之誤，黃季剛亦明指之，參《文選黃氏學》，臺北：文史哲，66 年 1 月，頁 198。〕

司馬遷〈報任少卿書〉「以為李陵素與士大夫絕甘分少」。（41／17a）

善注：

> 善曰：《孝經援神契》曰：母之於子，絕少分甘。宋均曰：少則自絕，甘則分之。

五臣注：

> 翰曰：味之甘者，絕而不食。食之少者，必與眾分而共也。

> 案：善注引《孝經》緯書以明出處，宜也，然宋均注語殊歷不解，善注未改其誤，蓋默認之者。五臣注新解之，甚得其義。

陸士衡〈漢高祖功臣頌〉「伐謀先兆，擠響於音」（47／16a）

善注：

> 言將伐其謀，先其未兆，欲墜其響，在於為音。然兆為謀始，響為音初也。《孫子》曰：上兵伐謀，其次伐交。鶡冠子曰：音者，所以調聲也，未聞音出而響過其聲者也。

五臣注：

> 良曰：言將伐敵，其謀策已先見其始事。凡響出於音，故須音響相濟也。亦如君臣相得也。則平與高祖亦如之也。

> 案：善注譯語，語焉不詳，解而未解。五臣譯語切直扼要，旨意明白。較善注為優也。

（三）五臣具詮釋策略者

五臣注多本逆志解詩之道，於選文入選之時，但憑詩語而尋其餘意，揭其暗揚。其法多近於文學詮釋之方。善注則悉據詩語，而究受所實指，以符史實地名制度，其法多近於歷史考證，有悖文學詮釋之道也。若魏文帝〈雜詩〉之「西北有浮雲，亮亮如車蓋。惜哉時不遇，適與飄風會。吹我東南行，南行至吳會。吳會非吾鄉，安能久滯留。棄置勿復陳，客子常畏人。」善注先言此篇作於黎陽（近鄴都），次又言此征吳至廣陵，其前後矛盾，皆因詩云吳會，必欲實按其地而解之，遂不得不毀前注也。善注云：

> 善曰：當時實至廣陵，未至吳會。今言至者，據已入其地也。（29／20a）

　　此注乃據詩云「南行至吳會」，而考其實至廣陵，未至吳會也。注云「據已入其地也」，殊失解，無據，此善注援歷史考證法之太過乎？其於詩意之比喻，幻化擬設之想，迥不解矣！

　　且依歷史考證，尤有失之。蓋此詩題下善注已引《魏文帝集》云此書作於黎陽，則不當有吳會之行云云。清人何義門乃辯之，云：

> 既是於黎陽作，則非自謂征吳而至廣陵也。按黎陽今衛輝府濬縣。（于
> 光莘，頁 558）

此說可謂糾善注之謬也。且必欲實按其地，則吳會當指二地名，謂吳郡治會稽也，非指吳之會稽。何義門於此有說云：

> 按秦置會稽郡，治吳，故謂之吳會。《吳書·朱桓傳》除餘姚長，遷
> 盪寇校尉，使部伍吳會二郡。此吳會爲吳與會稽之明徵。（同前）

據此，則善注云吳會之會稽，猶誤也，猶無以按之詩語所指也。由是知歷史考證究有其窮處。然則必欲尋詩意所指，無乃以意逆志乎？此五臣注用比喻託言釋吳會二句之要也。五臣注云：

> 銑曰：雲隨風去，至於吳會，請代吳也。（29／20a）

此合上二句之「飄風會」以言之，謂風飄至吳會，託以代吳之意，以風至爲可行，較之在黎陽而至廣陵說爲可通。此五臣注用文學比喻法以解詩之佳者。

揚子雲〈劇秦美新〉題下。

善注：

> 善曰：王莽潛移龜鼎，子雲進不能辟戟丹墀，亢辭鯁議，退不能草
> 玄虛室，頤性全眞，而反露才以耽寵，詭情以懷祿，素餐所刺，何
> 以加焉。抱朴方之仲尼，斯爲過矣。（48／9b）

五臣注：

> 翰曰：劇，甚也。王莽篡漢位，自立爲皇帝，國號新室。是時雄仕
> 莽朝，見莽數害正直之臣，恐己見害，故著此文，以秦酷暴之甚，
> 以新室爲美，將悅莽意，求免於禍，非本情也。（同前）

案：善注責子雲媚莽，不能持節，詭情懷祿，致素餐之譏。五臣注反其論而行，以爲子雲有諍之意，微託虐秦，以寄拯民之意，蓋隱語遯辭耳，乃求免於禍，非本情也。斯論一出，後世從者愈。若陳玉陽云：「洪景盧爲子雲澡雪之語，足破千古，夫媚人而曰優於桀紂，賢於碏拓，頌耶誚耶，此論雖創，卻生人慧思，並存之。」〔案：見于光莘

《評注昭明文選》，學海書局，66 年 9 月，頁 933。〕核其論，蓋以為此子雲暗寓譏之語，非真頌莽。考子雲以《法言》擬《論語》，以《太玄》擬《易》，始念何嘗不以聖賢自期，至於投閣自棄，終獲一免，身似楚囚，殆不能暢所欲言矣！因附會符命，忍恥苟活，遂有此等非心之禮，留布後世，啓人口實。顧當世頌莽功德，自進媚勢者，萬有餘人，而皆不責，獨子雲難辭哉？近人黃季剛亦從斯論云：「《文心》云詭言遯辭，得此文之真矣。」又云：「此注非崇賢之語，以是責子雲，則卓茂名德，竇融功臣，張純通候，皆有仕莽之嫌，何止區區一郎吏乎？」〔案：見黃季剛《文選黃氏學》，頁 229，臺北：文史哲出版社，民國 66 年 1 月。〕茲論甚是，皆以子雲未必為非，〈劇秦美新〉有徵惜託意而釋之，然究其始創，率從五臣注而衍申之。

王元長〈永明十一年策秀才文〉「下邑必樹其風，一鄉可以為績。」（頁 680 上）

案：善注泥於正文「邑」字，先引《論語》子之武城，鄭玄注曰「武城，魯之下邑也」，固無不當，然則下邑可為通稱，非必武城也。下句「一鄉」，善注再引《漢書》朱邑事，乃謂「一鄉」即桐鄉也。《漢書》曰：「朱邑為桐鄉嗇夫，廉平不苛。及死，子葬之桐鄉，邑人為之起冢立祠。」。蓋朱邑有「邑」字，善因泥涉上文「下邑」，遂有直指「一鄉」即桐鄉。實則「一鄉」可為通稱，故五臣注良曰：「言雖小邑，必樹其風化也，五州為鄉，萬二千五百家也。」此注明當簡要，較善注無有不及者。《周禮》：五家為比，五比為閭，五閭為族，五族為黨，五黨為州，五州為鄉，計之，則一鄉合為萬二千五百家也。

王簡棲〈頭陀寺碑文〉「然爻繫所筌，窮於此域，則稱謂所絕，形乎彼岸矣。」（59／2b）

善注：

善曰：爻，六爻也。繫，繫辭也。因爻以立辭，亦因辭以明理也。故爻繫之所明，窮生死於此域也。《莊子》曰：筌所以得魚，得魚而忘筌。筌，捕魚之笱。莊子以之喻言。《大智度論》曰：二乘以生死為此岸。善曰：至如涅槃妙旨，非言說之所能明，故稱謂所絕，現於涅槃之彼岸矣。《僧肇論》曰：玄極無名，稱謂絕焉。鄭玄《禮記注》曰：稱，猶言也。王逸《楚辭注》曰：謂，說也。《涅槃經》曰：

心無退轉，即便前進。既前進已得到彼岸，登大高山，離諸恐怖，
多受安樂。彼岸山者，喻於如來，受安樂者，喻於常住。大高山者，
喻大涅盤也。《大智度論》曰：亦以涅盤爲彼岸也。

五臣注：

繫，繫辭也。荃，期也。此域，謂道也。翰曰：稱謂，名號也。言
天道無名，故名號絕。彼岸，謂覺悟也。

案：此兩家注明顯異說也。善注依正文之意在釋家之說，乃順之而引
釋氏典籍以注，所謂依本說而爲注也。其創發性之詮釋闕如也，但泥
拘正文，依文而釋，然作者之意未必明，自我之見亦未申也。故正文
上舉「爻繫所荃」，既曰爻繫，其非釋氏之說可知。考爻繫所言，非全
涉死生，乃兼天道與人事而綜言之。故五臣謂「此域」者，道也。斯
所謂易之道，非釋氏之道。以釋「此域」，與正文相應，所釋之意境亦
寬。非若善注以二乘所論生死，以爲爻繫所荃，已誣爻繫之旨。後援
釋以注儒，乃竟儒釋不辨而混計之，蓋六朝相沿之惡習，由此其波及
之甚也。下兩句之「彼岸」，五臣注仍以天道謂之，以爲「彼岸」者，
覺悟天道之謂。凡稱謂者率人世俗物，至若天道，未可名未可道之域，
臻於彼岸，可謂覺悟矣！至於善注仍援儒以入佛，以「彼岸」謂涅盤
之界域。又引僧肇謂即無名稱謂之玄極。是兩家注之「彼岸」，一謂釋
一謂儒矣！此亦兩家注所持之思想不同，以所持注選文遂異，可謂哲
學思想注選文之異同例。

（四）五臣字義訓詁瞻切者

善注於字義訓詁，例引字書，覽者無疑。然偶有但出己意，想當然耳，
別無引據者。五臣補注，意在不同，但存字書古義，有較善注爲優者。若曹
子建〈求自試表〉「流聞東軍失備，師徒小衄」句下，善注：「衄，猶挫折也」，
蓋無所本，《文選》凡衄字，善注皆如是。它如左太沖〈吳都賦〉「莫不朽銳
挫鋩」注，任彥昇〈奏彈曹景宗〉「自胎虧衄」注。五臣注：「衄，縮也」，與
善注異。然五臣所據者《廣雅·釋言》也。《說文》：衄，鼻出血也，從血丑
聲。《素問·金匱眞言論》「春不鼽衄」注：謂鼻中衍出。又《後漢書·段熲
傳》注：傷敗曰衄。凡此俱無作挫折義者，可知作挫折解者乃善己意也。五
臣注則有所憑，於義爲妥。

曹子建〈求自試表〉「而臣敢陳聞於陛下者，誠與國分形同氣，憂患共之者也。」（頁 692 下）

善注：

> 善曰：《呂氏春秋》曰：父母之於子也，子之於父母也，一體而分形，同氣血而異息，痛疾相救，憂思相感，生則相驩，死則相哀，此之謂骨肉之親也。

五臣注：

> 銑曰：分形同氣，謂與文帝兄弟也。

> 案：善注未直明分形同氣者何，但觀其引《呂氏春秋》以釋，知即依之，若然，《呂氏春秋》以子之於父母以言骨肉之親也，則善注之意亦然。恰與五臣注異也。茲核文義，當兄弟也，五臣注為優。

「盧狗悲號，韓國知其才。」（頁 692 上）

善注：

> 善曰：《戰國策》曰：齊欲伐魏，淳于髡謂齊王曰：韓子盧者，天下之壯犬也。東郭俊者，海內之狡兔也。韓子盧逐東郭俊，環山者三，騰山者五，兔極於前，犬廢於後，犬兔俱罷，各死其處，田父見之而擅其功。今齊、魏相持，臣恐強秦、大楚承其後，有田父之功。

> 高誘曰：韓國之盧犬，古之名狗也。然悲號之義未聞也。

五臣注：

> 良曰：盧，黑也，謂黑狗也。齊人韓國相狗於市，遂有狗號鳴而國知其善。

> 案：盧狗悲號事，善注已謂未聞也。高誘以為韓國者，國別之名也。據《戰國策》原著，韓國當是犬名。五臣注則以為韓國者，人名也。核之前句「伯樂昭其能」對文同義之例，似韓國當屬什名，故從五臣注為是，惜五臣未明所引何書也。

陳孔璋〈答東阿王牋〉「秉青萍干將之器」。（40／20b）

善注：

> 《呂氏春秋》曰：趙襄子遊於圃中，至於梁，馬卻不肯進。青萍為參乘，進，視下，豫讓卻寢，佯為死人。叱青萍曰：去，長者且有事。青萍曰：少而與子友。子今日為大事，而我言之，失相與之道。子賊吾君，而我不言，失為人臣之道。如我者唯死之可也，退而自

殺。青蓱，豫讓之友也。張叔《及論》曰：青蓱砥礪於鋒鍔，疱丁
剖犧於用刀。

五臣注：

青蓱、干將，皆劍名也。

案：據善注，青蓱爲人名，乃豫讓之友。實則青蓱當爲劍名。李白文：
「庶青蓱結綠，長價於薛卞之門。」可證。

任彥昇〈到大司馬記室牋〉「維此魚目，唐突璵璠」。（40／34a）

善注：

孔融〈汝潁優劣論〉，陳羣曰：頗有蕪菁，唐突人參也。

五臣注：

唐突猶抵觸也。〔案：抵下觸字，贛州本，叢刊本脫，陳八郎本有
觸字，有是也。〕

案：據善注「唐突」與「人參」俱屬植物名，核之文義，非是。五臣
注謂抵觸，蓋謂以己魚目非眞珠之鄙，猶幸得廁列璵璠珍寶之位，豈
不云抵觸哉？亦自謙之辭也。

任彥昇〈百辟勸進今上牋〉「不習孫吳，遘茲神武」。（40／37b）

善注：

曹植上疏曰：不取孫、吳，而闇與之會。

五臣注：

良曰：《孫子》、《吳子》，皆兵法也。

案：據善注引書，其意以爲孫吳，即孫權之吳國，大謬，與原文旨意
未洽。五臣注謂孫吳兵法，是爲得之。此句蓋謂今上縱使不習孫吳兵
法，然聰明叡智，固當神武之才，足任天下大事也。

**李陵〈答蘇武書〉「卒使懷才受謗，能不得展，彼二子之遐舉，誰不為
之痛心哉。」（41／7a）**

善注：

善曰：二子謂范蠡、曹沬也。言諸侯才能者被囚戮，不如二子之能
雪恥報功也。

五臣注：

向曰：文帝欲以賈誼任公卿之位，絳灌東陽候馮敬之屬盡害之，乃

毀之曰：洛陽之人，少小初學，專欲擅權。於是天子疏之，不用。
後出爲長沙王太傅。梁孝王與周亞夫有隙，孝王每朝常言其短，景
帝欲封皇后兄王信，亞夫曰：自高祖約，非有功不得侯，今信雖皇
后兄，無功，侯之，非約也。後謝病免，竟下獄歐血而死。是不展
周、賈二子遠舉之才，以行君代，誰不爲痛心哉。

案：據善注以二子爲范蠡、曹沫，然觀此段文意，重在受謗，懷才不
展，與范、曹二子事不合，范曹事在不辱不恥，必報之決心。據五臣
注，二子爲賈誼、周亞夫，蓋二子事皆以受毀謗而盡遭害，以是才不
得展，斯爲陵所痛心者。五臣注爲佳。〔案：孫月峰亦有類似說法，
孫曰：二子謂范、曹，覺與上下不接，五臣謂賈、周，近是。見于光
華《評注昭明文選》引孫說，臺北：學海出版社，66 年 9 月，頁 772
～773。〕

沈休文〈奏彈王源〉「高門降衡，雖自己作，蔑祖辱親，於事爲甚。」
（40／15b）

善注：

善曰：陸雲〈答兄書〉曰：高門降衡，修庭樹蓬。《說文》曰：懱，
輕易也。蔑與懱，古字同。

五臣注：

向曰：衡，橫木爲門，凡庶之家也。言以己高門自降，與凡庶連親，
乃是輕祖考、辱親戚也。蔑，無也。

案：善注以「蔑」同《說文》「懱」，輕易也。取核之「蔑祖辱親」句，
於義未洽。五臣注以蔑，無也。當謂心中無尊祖之意，於義爲妥。《易
經・剝卦》：剝床以足蔑，貞凶。《釋文》引馬融注：蔑，無也。又《詩
經》板：喪亂蔑資。《毛傳》同。《左傳》僖公十年：蔑不濟矣。凡此，
俱爲五臣注所本者。善注《文選》於「蔑」字，今見兩處，其一此也，
其二見〈風賦〉「得目爲蔑」善注：蔑與懱古字通。何一字之通而分見
兩異？案《說文》蔑：勞目無精也，從苜；人勞則戍然，從「戍」。據
此知《說文》「蔑」與「懱」兩字異義，善注以「蔑與懱古字同」，蓋
就音同而言之也。然則音同而義不同，實不當援此以釋「蔑祖辱親」
一詞之義。

曹子建〈與吳季重書〉「其諸賢所著文章，想還所治，復申詠之也」（42

／23b）

善注：

　所治，謂朝歌也。

五臣注：

　良曰：還所治，謂休治公事之暇。

　案：據下文「可令熹事小吏，諷而誦之」，五臣注爲正也，蓋謂休治公
　事之暇，可與諸小吏，諷而誦之之意。

嵇康〈與山巨源絕交書〉「至爲禮法之士所繩，疾之如讎。幸賴大將軍保持之耳」。（43／5a）

善注：

　善曰：孫盛《晉陽秋》曰：何曾於太祖坐謂阮籍曰：卿任性放蕩，
　敗禮傷教，若不革變，王憲豈得相容！謂太祖宜投之四裔，以絜王
　道。太祖曰：此賢素羸病，君當恕之。（43／5a）

五臣注：

　向曰：禮法之士，謂何曾也。阮籍在司馬文王坐，時居母喪，飲酒
　食肉，曾曰：卿任性放蕩，敗禮傷教，宜投之四裔。文王曰：此子
　素羸，卿其忍之。文王時爲大將軍。言爲何曾以禮法糾繩，如仇讎
　也。

　案：此兩注引文互有詳略，但觀選文作大將軍語，而善注引文作太祖，
　不符正文詞典。五臣注遂別引它文，作司馬文王，另加注語曰文王時
　爲大將軍。詞旨曉白。出處乃明。考《晉書》卷四十九：「籍乘驢到郡，
　壞府舍屏鄣，使內外相望。法令清簡，旬日而還，帝引爲大將軍從事
　中郎。」（洪氏版，頁1360）據此知當作大將軍是也。〔案：案兩注所
　引何曾謂司馬文王事，云見之今本《晉書》本傳，疑孫盛《晉陽秋》
　所紀晉代史書，必有與今本《晉書》異者。〕

「若嫋之不置」（43／9a）

善注：

　嫋，擿嬈也，音義與嬈同。

五臣注：

　向曰：嫋，惱。

　案：善注謂擿嬈也，前無字書可憑。又曰音義與嬈同。「嬈」字，《說

文》：嬈，苛也，一曰擾，戲弄也，一曰嬛也。從女堯聲。《一切經音義》八引《字林》：嬈，擾也。又引《纂文》：嬈，煩也，亦愉也。又引《三蒼》：嬈，弄也，又《廣雅‧釋詁》二：嬈，戲也。故知「嬈」義有多歧，然正文俱作「嬲」，故五臣注據《一切經音義》三引《三蒼》：嬲，乃了反，弄也，惱也。較切正文。黃季剛曰：「嬲，俗字也，會意。非嫋章書之譌，漢魏間俗字，若斌嬲之類多矣。」（《文選黃氏學》，頁204）此謂嬲爲漢魏俗字，近似。亦通。然五臣注就正文而釋，較善注爲佳。

王元長〈三月三日曲水詩序〉「稀鳴桴於砥路，鞠茂草於圓扉」

善注：

《周禮》曰：以圜土教罷民。《毛詩》曰：踧踧周道，鞠爲茂草。

五臣注：

向曰：鞠，養也；茂，盛也；圓扉，獄也。言時無犯罪者，獄皆久空，故養盛草於獄中。（46／21a）

案：鞠茂草圓扉，善注引《周禮》作圜土教民，意不協文意。當從五臣注謂圓扉爲獄，蓋刑錯不用，而生茂草也。《詩‧正月》則役之圜土，《釋文》：圜，土獄也。《釋名》釋宮室：獄又謂之圜土，言築土表牆，其形圓也。此皆圜作獄解之證。

陸士衡〈漢高祖功臣頌〉「奇謀六奮，嘉聲四迴」

善注：

善曰：《漢書》，陳平凡六出奇計，或頗秘之，世莫得聞。宋仲子《法言注》曰：張良爲高祖畫策六，陳平用奇策四，皆權謀，非正也。然機之此言有符仲子之說，未詳。相承而誤，或別有所憑也。（47／16）

五臣注：

向曰：平自定天下，凡六出奇計，奮，出也。四迴謂迴四方也。（同前）

案：善注以正文謂陳平用奇謀六，與《法言》宋仲子注所述不合，乃下辨證之語，惜猶未明其是否。五臣以爲蓋用六計，四迴者，四方迴轉也，兩詞各別而釋，不相泥混，至當也。

諸葛孔明〈出師表〉「故五月渡瀘，深入不毛。」（頁688上）

案：「渡」，尤本作「度」，五臣作「渡」。蜀志正作「渡」，五臣注本是也。

「不效，則治臣之罪，以告先帝之靈。責攸之禕允等咎，以章其慢。」（頁688上）

案：善注尤本作此。叢刊本校云五臣本亦作此。知五臣原本如此。善注云「《蜀志》載亮表云：若無興德之言，則戮允等，以彰其慢。今此無上六字，於義有闕誤」。考今本《蜀志》本傳，無此六字，其有者，見〈董允傳〉。故善所見本《三國志》有此六字，或與今本異。然則五臣注本同今本《蜀志》，是五臣注本存本貌之眞也。又案：《蜀志·董允傳》有「若無興德之言」六字，因疑亮表或原有此六字，後世傳刻脫文耳。

班孟堅〈史述贊述高紀第一〉「西土宅心，戰士憤怒」。（50／24b）

善注：

郭璞《三蒼解詁》曰：西土，謂長安也。

五臣注：

向曰：西土，謂蜀也。宅，居也。言蜀人皆居心於高祖，征戰之士皆憤怒於羽也。

案：兩注不同，一謂西土指長安，一謂西土指蜀地也。考《漢書·高帝紀》云：「元年冬十月，五星聚于東井，沛公至霸上，遂西入咸陽。十一月，乃使人與秦吏行至縣鄉邑告諭之。秦民大喜，爭持牛羊酒食獻享軍士。沛公讓不受，曰：倉粟多，不欲費民。民又益喜，唯恐沛公不爲秦王。」然則沛公入咸陽，當在項羽違約之前。必無西土指長安事。《漢書·高帝紀》云：「二月，羽自立爲西楚霸王。……背約，更立沛公爲漢王，王巴蜀漢中四十一縣，都南鄭。」據此，則西土當指巴蜀，是時項羽背約，漢王與諸將怨，欲攻之，以丞相蕭何諫，乃止。其時諸將及士卒皆歌謳思東歸，多道亡還者，戰士之憤怒，其故在此。知五臣注爲是。

任彥昇〈爲齊明帝讓宣城郡公第一表〉「驃騎上將之元勳，神州儀刑之列岳。」（頁714上）

善注：

善曰：《漢書》曰：霍去病征匈奴，有絕漢之勳，始置驃騎將軍，位
在三公上。班固〈衛青述〉曰：長平桓桓，上將之元。劉淵林注〈吳
都賦〉曰：崑崙東南方五千里曰神州。鄭氏《毛詩箋》曰：儀則，
刑法也。

五臣注：

銑曰：驃騎上將軍，漢置，位在三司上。神州謂楊州也。儀刑，謂
天下儀飾刑表也。列岳謂比於諸侯。

案：善於驃騎獨詳。然謂神州者，崑崙東南方五千里，則泥於引書出
典，遂致曲解。五臣注以為神州即楊州，是也，齊代宣城郡屬楊州治，
下轄宛陵十縣，今安徽宣城縣。蓋謂楊州乃諸侯之所取則，天下之惟
仰望之意也。善注不若五臣注之恰。〔案：此注之得失，近人祝文白
謂五臣之注失之，蓋誤讀耳，參祝文白〈文選六臣注訂譌〉，收入《昭
明太子和他的文選》一書，頁 168，臺北：學生書局，60 年 10 月。〕

任彥昇〈天監三年策秀才文〉「九流七略，頗嘗觀覽，六藝百家，庶非
墻面。」（頁 683 上）

善注：

《周禮》保氏養國子以道，乃教之六藝，一曰五禮，二曰六樂，三
曰五射，四曰五御，五曰六書，六曰九數。《淮南子》曰：百家異說，
各有所出。

五臣注：

翰曰：百家，謂諸子凡有一百八十九家，言百，舉其大數。

案：班固《漢書・藝文志》「凡諸子百八十九家，四千三百二十四篇」，
五臣注本此，較確。

任彥昇〈為范始興作求立太宰碑表〉「人蓄油素，家懷鉛筆，瞻彼景山，
徒然望慕。」

善注：

景山，謂墳也。《毛詩》曰：陟彼景山。劉楨〈贈五官中郎將詩〉曰：
「望慕結不解」

五臣注：

翰曰：景謂景行，謂高山仰止也。言藩府士女，皆積懷素筆，瞻望

　　王之景行，空然思慕，願欲立碑。

　　案：一謂景山是墳，一謂景山是景行如高山之仰止。核諸文義，五臣
注爲優。蓋謂藩府家人無論士女，皆瞻望竟陵王之高朝景行，思慕之
心，冀有以立碑以久誦之。此五臣注義也。若從善注謂墳也，遂不倫
不類矣。

陸佐公〈石闕銘〉「乃操斗極，把鉤陳」（56／10b）

善注：

　　善曰：我皇，梁武帝也，斗極，天下之所取法。鉤陳，兵衛之象，
　　故王者把操焉。〈長楊賦〉曰：高祖順斗極，運天關。《樂汁圖》曰：
　　鉤陳，後宮也。服虔《漢書音義》曰：紫宮外營陳星。

五臣注：

　　良曰：我皇，謂梁武也。拯，拔。操，執也。斗極之星，天下取則。
　　鉤陳，星名，兵衛之象，王者當執把焉。

　　案：善注以鉤陳爲後宮，與正文把鉤陳義不協。五臣注謂鉤陳，星名，
乃兵衛之象，是也。鉤陳與斗極俱星名，對偶連文。把鉤陳，謂把兵
衛吉祥必勝之象也。

謝玄暉〈齊敬皇后哀策文〉「貽厥遠圖，末命是獎」（58／10a）

善注：

　　善曰：謂顧命令附也。《毛詩》曰：貽厥孫謀。《左氏傳》，榮成伯曰：
　　遠圖者，忠也。《尚書》曰：道揚末命。《方言》曰：秦、晉之間，
　　相勸曰獎也。

五臣注：

　　翰曰：始遺圖謀也。未命，臨終之命。弊，屬也。高宗遺我遠謀，
　　臨崩，有所戒屬於己也。

　　案：「弊」，五臣注作「獎」，注同。善引方言，意仍未盡。五臣注云「獎，
屬也」。謂獎勵也。然則此兩注之異文。

（五）其　它

1. 善注與五臣注偶有注例同而內容實不同者，往往善注所闕，五臣益
　　進其詳，是以文旨益明。

此例多見於《文選》每篇題下之注，以明題旨大意者。

曹子建〈求通親親表〉。(頁 692 下)

善注：

> 《魏志》曰：太和五年，植上疏求存問親戚，自因致其意也。

五臣注：

> 銑曰：植以文帝不聽諸王入朝，故上表求存問親戚也。

> 案：善注所引《魏志》，今本原書作「五年，復上疏求存問親戚，因致其意」，惟此文見於〈植傳〉，善據之以釋，固其宜也。然究未明植上疏之由，五臣據《魏志·文帝紀》而補其事由，頗助篇題文旨之說也。

2. 五臣注之佳者，凡遇故賢，必先引書以明故實原委，次則申明今義，有助選文當句之解，不若善注，但釋事而忘義耳。

孔融〈論盛孝章書〉「《春秋傳》曰：諸侯有相滅亡者，桓公不能救，則桓公恥之。」(41／32a)

善注云：

> 善曰：《公羊傳》曰：邢亡，孰亡之？蓋狄滅也。曷爲不言狄滅之？爲桓公諱也。曷爲爲桓公諱？上無天子，下無方伯，天下諸侯，有相滅亡者，桓公不能救，則桓公恥之。

五臣注云：

> 翰曰：齊桓公也，時桓公爲諸侯長，故有相滅亡者必救之，不救則恥弱也。言曹公雄霸，比於桓公，欲使救盛憲於吳，故云此。

善注但明出處。五臣注不惟明故實出處，亦申明當句今義，全句通解，貫時並時兼顧，可謂洽矣！

3. 善注闕詳制度，五臣補釋之。

嵇康〈與山巨源絕交書〉「臥喜晚起，而當關呼之不置」。(43／5b)

善注：

> 善曰：《東觀漢記》曰：汝郁再徵，載病詣公車。尚書勅郁自力受拜。郁乘輦，白衣詣止車門。臺遣兩當關扶郁，入拜郎中。

五臣注：

> 翰曰：疵，病。釁，瑕。倫，理。熟，審也。言我久與人事相接，則瑕釁日起，豈得無患乎？又加禮法，自思至審，必有不堪也。銑

曰：不堪，不可，皆不中任用也。漢置當關之職，欲曉，郎至門呼人使起。言康晚起，爲吏呼之不放。置，放也。

案：善注僅明「當關」一詞出處事例，五臣則補注當關制度職司，益清耳目。

4. **六臣注不惟字義訓詁、引書出處有異，即選文文句譯解，亦別有不同，而往往各隨領會，互有短長。**

沈休文〈奏彈王源〉「禁止視事如此」。（40／15b）

善注：

言禁止其視事之法，當如故事也。

五臣注：

良曰：言禁止視事，使如昔無官之時也。

案：兩注譯解，各依注家領會，但核文意，似五臣爲佳。蓋善注有「當如故事也」語，不知故事易生別解，不若五臣解以去官，使如無權視事之意。

5. **五臣偶有改字，較善仍未改而優者，然其例不多。**

曹子建〈七啟〉「寒芳苓之巢龜，膾西海之飛鱗。」（頁 645 下）

案：「寒」字，善注曰「今胚肉也」，次引劉熙《釋名》「韓雞」，乃斷曰「韓」與「寒」同，殆謂「寒」，即寒雞、韓雞。此解不免牽強。考叢刊本六臣注校云「五臣作搴」，其下呂向曰「搴，取也」爲是。蓋「搴」與「膾」對，正合詞例，故五臣注改字而釋，較善注爲優。

6. **善注之優，固詳一字一詞之本源，然不免失之時義，五臣則援時事以釋文意，頗切當下之景況。**

張景陽〈七命〉「丹冥投烽，青徼釋警。」（頁 662 上）

案：「丹冥」，「青徼」，善注與五臣注皆以五行說釋解，善並引《楚辭注》、《呂氏春秋》，以明出語。然則何以丹冥須投烽，青徼須釋警，五臣則有確解，謂：「丹冥，南方遠處，謂蜀也，言蜀以破，投去烽火，不設兵守。青徼，東方，謂吳已平，釋捨戍候，不用卒也。」此特就張景陽所處境遇，所立之時而解。〈七命〉一文，諷時憂亂之旨，乃以頌祝之語，寄其魚澡之思，是時據《晉書》本傳，協方屏居草澤，掩門思困，蓋謂天下已將亂矣！如此，五臣注依時事釋義，或近焉。

7. 善注句句必引出處，或失之煩瑣，五臣直釋文義，得之簡要。

張景陽〈七命〉「樵夫恥危冠之飾，輿臺笑短後之服。」（頁 662 下）

　　案：善注引〈長楊賦〉明「樵夫」一詞，再引《韓非子》明「危冠」一詞，三引《左傳》明「輿臺」，四引《莊子》明「短後」。然皆直引原書，不明其旨。五臣注但謂：「樵夫，采薪者也。輿臺，賤人也。危冠、短後，服戎士衣也，恥危冠，願事君也，笑短服，不用也。」，如此直接俐落，詞義既解，文旨亦明，可謂簡要，此乃創造性詮釋之一例。

「解羲皇之繩，錯陶唐之象。」（頁 662 下）

善注引《周易》「上古結繩而治」以釋「繩」字，又引《尚書大傳》以釋「象」字。只明出處耳。五臣注則曰：「古者文字未生，而伏羲氏畫八卦以代之，言晉之和平，法令寬理，道出百王，亦猶伏羲解去結繩之政也。陶唐，堯也，堯為象刑。象，法也，言晉德雜於文法也。」如此援古以證今，依陶唐以類比晉世，乃不失文章原旨，與乎引伸之義，可謂直達簡要，亦五臣注之優者。

8. 五臣間或明比喻之修辭，善注偶爾泥於字面詞義。

漢武帝〈詔〉「蓋有非常之功，必待非常之人。故馬或奔踶而致千里。」（頁 664 上）

　　案：此句出漢武帝詔〈求郡國賢良文〉之首三句，善注云「言馬不良，或奔或踶，御之以道，而致千里之塗」，乃據字面而言及義。五臣補注但曰「以馬比賢人也」，是能指明譬喻修辭之例。

潘元茂〈冊魏公九錫文〉「當此之時，若綴旒然。」（頁 665 下）

　　案：二句乃獻帝自述巔沛皇室之遭，先有靈帝之崩，次有遷都洛陽，倉皇避賊之困，凡此俱載興平二年，建安元年事，當此之時，皇室之難，若綴旒然。善注云「旒，旗旒也。贅，猶綴也。以譬者，言為下所執持東西耳。」似非文意，五臣注云「旒，冠上垂珠而綴於冠者，言帝室之危，如旒之懸」，如此，則不泥於表面詞義，明言外之旨，所解較佳，殆亦五臣揭譬喻之例也。

9. 五臣明正文比喻之修辭例，以當時之事為釋，有助正文之辭。善注但明出辭典故，未解文意。

王元長〈永明十一年策秀才文〉「夫危葉畏風，驚禽易落。」（頁 682 上）

案：善注引《漢書》「草木遭霜者，不可以風過。通方之士，不可以文亂」，以釋「危葉畏風」。次引《戰國策》魏謂春申君，日者更嬴事，以釋「驚禽」。二詞之出典固已明矣！然則正文當下之義何涉？善無所措。五臣注銑曰「此喻北齊、後魏也」，可謂直接文意，既明修辭之例，亦知當下之旨。

10. 即以譯解而言，善注曲迴文意，添字增詞，頗費筆墨，五臣句按字擬，簡率而達旨。兩譯並觀，各得簡潔之趣。

羊叔子〈讓開府表〉「而令朝議用臣不以爲非，臣處之不以爲愧，所失豈不大哉！」（頁 696 上）

善注：

> 善曰：遺賢不薦，而謬處崇班，非直身殃，抑爲朝累，今乃朝議用臣不以爲非，已累朝矣，處之又不以爲愧，已殃身矣，此失豈不大哉，言甚大也。

五臣注：

> 翰曰：雖朝議用我，以爲得人，而我處之不愧，儻有如我賢者，遺才德於卑賤，其失豈不大哉。

案：善注平增累朝殃身二層語意，遂曲迴文意，先明累朝，再及殃身。斯亦增字譯解之例也，以今語謂「意譯」。五臣則緣正文而不背離引伸，詞旨曉白，殆「直譯」例也。

11. 五臣注與善注有同舉一事，而所重不同，並能發明其義，況五臣注揭明事典古義又能直釋當句今義。

任彥昇〈爲范尚書讓吏部封侯第一表〉「既而分虎出守，以囊被見嗤，持斧作牧，以薏苡興謗。」（頁 715）

善注：

> 《漢書》曰：王陽父子皆好車馬衣服，其自奉養極爲鮮明，及遷徙去處，所載不過囊衣爾。

五臣注：

> 翰曰：王吉爲益州刺史，好事車馬衣服，及去職，不過囊衣而已。馬援爲交趾太守，以薏苡可治瘴氣，遂取一車，將還，時人以爲南

土珍怪，因而流謗也。此謂雲爲始興太守而被解落。

案：囊被見嗤事，見《漢書》卷七十二：「自吉至崇，世名清兼，然材器名稱，稍不能及父，而祿位彌隆，皆好車馬衣服，其自奉養極爲鮮明，而亡金銀錦繡之物，及遷徙去處，所載不過囊衣。」（案：《漢書》，顏師古注，藝文版，頁 1367）據此，知吉父子皆有清廉，然善既引其父王陽，五臣別謂其子王吉，與《漢書》文意合，可共相發明其事也弭至於馬援事，善注附於范曄《後漢書‧吳祐吳恢父子傳》，不若五臣注直陳其事之易曉而明，況五臣更於引事之餘，闡明當句文意，蓋謂范雲爲始興太守被解落也，乃言在乎彼而意在乎此。

12. 善注有書未詳者，五臣補注，可助曉文意，且所釋引書有不見於今本者，可並存而參。

任彥昇〈爲范尚書讓吏部封侯第一表〉「金章有盈笥之談，華貂深不足之歎。」

案：金章、盈笥，善注曰「未詳」，五臣補注曰：「金章，印也，笥謂盛衣器，華貂，侍臣之服飾也。趙王倫爲亂，謠曰：金章滿箱，尚不可長。言小人在位者眾，故云此矣。」是也。考《晉書》卷五十九〈趙王倫傳〉：「其餘共謀者咸超階越次，不可勝記，至於奴卒廝役亦加以爵位。每朝會，貂蟬盈坐，時人爲之諺曰：貂不足，狗尾續。而以若且之惠，取悅人情，府庫之儲不充於賜，金銀冶鑄不給於印，故有白版之侯，君子恥服其章，百姓亦知其不終矣。」據此，知爲五臣注所本者，惟所引謠歌，與今本《晉書》異，復不見於它傳，恐當時五臣所見有別本。是可與今本比參也，義並可觀，此五臣注之價值不可廢者。

七、兩注俱失者

司馬長卿〈封禪文〉「以登介丘，不亦恧乎」
善注：

服虔曰：介，大丘也。（48／4b）

五臣注：

介丘，泰山也。（48／4b）

案：兩說俱失。王先謙《漢書補注》引沈欽韓曰：「《冊府元龜》封禪

卅五，貞觀十一年封禪議曰：『請介丘山圓壇廣五丈高九尺用五色土加之。』高宗乾封元年：『帝登于泰山，封玉牒于介山。』〔王先謙，頁1211〕據此知介山乃山名，非大山，亦非泰山，蓋泰山上之某山也。

于令升〈晉紀論晉武帝革命〉「古者敬其事則命以始，今帝王受命而用其終」

善注：

> 善曰：《尚書》曰：月正元日，舜格于文祖。孔安國曰：將即政，故至文祖廟告也。《魏志》曰：陳留王咸熙二年十二月，禪位于晉嗣王。《左氏傳》曰：晉侯使太子申生伐東山皋落氏，狐突歎曰：時，事之徵也，故敬其事則命以始，今命以時卒，闕其事也。（49／5a）

五臣注：

> 翰曰：古者，謂堯也。事，謂萬機之事也。始，初也。今，謂陳留王也，終，謂終帝之事，而禪位於晉也。（49／5a）

> 案：善注只引出典，不更申明其義，故而其旨晦澀難明。五臣注謂古者堯之時，與善注引《左氏傳》晉侯事亦異。終謂終帝之事而禪位於晉，注非。據善注陳留王咸熙二年十二月禪位于晉，蓋終歲而禪，故曰終，其始終不同，豈惟人事，更屬天意也。五臣注以終爲終帝王之事，今爲陳留王者非。

陸佐公〈石闕銘〉「青蓋南洎，黃旗東指」（56／19a）

善注：

> 言帝祚南遷，王綱弛紊，懸法藏書，咸皆廢紀。青蓋，晉也。虞預《晉書》，王導上言曰：迴青蓋以反上京。司馬彪《續漢書》曰：皇子皆朱班輪青蓋。黃旗，謂吳也。司馬德操〈與劉恭嗣書〉曰：黃旗紫氣，恆見東南，終成天下者，揚州之君子。臧榮緒《晉書》曰：孫氏無闕，大晉南都，亦不暇立門，闕遂廢矣。藏書則浹日斂而藏之。《周禮》曰：正月，乃懸治象之法于象，魏使萬人觀治象，浹日而斂之。

五臣注：

> 銑曰：青蓋，謂晉也。黃旗，謂吳也。言此二君雖都江南，皆無闕，故使法無所懸，書無所藏也。

> 案：兩注俱謂青蓋指晉，黃旗謂吳，皆失察。《文選纂註》云：「青蓋」

「黃旗」皆謂晉,「南洎」「東指」謂晉室南遷也。案據序文「皇帝御天下之七載也」云云句下善注引劉璠《梁典》曰:「天監七年正月戊戌,詔曰:昔晉氏青蓋南移,日不暇給,而兩觀莫築,懸法無所。今禮盛化光,役務簡便,可營建象闕,以表舊章。於是選匠量功,鐫石爲闕,窮極壯麗,冠絕古今,奇禽異羽,莫不畢備。」可知青蓋南移皆指晉事,其意以爲皆無象闕之設,故「法無所懸書無所藏」也。〔參于光華,頁 1055〕

王子淵〈聖主得賢臣頌〉「忽若篲氾畫塗」(47／2b)

善注:

> 如淳曰:若以篲掃於氾灑之處也。篲音遂。

五臣注:

> 篲,帚也。氾,灑地也。塗,泥也。言以利劍斬斷蛟犀,若以帚掃氾灑之地,以刀畫泥中,言其易也。

> 案:兩注俱引如淳說而從之。誤矣。王念孫曰:篲氾與畫塗相對爲文,篲者掃也,氾者污也。謂如以帚掃穢以刀畫泥耳,《後漢·光武紀》注:篲,掃也。篲或作篲,枚乘〈七發〉「凌赤岸篲扶桑」,謂濤勢之大凌赤岸而埽扶桑,是篲爲掃也。《方言》曰:氾,洿也。自關而東或曰氾。是氾爲污也。〔案:轉引自王先謙《漢書補注》,藝文版,頁 1287。〕

司馬長卿〈難蜀父老〉「上減五,下登三」(44／37b)

善注:

> 李奇曰:五帝之德,比漢爲減,三王之德,漢出其上。

五臣注:

> 銑曰:言漢德之盛,上可減五帝之美,下可升三王之上。

> 案:二注解「上減五下登三」皆涉正文「減」字而誤。《史記》、《漢書》「減」皆作「咸」。顏師古注駁李奇說,謂:漢德與五帝皆盛而登於三王之上也。亦誤。《史記》裴駰《集解》引韋昭曰:咸同於五帝,登三王之上。此說甚是。又《詩·閟宮》「先咸厥功」。鄭箋:咸,同也。故「咸」字當作「同」,韋昭說是。五臣注言漢德之盛,上可減五帝之美,下可升三王之上,尤非。〔案:《史記索隱》引虞喜《志林》說:相如欲減五帝之一,以漢盈之。亦非。瀧川龜太郎《史記會注考證》有說。王先謙《漢書補注》亦駁師古注並各家說之非。〕

陶淵明〈歸去來辭〉「恨晨光之熹微」（45／27a）

善注：

《聲類》曰：熹亦熙字，熙，光明也。

五臣注：

熹微，日欲暮也。

　案：二注皆誤。「熹」字，《宋書》、《晉書》俱作「希」，是也。黃季剛
　云：「熹微蓋連語，即微也耳。訓熹為光則不詞。」（《文選黃氏學》，
　頁 215）黃說是也。此句意謂：心急趕早，但恨晨光微稀，致路不明也。

陳孔璋〈檄吳將校部曲文〉「要領不足以膏齊斧，名字不足以汙簡墨」。
（44／15a）

善注：

善曰：《漢書音義》，服虔注曰：《易》曰：喪其齊斧。未聞其說。張
晏曰：斧，鈇也，以整齊天下。應劭曰：齊，利也。虞喜《志林》
曰：齊，側皆切。凡師出必齊戒入廟受斧，故曰齊斧也。

五臣注：

濟曰：領，項。膏，潤也。斧所以整齊軍旅，故曰齊斧也。簡墨，
謂刑書也。言權之要領不足潤斧鈇，名字不足汙刑書也。

　案：疑「齊斧」當作「氐斧」，即氐賊之斧。《文選》卷二十潘岳〈關
　中詩〉：「周殉師令，身膏氐斧。」善注：「《周處別傳》曰：氐賊齊萬
　年為亂，處仰天嘆曰：古者將受命，鑿凶門以出，蓋有進無退，我為
　大臣，以身殉國，不亦可乎？遂戰死。臧榮緒《晉書》曰：氐，西戎
　別名。」（藝文版胡刻本頁 187）另參屈萬里《讀易三種》，於「資斧」
　有詳說。〔案：參屈萬里《讀易三種》，臺北聯經出版社，72 年 6 月，
　頁 569～569。〕

司馬遷〈報任少卿書〉「其次不辱理色」。（41／19a）

善注：

理，道理也。

五臣注：

理，義理；色，顏色也。

　案：依二注，則「理」「色」二字義不相屬。王先謙《漢書補注》：「《荀
　子・正名篇》：形體色理以自異。色理即理色也，不辱理色，即謂不辱

顏色。」（臺北藝文版，1256 頁）

楊德祖〈答臨淄侯牋〉「若此仲山周旦之疇，為皆有譽邪」。（40／18a）

善注：

善曰：《毛詩序》曰：〈七月〉，周公遭變，陳王業之艱難。然《詩》無仲山甫作者，而吉父美仲山父之德，未詳德祖何以言之。

五臣注：

銑曰：仲山甫作〈周頌〉，周公作〈鴟鴞〉，詩言如雄，言則此二人皆有過也。

案：善注引周公〈七月〉，五臣引周公〈鴟鴞〉，是兩異也。然則仲山甫無作詩者，五臣注直謂仲山甫作〈周頌〉，是又兩異也。

王元長〈永明十一年策秀才文〉「片言而求三輔，一說而定五州。」（頁682）

善注：

善曰：《漢書》曰：内史，武帝更名京兆尹，左内史更名左馮翊，主爵中尉更名右扶風，是爲三輔。《尚書》有十二州，宋得其五，故云五州。顏延之〈待遊曲阿詩〉云：春方動宸駕，望幸傾五州。

五臣注曰

向曰：三輔，後魏所都，五州，北齊所據。片言之辯，一說可求而定之。京兆，左馮翊，右扶風曰三輔。豫、青、徐、兖、冀州曰五州。

案：五臣與善注互有奪文。叢刊本善注「三輔」句下作「尚書有十二州，宋得其五，故云五州。顏延之〈侍遊（案：侍原作待，今正）曲阿詩〉云：春方動宸駕，望幸傾五州。」尤刻本作「天下有十二州，齊得其七，故謂北境爲五州。」胡氏《考異》謂：袁本無此十七字，有「五州已見顏延之侍遊曲阿後湖詩」十四字。然則胡氏謂袁本所無之十七字，亦有錯文。蓋尤刻善注〈曲阿後湖詩〉「望幸傾五州」句下云「《尚書》有十二州，宋得其七，故謂北境云五州」，知原注「天下」作「尚書」，「齊」作「宋」。陳八郎本五臣注作「九州之地，宋得其五，五州之人，傾心望帝臨幸」，亦作「宋」，是也。惟「十二州」作「九州」。考《尚書・禹貢》「九州攸同，四隩既宅」，知《尚書》實無作「十二州」者。且原詩只謂「五州」，善注則謂「宋得其七」，與詩不侔。

善注誤矣！然則五臣注亦未妥。三輔，先謂「後魏所都」，又曰京兆尹左馮翊右扶風爲三輔。五州，先言北齊所據，次言豫、青、徐、兗、冀曰五州。案：北齊所據，確爲五州所地，然齊永明中，當北魏孝文帝太和十七年，不當言北齊。故「五州」者，當指北魏所據之五州也。（齊武帝永明四年，西元四八六年，北魏孝文帝太和十一年所劃分之域，都三十八州，而五州在其中）據此，則三輔亦當指北魏所都洛陽。案：北魏孝文帝延興元年（宋明帝泰始七年，西元四七一年）遷都洛陽。《後漢書》董卓謂陳紀曰：三輔平敞，四面險固，土地肥美，號爲陸海，今欲西遷何如？

第四章　《文選》評點學──以明清評點爲例

第一節　評點家之用心與評點本質

評點文學之意向，自其本質而論，厥在實踐，實踐者何？蓋實踐吾國文論文說之已見者，使之行於實在作品正文之際，故凡文論文說之出以原則、出以大略之言者，率可自評點得其參證。故評點之本旨，在乎實際批評之爲用，非在構設一通論且具規範之文論也。

茲以吾國文論之道德教化說爲例以準之。此說始自儒者揭之，孔氏用以爲解《詩》，遂爲後世凡援經世致用以說文章之所本。如孔子云：

> 《詩》三百，一言以蔽之，曰思無邪。

案此無邪者，言《詩》之用，朱子釋無邪云：「凡詩之言，善者可以感發人之善心，惡者可以懲創人之逸志，其用歸於使人得其情性之正而已。」（趙順孫，頁 171）可知孔門言詩，端看能否起發情性，知善辨惡。其後〈詩大序〉云：

> 故正得失，動天地，感鬼神，莫近於《詩》。先王以是經夫婦，成孝
>
> 敬，厚人倫，美教化，移風俗。（鄭玄，頁 14～15）

此殆儒者說詩廣之實用之顯言也。凡今本子夏《易》傳者，其解《詩》之道，莫不由之。厥後漢之王充、鄭玄，晉之陸機，唐之昌黎，宋之二程，皆準斯路，較論文章，乃有文以載道，詩言志之辨。清儒沈德潛云：

> 詩之爲道，可以理性情，善倫物，感鬼神，設教邦國，應對諸侯，
>
> 用如此其重也。（沈德潛，頁上／1）〔案：另參《重訂唐詩別裁》、

《清詩別裁》二書序文，俱有類似之見，皆以詩者厚人倫、匡政治，
為詩之用。〕

觀此語，不啻〈詩大序〉之再說者，皆以《詩》之用，關乎人倫日用，經濟
民生。故凡持此論以說文章者，近人劉若愚氏統名之曰「實用理論」，且析言
之曰：

實用理論以為文學乃宣揚道的工具，認為文學是陶冶或調節讀者之
性情的手段。在實用理論中，注意力的焦點，不可避免地集中於文
學對讀者的長遠的影響。（劉若愚，頁 248）

此說可謂總此論而結言其旨趣，乃在讀者藉之以聽受也。今者，既有此論，
如何可施之於實際之詩作，其施行之以為例舉者如何？則以上諸文論家闕如
也。此不得不待之評點家以相其說，而印證其論也。

　　試舉《文選》束廣微〈補亡詩〉六首之評點以明之。此所補者乃《詩經》
六首有題無辭之詩也。今《詩》傳亦各有說，不出〈大序〉所規，亦無越孔
門之實用觀。然而評者復繼其規，更於字句緊要關節處，一一評點，而證前
說之不謬。若何義門評〈補南陔詩〉云：

思柔則愛敬交至矣。（于光華，頁 373）

此蓋自思無邪之說來，所謂溫柔敦厚，詩教也，即何所評意。至於進而求之
生民同化，感道盛之育者，可見之於句法章法結構之間隙，故方伯海評〈崇
邱〉一詩三章，各章之主意者云：

首章原物所由盛，由於道化，為下二章之綱。下二章只是反覆申贊
之耳。（同前，頁 375）

此即據文論家之說，以求證於詩文字句之例，其不先言何以有是論是評之由，
而直指字句章法之構意如此，蓋評點之法，施之於眉間，本在易於便覽，不
在曲於論說也。故理論與實用，其用心所在不同，其演法自異，此評點家之
體例也。詩末方伯海復總評六詩結構之相接，蓋有理據之推循，所謂自小而
大，由內及外，詩教之功夫如此也。方云：

右補亡六篇，人道莫大於養親，故先之以〈南陔〉，而養親必本於守
身，故〈白華〉次之，然必時和歲豐，始致其養道之隆，故〈華黍〉
次之。但時和年豐，不獨百穀蕃滋，而亦庶類得所，故〈由庚〉次之。
至此才見大化和洽，王猷四塞，故〈崇邱〉次之，要非君明臣良，何
以致此，故〈由儀〉次之，先後用意，井井不亂。（同前，頁 375）

噫，何其偉盛之言哉！自此評點觀之，乃意將彼實用理論總施之於詩篇之遞續篇目，且由其次序而定其所以序次之意，可謂觀心細密而措詞妥貼矣，然則何以有是評之見，以言修身致教化成天下之理，何以詩自有是意，則評點者並闕勿論，何則？孔門諸儒已說之矣。

因總結可知者：

其一，評點者與文論家旨趣殊途而同歸，文論乃評點之理據，評點則文論之實踐。

其二，評點重在法之用，文論則專注理之通。評點揭例而明之，文論則先言其所以然而致之之由。

其三，凡評點，類皆出於文論之後，自二者先後之出，可證亦後設之再言矣！

第二節 評點家之形象批評法

評點家之評文法有曰形象批評法者。即視讀文之所受，援類同之事例，以代所受之語。謂之形象批評法。此法但說評者之印象耳，皆設譬而言之，且兼及諸端，或言及句構，或及語序，或及置辭，或及事業，或及位體，或及結構。然皆綜攝而混言之。

若李陵〈答蘇武書〉文末，李陵申明決志之義，長死漢漠，不爲歸想，李陵云：

> 昔人有言：「雖忠不烈，視死如歸。」陵誠能安，而主豈復能眷眷乎？
> 男兒生以不成名，死則葬蠻夷中，誰復能屈身稽顙，還向北闕，使
> 刀筆之吏，弄其文墨耶？願足下勿復望陵？嗟乎子卿，夫復何言！
> 相去萬里，人絕路殊，生爲別世之人，死爲異域之鬼，長與足下生
> 死辭矣！幸謝故人，勉事聖君。足下胤子無恙。（41／9a～41／9b）

此段乃李陵絕筆之辭。全文至此，意甚明而情甚厚，可謂纏綿悱惻矣！評者孫月峰遂評云：

> 總收一篇，意甚勁，有淒風苦雨，如樂之亂章，煩雜激烈，最悲最
> 促，洋洋盈耳。（于光華，頁774）

此段評語，即形象語式之評也。其法蓋用類比，援它事例以置代之。意指此段總收大意，令讀之者有若聆亂章之悲促。夫亂章者，音樂之繁調也。此以

樂調類比文詞之抑揚頓挫，即設譬之謂也。然此評語，先言文意如淒風苦雨，已先設譬，次援亂章再譬之，故其評語設譬非僅一端耳，可謂譬中之譬，至於問其所譬之體爲何？惟涉「意甚勁」一端耳。此意殆非作者之單向意，亦非正文之多向意，當屬司於讀者之閱讀意。而其意皆以形象之另語表出之。故凡形象語之評點其要有二：

其一：形象語評點率由讀者主司之，殆可謂主體之批評。無關乎指涉之參詢，說者之意圖，並正文之語式也。

其二：形象語評點必援類比法，置它事例於此事例，其詞則多設譬不一。

茲再以應休璉〈與滿公琰書〉一文爲例申明之。此文主旨述應璩（休璉）因公琰之再過，欲辭書謝其請，乃託以事故不往報焉。文首即援事典，依次排比，先言侯生納顧於夷門，毛公受眷於逆旅。次言：

> 外嘉郎君謙下之德，内幸頑才見誠知己，歡欣踴躍，情有無量。是以奔騁御僕，宣命周求，陽書喻於詹何，楊倩說於范武。（于光華，頁 805）

此段文，難在陽書曉釣道，楊倩喻售酒二事，前事載《說苑‧政理篇》，後事載《韓子》，且於魚酒二物，又各以詹何、范武二事以借代之，皆僻典難曉之事。故何義門讞評云：「以僻事文其淺言，修詞之弊也。」（于光華，頁 805）此就修辭之用典法爲評也，有見其弊，未見其利，其利者，蓋在語式之緩急情勢，可藉此以變通也。故孫月峰即此評曰：

> 作字有疾澀二法，爲文亦然。此二語以澀妙。（于光華，頁 805）

此評即拈示「澀」字爲妙。所謂澀，即僻典之難曉，有思阻情礙者，此猶之于作字有澀，以節濕筆也。澀字亦即形象語，然非可視而見者，乃可嚐而覺者，斯味覺意象語也。猶不足以言其讀受，復以作字之法類比之，同前揭例，皆形象評點之類比設譬法也。

餘如陸雨侯評〈齊故安陸昭王碑〉，文云：「塊然如石，了無蝸迹苔紋。」（于光華，頁 1121）乃並觸覺形象、視覺形象兼言之，以總言全文所讀受，未專注文體與詞句也。又方伯海評〈古詩十九首〉：「生年不滿百，常懷千歲憂」云云一首云：「直以一杯冷水，澆財奴之背。」（于光華，頁 551）蓋亦觸覺之形象，藉以表出該詩之主題所感，其中若「愚者愛惜費，但爲後世嗤」，即喚醒財奴多少意，凡人讀之者，未嘗不有如方評之所受，宜擊節以稱賞焉。

第三節 形象批評與現代批評

　　吾國文論，向以明道宗經徵聖之理，以爲論文之先則。所講之理徧泛各文，屬通觀之論，體大而思精，猶慮其行之可否。是以凡一篇之評，一家之論，不能鉅細校訾，字句雙析，大率片言隻語，總括帶過，或責體貶辭，或論貌議氣耳，其餘細目可道者，行間隱晦者，意皆可觀，乃竟無說。是以《文心》可謂雕龍，《詩品》詮次源流，《文賦》妙解作者，尋其篇章細論，不可得說也，是以後世有評點之學，依文讀解，尋章摘句，或正題辨位，或首尾顧瞻，亦中間新義，而言外有聲，凡此字句章節，時序物色，有可總術以觀者，皆一一批之點之，可謂細讀之至也。是以余謂評點曰：臨文之解。與文論之通觀，理或同參，而法則迥異，至於其趣，固有淺深之畦哉。

　　然則無論通觀之論，抑臨文之解，其有一法，必兩方均施，泛泛如洪流，而尋處可見，固吾國文評之通例也。何則？曰：形象批評也。何謂形象批評，蓋批評之用語也。即論一文，評一家，欲總其印象，適江海之中無以明言水味，心在自領，而意難曉人。遂援一物一色，就其所熟稔者，復述以類比之，於是兩象並形，聞此知彼，達形通象，可謂圓融鑑照，而讀文之所受，於焉可類比而曉之。此之謂「形象批評法」也！若劉勰云：

> 孟陽景陽，才綺而相埒，可謂魯衛之政，兄弟之文也。（范文瀾，頁
> 10／5）

此欲分品仲昆，言辭難表，乃援類比之法，謂如「魯衛之政」，蓋難分軒輊也，睹此而形象可悟。知孟陽景陽文之優劣矣！又云：

> 景純艷逸，足冠中興，郊賦既穆穆以大觀，仙詩亦飄飄而凌雲矣。（同
> 前）

此謂景純之〈遊仙詩〉，讀之如飄飄凌雲之感。亦援形象以比之也。案景純遊仙之作，鍾記室以爲詞多慷慨，乖遠玄宗。與劉彥和論異，且慷慨一詞，意涉抽象，不若彥和之以飄飄凌雲以狀遊仙之趣，其形象煥然之可據也。是以陳沆駁記室之言，何焯主彥和之說，蓋良有以也。（見陳沆《詩比興箋》，何焯《義門讀書記》。轉引自陳延傑，1975，頁23）

　　雖然，《詩品》之作，析別源流，月旦品第，使人知體類分合，影響澹溉，固云專說矣！至於通觀一家之作，細評一章之辭，率多形象批評之語也。若評魏陳思王云：

> 嗟乎！陳思之於文章也，譬人倫之有周孔，鱗羽之有龍鳳，音樂之

> 有琴笙，女工之有黼黻，俾爾懷鉛吮墨者，抱篇章而景慕，映餘暉
> 以自燭。故孔氏之門如用詩，則公幹升堂，思王入室，景陽潘陸自
> 可坐於廊廡之間矣！（陳延傑，1975，頁 13）

此援人倫音樂麟羽女工之聲色，以類比陳思之文章，可謂形矣盡矣，象矣明矣！且其類比之形象，依工拙之淺深，舉凡優劣之喻意，皆在其中。後則更以孔氏之門，坐次分門，以詮其品位，可謂善援形象以批評者也。

至於《詩品》評潘岳引謝混說，謂陸文如「披沙簡金，往往見寶。」又《詩品》評謝靈運之詩云：

> 然名章迴句，處處間起，麗典新聲，絡繹奔會。譬猶青松之拔灌木，
> 白玉之映塵沙，未足貶其高潔也。（陳延傑，1975，頁 17）

凡此不乏例舉。知形象批評，故六朝之時興，通代之常例也。此後明清二代之評點家，遂大發其例，允為主法矣！尋此之由，蓋不得不推之六義，有比興之方，或詩人之旨，會於心而不自覺者。解詩者出，曉辨其例，因括其方有賦比興之別，後世遂準的而發，其解詩之道，猶之乎作詩之法，乃不分其先後云孰矣！故後世評點家推之廣之，以為主法，是其所由受之深也。

即今之世，論文學者，何獨不然？若今世大陸文評家韓少功論捷克作家米蘭‧昆德拉之作亦云：

> 昆德拉採用了十分特別而又嚴謹的結構，類似音樂中的四重奏。有
> 評家已經指出：書中四個主要人物可視為四種樂器——托馬斯（第
> 一小提琴），特麗莎（第二小提琴），薩賓娜（中提琴），弗蘭茨（大
> 提琴）——他們互相呼應，互相襯托。（《中國時報‧人間副刊》，77
> 年 11 月 13 日）

旨哉斯言，吾人雖不曉其結構之繁複若何，然經此形象類比，以音樂之四重奏曉之，則可因是通想之矣！噫！此形象批評之為功，可謂歷世而不減其力乎！

第四節　比較批評法

評點之法，特重比較，或兩文以對比，或連數文以兼比論之，或同一時代之文共比之，或前後古今異時而對比之。此評點之比較讀法也。若以庾元規〈讓中書令表〉一文為例，孫月峰文末評曰：

> 渾雅微變，靡麗未開，在晉初有此等文字，風度亦自可貴，比陳王
> 諸表覺稍斂華，然不是質有餘，乃是學未副，若夫勁切快人處，則
> 又是元規獨至。（于光華，頁711）

觀此即援比較法以評文也。然於一段評文中，兼有自一時代文風而比較者，兼有自它篇它文連比者。若靡麗未開，以庾文之風度爲可貴，是晉初文字之難得也，此自一時代之文風以驗庾文之異同，比較一人與一時代之分殊。所論甚切，且與劉勰《文心雕龍》之見可並發。劉勰云：「庾元規之表奏，靡密以閒暢，亦筆端之良工也。」所謂靡密以閒暢，即謂未盡靡密也，與孫云未開正同也。於是下云與陳王諸表相比，乃得曰「覺稍斂華」。蓋晉初文字與三國異，陳思諸表自不同於庾文。縱使庾文未盡靡麗，然已染晉初文風，故以較三國魏文，仍覺「華」也。此不惟先據一時代之文風以論一家之文，復可因諸家文之比觀，反證一時代之文風，斯即相反相成之辯證比較法也。

別有方伯海評則持兩家之文以論之，言之深切，方云：

> 按此與羊叔子〈讓開府〉同，而用意異，叔子全爲國家人才起見，
> 心事如麗日當天，此則全在外戚上較論利害，不謂己才之不堪，直
> 謂人言之可畏。純是一片私心，胸懷相去遠矣。（同前）

此自兩文作者之胸懷襟抱處言之，以評騭高下，蓋亦得自比較法也，故因比較得見異同優劣，凡稱物評文莫不皆然。茲可注意者，乃在評點家之比較法非一端，能多設蹊徑，旁伸支途，爲可貴也。後世賞文批讀，允宜參照焉。

故凡評點之比較，甲文之於乙文，古之於今，異代而比，謂之對比法，其多文並觀，或融數代於一論者，謂之類比，此評點比較法之大略也。至於論其持以比較之準據，則孫云渾雅，云靡麗，蓋指體性而言。體性固自師成心，各如其面，其最易比者也。是以《文心》有體性八塗，而典雅、輕靡、壯麗在其中（范文瀾，頁6／8）。典雅者，鎔式經誥，方軌儒門者也。輕靡者，浮文弱植，縹渺附俗者也。故孫月峰據此以標示庾文之體性也。此比較法自體性而比者也。夫比較之目，或自主題，自觀念問題，自文學類型，自爲文體性，自一時代文風矩度，自文章始生之源，自文變世染等諸方而論之（李達三，頁376）。孫月峰評此文，即自體性而較論之，其尤可注意者，孫拈「風度」一辭，則其新創體性名目也。又曰「勁切快人處」，乃讀文之感受，兼爲文節奏與精神意貌而綜言之，此無畏於前人固論，但憑一己所受，直言所感，乃以讀者爲中心之批點法也，亦讀者意識順文而流，不期然而覓至之「默義」

（如前論）。至於何義門亦嘗評此文而云：「與二王不平，詞多激烈，其才氣頗銳也。」此又自修辭與才稟而論之，雖別無舉例以較之，然亦可見其隱約持衡之意也。

若方伯海比較之目，蓋自文章立意主題而較言之。以羊叔子文意在公，庾文在私，而區別其異心。其下方又云：

> 元規相業，毫無足述，原因椒房之親，高踞要津，公議不孚久矣。
>
> 此表亦是迫於物論，不得不辭。（同前）

此又自作者出處以爲文章背景、撰作動機而較論之，亦即自文章始生之源而說也。由此可知，評點家據以比較之目，亦廣路而兼收也。其法既不一，其目亦不限，端在讀文者賞悟之所受所感，感之深近，受之厚薄，即表之於言而有詳略，有彼此虛實之差，要之，皆評點比較法之可觀者。

第五節　評點家論作品多義性

評點於文章正文意義，有超出註釋家，而自別新出之意者。其法與善注《文選》注釋之道固自不同。今宜特別表出之，以示評點所探文義意義之深刻與多貌。

其始也，評點者先據作者之意圖以尋正文之本衷，此所謂入文之伊始，進文之門徑。斯時也，讀者虛其位，空其心，沛然入文心，悉據作者之左右。以作者之是爲是，作者之非爲非。茲以阮嗣宗〈爲鄭沖勸晉王牋〉一文爲例。阮嗣宗爲此文，蓋爲鄭沖之命而書也。其旨甚明，載之史傳，評點者仍據善注引《世說》云：

> 魏朝封晉文王爲公，備禮九錫，文王固讓不受，公卿將校皆詣府敦
> 喻，司空鄭沖，馳遣信就阮籍求文，初時在袁孝尼家，宿醉，扶起
> 書札爲之。無所點定，乃寫付使，時人以爲神筆。（于光華，頁 763）

據此，知阮嗣宗爲文動機即鄭沖之意囑。無論嗣宗或允否，悉以鄭沖之意爲意。此據載籍可本者如此，於觀文之大意，此爲首端。凡善注注釋之途，率止於此端耳，故評點者雖引《世說》之文，與善注異，然觀善注引《晉書》，截取《晉書》文意者，宜同評點也。善注引云：

> 善曰：臧榮緒《晉書》曰：鄭沖，字文和，滎陽人也。位至太傅。
>
> 又曰：魏帝封晉太祖爲晉公，太原等十郡爲邑，進位相國，備禮九

錫。太祖讓不受。公卿將校皆詣府勸進，阮籍為其辭。（40／26b）
觀此兩注，皆以阮籍為公卿撰文，意在勸晉公進位，公卿之意即撰文之意，
亦阮籍之意也。夫注釋之道，要在依文而注，隨句而解，顧作者之說而為說。
然此非詮釋之域。

詮釋者何？當有讀文者之介入，交融其義，共創新義，以為自我領悟之
真解。必臻此域，則正文之義始能盡顯呈露。故讀者尋正文之路以入其義，
歷疑似之辯，正反之議，以經其途，至終焉而通徹之，其所得之義，蓋皆如
「投影」者。西人海德格嘗言：

> 寫作自身乃全然自是之舉也。當其行也，惟視當下境域之文句為何，
> 文句可自投影其義。然此非必作者之義，而當時受其義之聽者亦不
> 能主之。故凡吾人讀某人之寫作，非讀某人之為何，蓋讀文句之投
> 影，以悟影中之義，殆為新出，而自存乎此文句中者也。
>
> （Heidegger,1962）

今者，善注與評點家之初解，惟準之作者之義，未及其正文之投影，是以正
文實在所說所示為何？兩注究未申明。故此止為解釋之法耳！以資詮釋之初
階耳。然善注亦僅及此矣！未可謂為全解。

此有待評點者之進程。評點首於正文末一節云：

> 今大魏之德，光于唐虞，明公盛勳，超於桓文。然後臨滄洲而謝支
> 伯，登箕山而揖許由，豈不盛乎。至公至平，誰與為鄰？何必勤勤
> 小讓也哉。沖等不通大體，敢以陳聞。（40／29a～40／29b）

此文末一段，評點者視以為新出義也。此蓋自正文自身而尋出者，非作者先
言之者。評家云：

> 雖為勸進，末卻諷以小讓。頌而不失其正，是阮公本懷。（于光華，
> 頁764）

審此評語，蓋以為自正文之義而視之，則正文別自有說。以為正文自「今大
魏之德，光于唐虞」以下至「敢陳以聞」一節，其意以小讓一詞而諷晉祖，
則與題適及其意，非真心而勸也。當有所諷，此諷意，始非公卿若鄭沖之流
本意，亦非阮籍之初衷也，乃阮籍行文之際，順語勢以達詞，或偶遇斯旨而
終不自覺，即寫作自身已成完定之舉，而正文之投影亦在其中，俟評點家介
入讀其正文之語句，從而悟之會以揭正文之義。所揭者，實正文自身之義
也。雖然此義竟與前示作者之義忤，然二義實相反而相成也。故凡讀文者進

此正文之意，始可曰已入文之道，此蓋意義之第二層級，悉取自正文者。

今明顯可知者，正文之意與作者之意未必盡同，或彼此相杆忤逆至如前揭者。然則必詢之何者爲是？凡讀文者於此二義之諮詢，即爲詮釋理解之進路，此路或崎嶇多難，觸不抵盤，要皆讀文者已溶入其兩義辯證之域也，是所謂詮釋之準備。至此，讀者始可曰有「閱讀意識」。此意識自正文之語句入，溯及作者之意域，於是而詢曰：何者是？何者非？此即意義存現之「存在問題」，凡讀文者，能詢此問，即能詢自身，亦能質文章本旨者何？此詢解之路，途次必遇多方，故因此可導引多重之義，其理可述云：

> 閱讀意識之本質，即在作品正文之投影，意識之出，先擬其影，自
> 正文以及其自身。凡正文者，即閱讀者、斯時斯地可識者，蓋正文
> 自身當無意識也。然則，自身與正文之辯證進路，無論同之，反之，
> 皆富於原義，蓋爲混溶之新義矣。（Chien，頁 212～213）

據此可知，解讀正文之要，不在尋正文之意爲何，在此閱讀辯證進路之途也，必如此，讀者始可曰已然知曉意義存在之域矣！今觀此評語，知評點家已揭此辯證之路，全然溶入其評點之閱讀意識矣！且評點家復於「明公盛勳，超於桓文」句旁批云：

> 句有斟酌（于光華，頁 764）

知評點者於此正文已覺其意當須參酌辯證，疑其別有說也。適可爲前揭批語謂此文當有諷意之例示。至此，評點家已混溶本意與二層級之意而悟之。

評點者順思辯之路，進以意識之溶滙，於是因悟以生解，隨正文以涉語義之域，而新義終焉乃出，試觀何義門評此文云：

> 阮公亦爲此耶？抑亦避禍耶。許以桓文，諷以支許，是其巧于立言
> 處！（于光華，頁 765）

此評語又拈示避禍一義，皆前說未及者。何以然？蓋評點者綜集前後文路，並文句語義（Semantic）而「想當然之詞」。此想當然之解，率由辯證以求得，蓋吾人知注釋之功效，在重塑或重探命意與意義。然則，悟解之功，在吾人能知曉且操持分門之義以爲總體之義，吾人所以致之之道，端在吾人之總匯綜集也。準此，何義門所以敢首揭阮公此文之義爲避禍，乃何氏據作者之義、正文之義與乎語句關涉之語境（Speech Situation）、上下文絡（Context）綜集而研判之，是以有得也。以故評點家能由注釋之路若李善者，進至詮釋之道，以解正文之多方，悟言外之意，通詮釋之域者，此其有助「文選學」之功也

大矣！蓋由評點而見者，特吾國之文學詮釋之方也。何謂詮釋？其要在引伸之義，即讀者想當然耳之思索也。西人里柯爾云：

> 詮釋之道，起始也，先通正文之義，然未定也。恃一己之介入，以爲想當然爾之義，斯所謂然其義，乃詮解之二階也。其次，必有疑是之辯，離間兩義至無由然其說者，斯有辯證之由起。至此始謂之曉解，合此兩階之思，尋一適切之道，謂之詮釋之道也。（Ricoeur, 1976, p.74）

其說甚善，可示吾人者，在讀者以爲意義之司者，正文則爲溝通之物，然解正文者，乃由之而通於詮釋之路，故正文之解，非等之詮釋，詮釋之周，惟在辯證而可全。故凡欲詮釋者，必先質疑：若者爲是？若者爲非？故何義門乃呴呴乎其詞，恍疑之間，屢問阮公亦爲此耶？抑亦避禍耶？至此，何義門可謂已通識全文之義，進至詮釋之層。此後解此文者，乃能順此詮釋之基，深探本文之心，而遂得本文之深旨矣，若方伯海評云：

> 操以相國加九錫，受十郡，封魏公於漢，司馬氏亦尤而效之於魏。所謂君以此始，亦以此終也。嗣宗非逐羶附臭者，此牋定有所迫而成。然一路只據晉之現在功績，而以陣馬風檣之勢行之，到末直自吐露心胸。而以眞讓與假讓當面一照。莊中寓諷，仍是加以美名。故言者無罪也。公殊不似醉人。（于光華，頁765）

此言之甚詳。不惟繼何義門之所說而申言之，且答何所質疑，而示所以然之故，何者？所以有疑似之辯，以爲阮公此文表爲勸進，裏則諷諫，蓋皆出於歷史事件之仿擬而似者，斯所謂有歷史主義之傾向也。以爲凡歷史所見事件，其因果必一定，且可一例準之於同類事件之擬似而再生者。茲者，魏封晉祖九錫之事，乃前史有之矣！自正文以觀之，有「昔伊尹有莘氏之媵臣耳，一佐成湯，遂荷阿衡之號。周公藉已成之勢，據既安之業。光宅曲阜，奄有龜蒙，呂尚磻溪之漁者，一朝指麾，乃封營邱」云云，即本文所據之前史故事，由是知凡諸侯功大業豐，以一國之大計，圖久遠之皇嗣，匆促之間，僭越進位，是勢所以成之者，非己所能讓也，故受之不以爲過。此前史故事云云之意在此，乃援此類推，以謂晉祖受九錫亦當然耳。

　　復自近史以考之，則又不然，蓋評點者未持阮公所云呂尚、周公、伊尹三事以衡之，另據魏祖之受漢封九錫，終而篡漢之事例之。則今晉祖所受，未必不若魏公之不義也，所謂君君臣臣之道既消，挾天子以令諸侯，究是竊

位之嫌。故評點家就近史之例，以申明小讓，別眞假之判。而拈示諷意，其所據者出此也。是評點家因讀正文，遂有閱讀意識之起，因生別義，乃有二義辯證之由，故本文直意與隱意由此而益明，詮釋之道至斯而益彰。此方伯海繼何氏評點明其然，更進以明其所以然之解也。此後，近人黃季剛氏仍順何、方之解，力言此文諷刺至明，不解者，但觀勸進之題，初不深究文義也（黃季剛，頁 192）。依本節前說示者，即彼不解者，但循作者之宣示，史錄之聲明，未進以意識，悟以瞭解，不過爲詮釋初階之謂也。

綜此而言，評點家所以詮釋之道，其法可得而言者如下：

其一：正文之義乃未限定者，作者之義未必正文之義，正文之義凡現於文字者，只屬字面之義，其進者，厥在隱而未顯之義，此猶如投影也。凡吾人所見於正文者，皆影耳。

其二：此投影者，一端而多狀，猶之乎一文而多義，其取義之途，端在讀者之介入，以起意識，以與正文與作者之義交通之，此即評點者何以有句斟字酌，有批語見之句旁也。故凡批點者，皆須具閱讀意識。

其三：繼閱讀意識而起者，即爲辯證，如評點者持正文所述前史，與己所觀近史之反說以質阮公之意旨。凡投影之義惟恃辯證以出之。故評點之功，須有辯證以助之。

其四：由評點綜集而出之義，謂之詮釋之完成，斯時新義呈露，此義即爲初階（作者），次階（正文），交溶匯通以新出者。

其五：評點者於辯證之途，常參之史錄載籍，以疏其解。就此而言，意義往往繫之于歷史成規。即評點家多有歷史主義之傾向也。若方伯海援魏祖曹操之事以類比晉祖，因史載之非曹公，援以諷晉祖亦非，即本之歷史主義之定論也。（Bullock, p.285～286）

作品之具多義，紛雜間出，並列以觀，足可參取，此固評點家用心所出。其何以並列，揭之眉端，置之句字，橫之段落者，皆此用心之例示也。核其旨意，蓋以爲眾說或異，皆所以作品正文價值之可誦者，無妨其爲異論也。惟其異論，是以成其價值之大。

案西人於正文多義之見，常可三論：或否之，以爲一義可宗，一說可法，餘可略之；或然之，且全覽其義而吾人以爲主；或進此多義之應然，以立作品正文價值之系統（Fish, p.349）。此西人之說如此。持此以較，評點家蓋宗多義之說者，惜未見其因此多義而設一原則原理以規範其說者。然評點家以多

義之爲用，不可謂不廣。蓋一新義之出，非謂即詆毀舊義也，乃自舊義參諮詢覓，其有不足，乃探新義，較而論之，揭以讀之，而覺新奇嘆賞者。其新說，非惟可供吾人之解正文，且益增正文之賞鑑價值。故西人布斯亦同此見，以爲吾人詮解莎士比亞之作，自歷來眾說以解之，凡吾所以同某說者，或吾所以非某說者，吾皆可納之以爲作品正文如此其多義，如此其高價值也（Booth, p.116）。何則？所謂讀詩讀文，必動之以情，誘之以趣，情趣之專，在乎新義以起之，雖然，舊義不減其趣，若其趣終焉不出新境，則其爲義，究無以沛然奮興者。故評點家有見及此，乃不憚煩引，悍下己意，行之乎眉端段落，一字一句皆可以顯其晦而未彰，達其密微之藏。夫評點家之所爲，率皆類乎此心也。

若〈古詩十九首〉之「行行重行行」一首。諸評點家皆以意深而妙，所感多端。方伯海自「與君生別離」之「生」字用法妙，謂「一篇關情處」，孫月峰以爲此詩之意乃「婦憶夫詩，以比君臣，妙處似質而腴，骨最蒼，氣最鍊。」以譬喻目全詩，然其本意，則婦憶夫也。邵子湘僅就忠信一義而言：

> 怨而不怒，見於「加餐」一節。忠信見疑，往往如此。（于光華，頁546）

蓋以爲雖遭黜退，然猶慇慇懇誠，勸人主之加餐，無損尊體。試觀五臣注濟曰以爲努力加餐飯，語謂：「自勉之辭。」（29／1b）蓋指婦自勉，與邵子湘以爲勉人主意適反，然不害其語之正反未定，益見其含義之深也。至於于光華則又所見不同，以爲此詩言離別，言遇合之難。于曰：

> 此首與次首俱以離別言，古人于遇合之難，往往托而言之，如此看便得。（于光華，頁546）

此所謂託言，蓋託具象以言，即援比興之技法也，若「胡馬依北風，越鳥巢南枝」者，比興之法也。于氏之解以爲詩人託比興以言離別遇合之嘆。總上所言，諸家各執一端以判其詩意，皆有以自得者，皆盡心以出新義，使讀此詩者，可以多一義之參，益增其讀之味深。是所以評點家多義批評之道也。

它如〈古詩十九首〉之「青青河畔草，鬱鬱園中柳，盈盈樓上女，皎皎當窗牖。」善注以爲草生河畔、柳茂園中，以喻美人當窗牖也（29／2a）。蓋以草柳皆比之美人，揭其譬喻之旨。至於五臣注銑曰：則以爲河畔草園中柳，無所譬，乃代言季春之時，謂言草柳者當春盛時。其四句之喻，則云：

> 此喻人有盛才，事於暗主，故以婦人事夫之事託言之。（29／1b）

持以較善注，不惟譬喻之句不同，即詩旨亦因此而別指。迨及評點家，顧此兩義猶有不足。乃另發其譬喻，何義門以爲：

> 草比蕩子，柳比美人。興也，非比也。（于光華，頁 546）

觀此喻所指，又析草柳爲二，一比蕩子，一比美人，所比又迥異於二注。然不害其爲詩旨之一也。孫月峯則以爲此非興筆，乃比法，且詩旨蓋刺小人詩也。又揭諷刺之意。然其所刺又與五臣所指不同。蓋五臣注濟曰：

> 婦人比夫爲蕩子，言夫從征役也。臣之事君，亦如女之事夫，故比而言之。（29／2a）

審其意，蓋以爲所刺者，乃臣之事君，喻賢臣盛才之事暗主昏君。此其所刺之怕歸也。

凡此，各家之注，各家評點，俱自正文而發，而各得其說之一偏。則正文者，一多義待掘之語庫也。探之不盡，析之不已。此評點家所以能越舊注而爲新說也。

《文選》之評點，可與《文選》注疏共發揮，非必拘注泥釋，而盡能顯《文選》正文之語言多義。此多義潛藏於正文中，自成一形上而封限之域，方其未顯諸文詞，則默而存其中，一旦觸之，語言因自形上之域而外射，此正文所具之「未可道」者。然其可道者，言說之字與詞耳。其未可道者，始默而存，繼則顯而出，乃亦以它詞它語而可道者。此未可道者，暫名之曰「默義」（Silence）。

何曰「默義」？蓋吾人聞聽之狀也。於其聞也，非僅恃之耳，於其聽也，非止憑之語言文字。茲有兩人，其一聲，其一聰，並行而不忤，手之舞之而曉其義，眉目以達其旨，傳耳以會其意，指曲手伸，莫不悟於雙目。知聲者雖無聽聞，不害其能知人也，此吾人具默義之能也。默義且及於吾人之言說，言說必有默義，即未可道者。故西人宋塔曰：

> 默義非可道者之反辭，必恃之當下說者而存其所說之中，且說者之意義、時位，必通曉之而悟默義。（Sontag, 1966, p. 11）

故凡默義者，雖閟而實放，雖存而實動，唯讀之者，依文順字，交以意識，以意逆志，則默義終顯焉。默義既爲吾人之所能與可遇，其於文詞特豐厚而存也。且凡傳統之文詞，默義必隨文而貯之。傳統古典之書無不皆然。今既以《文選》爲經典之作，注家繁引牽注，不可謂不詳，然而再三讀之，猶有別義而出，不惟不犯前注之已說者，抑且衍生已說者之未可道者。《文選》正

文之義如是其富也，此評點之書，在後出之作，仍大有可觀之理也。請試言之。如〈齊竟陵文宣王行狀〉一文中述竟陵文宣王能聞善言，有慕賢之心，因倩畫工圖前賢之像，以爲朝夕神對。復於其旁以匹婦才淑者傍之，於是有客來諫，以爲非好德之義，有好色之譏。於是客曰：「未見好德，愚竊惑焉」，即命刊削，投杖不暇。（60／16b）此任彥昇之文如此，其義直比，非有隱說，謂不合好德之義，私以爲惑，文宣王聞客之言，即命去之，削去列女圖，投杖謝過，如子夏之舉，不暇它待也。此《文選》正文涉「好德」「投杖」二詞，皆取之前典者。李善注乃還原其詞之所本，注云：

> 善曰：：《論語》，孔子曰：吾未見好德如好色者。《禮記》曰，子夏喪其子，而喪其明。弟子弔之。子夏曰，天乎，予之無罪。曾子怒曰，喪爾親，使人未有聞。喪爾子，喪爾明，汝何無罪？子夏投其杖而拜之。（60／16b）

此注蓋直引原書，未加釋詞。蓋以爲任彥昇所本出此，其意殆複製之耳。斯即傳統之義再現於釋者之目，亦正文之音轉化傳統之旨，互爲循環，複製再現，斯所謂選文正文之貫時義。然則貫時之弊，在於崇古而略今，專注探源考掘，而忽於轉義創化，即釋者所釋，無我之所悟，遂使語詞但循單音之途，不復多音之貌。茲者，五臣注乃別擇新境，於選文語詞，據上下文意，前後雙音，以構設傳統再現之當下義。斯近於活解生義。蓋傳統之義非自我封限，非靜而不動者也。乃傳統者，一如其語詞言說，乃備具貫時與並時諸層面，爲一開放之正文，當鑿之以新說，惟變創而生成（Saussure, 1966, pp. 9-14and76-78）。故傳統當有一主體之介入，非純爲外置之客體，惟其如此，傳統並其正文，遂得成其爲變動不居，豐厚大業之域，傳統自身雖不可說，惟賴知者而能說之，雖然知者之言，亦非能盡其域也。試觀五臣注云：

> 濟曰：言畫列女似好色不好德，而游梁之客譏之云「愚竊惑焉」。竟陵聞過將遷，即命使除削列女之圖也。曾子言子夏之過，子夏投杖而拜之。吾過也，言竟陵王知過。投杖不暇，言急而忘投也。投，棄也。杖，謂所拄之杖。（60／16b）

此五臣注已不直引原書，但令原書之意，在吾胸中而重構之，於典故敘事也，不離其意而變造其辭，置傳統於吾之思、吾之辭，與傳統對話，而演生之。故其所注意，在傳統經典與吾之交通，互達訊息。非棄我而投入，以傳統爲傳統也。故五臣注於引述「投杖」、「好德」二詞之典，尚能自彼而演生新義，

以扣《文選》正文當下之旨，謂即「言竟陵王知過，投杖不暇，言急而忘投也。」大哉斯言，所謂文宣王急而忘投也，扣一「急」字，則《文選》正文當句之義乃活生活解矣！如是，傳統之典故語詞乃溶入我之「現在」，傳統亦因是而活矣！然則此現在我所悟之義，非屬之傳統，非明之於《文選》正文，蓋存於吾與正文與傳統典故言詞之際，無彼不能生此，然亦無我之介入，則彼此渾沌茫昧不可道，我所道者，道其已說而未道者。如是，《文選》正文即與傳統言說等觀。則《文選》與傳統言說當共有其「默義」，彼未道者，惟恃吾人當下之解，入其域而探之，循其途而悟之，故凡傳統之正文敘述，厥有四端可資吾人說者。西人杜安霍爾嘗謂：

> 傳統正文，固沛然深旨也。其可資吾人進解之途有四：其一可本之以探現在並及未說者。其二雖其始也盲昧未顯，然非無可循者，本之可資吾人繼起之說也。其三可資吾人言說之各途，任吾擇之而適者。其四可資之以通聽者與主題之異，以為吾人可聞受之律美也。
>
> （Dauenhauer, 1980, p. 50）

據是以觀，《文選》正文固傳統之為物也，凡於正文，俱同如上之四性，即《文選》正文亦然。其要則在正文自身之未可封限也，故《文選》正文乃有善注之義，復得五臣之繼注以續其說，然猶未竟也。故降至清季，評點《文選》者，復於六家注之不足者，因正文而演伸之，以言正文自身已然之「默義」。于光華所錄評點云：

> 二句言其從善之勇。曾子怒，子夏投其杖而拜之，謂謝過也。（于光華 1977，頁 1129）

此又評點者新出之義也。涉一「勇」字，謂勇於從善，與五臣注之謂急而忘投，皆自《文選》正文繼起而說也。二字新出，一勇一急，雖似而實不同，然亦如其類也。其下簡略《禮記》之文，約取其意而變創新詞，法如五臣注。惟書一「怒」字，又過甚而強言之，且舉言「謝過」，則評點者專意不在原文，在當下評者所選擇之意。此又創發之義，據傳統原典而另生之。如是，評點者往往於夾批處，興發讀者之反應，於字裏行間，尋正文之空隙，默義乃於焉而出。

第六節　評點家之文類學

評點家論體類者至夥，處處可見其據文類形構評騭之跡。有所守，復有

所破。觀其論述之方，仍不脫辯證之法。或據文類之定式以鑑衡文章之合者，或破文類之定式申其變創之貌者。甚有以文類交溶之作，允爲上品，贊之偉構。其於文類之爲用，可謂自成一學矣！請試論之。

其始也，評點家首論文類之淵源，辨各體發生之源，且述其各代之變，先明其異，次揭其同，其同中之異，有可守有不可守者。若陸士衡〈演連珠〉一體，殆文類之一，史載有之。評點家若黃崐圃評云：

> 按《文章緣起》，連珠，揚雄作，是連珠非始於班固也。嗣後潘勗〈擬連珠〉，魏王粲〈仿連珠〉，晉陸機〈演連珠〉，宋顏延之〈範連珠〉，齊王儉〈暢連珠〉，梁劉孝儀探物作〈艷體連珠〉。又陳懋仁《文章緣起注》：《北史‧李先傳》，魏帝召先讀韓子〈連珠〉二十二篇。韓子，《韓非子》，書中有聯語，先列其目，而後著其解，謂之「連珠」。據此則連珠又兆韓矣。（于光華，頁 1041）

觀此評，其用心在探明連珠體之文類起源，以爲連珠之作，或更早當溯自《韓非子》。案當指《韓非子‧說儲篇》之〈內儲〉、〈外儲〉諸篇，各冠以篇目，次述及意，依類而序者（陳奇猷，頁 516～526）。評點者以爲體同連珠，可曰兆端，此說可謂文類發生學之崇古論，必欲上推之極古，懇認其早已作之，以爲文類始變之祖，其義唯視文類之"時"耳。故評點家見善注與五臣注皆以連珠體始自班固說，乃未必之論也。然善注釋文類，側重其名家云何，故善注云：

> 其文體辭麗而言約，不指說事情，必假喻以達其旨，而覽者微悟，合於古詩諷興之義。欲使歷歷如貫珠，易看而可悅。故謂之〈連珠〉。
> （55／17a）

此釋連珠體之語言修辭，特在不直指而用譬喻，以爲有諷興之義，其用合於古詩。則又援另一文類以比之，乃就彼此之所宗皆在諷諭，以是就其技法，論其爲用，文類亦有相通互參者。後五臣注之，仍以爲此體在假託眾物，陳義以諷之。至於何以名曰「連珠」，兩注俱謂如珠之貫連串之也。知文類者，首在其名家之限設，及其爲用之若何？然則評點家復演推文類之學，專注於文類之歷史，特及其各代之異同，此固有助文類之興衰消長也。評點家不啻於文類學又進一層。且持以較前說，其論多反駁之意，力欲揭新論而去舊誤。考「連珠」之始，善注引說，只及傅玄，未涉劉勰，已失之略！何則，《文心雕龍》劉勰已明言「揚雄覃思文闊，業深綜述」，於是「碎文璅語」，有連珠之作（范文瀾，頁 3／41）。則連珠不始班固已自明，且沈約〈注制旨連珠表〉

亦明言「連珠之作始自子雲」。今觀揚雄〈連珠〉云：

> 臣聞明君取士，貴拔眾之所遺，忠臣薦善，不廢格之所排，是以嚴
> 穴無隱，而側陋章顯也。（同前，頁 3／44）

其旨意不脫諷興，所以諫人君南面之術，與士衡之作暗合。故知「連珠」已自揚雄先之矣！評點家有鑒注誤，復更推明之，則「連珠」一體之史源可更明。若徐師曾《文體明辨》亦同此說，而駁傅玄之誤（徐師曾，頁 1333）。

至於文類之技巧並及影響濫漑，評點家尤更注意，若邵子湘於此連珠之技法評云：

> 對偶，工聲，韻叶，以詞賦之支流，四六文濫觴也，造語亦極有精
> 妙處。（于光華，頁 1041）

觀此評語，已兼及文類所制約之技法，即此文類語言所共守者，要在語形求對偶，語音求叶韻。徐師曾有類此之說，亦以為此體皆駢偶而有韻，必使義明而辭淨，事圓而音澤（徐師曾，頁 1333）。則文類之定，當有其所以構成之要也。綜上何、黃評注新說，評點家之文類學封域可得而聞者如：

其一：文類必定以名義，唯物守之，凡有所變，亦由此也。此謂文類之
穩定性。

其二：文類必及史流，代代相承，即文類有可續延相傳者。此謂文類之
持續性。

其三：文類必有其專屬之技法，凡形式內容固然，及修辭亦皆有常式。
越其矩，則變矣！此之謂文類技巧論。

其四：文類必有一始生之處，凡求文類之起，必力追其源，此之謂文類
崇古論。

其五：文類彼此或異或同，其相涉之域，或可另生新類，一始一末，一
生一滅，於是環環相演，文類滋多矣！此之謂文類影響論。

以上二性三論，可曰評點家文類學之礎石。其後率由是基以擴以引，乃蔚蔚乎茲說之盛也。

若班孟堅〈封燕然山銘〉一文，固屬文類之銘體。然此文雅有西京文風，非謹守銘文之格。故孫月峯有見及此，乃援文類影響論，更詳比而論略之云：

> 撰句鍊字，仍是〈封禪〉〈美新〉遺調，但以簡質意行之，乃更饒古
> 色，含沖味。蓋以淡筆洒濃墨。煙潤中姿態自遠出彩繪上。（于光華，
> 頁 1053）

觀此評，乃以技巧論為據，持二文類而較比之。若〈封禪〉〈美新〉之作，《文選》編之符命一類。與此銘文，固當有別。今則孫評自此文撰句鍊字而視之，有簡易精省之妙，有工對之佳。如「元甲耀日，朱旗絳天，遂凌高闕，下雞鹿，經磧鹵」云云，句旁均作密點，示其撰句之工，韻之頓響。若「然後四校橫徂，星流彗掃」云云，亦作密圈。其眉批則云：「只點綴一二語，該括多少。」。蓋謂此二句以簡質意行文詞，若淡筆而灑濃墨然。至於「躡冒頓之區落，焚老上之龍庭」云云，何義門眉批云：「冒頓對高老上，對文非苟下語。」（同前，頁1053）蓋指此文之工對也。由是知孫評以為受〈封禪〉〈美新〉之遺調，此二類技巧之同似者，亦即文類互比之影響論也。然猶有其不同者，蓋彼二文屬之符命一類，皆西京之世，其句法字法有宏麗排蕩處，故孫評云不免有弱處率處，其弊失之煩。且封禪非關帝王功德，故必湊合之，何義門遂譏評曰：「符命，諛佞之祖。」（于光華，頁925），凡此，知〈封禪〉〈美新〉俱無班銘之簡質，是以自其變創處而言之，則同中固有異。此文類互受而仍出新義之跡也。

考評點家多援文類技巧論以資評文，顧其為用，首在釐辨文類之封界，於文類之分大有助矣！若潘安仁〈楊荊州誄〉，方伯海於文末總評，即據文類之技法，以較論誄文、祭文分殊之由。方云：

> 誄與祭文，初無大別，總是述其生平行事。惡則隱之，善則揚之，
> 但其氏族譜系不可略耳。（于光華，頁1069）

此評意謂誄文、祭文二類之同，即就技法以言之，皆須述生平行事，其法則乃隱惡揚善。至於二類異處，有誄文作法之獨稱者，乃在誄文必列述死者之氏族譜系，以為不可略也。若潘誄之首先云：「楊經，字仲武，滎陽宛陵人也，中領軍肅侯之曾孫，荊州刺史戴侯之孫，東武康侯之子也」云云即其例。其餘選中諸誄，若〈夏侯常侍誄〉、〈王仲宣誄〉、〈馬汧督誄〉，篇篇莫不皆然。持以較選中祭文，若顏延年〈祭屈原文〉，其文首但自名月日，次則僅曰「敬祭故楚三閭大夫屈君之靈」云云，並未詳及系譜。可知誄、祭文類，雖同出而異其源，然其別端在作法。此評點家援技巧論以為文類之辨也。

尤可注意者，評點家之文類學，若此者皆自直讀原文中來，蓋所謂由實際讀校而比觀之，其為實際批評之法，此又為一例。蓋唯自實際讀文以明其文類異同者，乃可信之論，所謂讀者自悟以瞭然於心者，乃可曰詮釋之解。此又評點家文類學深睿獨造處。請試比較之。

考《文心雕龍》於文類之分，誄、銘合篇以論，哀弔另篇而述，雖一一

定其名家，循其史變，且區別異同，然猶不及誄、祭之分義。至徐師曾《文體明辨》，於誄之名義，稍從劉勰，益進其詳，首揭作法云：

> 其體先述世系、行業，而末寓哀傷之意，所謂傳體而頌文，榮始而哀終者也。（徐師曾，頁 1681）

觀其區別，定義兼及作法，然尚未持與祭文相比較也。至於言祭文名義，但別其體變與形式之異，若宋之有祭馬文，蓋自祭親友之始義而申演之者。又其形成或散文、或韻語、或騷體或儷體，不一而定，皆各自成類（同前，頁 1691）。唯於作法，亦竟闕如，遑論誄祭之同異哉？

迨至吳曾棋《涵芬樓文談》，於《文體芻言》，始析其同異而略論之，以為哀祭類之體有二。一為哀者，乃傷逝之詞，誄文屬之。祭則所用者廣，不盡施之死者。尚及祭天地、山川、宗廟、社稷云云。固可信矣。至於辨明祭誄之異同，亦並無說，僅謂誄文作法乃先敘家世，次及才行，再次官閥、死亡云云，大抵從徐師曾之辨耳（吳曾祺，頁 45～47）。顧以上諸家名義，偶或新創，義可並參，然率陳陳因襲，守成說而不易其意，所見不免抽空耳。故於較論之際，乃不若評點家之直探本文，深思細觀，以自得其義。由是知評點家之文類學，蓋亦自實際評賞中而悟解之得。其創發之說，大有助文論家規範之輔證也。

夫評點家之文類學側重技巧論者，尚可推及文章之評賞，若顏延年〈陶徵士誄〉，文末方伯海評云：

> 作忠烈人誄文出色易，作恬退人誄文出色難。英氣故易，靜氣故難也。陶靖節胸懷高邁，性情瀟灑，作者能以靜氣傳之。（于光華，頁 1083）

此評語，乃以技巧作法判風格之分類，一則以英氣，一則以靜氣。據此，則誄文一體，尚可自一體而分殊，各從其類也。此之謂「次文類」（Sub-genre）。何謂「次文類」，請援西說稍釋之，西人弗萊云：

> 蓋凡自一文類油然而派生者，必有曰次文類。若虛構之文，有傳奇與長篇敘事之分。若戲曲之作，抑有悲劇、喜劇、諷刺劇、黑色喜劇，且至中世紀，復有夢幻劇之設。顧此次文類之為用，非僅別辨異同，尤在藉之以判作者操司其功之優劣。讀文者且據此以辨文體也。（Frye, 1985, pp.208～209, Holman, 1972, pp.239～240）

審此定義，知次文類者，蓋自文類而再分者，其再分之據，則所憑不一，或自

形式以分，或自技巧以分，或自語況以分，或自時序以分。而其爲用，端在可資評判撰作之分殊，與乎述造之優劣。順此而論，則方伯海評語亦近之，然則尤有異者，乃在方評技巧之準的，以爲次文類之分設，且特表出「氣」字，以之而分「英氣」、「靜氣」，而次文類隨之以分。則此「氣」字之爲評，猶涉形上之意也。於是，所謂技巧論之文類學乃竟兼涉形上之說哉！尋其有是法之由，或與評點家每喜於讀文抒感，出以形象評語之故有繫也。故自其評點之批評語以觀之，可曰形象批評，自其評點之技巧以觀之，則包舉形上與技巧二道之法，若此文類學之道，見之於評點者可知其例。凡此揉湊技巧、形上、形象三法而一爐冶之者，可謂吾國《文選》評點學之殊貌，且其用俱見行之於讀文之際，未陷空鑿而立虛也。試觀蒲二田評語，殆可爲典例。蒲云：

> 以雕文纂組之工，寫熨貼清眞之旨，最難措筆者，就命辭徵也，妙於渾舉傾嘆，離即含毫。至誄中念往一節，尤俯仰情深矣！（同前，頁 1083）

觀此評，即綜合三道而混言之，「雕文纂組」二句，言其技巧也，「渾舉傾嘆，離即含毫」，形象語也。至於「俯仰情深」，已言及形上之意，所謂「難措筆」者，蓋難於形之也。其意在此。

以上俱言文類之分殊及其當守者，方軌法度，不越寸步，此自文類之穩定性而言。若言文類之用，及其變動不居之貌，則不得不自文類之持續性及交溶性而析述之。此猶文類施用之妙也。

蓋文類之分，固有客觀之勢，乃不得不強分而別者。然一類既設，將及它類，循環相授，有容而成其大，匯異而集其功，固理之自然而然者。評點家有鑑及此，往往揭示其例，以示文類交溶變創之道。若劉孝標〈廣絕交論〉，文末孫月峯評云：

> 議論縱橫，不及〈辨命〉，而工細過之。（于光華，頁 1038）

此就〈廣絕交論〉與〈辨命論〉二文以較之。二文皆屬《文選》體類之論類，此評因就其同文類之作法規範，持與鑑程，以爲有工細與縱橫之別。此尚自同類以論。其下又云：

> 撰語絕工妙，不慌不忙，逐節描寫，皆得其神，蓋議論中之賦。（同前）

觀此語亦援文類比較法，惟已自不同之二類以較論之，以爲論類中有賦筆技巧，是以爲長，評爲佳品。則文類互爲授受，彼此影響者，此其顯例也。特於文

類之技法，可互援用，非必水火不相涉。

評點家之文類學，大抵據形式與技巧爲析別之判準。若曹子建〈朔風詩〉，形式乃四言，即四言詩之一類也。孫月峯據形式以斷其四言之體，然箴銘亦四言，則四言之箴銘與四言之詩，同出四言，其別何在？孫云：

> 凡四言寫情事，大切便類箴銘。此篇比興多，駕虛凌空，全以意趣
> 勝，故是詩家本色。（于光華，頁 558）

此即據作法技巧，以析別箴銘與詩。蓋此篇多用比興技法，其意乃深會。故允多義，蓋詩無達詁，乃足資讀者之逆思也。不若箴銘，既以旌表其德，誦稱仁美，則紀行必按之實情，述事必歸之可據者，自是技法有別，然則自形式以言之皆四言也。此文類學之二要素也。

夫文體之講究，其大別曰文筆之析分，自六朝言之，於是文苑筆場，或分或合，乖隔相違，眾說不一，大抵自六朝人已謂文自成理，筆則無韻，乃自齊梁聲韻之學博以言之也。此自文學之聲美以資準據，然劉彥和已駁之矣！《文心雕龍・總術篇》云：

> 夫文以足言，理兼詩書，別目兩名，自近代耳。（范文瀾，頁 9／12）

可知《文心》蓋以爲文筆不分，共享通理。其要在「理」字，此理分殊，及於文及於筆，總文筆而名曰文學，故余以爲此理，可謂文學形上「深層結構」之理也。其爲定式，其曰恒裁，自百代而不易者，即此文之理也。是以理之分殊，形乎體類，有文有筆。凡心生言立，言立成文之理，具此理也。故彥和以爲經傳子史，皆出言爲文，理自可通，與文筆無別，惟強弱之分也。故六經亦文亦筆也，其別在典奧，故其有不刊之論，凡文筆與經體之優劣，在刊與不刊之分耳，非在言文與言筆之區也。

準是，凡文評者，欲執術之馭篇，似善奕之窮數，且術之爲方，固多道也。劉彥和云：

> 況文體多術，共相彌綸，一物攜貳，莫不解體。（同前，頁 9／13）

此明謂文體之術多方，可共相發明，然則既曰術，則術之本性有定準也，彥和所謂術有恒數，即此是也，故術之爲用大矣哉。總此以言，《文心》之言體，兼包體性與體裁。其一體之內，必有符其體之術，爲體多類，成術遂亦多方。然則術之彼此，自非圓鑒區域，大判條例，則慮難控引制勝，以馭其術也。故術之爲技，允宜並參之。此《文心》言術與文體之大要也。

雖然，其說固精，不免空談高論，莫由究指，是以評點家繼其說，且施之

字句，臨文細解，乃可一一指陳。此評點家文類學「交溶說」之所由出也。凡評點家云詩中之賦，文中之詩，皆謂二術相濟，文體可交類非隔之意也。若宋玉〈風賦〉，體多兼術，或云始自〈離騷〉，或云比義類《詩》，至於周平園則云：

> 此賦體似散文。但其刻畫風處，有王者庶人不同。且押腳俱用韻，
> 自是賦體。已開〈赤壁〉〈秋聲〉等賦之先。而篇法劈分兩扇，前後
> 遙對。局亦本之《周書‧泰誓篇》。（于光華，頁 276）

此評點先自文類而論，以爲即賦之散文，乃文類交溶之例也。其交溶之，可相引相生，於是自文之「總術」以論之，則宋玉〈風賦〉之押韻、之刻畫，其技多術，乃新開一文類，即宋代文賦之類，若赤壁秋聲者，自此而沿流。此評點家之新論也。蓋《文心》只曰「術有恒數」，又曰「共相彌綸」，知術雖多技，可互通也。然其互通之後，可交溶匯合，乃另生新體，則《文心》不及此論也。以是，評點家不惟承繼《文心》，且別有創發之舉，特允注意及之。其後更自此文之技巧，若結構篇章之設，有前後遙對之法，周氏以爲本之《周書》，是經書爲文，亦有其術，且其術自可類乎文筆者。則《文心》所謂「經以典奧爲不刊，非以言筆爲優劣」之說，不待辨而明也。凡此，又評點家宗《文心‧總術篇》遺意，發爲文評，以論文體爲術之顯例也。

　　故知評點家之評點與《文心雕龍》之論文，一在通觀而論，一在臨文以解，不惟相引相生，互參互證，且評點家復能於臨文參證之際，另發文評新見也，則評點之不可廢，此其可徵。

第七節　評點家論文學語言

　　評點家與文學語言之爲何？雖未直言之，然其評語之可涉及語言之性者，亦隱約可見。析論之，大抵可就三面以述，其一，評點家或述文學語言之性體如何。其二，或述文學語言之用爲何。其三，則明文學語言自我指涉之解構傾向也。綜此而言，可概之曰「文學語言之評點」。

　　先言語言指涉之自我解構。若〈古詩十九首〉云：

> 生年不滿百，常懷千歲憂。晝短苦夜長，何不秉燭遊。爲樂當及時，
> 何能待來茲。愚者愛惜費，但爲後世嗤。仙人王子喬，難可與等期。
> 　（29／8b）

此一首古詩，初讀之無曉其意，蓋嘆時傷逝之作也，然此旨只得之於一端耳。

綜攝其全詩與分看單句意，乃又有別說，蓋與初讀詩語之指涉又復不同。若邵子湘評云：

> 多爲藥所悞，爲一種人言之。惜費，又爲一種人言之。（于光華，頁
> 551）

此語截開樂字與惜字二段，分二層意以別之，遂自單一指涉轉爲雙向指涉，語言之分歧，於焉而出。且言享樂，乃不得不高費，然則，惜費則豈得致樂，是以惜費與致樂乃對詞也，義相反。故而此自詩語分殊之指涉，乃因此轉爲自我對反之指涉，其先自成結構，以成其結構之語意遂由此而自解矣！至於孫月峯云：

> 首二句道盡人情，「苦夜長」應起有力。下四句申「秉燭遊」意，末
> 二句申「不滿百」意。（同前）

核此評語，乃以人情道盡總收全詩之旨，然自其單元而觀，又截爲三層，所謂「苦夜長」、「秉燭遊」、「不滿百」三層也。以較邵子湘評，又多出傷時嘆逝意。於是，自邵子湘所分殊之指涉，因此又自解矣！蓋既感人生之迫促，則致樂乃不能久持？既覺滿百之不可期，則惜費其如何？然則，凡人率不能悟，即悟，鮮能行之，是以人情道盡，莫不如此。此自詩語言以引伸之，演繹之，遂有如斯繁複之多重指涉，且其指涉，往往自反其初指而讀者竟默而不覺之，俟評點家之不憚煩搜而一一表出。

抑進者，其多重指涉者，或不分殊，而集歸於一柱，乃竟以一意而冠全詩之意，若方伯海評此詩云：

> 直以一杯冷水，澆財奴之背。（同前）

此評總收財奴一意，以爲諷彼惜費而不知逐樂者，棄它指涉它義兼不舉，則詩語全體之指涉乃因此而盡廢其功。自款款切切之勸戒，至殷殷懇懇之多言，而要歸乎一道，遂爲單一指涉之語言矣！此又自正文多重指涉之詩語結構自解矣！

至若于光華所錄唐李石爲文宗說解此詩云：

> 「人生不滿百，常懷千載憂」，會不逢也。「晝短苦夜長」，闇時多也。
> 「何不秉燭遊」，勸之照也。臣願捐軀命、濟國家，惟陛下鑒照不惑，
> 則安人強國其庶乎。（同前）

則李石說解，又與前揭諸家之意迥別矣！李石所讀詩語皆另有指涉，率以忠君愛國之意解詩。是其說者專意在聽者，悉視聽者身份爲何。必欲說詩之旨

與聽者身份相符，以成其為有用之語言。於是，自李石之解，則詩語之指涉乃與該詩語相應之語規互為對立。自其已定之語規自解之，以達感染聽者，勸誡教喻之功矣！

　　然則何以一詩而有四解，其各解之指涉且自我解構之？其要者，尤在評點者雖務求異說可參者，並觀不嫌其多。此于光華於編選重訂凡例已申明之云：

> 華於茲編，即體此意，欲令初學之士，展卷瞭然，如晤師友于一堂，
> 各出議論，互相考證，博其義類，正其指歸，無不可識之字，無不
> 可解之義。（于光華，頁37）

此所謂「各出議論，互相參證」，即謂正文意義非限囿某一層級，亦非專意所私，宜其為開放且全然自由之意義庫也。此評點者視文學語言之指涉非一，乃有茲論。故於「生年不滿百」詩一首乃能臚列異說，共為一詩之參解。則評點者論文學語言，已昭然若揭矣！惜其但默認之，知其已然之理如此，未進而解之，申其所以然者何。是以其所默認，無以明言，甚者，其以之為認識之基，認識之體，繼以用之多方，而猶無以明其何以有是用。今當試為解之。

　　夫語言之聽聞，其所涉者，必曰五端。其一曰說者，必有此發音之主體以為表意之所出。其二曰聽者，必有一意義指涉之所向，以為此音義之受者。其三曰表意指涉，即所言者何物？所涉者何？其四曰媒介，即語言所藉以言以表出者，若文字者然。其五曰語規，蓋語言如何表出之法也，其為說者與聽者共守共知之者，不易其位，不更其時，不變其法式，而可資以交聽受者謂之。試借西人雅克慎之圖例稍變之如下：

指涉　　　　　　　　　　　　指涉功能
CONTEXT　　　　　　　　　　REFERENTIAL

話語
MESSAGE
　　　　　　　　　　抒情功能　　詩功能　　感染功能
說話人 ———————— 話語的對象　　EMOTIVE　POETIC　CONATIVE
ADDRESSER　　　　ADDRESSEE

接觸　　　　　　　　　　　　線路功能
CONTACT　　　　　　　　　　PHATIC

語規　　　　　　　　　　　　後設語功能
CODE　　　　　　　　　　　　METALINGUAL

（Ricoeur，p.26, p.15，古添洪，頁98，Selden，p.3～4）

茲者，凡說者之言出，必及此五端之一面，或強申其一，而略其餘，此語言表出之準式也。試言之，方伯海以爲讀此詩「直以一杯冷水澆財奴」，蓋自此詩之指涉以言之，謂全詩之意在諷財奴之可鄙。若孫月峯析分此詩爲三截，所憑者蓋詩語之字法句構者也，是以其所重在訊息自身（message）之作用，與說者本始之意，聽者印象所及，兩不相涉也。至於邵子湘所云，則以爲自其說法之語規以判之，凡言樂所惜者，自來有一種人如此，此「自來」者，自歷史而來，自傳統而來，無代不有之，是凡能言此語者，是指此一已然成形之人也。故下云「惜費」者，必有一惜費之人以之對應，故有是言也，有是人也，此之謂語規，此之謂約定俗成之套式。至於李石之說解，乃悉其餘四端之不顧，專主此詩於聽者之作用也。蓋其說之者，天子也，文宗也，是一特定之聽者也。李石者，臣下也。以君臣之義說之，其所專意者，在言之動聽，能致人臣之義，所謂「有諫無訕也」（《禮記・少儀篇》），此人臣之所行也。所謂「有口不以私言，有目不以私視」（《韓非子・有度篇》），此人臣之所守也。故「臣哉鄰哉，鄰哉臣哉」（《尚書・益稷》），此人臣之襟懷也。

　　綜此，李石之解詩，蓋立於臣道，以施臣術而解詩，故其所解必依是而準之，於是乃有見「人生不滿百」句，不言傷時嘆逝，而曰不逢也。若不逢，則豈曰時短而促，必久不逢，而有是嘆，是其意在時久而不逢，適與原句所涉之時短意相反，此又詩語指涉互爲對反之證也。於是有見於「晝短苦夜長」，不言致樂之極念，嘆白光之短暫，乃言闇時多也。有見於「秉燭」句，不言招遊趨樂之旨，別指勸照之意，既言勸照，即欲鑒查國事，知審民生，必欲人主理事之明，有若燭照之朗然可辨，人主若至斯地，必焚膏繼晷，勗勉無怠，豈暇隙而取樂哉！順李石之解，則此句實無樂意，乃竟與樂意反矣！此又語言指涉自我解構之例矣！

　　詳考李石說解如此，全與詩語指涉不侔，何以致之之由，蓋緣於聽者爲人君也，故說人君必有其術，人臣之術者何？《說苑・臣術篇》云：

> 人臣之術，順從而復命，無所敢專。義不苟合，位不苟尊，必有益於國，必有補於君，故其身尊而子孫保之。故人臣之行，有六正六邪，行六正則榮，犯六邪則辱。夫榮辱者，禍福之門也。（盧元駿，頁 44）

　　嗟夫，此有益於國，有補於君者，殆人臣言行之所憑，凡有諷諫，莫不準之。故李石行此六正，虛心白意，進善通道，勉主以體誼，諭主以長策者，

皆可見之於李石之說解。故李石說詩之意，特就語言所受之一面而說之，其
要乃在聽者由斯而起之感應也。

　　總上析論，知評點家於語言之樣態，已言及關涉五端。凡所評點諸語，
自其一端以言之，固有見於蔽也，然則，後出之評點，必欲重說，乃皆自其
另端以言之，尠有復其先見者，即或偶同，亦未必盡然其所同，其再出之評
點，竟有皆反前述各端，以力爲新評者，義出轉義，紛紜眾說，皆能勿復，
使各如于光華凡例所揭「互相考證，博其義類，正其指歸」也。知評點家用
心深奧也哉！然則評點家所涉語言聽受交流之途轍，由是可知之矣！

　　由是而及之，評點家皆以爲文學語言既有多面，則自其多面而攝歸之於
正文，其正文指涉之意，當亦有多重。《莊子・齊物論》云：

　　　夫言非吹也，言者有言，其所言者，特未定也。果有言邪？其未嘗
　　有言耶？其以爲異於鷇音，亦有辯乎？其無辯乎？（郭慶藩，頁 63）

此言言之未定，言之出自聲，聲非必異於鷇音，則吾人之言亦非必而可詮辯，
故凡言，皆如吹萬不同之謂也。以故一詩而評點者，有四家之異，皆所吹之
一方耳。然則正文之語言亦如吹萬之不一。評點者基於此萬吹，各就眾竅而
受其一籟，是之謂評點也。故正文非唯我所司（solipsism），亦非彼我相對之
義（relativism），蓋其爲開放之體也。西人費希嘗言：

　　　聽聞所受之起，無慮其爲獨生之一端，抑全然放任之一體，凡說者
　　與聽者必彼此交接於共認之一端以領受其義，非屬之於單向也。其
　　所共認者，不惟公用共有之社羣，且爲習俗語規而可知者。（Fish, p.
　　321）

旨哉斯言，正文之體性如此，皆可自萬端以鑿之也。

　　文學語言有常因與轉變二途，兩者互爲相輔。其常因者，陳陳相襲，語
語套用，雖其貌異，不過同在一式之轉也，此之謂不易其式而變其形，即語
言模式之疲軟也。評點家見此，每指別之，而貶抑之。若王正長〈雜詩〉：「昔
往鶂鶂鳴，今來蟋蟀吟」（29／32a）句，孫月峯評云：

　　　此楊柳依依結語，在選詩中亦覺用得厭。（于光華，頁 564）

此評謂王正長詩二句乃襲自《詩經》，皆屬相同之語式。次評此語式之陳陳相
因，可謂爛語，不覺生厭。案昔我句式，《詩經》凡四見，若「昔我往矣，楊
柳依依，今我來思，雨雪霏霏」（〈采薇〉），「昔我往矣，黍稷方華，今我來思，
雨雪載塗」（〈出車〉），「昔我往矣，日月方除。曷云其還，歲聿云莫」（〈小明〉），

「昔我往矣，日月方奧，曷云其還，政事愈蹙」（〈小明〉）。觀此諸例，句式大率類同，已成套式。今五言雜詩，不過變易其辭貌耳，至於句式語意，悉如舊觀。如是沿襲，已失創發之旨，是以令人生厭，乏新意耳。故評點家見此，必力陳其弊，此評點家之文學語言觀也。

次及文學語言之爲用，其例亦有多端，然具屬規範作用者，且以之爲評價準據。若〈齊竟陵文宣王行狀〉一文有「人有不及，內恕諸己，非意相干，每爲理屈。」（60／13b）孫月峯評云：「化衛兩語，幾乎點金成鐵。」（于光華，頁 1127）此蓋以任彥昇所書文學語言有蹈襲之弊，且以之評價任彥昇修辭語之優劣。此任彥昇據《晉書·衛玠傳》云：

> 玠嘗以人有不及，可以情恕，非意相干，可以理遣，故終身不見喜慍之容。（房玄齡，頁 1068）

詳審本傳與行狀所述，語雖近似，然意實有厚薄之分。從本傳，覺有反身而誠，忠恕之備，可以見玠之蘊厚。茲者，任彥昇易以「內恕諸己」，尙合原旨，下云「每爲理屈」，則不成意矣！與前云內恕，出之於誠適反意。蓋著一「屈」字終有勉力外加之無奈，相去本傳遠矣。可知任文自《晉書》脫胎換骨來，惜不知變創，只求蹈襲，遂去文學語言之趣，得點金成鐵之弊。由是推之，文學語言之爲用，貴在變創，切忌依襲。

然則一人之語言，固有專屬之一人之所創，語言自身有其獨一之體，未可因襲而仿者。譬若沈休文〈齊故安陸昭王碑〉文中有句曰：「於是驅車原隰，卷甲遄征，威令首塗，仁風載路，軌躅清晏，車徒不擾，牛酒日至，壺漿塞陌，失義犬羊，其來久矣！」此四字成文，排比連類，以述安陸昭王領車北征，仁威兼致，令奴寇望風來降，公皆待之以誠信，掃除逆禍。事載齊永明年間也。此一段文字，直言而雅，輔以事典。何義門評云：

> 此等敘致，後人那能仿彿。（于光華，頁 1116）

蓋謂如此等敘事文字之綿致，固沈休文之獨創，後人其能仿彿乎？固自語言評價而觀之，此等獨創語爲佳上。

雖然文士所求，專在獨創，然自其同時代之文風以驗之，則文學語言鮮能脫一時代之語套。凡一時代之作，必有一時代之文風也。故於撰作之道，語言率有其共相面也。若潘安仁〈馬汧督誄〉，其始也，述馬敦堅守孤城，以寡不敵眾，然猶奮身抵犯，以較偏師裨將之觀望不進，誠不可同日而言，此段文云：

　　雖王旅致討，終於殄滅，而蜂蠆有毒，驟失小利，俾百姓流亡，頻
　　於塗炭。建威喪元於好時，州伯宵遁乎大谿。若夫偏師禪將之隕首
　　覆軍者，蓋以十數，剖符專城，紆青拖墨之司，奔走失其守者，相
　　望於境。

知此段未嘗不引周處解系事，以比馬敦，且援四字爲對、六字成句之例，此
文學語言之用以對語也。孫月峯見此段，評云：

　　此等取對，卻是六朝常套。（于光華，頁 1073）

此曰常套，蓋謂六朝文之語言語規，以爲凡六朝文之語規常有此法也。則一
時代之語言有其共相之設。明乎此，乃能進而判其語言之優劣。若謝希逸〈宋
孝武宣貴妃誄〉一文中有「高唐溼雨，巫山鬱雲」與「涉姑繇而環迴，望樂
池而顧慕」二句，前用〈高唐賦〉巫山雲雨事，後用《穆天子傳》西征至樂
池，葬盛姬以姑繇之水環之。蓋皆一事而表出以兩句，孫月峯於此文學語言
之設評云：

　　前高唐巫山，此姑由樂池，皆一事作兩句用，殆若兩事然，六朝體
　　多如此，然終不若用兩事味長。（于光華，頁 1085）

此評語謂凡類此一事兩句之語言設計者，皆六朝文之語言體貌共相。此「體」，
當指語言之體，由是而及體性之體，謂因如此語而有如此之體性也。此孫評
先通觀六朝語如此，乃繼之以較論優劣，以爲不若用兩事以分兩句者，此不
同之語可致不同之韻味也。

　　孫評既已揭示兩句用一事爲六朝之體，乃更以之爲據，凡見有不如是而
同出於六朝者，必特表出之，如劉孝標〈辨命論〉中有一節文字，即一句各
用一事，排比成文，且語語相對，綿密緊扣，云：「顏回敗其叢蘭，冉耕歌其
芣苢，夷齊斃淑媛之言，子輿困臧倉之訴，聖賢且猶如此，而況庸庸者乎。
至乃伍員浮屍於江流，三閭沈骸於湘渚。賈大夫沮志於長沙，馮都尉皓髮於
郎署。君山鴻漸，鎩羽儀於高雲，敬通鳳起，摧迅翮於風穴。此豈才不足而
行有遺哉。」觀此節皆句句各有一事，兩事相偶爲對，其次聯二句亦對，然
字數已與前句互有增長。其相錯之狀如六六七七七七八八四六四六。審其數
無有複者，且長短變化不一，如是韻既暢神，義亦豐褥，此大與六朝文之通
體不同也。故孫月峯於此段評云：

　　偶語長短相錯，次第遞去，如此則氣不急不緩，正爾舒徐自在。排
　　語易爲工，亦自有濃色腴味，與六朝諸體又微不同。（于光華，頁

1025〜1026）

觀此語知凡語言之設雖有一時代之共相，然於共相者，亦有小異，所謂同中而異也。則一時代之語言，亦有其共相所不能盡包之殊相。進而以探孫評，乃持此兩面之語，較其得失，此體不同之妙，在求語言之氣「不急不緩」，「舒徐自在」，且色濃味腴。蓋前者言語言之節奏氣韻，後者言用事之富，即句句各有典，由是致之也。

順此所謂語言之共相、殊相之別，以論語言而有所謂「套語」、「常套」之詞。乃評點家觀文學語言有此樣態，且以之爲評價標準者。凡文學語言專主蹈襲，或受制於板滯，但求與共相合，不務與共相離，由是失之於活脫，無復對等多樣之功者，俱患套語之弊。若王儉〈褚淵碑文〉，邵子湘評云不當入選，方伯海則評云仲寶與淵俱出處帝姻，不爲正臣之事，弭內侮外，二人爲奸，助謀齊篡，殊失《春秋》之義。凡此云云，皆就人品以論文品，雖然可稱知人論世，惜未直探文心。故孫月峯特就彼文之語言評云：

> 此止套語，千篇一律者，論文全未佳，惟藻繪字句，間可節取耳。（于
> 光華，頁 1103）

此言套語千篇一律，指彼文語言之爲用有此弊也。復於任彥昇〈齊竟陵文宣王行狀〉一節文字云：「昔沛獻訪對於雲臺，東平齊聲於揚史，淮南取貴於食時，陳思見稱於七步。」此四句亦各句一事，用沛獻王、東平王、淮南王、陳思王四家之事，以類比文宣王，諸人才皆不如也。孫月峯於此上評云：

> 此亦六朝常套。（于光華，頁 1122）

仍以常套名之。合上二例觀之，所謂常套者實指有二：其一，必偶語而用事。其二，句數長短劃一，失之錯落。凡有此二涵者謂之常套。又於潘安仁〈馬汧督誄〉一節中文字云：「此等取對，卻是六朝常套。」（同前，頁 1073）審其意同前指示者。知「常套」、「套語」者，評點家之術語，援以論文學語言優劣之準據。

以上自語言之表相，語言之爲用，並語言之指涉者三面而析之，知評點家雖無明揭大論長語以奠其說，然皆能於實文評賞，字句之設，有其一貫之案據，乃知其於文學語言之見，已形之於評點，用之於評點，舉萬例而悉準之，操千言而皆以之衡。其於語言之見潝歟盛哉！

第八節　評點家論詩

　　評點家解詩之道，類乎逆志之說，不專主一隅，即前人注語，或闕而不錄。若曹子建〈雜詩〉題下，于光華云：

　　　　五臣及善注此詩各有意旨，似太繁雜，反入於晦。今並闕略，惟讀
　　　　者知其人論其世，各以意逆之也。（于光華，頁 559）

此謂五臣注以刺時託喻，善注以傷政急、友朋絕，兩說皆未必是，徒增其晦。乃援知人論世之方，以意逆之可也。謂詩旨但隨讀者臨文之際，自得以解之。然其共設之規，則繫乎知人論世，既當考之作詩之人，亦當詳其當世之事。二者畢，其餘隨義而發，各以其人所感所受而解之。故何義門讀「孤雁飛南遊，過庭長哀吟」，自批曰：「以雁生感，欲附書以達意耳。」次者，讀「願爲南流景，馳光見我君」乃批云：「寓意忠君。」此皆逆志求解之例，作詩者不必如此，解詩者亦不自珍其說，但憑詩語之所見，觀其顯意，審其寓意，以解其自珍之意。然要歸之於其人並其世也。此後李榕村、孫月峯、于光華亦並有說，惟各有異，然不害此詩之爲詩也。故諸家意旨但各以逆志所得耳。其作詩者不能棄其逆，解詩者亦不能專其逆，詩語自身亦不能限其逆，要之，讀者於實際賞讀之際，與詩自身相溶會辨以逆之，以得其印認之意耳。

　　曹子建〈朔風詩〉：「秋蘭可喻，桂樹冬榮」。（29／21a）
　　善注：

　　　　善曰：蘭以秋馥，可以喻言。桂以冬榮，可以喻性。《楚辭》曰：秋
　　　　蘭兮青青。又曰：麗桂樹之冬榮。

　　五臣注：

　　　　翰曰：秋蘭香草，可喻德馨不歇也，桂樹冬榮，志不移也。

　　何義門：

　　　　秋蘭冬桂，友朋佳話。（于光華，頁 558）
　　　　案：何義門之評注，於秋蘭冬桂之取喻，與前注兩說不同。前注就性
　　　　質以取意，一言性、一語德，何評則悉指友朋佳話。審之上下各句，
　　　　蓋以爲吾之款誠忠心，不逾時而減，然君不垂眷照顧，自後豈得共語
　　　　良朋之言如秋蘭冬桂乎，至於獨自絃歌，進與消憂。

　　評點家所本詩學，淵承不一，俱見之於批語中，觀其所慮，特於辨字質、析用字處，特具別識，且莫不以之對應史識史觀，於文學史之設立，大有功

也。若張景陽〈雜詩〉第一首之「青苔依空牆，蜘蛛網四屋」二句，何義門云：

> 詩家鍊字琢句，始於景陽，而極於明遠。（于光華，頁 565）

此評專注詩語之鍊字琢句，謂景陽詩所善在此，蓋謂「依」字、「網」字之活用也。孫月峯析評之尤詳，孫云：

> 薛元卿「暗牖懸蜘網，空梁落燕泥」，自此變出。「網」字作活字用，是唐句所祖。（同前）

孫評尤重字質之活用，以爲即「網」字之變出也，復溯源唐人句法，以爲從此出。合前評何云，知評點家之詩學厥在字質鍊句，即語言技巧之功夫。且文學史之立，不在作者述造生平先後，惟視技法創開之始末，又合此技法並文學史之見，以衡詩文影響之證。若孫月峯總評此十首雜詩即據此以定爲晉人之詩也。孫云：

> 此與十九首相遠，全是晉人詩，然調響語快，自是一時之俊。（同前）

此評以爲十首〈雜詩〉去〈古詩十九〉遠，然自具一調，語言技法另成一格（所謂「快」也），故仍爲一時之俊。於是乎文學史不因十九首居前之美，默言後出之功，皆各因其技，以成史變之路也。評點家因論詩學之技法，及於文學史之影響，史觀之立，今人讀其評，宜三思其意。

評點家之批語非只因於個人領受評騭，亦有緣於前代之專論，舉實語以印證之者。若《詩品》置張景陽於上品，評其詩原出王粲，又云：

> 文體華淨，少病累，又巧構形似之言。雄於潘岳，靡於太冲。風流調達，實曠代之高手，詞悉葱菁，音韻鏗鏘，使人味之亹亹不倦。（陳延傑，頁 16）

此於景陽之作，可謂推之極高，惜其言如此，諒乏實例，讀者難於字句之尋索。今《文選》收景陽〈雜詩〉十首，其第四首云：

> 朝霞迎白日，丹氣臨湯谷。翳翳結繁雲，森森散雨足。輕風摧勁草，凝霜竦高木。密葉日夜疏，叢林森如束。疇昔歎時遲，晚節悲年促。歲暮懷百憂，將從季主卜。（29／37a）

此詩蓋感時促而嘆歲晚，用賦筆直書其景，然妙在句句對偶，極用心於字句，若「嘆時遲」、「悲年促」，「結繁雲」、「散雨足」，又「輕風」、「凝霜」，「密葉」、「叢林」云云，具巧構之設。何義門有見及此，評云：

　　　　鍾記室所謂巧構形似之言。（于光華，頁 566）

此明指是詩之設色安章之妙，即《詩品》所云，因之以證其說。則評點家援
前人詩學專論者，即此是也。

　　評點家解詩之法，一則以意逆志，一則援子書義理以解詩。若張景陽〈雜
詩〉：「朝登魯陽關，狹路峭且深」一首云云，多寫感物思情，經險戒虞之意，
何義門云：

　　　　《文中子》曰：「與其居險而運奇，不如宅平而無爲。」亦景陽此詩
　　　　之趣也。（于光華，頁 567）

此引《文中子》義理以釋詩趣，所謂別解以類，義深而求之。〔案：何引《文
中子》文，不見於今本《意林》，馬國翰《玉函山房輯佚書》亦闕，可知清人
所見《意林》與今本互有詳略。〕

　　評點家評文之價值，鑑衡準據，有依文意，析別公私，以資褒貶者。若
棗道彥〈雜詩〉，方伯海評云：

　　　　據不欲往，辭之可也。既往矣，南路雖長，又何怨焉。讀屺岵詩，
　　　　忠臣之節，孝子之行，溢於言外，此只是一片兒女私情。末雖以有
　　　　事四方之壯，復結之以內感難忘，所云國爾忘家，公爾忘私，又何
　　　　謂耶？故作詩全在用意，而氣體則雄厚流轉。（于光華，頁 564）

此評專注在一詩之意，但以公私爲判，所謂廟堂家國之思，重於兒女私情。
於詩語構設，體類傳承，與乎風格造端者，俱無論焉。

第九節　評點之解構傾向

　　評點家解文之道，多具解構傾向與批判之方。往往不滿意於舊注既成之
說，不泥於箋疏史傳之注。每自字裏行間發其隱而未顯之旨，或揭其晦而未
張之意，或另以新喻求之。乃皆具明旨意，增益其趣，確然達詁之道，而奔
然匯流之功也。即此以觀，則評點家所施之法，乃躍然活解之方。凡句作活
解，凡字作新意，凡文示新聲，其有助乎讀文，固無疑也。茲以《離騷經》
爲例示之如下：

　　其始也，《騷經》善鳥香草之比，王逸並諸家舊注皆以爲配忠貞，以是推
之，所謂依詩取興，引類譬喻，乃謂靈修、美人以媲於君，虙妃、佚女之譬
賢臣，其說固宜（洪興祖，頁 12）。然猶未及精義也。評點家何義門引其師李

安溪說，詳美人與佚女之喻有別，申言辨之云：

> 楚辭所謂求女者，非求君也。欲其君之得賢臣焉爾。始也，「哀高邱
> 之無女」，則高位者無人矣。繼而「相下女之可貽」，猶望其有處於
> 下位而備進用者也。乃求女如宓妃者而不可得。相與驕傲淫遊而已。
> 上下相習，大小成風，亂國之朝，其勢固然。於是思遺佚之士曰：
> 庶幾其登進乎。乃爲媒者鴆已毒矣，鴆猶巧焉，隱逸之賢，安能以
> 自通鳳凰。既受他人之詒，而不爲吾國媒，則「有娀之佚女」必爲
> 高辛之有，而非高陽之有矣！雖然，望未絕也。使少康而有賢配，
> 倘所謂祀夏配天，不失舊物者乎。奈何媒理之妒蔽，無異於前，則
> 事既可知而原之，望於是絕矣！……按此「宓妃」、「貴女」以喻賢
> 臣，「佚女」以喻遺佚之賢，「少康」以喻嗣君，「二姚」以喻嗣君左
> 右之臣也。（于光華，頁 621～622）

此論乃徹底解構舊注之混言，而揭示經文隱微之意，大有助發精義，故何義
門盛讚之，以爲發古人之未發，當與作者共千古矣！此即屈原不忍明言之旨，
其心可喻。凡謂求女爲君喻，幽昏爲無禮者，蓋未窺尋深義也。此評點家具
批判之詮釋，施解構之方也。然則吾人今日並此舊注與新說合觀之，則皆能
相容而受之，以嫁正文之多義，讀之爽朗而有味也，此即於向所未受之字義
尋其可能之旨也。蓋解構之義者，即：

> 於不可能者，重新評價之，或實證以求，或反面以求，使彼字無所
> 逃於可能之旨哉！〔Paul de Man, 1979, p. x〕

易言之，解構者，乃於語言形態處，發其多面向之義，或指其旨，或涉其體。
非純然所謂對立之道也（Gayatri Chakravorty Spivak, in Gary Shapiro and Alan
Sica, 1984, p. 185）。依此，評點家於此解女人之喻亦即經文可能之義也，其非
前注已見者，確然。今幸得表出之，可共舊注並觀以求之，不其宜乎？余固
曰評點家有解構傾向也。

它如蒲二田特標示「紛吾既有此內美兮，又重之以修能」句云云，以爲
全文總頭，撫寫忠懇迫切，處處將內美提起（于光華，頁 613～614）。亦能發
舊注之未明。又何義門以爲「覽椒蘭其若茲兮，又況揭車與江離」句云云，
乃泛指，非實指，勿須泥於《史記・屈原傳》之說，謂司馬子蘭與大夫子椒
云云，蓋實指其人，未免太過。此說亦具批判之法，同解構之方，皆可同例
而舉之。

評點家喜下新義，所見往往有超踰成見未申明者。顧其所由之徑路，專自正文語辭，於可解之平常句，而尋新聲之所寄，語辭之意或初見如此，其實意反在彼，蓋語辭有其空隙，可據以直探本心者。若〈古詩十九首〉之「今日良宴會」一首。全詩以賦筆直抒宴會之樂，及其所見，則彈箏逸響，新聲入神，皆直目在前，即景即情，下半段乃設爲高人令德之言，以述人生寄世，迫促如飇塵，何不先據要津，以出入其位，何苦長戚戚哉。其下半之意，藉寓人生處世之方，允爲智者之一解。雖然，全詩大旨如此，若其字句段落，仔細尋思，似又未必然，蓋善讀詩，能知逆其意、會其心也。此不得不待之評點家之析解。

蓋此詩善注未解，但注語詞出處耳。五臣注首揭詩意，先謂：

> 向曰：此詩賢人宴會樂，和平之時，而志欲仕也。（29／3a）

先總括全詩大意，謂全詩言賢人志欲仕也。復於「何不策高足，先據要路津」句下，注云：

> 向曰：何不者，自勉勸之詞也。策，進也。要路津，謂仕宦居要職
> 者，亦如進高足，據於要津，則人出入由之。（同前）

蓋申明二句之意，兼以補述全詩之意，確爲賢人思居要職，進於高津之意也。此五臣以正面之詩語，以達詩愔，自成一解。然於各句間落，並語詞自身之歧出義，及其言外之音，有不得不聽之以心以道者，乃五臣注悉闕如。遂由評點家字斟句酌，以極其多端，增複其歸趣也。

請試言之，其始也，評點家特就首二句「今日良宴會，歡樂難具陳」，旁批曰：「啓事」，蓋謂一詩之起，由於此也。是以其下所陳，孫月峯以爲：「全是賦筆」，蓋直陳所見也。然則於直鋪其所陳之事中，猶有所託言，否則，平日無文，道出作甚。於是，評點家復於「新聲妙入神，令德喝高言」句旁，批云：「寓意」，則此詩言外之旨，賦筆之餘，當注意高言之所寓者。乃復於「何不策高足，先據要路津」二句旁，見出五臣注所未見者，批云：「憤激語，亦勸世語」，如此不從二句之形式、之表面而解之，乃能見此語詞超乎其所規設之寓意。與五臣注僅及詞面義者，用心旨趣殊別。至此評點家已明揭語詞自身之輻射，及其相反相成之映發。於是就其寓意以觀，竟有憤激與勸世並列之意涵，二義並列，乃相反之義，此相反之義復與二句之語詞表面義觸忤。嗚呼！因此而轉出新義矣！是以孫月峯評此云：

> 說據要津，正是不屑據。此所謂詭調。（于光華，頁 547）

噫，此揭詭調！何異語言之輻射義乎！顧其法，乃據詩語自身而言之，非援攝語詞身外之物也。悉以語詞自身考量之。是其法，蓋直指語言自我解構之迹也。是以既自解構，則此詩之有空隙，自不待言，今評點家云云，乃補其缺漏，而圓滿詩旨之多端也。亦必此詩之有是因，乃得成其妙言之功。故孫月峯總評此調難學云：

> 造語極古，淡然卻有雅味，此等調最不易學。（同前）

噫！此調者，語言自身解構之迹乎！雖然，亦不必定言古也。

第十節　評點術語示例

一、風　格

繼文類之申明其體用而後，評點家力倡者，厥在風格體類之論證。風格者，一涉乎文類，二涉乎語言，三涉乎技巧，四涉乎人品，特綜此相涉之四事，動靜形乎文，乃得一見一作家之文風，一品類之創設。故風格品類之說，自古宜然。

其始及之者，若〈繫辭傳〉云：「吉人之辭寡，躁人之辭多，誣善之人其辭游，失其守者其辭屈。」蓋人品修持關乎辭之品類也。若仁人之言，君子小人之辨，其辭莫或同也。故詭然而蛟龍翔，蔚然而虎鳳躍，鑑然而韶鈞發，皆出於諸中，辭出而貌見也。此風格成其為類之必然矣！

評點家每據風格之較論，以資評判之據。若揚子雲〈劇秦美新〉一文，孫月峯評云：

> 全是模擬封禪，更加鋪張。兼有轉折波瀾，儘為宏麗。第機格卻顯淺，間有率處弱處，讀之不甚有深味，謂曰極思，尚未敢信。（于光華，頁 933）

觀此評，先自文類之仿擬，以謂風格有同者有不同者。故雖在同類，而風格或異，此風格之立，即父兄乃不相移者。尋其由，實皆出於技巧之設也。揚雄此文較之〈封禪〉更加鋪張，手法更轉折波瀾，乃變創宏麗之品類矣！然則〈封禪〉一文，仍自《尚書》〈仲虺〉、〈誥伊〉諸篇而來，則文之相因相襲，乃代代續延無有已時，此體類之形式不變者如此也。至於雖同文類而竟先後不同風格之貌，則又風格與文類相附相成之跡。若〈封禪文〉亦與諸誥訓有

不相似之處，即〈封禪文〉已自寓諷諫之風矣！知凡同文類仍或異出風格，此〈劇秦美新〉因此而見宏麗之風也。而推其要，皆由於技巧施用之變異也。此風格關乎技巧之明證。孫執升即就二文之技巧，以析別二文之風格，孫執升云：

> 〈封禪文〉於收處微寓箴規，此則全是腴詞矣！況思苦撰，語古意新，似不肯讓相如獨步。（同前）

此蓋謂二文筆法之異，前者僅文末用箴規意，後文則全用腴詞。則二文因此語言技法之別，遂至二文迥異其風。夫文辭語言最足以見風格之殊，故西人弗萊嘗云：

> 風格或出以具象，或出以抽象。或明言，或隱言。故凡文辭之用字，句型之設，篇章之結，段落之次，皆關乎風格之析別。此猶之乎詩語之有聲韻也。（弗萊，頁447）

斯言甚是。即謂風格涉乎技巧，技巧又以語言文辭之法爲宗。今觀評點家論風格之優劣，莫不先詳其技法之同異，明其致變之由，始定其風格之貌，可證評點家於風格之見已深徹之矣。故〈王仲宣誄〉一文，孫月峯評云：

> 典贍有之，然乏精陗之致，蓋緣鍊法未至。（于光華，頁1066）

此所謂典贍、精陗，皆風格之異，乃其人不同，其文貌亦異之論也，至於其由，則曰鍊法未至。即謂技巧不若精至也。同此論者，若孫執升亦自技巧而言之：

> 先序世系，次及才行，次及宦跡，次及死亡，末敘交情，誄體所同也。或以濃麗勝，或以淡折勝。（同前）

此先揭篇章結構營設之法，稍與語言技巧異，謂凡誄體率自此法以謀篇。然即或謀篇技法如此，仍或可見風格之殊，若濃麗，若淡折是也。此可注意者，乃不言文辭而言結構。較孫月峯前所示者，皆專注乎語言者稍別。惟無論篇章結構技法，語言技法，凡風格者，率由技法之同異以見其貌之多方。

　　然則就此篇章與語言之輕重而論之，則篇章技法不若語言關乎風格之甚也。方伯海即強調語言主涉風格之跡，方於顏延年〈陽給事誄〉文末評云：

> 層次與前篇同（案：指潘安仁〈馬汧督誄〉），而寫法不同。各人有性情、面目、遭逢、幹略也。蒼雄古健，英悍無前，眞屬鉅觀。（于光華，頁1079～1080）

觀此評，特標出寫法不同，乃有風格之別。而層次之同異，非關其列。若〈馬

汧督誄〉與〈陽給事誄〉同皆曰文類之誄文，且結構層次亦皆同，惟因寫法之異，乃有不同之貌，則寫法固主司風格變創之由也。此寫法既不云層次，推其意，當謂語言之設計，可無疑義。

又方伯海此評云〈陽給事誄〉有「蒼雄古健，英悍」之氣，以為鉅觀之作，有前文諸誄不追及者。除已先明其寫法不同，有以致之，復自它因，而列其別據，以為各人之性情、面目、遭逢、幹略，悉關乎風格之變也。噫，此言可謂睿智之見，較乎二方前論，又更博廣之矣！此即明示風格亦關乎人品也。且所謂人品者，乃包舉其人之性情面目，遭逢幹略，而統觀之謂也。斯即吉躁之人，辭或別異之理也。

綜上合觀，評點家於風格之見，固其理之當然，於風格之析分，並及風格之施用，亦錯綜其論，深蔚可參，試小結其意云：

其一：風格寄乎文類，相反後相成，文類就其形式而言，固有機之體，因時相襲。其所以變創者，皆出於風格之異，是以同在符命，而有深淺之風，同曰誄文，每自濃淡之別。

其二：風格之異，皆出於技法之變，施巧不同，各如其面。技法又以語言之設為主，非關乎結構章法層次之安置也。

其三：風格尚與人品出處襟抱有涉，此可謂風格成形之次要因也。

二、套　語

評點家於文學語言之見，皆一一見之於實際解讀，不另以理論預設之，以殿其說。雖然，其亦有所援據以申述也。其所據者，大率吾國先代文論家之已宏論者。文論家不過為原則，為基論，為概說耳。評點家則匯合之，以一一印證於字摘句擇，或符應文論者，或自隙縫處另覓生絲，解構已定之論，故而評點家可謂吾國文說之解構所有權者（廖炳惠，1985，頁 210～219）。其法略如凌濛初《二刻拍案驚奇》所謂「權學士權認遠鄉姑，白孺人自嫁親生女」云云，其「權認」者，「自嫁」者，功用皆在偶會之機，蓋「世間物事有些好處的，雖然一時拆開，後來必定遇巧得合」，此遇巧得合處，即評點家刻刻尋覓處。余因謂評點家之法近乎解構說者，其故在此。此法端在一「活」字，使吾入切字句之際，為一主動之解說者，一存在之主客交溶者，一創發新義者。故而凡與此相抵相反者，皆不取之，皆摒棄之列。其所棄者，蓋屬「死義」或其類似者。茲以評點家慣用之術語為例析解之。此術語者何？曰

「套語」也。評點家見詩語有陳陳相因，無出新義者，必判曰「套語」。若《文選》盧子諒〈時興〉一首。其詩云：

亹亹圓象運，悠悠方儀廓。忽忽歲云暮，游原采蕭藿。北踰芒與河，南臨伊與洛。凝霜霑蔓草，悲風振林薄。摵摵芳葉零，橤橤芬華落。下泉激洌清，曠野增遼索。登高眺遐荒，極望無崖崿。形變隨時化，神感因物作。澹乎至人心，恬然存元漠。

此詩感時興物，先嘆時運之消長，清景難久留，且物色之變，隨時而化。因極望眾形，而興恬然元漠之思。其意蓋漆園柱下之想，其辭則多襲《楚辭》、《詩經》之成辭，若「亹亹」、「蕭藿」、「悲風」、「下泉」、「曠野」云云，皆然。故孫月峯有見及此，力判其非云：

以上皆涉套，獨此數語小有致。（于光華，頁569）

此評明謂首數句皆涉前人套語，是以卑之。獨「登高眺遐荒，極望無崖崿」並以下四句爲有致，有致者，有致之趣也。顧其何以有致？蓋獨出創發之語，非襲用成辭者也。鍾記室云何貴乎用事者，乃並用成辭而舉之也。余以爲此有致之數語，殆即目即景，羌無故實之類，亦即詩家直尋之，以創發新語新義之類也。是以評點家於死解活解之嚴隔極稱之，必欲置詩作爲活物乃可也。

三、氣

評點家有以氣之靜豪，爲程器品文之準據者。若《文選》卷三十謝靈運〈齋中讀書〉與陶淵明〈讀山海經〉，二詩皆讀書有感，兼以抒懷，一則云仰終宇宙，不樂何如？一則云達生可託，並歡難爲。是以二詩蓋自讀書以寄言喻意者。然則其同中尚有異別，方伯海評云：

陶作〈讀山海經〉，純是靜氣，此則純是豪氣。人之胸襟，固自不同。（于光華，頁573）

此評全然摒棄作品正文之設色修辭不論，一以作者之胸襟，與乎正文之稟氣，以爲程別之準。其所云之氣，復有靜氣、豪氣之分，可謂至密。則評點家評文之言氣，亦其常見之例也。

四、典　故

評點家評文極倡用事允當。此可自用典方法，與評價二事言之。若任彥昇〈爲蕭楊州作薦士表〉一文，孫月峰評云：

以造語勝，其用事卻俱不顯，故自妙。（于光華，頁 723）

此援造語與用事相涉合宜而評任文之妙。則用典與造語不可離，須兩助而成文，固方家所知也。方伯海進而申其意，評云：

> 表中先後層次極分明，而引用故實，略加點竄剪裁，如出己手，富
> 麗之文，以流爲貴，方無堆砌壅過之病，大抵六朝文，初閱繪眩目，
> 似難驟解，若就其引用，求其歸趣，意盡於言，又不難一曰可辨。（同
> 前）

詳其意，特就引用典故，知所剪裁，如出己手，然亦非晦隱不可曉，此自其故實之明易而言之，惟其易見之事，亦非呈露直撥，一望知其生澀，故孫評云「卻俱不顯」，合二評觀之，知用事之要，當顯晦得宜，切忌生吞活剝，要知剪裁，合爲己文，求其流暢無壅塞礙難之病，如是可助造語之勝也。方評復就任彥昇用事之方與六朝文風持以相較而論之。仍以用典當有所歸攝文意，自可避難曉之敝也。其前後持論可資相通。

又任彥昇〈爲褚諮議蓁讓代兄襲封表〉，亦以用事妥切見稱，諸家評點，亦自語詞之流麗，文意之不諛不抑，情實得宜而論之，而用事之妙，仍守顯暗中度，可謂得體也。孫月峯評云：

> 以用事見姿態，然亦是活用，不是板用。（于光華，頁 724）

此評重在活用典故以爲任文有姿態。姿態固難解，然活用故實可臻之，則姿態之有無，以爲程文之準的，特用事之良善耳。考彥昇之文，以使事爲長，史傳有載。《南史・任昉傳》云：

> 時人云，「任筆沈詩」，昉聞甚以爲病。晚節轉好著詩，欲以傾沈。
> 用事過多，不得流便。自爾都下士子慕之，轉爲穿鑿，于是有才盡
> 之談矣。（李延壽，頁 1455）

此本傳載其用事不流便，乃有才盡之嘆，蓋或就昉文之弊而言，未及見昉文自有活用典實如本文者。然推史傳之意，或只指晚年昉轉爲之詩也。故鍾嶸《詩品》評云：

> 彥昇少年爲詩不工，故世稱「沈詩任筆」，昉深恨之。晚節愛好既篤，
> 文亦道變，善詮事理，拓體淵雅，得國士之風，故擢居中品，但昉
> 既博物，動輒用事，所以詩不得奇。

斯言甚是，可助本傳之說，皆以昉詩用事未佳，所謂穿鑿之病是也。至於昉文用事如何？前賢少及之，茲賴評點家親讀其文，細審以評，則多能活用典

實，不若其詩之病。若方伯海云：

> 按駢體文多失之浮泛而寡味，似此之根據確切，氣度淵永者少矣。
> 純是臨摹東京人手筆。選中彥昇文，當以茲篇為最。（于光華，頁
> 724）

此評專舉昉文用典有根據，乃致氣度淵永，是昉文用典最可稱述者，此首標氣度，著一「氣」字，蓋謂用典之善且可助文之氣度。與孫云善用典可生姿態，皆昉文體性之獨有者。若譚復堂云：「駿邁曲折，氣舉其辭。」此亦言昉文之氣勝其辭，則昉文之氣勝可無疑論矣！然則致氣之由，或可殊途，若昉之援典實，當其一端也。由是言之，典故之用，功在二端：

其一：顯暗得宜，合之造語，可收修辭之有姿態。

其二：引事確鑿，得體之當，可致體性之有氣度。

近人劉師培氏嘗云：

> 且其文章隱秀，用典入化，做能活而不滯，毫無痕跡，潛氣內轉，
> 句句貫通，此所謂用典而不用於典也，今人但稱其典雅平實，實不
> 足以盡之。（劉師培，頁8）

此評大抵不出前人所論，亦贊昉文之活用典，無板礙之敝，故劉氏以「隱秀」括之，斯為創見。夫用典以助文辭，其用之得法，即可助文章之有風致。由是知評點家無不專意典故，以為程器觀文之準，乃有先見者焉。

五、頓　挫

評點有頓挫之語，專就文章起意之轉折而言。即一意先作正面順勢以言，至其意結處，忽又一轉，以起另意，然所起者，率承自前段而來。此後亦順新起之意而申之，待其意盡，復又別作一轉，亦承之而另起，如是或反復再重，或三重四重。其層層進意，若一頓一挫，而實不斷，此之謂「極頓挫之妙」，如庾元規〈讓中書令表〉，先述自己因婚姻之繫，以后之兄，乃階親寵，十餘年間，出入省闥，位超先達，是以不宜再進以高位，無乃仍命以領中書。於是元規以為不可，謂：「臣領中書，則示天下以私矣！何者？臣於陛下，后之兄也，姻婭之嫌，實與骨肉中表不同。雖太上至公，聖德無私，然世之喪道，有自來矣。悠悠六合，皆私其姻者也。」以下即從「私」字立意，舉史事以明其利害。此乃上承前文因姻得高位而反其意，以謂從私之可議也。兩段之意相反而實相成，於是評者遂於「太上至公」句旁批云：「先作一頓，最

是婉折。」（于光華，頁 710）此一頓，即文意之一反也。至於此段乃從「私」字立意，論其是非，方伯海又云：「私字是一篇之骨。」此後說「私」字完，又另起一意，以「防嫌」扣「私」字，因謂：「夫萬物之所不通，聖賢因而不奪，冒親以求一才之用，未若防嫌以明公道。」此又拈一公道之意，以與私意之對，欲聽者知所諫也，是又於文另起之意也。故評者乃於旁批曰：「再起議論。」（同前）如此則如孫月峯所評：「以此承上，亦一急一緩。」此急緩相間，令文有排宕之致，殆即頓挫之本義也。此評點論頓挫法之涉文意結構者也。

六、影　響

　　評點學於詩文互有影響與乎相承淵源者，亦揭其法，而分見各例。其論述之方，蓋合比較與作法之析分而並論之。且或同出一類而異出其源，或非在同類而互受其法者，皆可見之。知評點家於文類影響、作法影響、風格影響等諸面，蓋嘗深及之矣！

　　如〈古詩十九首〉「迢迢牽牛星，皎皎河漢女」一首。全詩俱以牽牛與漢女相遙隔為比，總申濶別不得見之嘆，或謂此亦借夫婦以託諷也，顧其所諷，乃以君臣相信之義。此邵子湘之讀法也。若孫月峯則自語言風格與乎作法而言之，謂多受《毛詩》之影響也。孫云：

> 全是演《毛詩》語，得末四句，直截痛快，振起全首精神。然亦是
> 〈河廣〉脫胎來。（于光華，頁 549）

此評率自語言巧設之道以比較〈古詩〉與《毛詩》，謂自前代演化而出者，所演者又在末四句之直截痛快，且所演之句能振起全首精神。是所演者乃一詩之佳妙處，此受《毛詩》影響而得其善功者，即良性之文學影響例也。至於演自何詩，乃又明指出〈河廣〉詩。案《毛詩·衛風》：

> 誰謂河廣，一葦杭之。誰謂宋遠，跂予望之。誰謂河廣，曾不容刀。
> 誰謂宋遠，曾不崇朝。

顧其詩意所指，蓋謂河縱廣矣！吾自一葦可渡，一朝可達，然則，河實不廣，其不能近者，余之自止也。其繫要處在余之自止不能往，頗與牽牛織女之受制不得往之衷情同，皆欲往而不能也。故〈小序〉說此詩之旨云：「宋桓公夫人，衛文公之妹，生襄公而出。襄公即位，夫人思宋，義不可往，故作詩以自止。」（孔穎達，頁 138）則此不得往之由，乃出妻不回之義所規也。此就

語意以觀之，則二詩互同之義較然可知，然必謂因此而承受自彼者，乃未免強詞。復就其作法而觀，此詩通首用比，夾批已揭明之。審其所比之體，同在不得語、不得往之自身，其比法之義，皆託之河漢，以謂距近也。案周密《癸辛雜識》前集嘗援星曆以考牽牛織女之隔，謂隔銀河七十二年。故詩云幾許，意幾許短也。然則此河漢之距亦猶河廣之可一葦以杭。其所比之依義，同謂之近。至於不得往之故，乃其餘事耳。是以就語言譬喻技法以觀，二詩可謂同功，因此孫評云「自河廣脫胎來」。據此知凡評點家所指文學影響脫胎之語，非虛論無憑，皆可自一二端以考求其授受之跡，是以知凡詩文影響互有之必然也。或及之語言，或及之意旨，或及之比喻之方。要之，詩文影響學固評點家之常道語也。

若問影響之先後始源，則評點家復有說也。或言此而舉前代之變，或言此而示後代所出，其變出之語，特影響之專詞也，雖然皆謂影響，究不可混視之。若〈古詩十九首〉之「凜凜歲云暮」一首，孫月峯評云：

> 「獨宿」以下只是夢見覺失，意自〈長門賦〉變來，而寫得濃至，
>
> 質繞古色，自是高妙。（于光華，頁 551）

此評語謂自「獨宿累長夜，夢想見容輝。良人惟古懽，枉駕惠前綏。願得常巧笑，携手同車歸。既來不須臾，又不處重闈。亮無晨風翼，焉能凌風飛」云云，蓋夢中所見景，皆憶往事，待其覺醒，始知意失也。孫評此技法自〈長門賦〉變來，則其所謂變出者，特指技巧之相因也。然則此詩猶自有古饒濃至之妙，故雖變而實自專，其凡言自專特出者，皆指風格領受，且用語率皆出以印象批評用語。

至於第十七首「孟冬寒氣至」云云，孫月峯仍就字句結構技巧處以析評之，云：

> 「愁多」句精絕，「四五」字變得巧，「三歲字不滅」，猶奇陗，總是
>
> 險勁調，蓋公幹太冲所自出。（同前）

觀此評與前舉之例之同者，厥在用字設辭之技法析解，以明此詩特絕者。其稍異者，則此言公幹所自出，彼言變來。前例謂先代沾漑後生，此例謂當時啓示晚出。雖然皆彼此影響所受，惟一則形之已見，一則揭之未形。則所謂影響之實指，乃先後兼舉而包言之也。其第十九首「明月何皎皎，照我羅床幃」云云，孫評同此例，亦云：

> 清切獨勝，是魏文所祖。（于光華，頁 552）

魏文所作，在此詩之後，所言祖之，蓋謂魏文當主受此詩風格影響也。考魏文之作，《詩品》已譏其鄙直如偶語。胡應麟《詩藪》惟嘉其樂府雜詩，與《文心雕龍》之文論類同，皆指其樂府清越。則魏文之清越，〈雜詩〉乃爲共論。孫評「清切」，當指魏文之清越與之同風格也。乃信孫評仍不虛發。

　　據此以觀，評點家所云文學授受影響之可道者有三：

　　其一：凡言影響者，率指技法之相承傳續。

　　其二：凡言影響，其跡或承先，或啓後，其例不一。

　　其三：影響不妨自立風格，蓋一則受其影響，一則變創新聲。

第五章　結論——文選學綜觀研究方法示例

　　以上各章細論「文選學」畢，首自版本之羅列，次及此版本施於訓詁、校勘之為用，持以考校、注疏《文選》之得失，可知善注未必是，五臣未必非。下及評點學，乃合版本、校勘、注疏皆略之，而專注作品意義之解，其法既迥異兩注，其得亦邁越兩注，何則？詮釋與注釋有別也。然則，評點向為方家不取，以末技恥之，皆未深明查究也。蓋泥於八股時文之評點，乃嫁其弊於《文選》之評點，遂令《文選》評點家之心詣湮沒不聞。是以第四章稍援近世西人於文學批評與詮釋之說，排比並觀以申論之，庶幾評點之法可復其真貌。至此，吾人所謂「文選學」乃得竟其功也。

　　然則各章分屬而立，自其異者觀之，則似「文選學」之支派也，實則非本書之構。蓋本書最終之設，即以綜合之「文選學」為新倡之境。否則，「文選學」理一分殊，有如月印萬川，惜非月之原貌。是以，欲令各章所示無歉其所缺，可通達其完形，則不得不合諸分殊以為貫一，斯之謂「文選學綜觀」也。推由其故，類如下述。

　　其始也，有版本之異，正文字句之訛，因此羅列以資參校，是求其選學之真，然則非止於版本之異耳，必資之以為文意詮解之用。否則，益版本之夥，豈有助乎文學？蓋版本或真偽莫定，眾說非一，且年代久遠，雖勉力考證，有時不免徒費心目，何則？知之為知之，不知為不知也。茲以今傳六臣注合併本為例。

　　六臣注合併本多雜有旁批校勘語，非善注之校勘，宜明辨之。如〈西京

賦〉：「都邑遊俠，張趙之倫」，今據叢刊本善注云：

> 善曰：：《漢書》曰：「長安宿豪大猾箭張回、酒市趙放，皆通邪結黨。」上云張子羅、趙君都，其長安大俠。具〈游俠傳〉。（2／18a）

此注文與寫卷本敦煌永隆本大異，永隆本善注引書乃《漢書・王尊傳》，此合併六臣注本所引則〈游俠傳〉。又寫卷無「上云張子羅」以下十七字。北宋本同有。各刻本合併本俱有。何以唐寫卷本無，刻本俱有？推其故，厥有五端：

其一：今各刻本當其刻書之際，必以寫卷本爲祖本而刻之。且必有所增刪改易。

其二：刻本所祖之寫卷本，或已經讀《文選》者眉批夾注於旁。合併本既以之爲祖本，以寫卷筆劃字跡緊密雜亂，當其合併兩注而刻時，竟因此失察而誤取增多，以爲善注本有者。

其三：尤本雖曰善注單行，然於此增多誤取者，蓋承合併本而未刪去。可證尤本爲後出，且必從合併本別出者。或尤袤所見善注單行皆已如此。

其四：合併本此誤取增多之校勘語，北宋本亦有。則北宋本善注當其刻書之際，所據之寫本，或以合併本所據之寫本，爲同一系之寫卷，皆有讀《文選》者之旁批。故亦隨取旁批語而刻之。遂與合併本同誤增多善注。

其五：今敦煌永隆本寫卷出自僧人之手，敦煌地僻邊隅，中土之士或未睹寫卷。即見之，或無有僧人之旁批，蓋同爲唐人寫卷，一有批，一無批。其批者爲刻本所據以爲祖本。其無批語之敦煌寫卷，遂能存善注之原貌。今代寫卷出土，乃得以考各刻本善注之眞僞，並據以驗刻本之沿革。

據此，知欲恃版本以定某當作何者，實亦郢書燕說之徒乎？若近代以來，皆視五臣注粗劣，乃並其版本亦莫視，不其太過也歟！

蓋五臣所從《文選》版本，於義較善注爲長者，隨處可見。此不惟版本之價值，亦可資文學詮釋之功也。若張茂先〈情詩〉之「襟懷擁虛景，輕衾覆空牀」二句，善注作「靈景」，五臣作「虛景」。今見明州本、贛州本、叢刊本等宋本合併六家注，皆有異同校語，知各本所見如此。據文意以考之，「擁靈景」者，謂可見其貌，與下句「覆空牀」之不得見，並上句「佳人處遐遠，蘭室無容光」云云，皆謂佳人不在意不協，知「擁靈景」誤也，不若五臣注本之作「擁虛景」，謂徒擁其貌之似而未睹其近在前也。近人黃季剛氏更從《玉臺新詠》本作「虛」以證。且謂若作「靈」，善當有注（黃季剛，頁139）。則是此二句，皆言徒想其形容耳。再者，自文義上下脈絡以言之，「虛景」正與

「空牀」對文，凡六朝詩已多對語者，若「晨風集茂林，棲鳥去枯枝」（曹顏遠〈感舊詩〉），「昔往鶬鶊鳴，今來蟋蟀吟」（王正長〈雜詩〉），「壯與榮俱去，賤與老相尋」（張季鷹〈雜詩〉），又「閒居玩萬物，離羣戀所思」（張景陽〈雜詩〉）云云，例不一舉。故一時代之文風如此，依襲成套，自然之勢也。此一時代之詩語修辭通技，張茂先當屬之也。是以作「虛景」者爲是，且與「蘭室無容光」相承，以言襟懷之中，徒想形貌矣！意正如此。此乃版本與文學詮釋共參並議，綜括文義之一例。本是以言版本，以言考據，則其學皆所以供資用，所資者何？資文學詮釋以爲用也。〔案：近人徐復觀力主考據僅供入門之具，至於一思想一意義之詮釋創發殆無與也。惜彼亦乏示好例，以爲周詳言之。然有是見，已近乎文學詮釋之構架矣！見徐復觀，1987，頁 226～227。又徐氏嘗就版本考據與古籍經典詮釋之眞假辯證，大文衡論，頗見新地。參徐復觀 1977，頁 555，又頁 622～629。〕

　　總此而言，五臣注與善注，不惟其注文不同，注法有別，其所從《文選》正文作字，亦多有可議者。吾人欲通徹以解之，率不得但憑版本異同，以考文字，而不及何以異同？且異同之涉於文學詮釋者何？吾人當自版本之可據其形而論者，進乎文意之無形而可詮釋者，匯合以供文學詮釋之道焉。

　　版本之爲功，識者知之矣。其用不外乎辨各本之異同，以考字義，以訓詁詞旨。至於版本既考之矣，事畢矣，其與文學詮釋，作品本文之涉若何，乃多闕而不論。是以版本亦僅止於版本，無由進以求其爲用之大。茲者，評點家之法，稍可見其例。若沈休文〈應王中丞思遠詠月〉一首，詩云：

　　　月華臨靜夜，夜靜滅氛埃。方暉竟戶入，圓影隙中來。高樓切思婦，

　　　西園遊上才。網軒映珠綴，應門照綠苔。

　　其中末二句殆有版本之別。「珠綴」，據善注以爲當作「朱綴」，引《楚辭》「網戶朱綴」爲證（30／27b）。然則，「朱綴」與「珠綴」，關乎文義如何，其於解詩之道所涉者何？善注無說，評點家于光華仍引善注，復進以申明之，云：

　　　屋之明顯處爲軒，結網其上，以禦鳥雀，即漢所云罘罳。「朱綴」謂

　　　以朱綴于其上，以致飾也。此作活字解，而唐人有以「珠綴」對「露

　　　盤」者，是珠綴又如簾幌之類，與此不同。但或從朱，或從珠，兩

　　　者俱可通，從文義求之可也。（于光華，頁 581）

此評即不泥於版本之當作何，乃並二者可通以釋之，何則？文義可依也。從

朱，作紅字解，與下句「綠苔」對文，義可通；從珠，蓋綴以珠也，謂網軒所飾之物，今者月華當空映照之，其義亦通。依此，則版本之異字固當審之，異字之各安其義，則亦不可不發之也。此所謂一句之設，或可多義，讀詩之道，逆志不一之謂也。于光華又云：

> 二句是寫月光之影。月上網軒，則影映朱綴，月上應門，則影照綠苔。（同前）

又云：

> 二句一高一下。（同前）

顧此二評，已盡屏去版本之泥，悉就作品詮釋之宜以解二句，則版本已在其中矣！噫，善乎此法，乃兼滙版本與詮釋之道使為一法之例也。

再者，陸機〈演連珠〉：「動神之化已滅」（第廿四首），伯二四九三作「言」，它刻本作「化」，其意不同，然果作何？皆無當於文意。吾人讀此，倘孜孜於版本之考訂，及其至也，不過存異本兩見之例耳！然猶疑似不能定，終歸不之解。又第卅三首「懸景東隤」（55／29b），「隤」字，各刻本作「秀」，謂太陽自東出，故下句接以「則夜光與武夫匿曜」。或謂月亮自東出（如五臣注），則「隤」字不洽矣！茲者，徒信寫卷近真，以為其本早出，乃竟捨文義不辨，略其多義之或然，實有歉乎詮釋之道也。再如卷四十八揚雄〈劇秦美新〉：「奮三為一」（48／19b），善注本作「舊」，五臣作「奮」，後世選家從善注不誤，近人黃季剛氏乃疑之，以為從善注，則三字於文義不侔，當改三為二。今據伯二六五八則仍作「奮」，與五臣同。以此質善，問黃，當又何解？（黃季剛，頁 231）

余意以為，版本異字，固宜知之，即此異字之關乎全文句意者，猶當兼及。使版本之異，不止於辨訂何是何非，而更廣之文義以求，以盡賞多義之美，極意義辨證之方。乃閱讀之趣，由是而生，文詞之妙，純寄乎是，斯所謂文學作品詮釋與版本學相濟之為功也。余之所謂綜合「文選學」之全貌即謂是也。

據此以推，「文選學」至明清而有評點之作出，蓋亦勢也，宜也。何則？明清所見版本，既不外茶陵本、汲古閣本為要籍，其餘更早之宋本皆無由見之，遑論唐世寫卷。是以版本無考，不得更易舊說舊注，即有，亦勉強援它本若史傳別書以校《文選》正文耳！陳仁子、何義門、許巽行輩之功，得力處成就處在此。今既於版本不可求，遂移其心力，專注文意與篇章結構，率

爾成章，即興評點，悉一己之心觀，乃私我之賞解，是以運思通理，接連八荒，尋隱探賾，而別析詁解，皆自文理之晦冥處以揭新義，「文選學」至此乃得越一大境也。

推考評點家詮釋《文選》之道，貴在評點者意識之介入，以作辯證判斷之進路，故因此以探正文之多義。其中已拈示評點者特宗歷史主義之傾向。即以歷史已見之事例，以考《文選》正文之義例。今評點家復廣推此法以及《文選》之選文標準，而其說有別於昭明之序者。試論之。若魏文帝〈與朝歌令吳質書〉文末，孫月峯評云：

> 文帝陳思與吳楊等往來書札，但有小致，不爲大雅，昭明顧乃寬取。
> 想以其意趣與己有相符者耶？（于光華，頁796）

觀此評語，蓋謂昭明選文帝陳思之書札多文，非由於其文之可取如大雅者，乃因己身處境與胸懷意趣，與二君所待於諸文士者，有相符者也，故其多取之。此說昭明選文之由，雖無以辨其然否，惟考之昭明所序，只言但以事出沈思，義歸翰藻爲據，不以立意爲宗也，並未言及己身處境相符者。然則孫評何以及之？蓋由之乎閱讀評價之先設，與歷史成說之啓示也。何者？先是孫評以爲文帝與陳思諸札，但有小致，難言大雅之文也，何以昭明如此其多選。繼則孫評有見及史載文帝陳思皆好文之君，以魏王之尊，而禮接雅士。故《三國志》本傳云：

> 初帝好文學，以著述爲務，自所勒成，垂百篇，又使諸儒撰集經傳，
> 隨類相從，凡千餘篇，號曰《皇覽》。（陳壽，頁41）

此本傳明載文帝喜著作，兼有綜集經傳之作，猶之昭明閒則著述，引納才學之舉。《梁書》本傳云：

> 引納才學之士，賞愛無倦。恒自討論篇籍，或與學士商榷古今，閒
> 則繼以文章著述，率以爲常。于時東宮有書幾三萬卷，名才並集，
> 文學之盛，晉宋以來未之有也。（姚思廉，頁167）

據此，知昭明與文帝俱以帝王太子之尊，有文學事業，是所謂孫云意趣相符者也。此相符之處，端在兩者之歷史類同，是以就其相似而同之文字紀錄，副以標識，形之符號，以爲凡物之同類，必因之而相惜，故昭明太子多選其人之文，以實一己之相惜，以饜一己之同情。評點家據以上所見史料實錄，信其爲眞，爲因果之相涉，於是，所見乃多於文字已說者，此率取自文學之歷史素材也。

　　余謂評點家，乃吾國實際批評之專術也。既如前揭諸例所示，知其一語一句之評，或片斷零碎，要皆出自正統文論之意，而別爲實際印證之舉。蓋文論之設，在原則之通準，不在一篇一章之專析，故其爲說，務求慮周而思圓，其所設，務標體大而用廣。是以文論曰通則，舉文以統論。評點則非也，其法施之字句，其用專之單篇，其源則或自文論通則，或演其通則而廣申之，或因文論而例示，其要在當下讀文之所受，一行一句，一字一詞，務求會意而可說。是以所思在近，所忽則遠。此文論通則，與乎實際評點用心之大較也。

　　今者，評點家之用，尙及其餘，其爲貌之多，其施用之廣，猶須注意。即以考證一方，其途徑亦自不同。凡注疏家，若善注者，考證多援名物訓詁，制度之規，與乎異本之別，以資比勘，斷正譌之分。至於評點家則每據注疏之已明說者，繼其已立，而輔以新證。雖然說無反意，然意同而法別，顧其法者何？亦實際批點之法也，即考證亦自作品正文自身而考證之，據前後文以判之。若《古詩十九首》：「明月皎夜光，促織鳴東壁，玉衡指孟冬，眾星何歷歷」四句，諸家於「孟冬」一辭各有說，以爲就詩所示時令，當云「孟秋」，所謂促織鳴蟬可證也。然則以改字而立證，賢人所不師，若改經之可議也。且今據宋本各本單注合併注正文，俱無有作「孟秋」者，知古詩不誤，不煩改字。然則「孟冬」蓋漢之「孟冬」，非夏之「孟冬」乎？此則注疏家爭議之處也。李善注已云：

　　　　善曰：《春秋運斗樞》曰：北斗七星，第五曰玉衡。《淮南子》曰：
　　　　孟秋之月，招搖指申。然上云促織，下云秋蟬，明是漢之孟冬，非
　　　　夏之孟冬矣。《漢書》曰：高祖十月至灞上，故以十月爲歲首。漢之
　　　　孟冬，今之七月矣（29／4b）

此善注據《漢書》典章制度以資考證也。其法非自正文自身，乃自時令制度，所謂正文之外者，以證成說，故可謂之「外證法」。若評點家則稍異之，何義門云：

　　　　此其太初以前之詩乎？下「孟冬寒氣至」，則爲夏令。故古詩非特一
　　　　人之詞也。（于光華，頁548）

此評語一則推演詩人作者之時序，謂在太初以前所作，蓋據善注而更詳定其論也。一則復自第十七首孟冬寒氣至云云，以析別不同。謂此孟冬即夏之孟冬，乃太初以後作。此兩孟冬之詞意不同指，即正文自身有異，此蓋何義門

自正文內以考之也，可名之曰「內證法」。顧其所由之途，蓋自正文自身前後，實際意會，以推證之也。其用心之方，悉在實際正文解讀，與善注專意旁搜者，旨趣當分。從而可知：評點家即實際批評以資考證之方，則其實際解讀施用之廣，不墮文論通則之空架，於此可見。〔案：關於「玉衡指孟冬」之「孟冬」一詞之解，乃指時辰，非繫月令，諸家已說詳，知善注改太初曆說之非。參本書駁善注一節。〕

　　評點家言考證是非，辨析史料之語，雖不若校勘專事者之法，然其偶或駁訂前注，每能自本文字句間，尋其隙漏可資議攻者，發而為評，寥寥數語，皆能切中其要，或者輔前注之不是，或者自訂正誤之例，率有可觀。而其用心處，又往往以詮釋作品為歸也。

　　若張衡〈四愁詩〉，乃《文選》雜歌類所入選之作，其詩四首，句法結構重出，形式若一也。其語則多用譬喻，若太山梁父，瓊瑤錯刀，各有所比，是以深意奧然，解之者，乃多尋之初意，猜讀曲解，因不能暗合序言所規，竟因此而注家各有說也。即今見五臣善注於「美人贈我金錯刀，何以報之英瓊瑤」與乎「美人贈我錦繡段，何以報之青玉案」句，兩注之說，異聞互歧。較之詩前之序，亦雅難有合。故知此四首之譬喻語非限於一也。其緊繫處，端在詩前一段序文謂：

> 張衡不樂久處機密，陽嘉中，出為河間相。時國王驕奢，不遵法度，又多豪右并兼之家。衡下車，治威嚴，能內察屬縣，姦滑行巧劫，皆密知名，下吏收捕，盡服擒。諸豪俠游客，悉惶懼逃出境。郡中大治，爭訟息，獄無繫囚。時天下漸弊，鬱鬱不得志，為〈四愁詩〉。屈原以美人為君子，以珍寶為仁義，以水深雪雰為小人。思以道術相報，貽於時君，而懼讒邪不得以通。（29／15b）

知作詩之法，蓋緣屈原之譬喻，香草美人之比也。其下四首之譬語悉準之。故善注於第一首注「我所思兮在太山，欲往從之梁父艱」句，注云：

> 善曰：言王者有德，功成則東封泰山，故思之。太山以喻時君，梁父以喻小人也。《漢書》曰：有太山郡。又武帝登封太山之梁父。（29／16b）

據此知善注於四首取譬之語，仍依序意所規，未敢越此而別求它意。則其信序文之意，由是可知之矣！然則既信其意，復疑序言事實不真，因有考證之語，注云：

善曰：范曄《後漢書》〈順帝紀〉曰：改永建七年爲陽嘉元年，改陽
嘉五年爲永和元年。又曰：順帝初，衡復爲太史令。陽嘉元年，造
候風地動儀。永和初，出爲河間相。而此云陽嘉中，誤也。

善曰：范曄《後漢書》曰：和帝申貴人生河間孝王開，立四十二年，
順帝永建六年薨。子惠王政嗣，傲很不奉法憲。然考其年月，此是
惠王也。（29／15b）

據此，知善注考證：序言云「陽嘉」中張衡出爲河間相者，乃「永和」之誤；
又驕奢不遵法度者，非指河間王時，乃河間王子惠王時也。此善注據史傳所
載以考序言之誤，乃外緣相涉之外證法。然猶不明言序非衡作也。是以近人
黃季剛氏進此而訂云「此序乃華嶠諸家《後漢書》語也，非衡自序。」〔案：
黃季剛，頁138〕然則〈四愁詩〉之序蓋可疑也。善注稍及之而未詳，且於注
詩本句，仍信序言君子美人之比，以解四詩各句之喻德。殊不知詩句各自有
比，率有別伸意，乃四首形一體而意各區也。評點家於直讀詩句之間，已查
此異，見善注之未是，遂揭以示例，以謂序言君子美人之比不可盡之。於是
雖同出於騷而異流其源。此評點家藉作品析讀，援詮釋譬喻之方，力駁序說
也。若孫月峯云：

立格奇，構詞麗，祖〈離騷〉而稍易其喻，委爲高作。（于光華，頁
556）

觀此評蓋謂〈四愁詩〉雖祖仿〈離騷〉之體，然其構詞、風格，實亦自創也。
且譬喻之方亦稍易之，非盡可美人香草之所限也。於是，〈四愁詩〉之要，厥
在譬喻之道，何義門云：

桑父似不得專喻小人，泰山比王朝，梁父比河間亦得，但難例之下
三篇耳。（于光華，頁556）

此評已盡駁序意，謂梁父另有所喻，且此首云泰山梁父之喻意，不能推之下
三首。下三首者何？何義門又云：

惟美人喻君耳。若「泰山」「桂林」指明君，則「漢陽」「雁門」將
何以解？（同前）

此蓋謂「我所思兮在漢陽，欲往從之隴阪長」與乎「我所思兮在雁門，欲往
從之雪紛紛」之「漢陽」「雁門」，豈能依泰山美人之比而喻之時君在乎？此
何義門據正文解讀當下之義以解之，以爲當有別解，非如序言之一例也。則
序之云云，可致疑辨，洎明矣！乃善注不明此，而一例尊之以注各句，其扞

格難諧，可謂死解、活解之分徑哉！故知評點家之考證率由作品正文自身，援文學詮釋之道，以爲取資也。

　　然則，「文選學」至廣至博，本書不過示其一方之見，望今制古，銓衡得失，爰特拈示綜觀之「文選學」，以慰來學，冀有以參崇賢之道，敬昭明之神乎！

引用參考書目

一、《文選》專書及論文之屬

1. 李維棻，〈文選李注纂例〉（刊於《大陸雜誌》，十二卷七期，1956 年）。

2. 饒宗頤，〈日本古鈔文選五臣注殘卷〉（刊於《東方文化》，三卷二期，1956 年）。

3. 邱燮友，〈選學考〉（刊於《師大國文所集刊》，三期，1959 年）。

4. 李鍌，〈昭明文選通假文字考〉（刊於《師大國文所集刊》七期，1963 年）。

5. 洪業，《文選注引書引得》（臺北：成文出版社，1966 年）。

6. 張雲璈，《選學膠言》（臺北：廣文書局，1966 年）。

7. 朱蘭坡，《文選集釋》（臺北：廣文書局，1966 年）。

8. 梁章鉅，《文選旁證》（臺北：廣文書局，1966 年）。

9. 胡紹瑛，《文選箋證》（臺北：廣文書局，1966 年）。

10. 許巽行，《文選筆記》（臺北：廣文書局，1966 年）。

11. 王禮卿，〈選賦考證〉（刊於《幼獅學誌》，六卷四期，1967 年）。

12. 王禮卿，〈選注釋例〉（刊於《幼獅學誌》，七卷二期，1968 年）。

13. 高步瀛，《文選李注義疏》（臺北：中華叢書編審委員會，1968 年）。

14. 徐攀鳳，《選學糾何》，《叢書集成本》（臺北：藝文印書館）。

15. 趙晉，《文選敏音》，《叢書集成本》（臺北：藝文印書館）。

16. 孫志祖，《文選考異》，《叢書集成本》（臺北：藝文印書館）。

17. 孫志祖，《文選李注補正》，《叢書集成本》（臺北：藝文印書館）。

18. 汪師韓，《文選理學權輿》，《叢書集成本》（臺北：藝文印書館）。

19. 孫志祖，《文選理學權輿補》，《叢書集成本》（臺北：藝文印書館）。

20. 徐攀鳳，《選注規李》，《叢書集成本》（臺北：藝文印書館）。

21. 高似孫，《選詩句讀》，《叢書集成本》（臺北：藝文印書館）。

22. 斯波六郎，黃錦鋐譯，〈文選諸本之研究〉（刊於《文史季刊》一卷一期，1971 年）。

23. 謝康，《昭明太子和他的文選》（臺北：臺灣學生書局，1971 年）。

24. 胡克家，《文選考異》（臺北：石門圖書公司，1976 年）。

25. 陳新雄、于大成，《昭明文選論文集》（臺北：木鐸出版社，1976 年）。

26. 邱榮鐊，《文選集注研究》（臺北：文選學研究會，1978 年）。

27. 斯波六郎，《文選索引》（京都：中文出版社，1981 年）。

28. 劉師培，《漢魏六朝專家文》（臺北：臺灣中華書局，1982 年）。

29. 駱鴻凱，「文選學」（臺北：漢京文化事業有限公司，1982 年）。

30. 張月雲，《宋刊文選李善單注本考》（刊於故宮學術季刊，二卷四期，1984 年）。

31. 蔣復璁，〈文選版本的講述〉（收在《古籍鑑定與維護研習會專集》，頁 5～10，1985 年）。

32. 林聰明，《昭明文選研究》（臺北：文史哲出版社，1986 年）。

33. 于光華，《評註昭明文選》（臺北：學海出版社，1977 年）。

34. 黃季剛，《文選黃氏學》（臺北：文史哲出版社，1977 年）。

35. 蕭統，《昭明太子集》（臺北：臺灣中華書局，1971 年）。

36. 駱鴻凱，「文選學」（臺北：漢京文化事業有限公司，1982 年）。

二、其它重要相關參考書目

1. 萬蔚亭，《困學紀聞集證》（臺北：中華叢書編審委員會，1960 年）。

2. 王葆心，《古文辭通義》（臺北：臺灣中華書局，1964 年）。

3. 張澍，《三輔故事》（臺北：臺灣商務印書館，1965 年）。

4. 黃侃，《文心雕龍札記》（臺北：學人月刊雜誌社，1970 年）。

5. 呂璜，《古文緒論》（臺北：臺灣中華書局，1970 年）。

6. 屈萬里，《目錄學》（臺北：大陸雜誌社，1970 年）。

7. 曾國藩，《鳴原堂論文》（臺北：臺灣中華書局，1971 年）。

8. 姚名達，《中國目錄學年表》（臺北：臺灣商務印書館，1971 年）。

9. 姚名達，《中國目錄學史》（臺北：臺灣商務印書館，1977 年）。

10. 王先謙，《荀子集解》（臺北：藝文印書館，1973 年）。

11. 虞世南，《北堂書鈔》（臺北：宏業書局，1974 局）。

12. 莊芳榮，《叢書總目續篇》（臺北：德浩書局，1974 年）。

13. 于大成，《淮南子校釋》（臺北：鼎文書局，1974 年）。

14. 洪興祖，《楚辭補注》（臺北：藝文印書館，1974 年）。

15. 呂不韋，《呂氏春秋》（臺北：臺灣中華書局，1975 年）。

16. 范文瀾，《文心雕龍注》（臺北：臺灣開明書店，1975 年）。

17. 錢存訓，《中國古代書史》（香港：香港中文大學，1975 年）。

18. 陳延傑，《詩品注》（臺北：臺灣開明書店，1975 年）。

19. 白居易、孔傳，《白孔六帖》（臺北：新興書局有限公司，1976 年）。

20. 徐堅，《初學記》（臺北：鼎文書局，1976 年）。

21. 黃慶萱，《修辭學》（臺北：三民書局股份有限公司，1976 年）。

22. 徐復觀，《中國人性論史》（臺北：商務印書館，1977 年）。

23. 徐復觀，《無慚尺布裹頭歸》（臺北：允晨文化事業公司，1987 年）。

24. 郭慶藩，《莊子集釋》（高雄：復文書局，1978 年）。

25. 錢穆，《國史大綱》（臺北：臺灣商務印書館，1978 年）。

26. 屈萬里、昌彼得，《圖書板本學要略》（臺北：華岡出版有限公司，1978 年）。

27. 馬國翰，《玉函山房輯佚書》（京都：中文出版社，1979 年）。

28. 陳祚龍，《敦煌文物隨筆》（臺北：臺灣商務印書館，1979 年）。

29. 沈英名，《敦煌雲謠集新校訂》（臺北：正中書局，1979 年）。

30. 顧炎武，《原抄本顧亭林日知錄》（臺北：文史哲出版社，1979 年）。

31. 程兆熊，《中國文話文論與詩學》（臺北：臺灣學生書局，1979 年）。

32. 徐培根，《太公六韜今註今譯》（臺北：臺灣商務印書館，1979 年）。

33. 張元濟，《涉園序跋集錄》（臺北：臺灣商務印書館，1979 年）。

34. 馮書耕、金仞千，《古文通論（臺北：國立編譯館中華叢書編審委員會，1979）。

35. 吳曾祺，《涵芬樓文談》（臺北：臺灣商務印書館，1980 年）。

36. 房玄齡，《晉書》（臺北：洪氏出版社，1980 年）。

37. 沈約，《宋書》（臺北：洪氏出版社，1980 年）。

38. 蕭子顯，《南齊書》（臺北：洪氏出版社，1980 年）。

39. 姚思廉，《梁書》（臺北：洪氏出版社，1980 年）。

40. 姚思廉，《陳書》（臺北：洪氏出版社，1980 年）。

41. 李百藥，《北齊書》（臺北：洪氏出版社，1980 年）。

42. 令狐德棻，《周書》（臺北：洪氏出版社，1980 年）。

43. 劉若愚、杜國清（譯），《中國文學理論》（臺北：聯經出版事業公司，1980 年）。

44. 魏收，《魏書》（臺北：洪氏出版社，1980年）。

45. 李延壽，《南史》（臺北：洪氏出版社，1980年）。

46. 劉昫等，《舊唐書》（臺北：鼎文書局，1981年）。

47. 歐陽修等，《新唐書》（臺北：鼎文書局，1981年）。

48. 陳壽，《三國志》（臺北：臺灣商務印書館，1981年）。

49. 洪邁，《容齋隨筆》（臺北：大立出版社，1981年）。

50. 葉松發，《中國書籍史話》（高雄：白莊出版社，1981年）。

51. 裴松之，《三國志注》（臺北：臺灣商務印書館，1981年）。

52. 瀧川龜太郎，《史記會注考證》（臺北：洪氏出版社，1981年）。

53. 馬總，《意林》（臺北：洪氏出版社，1981年）。

54. 潘師重規，《敦煌變文論輯》（臺北：石門圖書公司，1981年）。

55. 王利器，《抱朴子內篇校釋》（臺北：里仁書局，1981年）。

56. 王利器，《顏氏家訓集解》（臺北：明文書局，1982局）。

57. 王利器，《風俗通義校注》（臺北：明文書局，1982年）。

58. 萬曼，《唐集敘錄》（臺北：明文書局，1982年）。

59. 徐師曾，（和刻本）《文體明辯》（京都：中文出版社，1982年）。

60. 劉師培，《漢魏六朝專家文》（臺北：臺灣中華書局，1982年）。

61. 顧野王，《玉篇》（臺北：臺灣中華書局，1982年）。

62. 劉劭，《人物志》（臺北：臺灣中華書局，1983年）。

63. 揚雄，《法言》（臺北：臺灣中華書局，1983年）。

64. 潘師重規，《敦煌變文集新書》（臺北：敦煌學研究會，1983年）。

65. 林雲銘，《古文析義合編》（臺北：廣文書局有限公司，1984年）。

66. 李曰剛，《中國目錄學》（臺北：明文書局，1983年）。

67. 范寧，《博物志校證》（臺北：明文書局，1984年）。

68. 徐芹庭，《修辭學發微》（臺北：臺灣中華書局，1984年）。

69. 周振甫，《詩詞例話》（臺北：南琪出版社，1984年）。

70. 周振甫，《文章例話》（臺北：蒲公英出版社，1985年）。

71. 吳哲夫等，《古籍鑑定與維護研習會專集》（臺北：中國圖書館學會，1985）。

72. 吳哲夫，《書的歷史》（臺北：行政院文化建設委員會，1985年）。

73. 廖炳惠，《解構批評論集》（臺北：東大圖書公司，1985年）。

74. 羅孟幀，《中國古代目錄學簡編》（臺北：木鐸出版社，1986年）。

75. 張英，《淵鑑類函》（臺北：新興書局有限公司，1986年）。

76. 許國平，《語言學概論》（臺北：三民書局股份有限公司，1985 年）。

77. 楊家駱，《叢書子目類編》（臺北：文史哲出版社，1986 年）。

78. 劉向，《列女傳》（臺北：臺灣中華書局，1987 年）。

79. 王先謙，《漢書補注》（臺北：藝文印書館，1982 年）。

80. 王先謙，《後漢書集解》（臺北：藝文印書館，1982 年）。

81. 桓寬，《鹽鐵論》（臺北：臺灣商務印書館，1971 年）。

82. 劉向，《說苑》（臺北：臺灣商務印書館，1971 年）。

83. 王符，《潛夫論》（臺北：臺灣商務印書館，1971 年）。

84. 徐幹，《中論》（臺北：臺灣商務印書館，1971 年）。

85. 阮逸註，《文中子中說》（臺北：臺灣商務印書館，1971 年）。

86. 僧祐，《弘明集》（臺北：臺灣商務印書館，1971 年）。

87. 釋道宣，《廣弘明集》（臺北：臺灣商務印書館，1971 年）。

88. 商鞅，《商子》（臺北：臺灣商務印書館，1971 年）。

89. 韓非，《韓非子》（臺北：臺灣商務印書館，1971 年）。

90. 董仲舒，《春秋繁露》（臺北：臺灣商務印書館，1971 年）。

91. 王肅，《孔子家語》（臺北：臺灣商務印書館，1971 年）。

92. 尹氏，《尹文子》（臺北：臺灣商務印書館，1971 年）。

93. 慎到，《慎子》（臺北：臺灣商務印書館，1971 年）。

94. 鶡冠，《鶡冠子》（臺北：臺灣商務印書館，1971 年）。

95. 鬼谷氏，《鬼谷子》（臺北：臺灣商務印書館，1971 年）。

96. 劉安，《淮南子》（臺北：臺灣商務印書館，1971 年）。

97. 孔叢子，《孔叢子》（臺北：臺灣商務印書館，1971 年）。

98. 賈誼，《新書》（臺北：臺灣商務印書館，1971 年）。

99. 曹操，《孫子集註》（臺北：臺灣商務印書館，1971 年）。

100. 吳起，《吳子》（臺北：臺灣商務印書館，1971 年）。

101. 賈思勰，《齊民要術》（臺北：臺灣商務印書館，1971 年）。

102. 劉昞，《人物志注》（臺北：臺灣商務印書館，1971 年）。

103. 班固，《白虎通》（臺北：臺灣商務印書館，1971 年）。

104. 王充，《論衡》（臺北：臺灣商務印書館，1971 年）。

105. 揚雄，《太玄經》（臺北：臺灣商務印書館，1971 年）。

106. 揚雄，《法言》（臺北：臺灣商務印書館，1971 年）。

107. 焦延壽，《易林》（臺北：臺灣商務印書館，1971 年）。

108. 管仲，《管子》（臺北：臺灣商務印書館，1971 年）。

109. 鄧析，《鄧析子》（臺北：臺灣商務印書館，1971 年）。

110. 蔡邕，《蔡中郎文集》，《四部叢刊本》（臺北：臺灣商務印書館，1971 年）。

111. 曹植，《曹子建集》，《四部叢刊本》（臺北：臺灣商務印書館，1971 年）。

112. 嵇康，《嵇中散集》，《四部叢刊本》（臺北：臺灣商務印書館，1971 年）。

113. 徐陵，《徐孝穆集》，《四部叢刊本》（臺北：臺灣商務印書館，1971 年）。

114. 孔晁，《汲冢周書》（臺北：臺灣商務印書館，1971 年）。

115. 韋昭，《國語》（臺北：臺灣商務印書館，1971 年）。

116. 吳師道，《戰國策校注》（臺北：臺灣商務印書館，1971 年）。

117. 趙曄，《吳越春秋》（臺北：臺灣商務印書館，1971 年）。

118. 劉向，《晏子春秋》（臺北：臺灣商務印書館，1971 年）。

119. 劉向，《古列女傳》（臺北：臺灣商務印書館，1971 年）。

120. 酈道元，《水經注》（臺北：臺灣商務印書館，1971 年）。

三、西文書目

1. Baker, William D.（1981）, *Focus on Prose*, N. J. :Prentice-Hall, Inc.

2. Cherica, J. C. Guy,（1982）, *A Literary Perspective of the Essay: a Study of its Genetic Principles and Their Bearing on Hermeneutic Theory*, Michigan: A Bell & Howell Information Company.

3. Dauenhauer, Bernard P.,（1982）, *Silence: The Phenomenon and it's Ontological Significance*, Bloomington: Indiana University Press.

4. Frye, Northrop,（1985）, *The Harper Handbook to Literature,* New york: Harper & Row Publishers.

5. Freund, Elizabeth,（1987）, *The Return of the Reader*, London: Methuen Co. Ltd.

6. Holub, Robert C.（1984）, *Reception Theory*, London: Methuen Co. Ltd.

7. Jauss, Hans Robert, trans. from Shaw, Michael,（1982）, *Aesthetic Experience and Literary Hermeneutivs*, Minneapolis: University of Minnesota Press.

8. Jauss, Hans Robert, trans. by Bahti, Timothy,（1982）, *Toward an Aesthetic of Reception*, Minneapolis: University of Minnesota Press.

9. Kauffmann, Robert Lane,（1981）, *The Theory of the Essay: Lukacs, Adorno, and Benjamin*, Michigan: A Bell & Howell Information Company.

10. Lanham, Richard A.（1983）, *Analyzing Prose*, Los Angeles: University of California.

11. Milan, Deanne K. and Rattner, Naomi Cooks,（1979）, *Forms of the Essay*" San Francisco: Harcourt Brace Jovanovich, Inc.

12. Man, Paul De, （1979）, *Allegories of Reading: Figural Language in Rousseau, Nietzsche, Rilke, and Psoust*, New Haven: Yale University Press.

13. Read, Herbert, （1952）, *English Prose Style*, New York: Pantheon Books.

14. Shapiro, Gary, and Sica, Alan（1984）, *Hermeneutics: Questions and Prospects,* The University of Massachusetts Press.

15. Tompkins, Jane P., ed. （1980）, *Readers-response Criticism*, Baltimore: The Johons Hopkins University Press.